Menschen werden nicht durch
die Künstliche Intelligenz ersetzt.

Menschen werden durch Menschen ersetzt,
die Künstliche Intelligenz
anwenden können.

ChatGPT im Beruf

Der große Praxisratgeber

Wie die Künstliche Intelligenz
Ihren Arbeitsalltag erleichert

20 Methoden
2.000 Prompts
100 Berufe

Dr. Roman Fessler

Die Deutsche Nationalbibliothek verzeichnet diese Publikation in der Deutschen Nationalbibliografie; detaillierte Daten sind im Internet über http://dnb.de abrufbar. Die Österreichische Nationalbibliothek verzeichnet diese Publikation in der Österreichischen Nationalbibliothek.

Lektorat: Annalena Meiersbach
Umschlaggestaltung: Ingeborg Helzle www.ihgk.de

1. Auflage 2023
ISBN Amazon Taschenbuch 9783903390935

Inhaltsverzeichnis

Prolog

Seit der Freigabe von ChatGPT-3.5 für die Öffentlichkeit am 30. November 2022 hat der Chatbot innerhalb von nur fünf Tagen eine Million Nutzer gewonnen. Zum Vergleich: Instagram und Spotify erreichten diesen Meilenstein erst nach zweieinhalb bzw. fünf Monaten. Trotz seiner mittlerweile über 100 Millionen User wird ChatGPT nach wie vor hauptsächlich für private Zwecke genutzt, während der berufliche Einsatz sich meist auf Informationssuche und Texterstellung beschränkt.

Mit der Einführung von ChatGPT-4 im März 2023 sind die Anwendungsmöglichkeiten dank der enormen Qualitätsverbesserung der KI-Antworten sprunghaft angestiegen. ChatGPT erweist sich nun auch als wertvolle Unterstützung im Arbeitsalltag.

Als langjähriger Business-Trainer liegt mein Hauptaugenmerk stets darauf, die Seminarteilnehmenden bei der Bewältigung aktueller beruflicher Herausforderungen und Aufgaben zu unterstützen. Durch die künstliche Intelligenz eröffnen sich nun für jeden von uns völlig neue Möglichkeiten: Sie können selbst – ohne Trainer oder Coach - berufliche Themen in einem Dialog mit ChatGPT erörtern und Ideen oder Vorschläge für eine schnelle und qualitativ hochwertige Aufgabenbearbeitung erhalten.

ChatGPT kann mittlerweile menschenähnliche Konversationen führen und hochwertige Informationen auf Basis von Texteingaben generieren. Daher ist seine Anwendung im beruflichen Kontext nicht nur für jeden Berufstätigen möglich, sondern meiner Ansicht nach auch geboten.

Zwar kann ChatGPT von jedem von uns durch einfaches Eingeben von Anweisungen oder Fragen (sog. Prompts) genutzt werden, um das volle Potenzial des Chatbots auszuschöpfen, sind allerdings ein paar grundlegende Anwenderkenntnisse erforderlich.

Da ChatGPT erst seit kurzem verfügbar ist, gibt es bis dato nur sehr wenig Literatur. Zudem behandeln die spärlichen Publikationen im US-amerikanischen und deutschsprachigen Raum meist nur die theoretischen Aspekte der Anwendung von ChatGPT. Praxisrelevante Beispiele für den konkreten beruflichen Einsatz fehlen hingegen gänzlich. Insbesondere mangelt es an Hilfestellungen zur Formulierung konkreter Prompts – den Eingabeanweisungen an ChatGPT. Da die Qualität der Prompts jedoch direkten Einfluss auf die Qualität der Antworten hat, ist deren Bedeutung immens.

In meiner Tätigkeit als Business-Coach wende ich immer wieder erprobte Methoden und Techniken an, die mir helfen, meine Klienten bestmöglich zu unterstützen. Dabei habe ich die Erfahrung gemacht, dass solche Methoden und Techniken nur dann sinnvoll angewendet werden können, wenn sie auch in einen direkten Praxisbezug zu einer konkreten beruflichen Situation gebracht werden können.

Fehlender Praxisbezug in den Büchern einerseits und die Möglichkeit mittels ChatGPT auch bewährte Kreativmethoden zur Ideenfindung, Problemlösung und Entscheidungsfindung einfach zur Anwendung zu bringen, haben mich nun dazu veranlasst, diesen Praxiratgeber zu schreiben.

Nach einer kurzen Einführung in Teil I lernen Sie in Teil II die zehn grundlegenden Prompt-Arten und deren konkreten Anwendungsmöglichkeiten kennen. In Teil III erfahren Sie, wie Sie ChatGPT zu einem Experten in Ihrem Beruf machen können und die Antworten auf Ihre Prompts dadurch noch besser werden.

In Teil IV habe ich Ihnen 20 Kreativmethoden aus meiner Trainererfahrung zur Ideenfindung, Problemlösung und Entscheidungsfindung angeführt, die in Verbindung mit ChatGPT besonders gut anwendbar sind. In Teil V schließlich sind alle Techniken und Methoden aus den Teilen II, III und IV für 100 verschiedene Berufe in über 2.000 unterschiedliche und praxisbezogene Prompts eingebettet.

Unabhängig davon, ob Sie Berufsanfänger, erfahrener Profi, Auszubildender, Arbeiter, Angestellter, Selbstständiger oder Unternehmer sind – ChatGPT kann Ihnen in vielen Bereichen Erleichterungen im beruflichen Alltag bringen. Von der Ideengenerierung und Entscheidungsunterstützung über Organisation, Problemlösung und Prozessoptimierung bis hin zu Literaturrecherche, Erklärung komplexer Konzepte oder Durchführung von Internetrecherchen – ChatGPT kann ein wertvolles Werkzeug für Ihren Arbeitsalltag sein.

Ich bin überzeugt, dass Sie durch die Integration von ChatGPT in Ihren täglichen Ablauf Ihre Produktivität erheblich steigern können. Neben dem Aspekt, dass die Arbeit mit ChatGPT nicht nur effektiv und effizient sein kann, ist die Kommunikation mit dem Chatbot auch sehr unterhaltsam und kann sogar Spaß machen.

Ich bin überzeugt, dass Sie durch die Verwendung von ChatGPT in Ihrem Berufsalltag viele neue Möglichkeiten entdecken und Ihre Arbeit auf ein neues Niveau heben werden. Lassen Sie sich von den Ideen und Tipps in diesem Ratgeber inspirieren.

Ich wünsche Ihnen dabei viel Erfolg und viel Freude!

Ihr

Dr. Roman Fessler

Teil I: Einführung in ChatGPT

Liebe Leserinnen und Leser, in diesem Buch lege ich großen Wert auf Inklusivität und möchte allen Geschlechtern gerecht werden. Dennoch kann es vorkommen, dass ich aus Gründen der Lesbarkeit und des Schreibflusses manchmal auf die explizite Nennung der männlichen und weiblichen Form verzichtet habe. Bitte beachten Sie, dass in solchen Fällen die gewählte Formulierung stets als geschlechtsneutral zu verstehen ist und keineswegs eine Diskriminierung oder Benachteiligung einer bestimmten Geschlechtsgruppe beabsichtigt ist. Mein Ziel ist es, den Text für alle Leserinnen und Leser zugänglich und verständlich zu gestalten, ohne dabei den Inhalt oder die Botschaft des Buches zu beeinträchtigen. Ich danke für Ihr Verständnis und wünsche Ihnen eine anregende und inspirierende Lektüre.

Kostenlos versus Bezahl-Version

Fast täglich gibt es Neuigkeiten rund um ChatGPT, den bekannten Chatbot von OpenAI. Inzwischen ist dieser Begriff, der für "Chatbot Generative Pretrained Transformer" steht, vielen Menschen geläufig. Die Künstliche Intelligenz (kurz KI)-Anwendung beeindruckt dabei durch ihre Funktionsweise: Tippen Sie einfach eine Frage oder geben Sie eine Anweisung ein (eine solche Eingabe wird als Prompt bezeichnet) und die KI antwortet Ihnen prompt. Allerdings variiert die Qualität der Antworten je nach verwendeter Version.

Kostenlose Version von ChatGPT

Um ChatGPT auszuprobieren, erstellen Sie einfach einen kostenlosen OpenAI-Account. Besuchen Sie die OpenAI-Webseite (**https://chat.openai.com/**) und klicken Sie auf "Sign up". Geben Sie eine gültige E-Mail-Adresse ein und verifizieren Sie diese über die Bestätigungs-E-Mail. Anschließend geben Sie Ihre Telefonnummer an und bestätigen Ihren Account. Wichtig: Verwenden Sie eine echte Telefonnummer, da Sie den Bestätigungscode per SMS auf Ihr Smartphone erhalten. Lesen Sie die Einführung und legen Sie los. Hinweis: Schreiben Sie direkt in Deutsch, der

ChatGPT-Chatbot antwortet dann automatisch auf Deutsch. Die kostenlose Version bietet sich an, um erste Erfahrungen im Umgang mit ChatGPT zu machen.

ChatGPT Plus-Abo

Seit März 2023 ist das Premium-Abo des Chatbots ChatGPT von OpenAI nun auch in Deutschland und Österreich verfügbar. Das sogenannte "ChatGPT Plus" bietet eine bessere Verfügbarkeit des Dienstes und schnellere Antwortzeiten im Vergleich zur Gratis-Version. Pro Monat kostet das Abo umgerechnet etwa 23 Euro (20 US-Dollar plus Mehrwertsteuer) und ist monatlich kündbar. Das Abo kann auf der Profilseite von ChatGPT unter dem Menüpunkt *"Upgrade to Plus"* abgeschlossen werden. Für die ist allerdings eine Kreditkarte erforderlich.

Die Vorteile von ChatGPT Plus: Mit einem "ChatGPT Plus"-Abo ist Ihr Zugriff auf ChatGPT garantiert, selbst wenn die KI ausgelastet ist. Außerdem sind die Antworten schneller verfügbar als bei der kostenlosen Version. Und schließlich werden neue Funktionen zukünftig zuerst für Plus-Kunden freigeschaltet, wie beispielsweise die sich bald eröffnende Möglichkeit, Bilder als Grundlage für Interaktionen zu verwenden.

ChatGPT 4 – die Profiversion

Wenn Sie die Abo Version nutzen, steht auf Ihrem ChatGPT-Startbildschirm oben in der Mitte: *„Model: Default (GPT-3.5)“.* Um für Ihre Fragen die neueste Version ChatGPT 4 verwenden zu können, klicken Sie einfach auf den kleinen Pfeil rechts und wählen Sie im ausgeklappten Balken *"GPT-4"* aus. Der Chatbot verwendet dann automatisch diese neue Version für Ihre Prompts.

Die Unterschiede zwischen GPT-3.5 und GPT-4 sind

- GPT-4 liefert deutlich bessere Ergebnisse als GPT-3.5 weil ein Vielfaches an verifizierten Trainingsdaten hinterlegt ist..
- GPT-4 kann bis zu 25.000 Zeichen verarbeiten, während GPT-3.5 auf 8.000 Zeichen beschränkt ist. Beachten Sie jedoch, dass es möglicherweise erforderlich ist, einen Text in kürzere Abschnitte aufzuteilen und nacheinander in das Textfeld von ChatGPT zu kopieren. Zum Beispiel,

wenn Sie ein längeres Sitzungsprotokoll von ChatGPT zusammenfassen lassen möchten.

- GPT-4 kann Web-Links verwenden, um Texte von einer Internetseite zu erfassen und zum Beispiel nach dem Sentiment (emotionale Botschaft) analysieren zu lassen.

Nachteile von ChatGPT 4

- ChatGPT 4 ist bisher nur für Nutzer der kostenpflichtigen Pro-Version verfügbar.
- Aufgrund des hohen Rechenaufwands ist bei ChatGPT 4 nur eine bestimmte Anzahl von Prompt Eingaben möglich. Abhängig von der Komplexität und dem Umfang der Kommunikation wird früher oder später eine Grenze erreicht, bei der ChatGPT die Ausgabe abbricht und darauf verweist, dass die Weiterarbeit erst wieder in 1,5 oder 2 Stunden möglich ist (aktuell sind 25 Aufgaben in drei Stunden möglich).

Meine Empfehlung

Wenn Sie ChatGPT für berufliche Zwecke verwenden möchten, empfehle ich Ihnen, jedenfalls die Version 4 zu verwenden. Im Vergleich zu den Kosten für manche Streaming- oder TV-Dienste erscheint mir die monatliche Investition in dieses Tool mehr als gerechtfertigt. Da das Abo monatlich gekündigt werden kann, gehen Sie auch kein Risiko ein.

Seien Sie jedoch vorsichtig: Es gibt bereits Drittanbieter, die versuchen, ChatGPT-Interessierte mit speziellen Abos auf ihr Angebot zu locken. Oft handelt es sich dabei um Lockangebote und Betrügereien. Wenn Sie ChatGPT einrichten möchten, nutzen Sie ausschließlich die offizielle Website von OpenAI: **https://chat.openai.com/**

Tipp: Testen Sie die Version 4 einen Monat lang und vergleichen Sie die Qualitätsunterschiede zwischen den Antworten von Version 3.5 und Version 4. Sie werden begeistert sein!

Zusatzfunktionen für mehr Produktivität

Damit Sie mit ChatGPT Ihre Produktivität noch weiter steigern können, und wenn Sie Google als Browser verwenden, empfiehlt es sich einige **Chrome-Erweiterungen** zu installieren. Mittlerweile gibt es eine Vielzahl von solchen *Browser-Extensions.* Am besten Sie googeln hin und wieder nach *„ChatGPT chrome extensions“,* da laufend neue interessante Erweiterungen hinzukommen. Folgende drei Erweiterungen sind jedenfalls zu empfehlen:

1. <u>WebChatGPT: Aktuelle Informationen aus dem Internet</u>

ChatGPT ist ein leistungsstarkes Werkzeug, das in vielen Bereichen des täglichen Lebens eingesetzt werden kann. Allerdings hat es eine Schwäche: Die Daten, auf die ChatGPT zugreift und ausgibt, sind oft veraltet und reichen nur bis September 2021. Mit dem Add-on "WebChatGPT" (für Google Chrome) erweitern Sie die Fähigkeiten von ChatGPT, indem es Zugriff auf das Internet erhält und somit aktuelle Informationen bereitstellt.

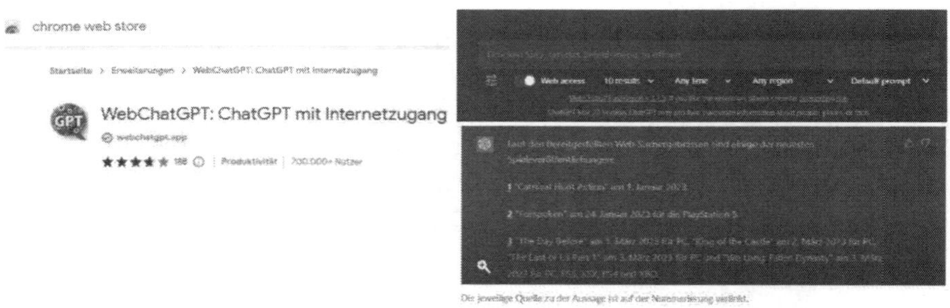

Anwendungsbereiche im Geschäftskontext

WebChatGPT dient im geschäftlichen Umfeld als schneller und zuverlässiger Informationslieferant. Sie können ChatGPT verwenden, um zum Beispiel schnell Antworten auf Fragen zu aktuellen Geschäftsereignissen oder neuen Branchentrends zu erhalten. Darüber hinaus können Sie WebChatGPT auch nutzen, um Informationen über Kundenbedürfnisse und -anforderungen einzuholen, was bei der Entscheidungsfindung und der strategischen Planung hilfreich sein kann.

Einfacher Beispiel-Prompt

"ChatGPT, kannst du mir die neuesten Informationen zu unserem Mitbewerber XY geben?"

Dank des WebChatGPT-Add-ons kann ChatGPT auf aktuelle Informationen zu Mitbewerbern zugreifen und Ihnen eine schnelle und präzise Antwort bieten.

Hinweise zur Anwendung:

- Bei der Verwendung von WebChatGPT ist zu beachten, dass die von ChatGPT gelieferten Informationen auf Google-Suchergebnissen basieren und daher nicht immer zu 100% genau sind.
- Es ist wichtig, die Informationen zu überprüfen, insbesondere bei wichtigen geschäftlichen Entscheidungen.
- Darüber hinaus sollten die Einstellungen für die Suchanfragen so präzise wie möglich gewählt werden, um genaue Ergebnisse zu erzielen.

2. AIPRM für Vorlagen

AIPRM-Erweiterung: Optimieren Sie Ihre ChatGPT-Erfahrung

Die "AIPRM für ChatGPT"-Erweiterung ist ein leistungsstarkes Chrome-Add-on, das Ihnen nach der Installation Zugriff auf eine umfangreiche Sammlung von vorkonfigurierten Prompt-Vorlagen für eine Vielzahl von Anwendungsbereichen innerhalb der KI-Plattform ChatGPT bietet. Damit sparen Sie Zeit bei der Erstellung von Prompts und können direkt mit den Anweisungen von ChatGPT starten. Ein kurzes Youtube-Info-Video dazu gibt es unter folgendem Link: **https://bit.ly/Info-AIPRM**. Die Installation ist möglich unter: **https://www.aiprm.com**

Die Erweiterung enthält einige Tausend von der Community erstellte Prompts und Vorlagen, die in Kategorien wie SEO, Vertrieb, Kundensupport und Marketingstrategie organisiert sind. Sie können aus verschiedenen Aktivitäten wie Forschung, Content-Erstellung, Keyword-Klassifizierung und Linkaufbau wählen. Zudem können Sie Ton, Sprachstil und Sprache individuell anpassen.

Die "AIPRM für ChatGPT"-Erweiterung kann als wertvolles Tool im Arbeitsalltag eingesetzt werden, um effizient qualitativ hochwertige Inhalte zu erstellen und die Produktivität zu steigern. Nutzen Sie es in verschiedenen Bereichen wie Content-Erstellung, Kundensupport, Marketing und mehr.

Hier ein paar Anwendungsbeispiele von "AIPRM für ChatGPT"

Content-Erstellung: Content-Produzenten und Autoren können "AIPRM für ChatGPT" nutzen, um schnell und effizient qualitativ hochwertige Inhalte zu erstellen, neue Ideen für Blogbeiträge zu generieren oder bestehende Inhalte zu optimieren.

Kundensupport: Verbessern Sie Ihren Kundensupport und erhöhen Sie die Kundenzufriedenheit mit der Extension. Mit "AIPRM für ChatGPT" erstellen Sie einfach und schnell einen Chatbot, der Kundenanfragen automatisch beantwortet.

Marketing: Nutzen Sie die Erweiterung im Marketing, um zielgruppenspezifische Inhalte zu erstellen, die Ihre Zielgruppe besser ansprechen, oder generieren Sie Inhalte für verschiedene Branchen.

Übersetzung: Wenn Sie regelmäßig Sprachinhalte übersetzen müssen, unterstützt Sie "AIPRM für ChatGPT" mit schnellen und unkomplizierten Übersetzungen.

E-Mail-Kommunikation: Optimieren Sie Ihre E-Mail-Kommunikation mit der Erweiterung, indem Sie schnellere und effektivere Antworten verfassen und sicherstellen, dass Ihre E-Mails professionell und gut geschrieben sind.

Obwohl die Prompts in englischer Sprache verfasst sind, versteht und beantwortet die KI auch Anweisungen auf Deutsch. Insgesamt bietet "AIPRM für ChatGPT" ein breites Spektrum an Funktionen, die Ihnen helfen können, Ihre Arbeit effizienter und effektiver zu gestalten. Die benutzerfreundliche Oberfläche und die vielfältigen Einsatzmöglichkeiten machen die Erweiterung zu einem nützlichen Werkzeug für den beruflichen Alltag.

3. ChatGPT für Google-Suchergebnisse

"ChatGPT für Google" ist eine praktische Erweiterung für den beruflichen Einsatz bei der Verwendung der Google-Suche. Es kann bei der Recherche von Informationen und der Beantwortung von Fragen helfen.

"ChatGPT für Google" ist ein Chrome-extension, das bei jeder Google-Suche parallel zu den Suchergebnissen auch Antworten des Text-KI-Tools ChatGPT anzeigt. Das Add-on kann entweder gezielt aktiviert werden, indem ein Fragezeichen in der Suchanfrage verwendet wird, oder deaktiviert bleiben. Die Ergebnisse werden in einer separaten Text-Box neben den Suchergebnissen angezeigt und können bei Bedarf in die Zwischenablage kopiert werden.

ChatGPT für Google kann im beruflichen Kontext sehr nützlich sein und die "normale Google-Suche" ergänzen. Zum Beispiel kann es bei der Recherche von Informationen oder der Beantwortung von Fragen helfen, die im Zusammenhang mit der Arbeit stehen.

Worauf ist bei der Anwendung zu achten?

Obwohl "ChatGPT für Google" eine schnelle und bequeme Möglichkeit bietet, um Informationen zu finden, sollten Sie sich immer bewusst sein, dass die Antworten von ChatGPT nicht immer zuverlässig oder korrekt sind. Daher sollten Sie die Ergebnisse immer kritisch hinterfragen und gegebenenfalls mit anderen Quellen abgleichen. Es ist auch wichtig zu beachten, dass ChatGPT keine nachvollziehbaren Quellenangaben macht. Sie sollten bei der Verwendung von ChatGPT für Google daher immer eine gewissenhafte Faktenprüfung durchführen, insbesondere bei wichtigen Informationen.

Der Prompt als der Erfolgsfaktor bei ChatGPT

Wenn Sie künstliche Intelligenz, in diesem Fall ChatGPT, im beruflichen Kontext nutzen möchten, ist es entscheidend, effektive Prompts zu erstellen. Prompts sind Anfragen, auf die das KI-System, in diesem Fall ChatGPT, reagiert. Sie bestehen aus kurzen Aufforderungen, Anweisungen oder Fragen, die die Interaktion zwischen Ihnen und der KI initiieren und weiter laufen lassen.

Die Qualität des Prompts bestimmt
die Qualität der Antwort

Das Hauptziel dieses Ratgebers ist es, Ihnen dabei zu helfen, passende und effektive Prompts für Ihren Beruf zu formulieren. Durch die Anwendung der später vorgestellten Techniken und Methoden entdecken Sie vielfältige Einsatzmöglichkeiten können die Antworten von ChatGPT wesentlich verbessern.

Beachten Sie diese grundlegenden Tipps, um effektive Prompts zu erstellen

- **Klarheit:** Formulieren Sie präzise Anfragen und vermeiden Sie komplexe oder mehrdeutige Ausdrücke. Stellen Sie gegebenenfalls Rückfragen, um sicherzustellen, dass ChatGPT das Thema oder die Aufgabe versteht. (dazu gleich mehr)

- **Fokus:** Eine gut definierte Anfrage sollte einen klaren Zweck und Fokus haben. Vermeiden Sie ausschweifende oder offene Fragen, die zu unzusammenhängenden Antworten führen können.

- **Relevanz:** Ihre Anfragen sollten für Sie und die Konversation relevant sein, ohne vom Hauptfokus abzulenken.

Hier einige Beispiele für ineffektive und effektive ChatGPT-Prompts:

Ineffektive Prompts

"Sag mir etwas Interessantes."
"Was denkst du über das Leben?"
"Was ist deine Meinung zu Politik?"

Effektive Prompts für bessere Ergebnisse

"Nenne mir 10 interessante Fakten zur Geschichte der Raumfahrt."
"Wie beeinflussen künstliche Intelligenz und maschinelles Lernen den Bereich der Medizin?"
"Was sind die Vor- und Nachteile von Elektroautos im Vergleich zu herkömmlichen Fahrzeugen?"

Erfolgreiche ChatGPT-Konversationen, die informativ und ansprechend sind, setzen also die Prinzipien Klarheit, Fokus und Relevanz voraus. Wie Sie diese Prinzipien in der praktischen Anwendung umsetzen, erfahren Sie gleich – zuvor noch ein paar allgemeine Tipps.

Allgemeine Tipps zum Dialog mit ChatGPT

- **Was ist Ihr Ziel?** Um ChatGPT effektiv im Geschäftsumfeld einzusetzen, ist es entscheidend, sich des Ziels Ihrer Anfrage bewusst zu sein, bevor Sie einen Prompt eingeben. Möchten Sie beispielsweise Informationen zu einem speziellen Thema sammeln, Ideen für ein neues Projekt entwickeln oder Informationen einholen, um Entscheidungen zu treffen? Um sicherzustellen, dass die von ChatGPT generierten Antworten relevant und hilfreich sind, sollten Sie daher Ihr Ziele klar benennen können. Fragen Sie sich daher im Vorfeld: **Was ist das Ziel meines „Gesprächs“ mit ChatGPT?** Denn nur wenn Sie Ihr Ziel kennen, können Sie einen entsprechenden Prompt formulieren. Sorgfältige Planung und Formulierung von Prompts helfen Ihnen dabei, das Beste aus ChatGPT herauszuholen und Ihre geschäftlichen Ziele effizienter zu erreichen.

- Geben Sie ChatGPT **genügend Zeit,** um auf Ihre Fragen zu antworten. Insbesondere die Version 4 braucht möglicherweise etwas länger, um die Antworten zu berechnen. Auch ist die Ausgabegeschwindigkeit etwas langsamer. Dafür ist die Qualität der Antworten hervorragend.

- Manchmal bemerken Sie mitunter schon nach den ersten Worten, dass die Antwort von ChatGPT nicht Ihren Erwartungen entspricht. In solchen Fällen können Sie am unteren Rand des ChatGPT-Fensters auf ***"Stop generating"*** klicken, ohne das Ende der Antwort abzuwarten. Danach kehren Sie zu Ihrem vorherigen Prompt zurück.

  Wenn Sie mit der Maus in die Nähe Ihres letzten Prompts gelangen, erscheint rechts daneben ein ***Stift-Symbol.*** Klicken Sie auf dieses Symbol, um den Prompt für Änderungen zu öffnen. Nun haben Sie die Möglichkeit, Ihren ursprünglichen Prompt zu optimieren und somit die Wahrscheinlichkeit für ein zufriedenstellendes Ergebnis zu erhöhen. Nachdem Sie die Anpassungen im Prompt vorgenommen haben, klicken Sie auf ***"Save & Submit"***, um den überarbeiteten Prompt zur Verarbeitung einzureichen. Durch diese Methode sparen Sie wertvolle Zeit, da Sie nicht auf die vollständige Antwort warten oder den Prompt komplett neu verfassen müssen.

- Wenn ChatGPT die Antwort mittendrin abbricht, weil die maximale „Ausgabemenge" erreicht ist, schreiben Sie einfach ***„schreib weiter"*** und ChatGPT formuliert den Rest der Antwort.

- ChatGPT liefert nicht immer die richtigen Antworten (insbesondere bei Version 3.5). Ist das der Fall, können Sie darauf hinweisen und um eine **Richtigstellung** ersuchen. In den meisten Fällen klappt das.

- Solange Sie nach einer Antwort im Eingabefeld weiter mit ChatGPT interagieren, sind Sie immer **„im selben Chat"**, was bedeutet, dass ChatGPT die bisherige Kommunikation mitberücksichtigen wird. Wird dieser Dialog sehr lange, empfiehlt es sich eine Zusammenfassung des bisherigen Dialoges von ChatGPT zu verlangen, damit sich der Chatbot auch weiter an die Inhalte erinnert.

- Wenn Sie den aktuellen Dialog verlassen möchten, gibt es dazu zwei Möglichkeiten: Sie schreiben einfach in das Eingabefeld: ***„Ignoriere, was ich bisher gesagt habe“*** oder Sie klicken links oben auf ***„New chat“.*** In beiden Fällen starten Sie dann einen gänzlich neuen Dialog, ohne dass ChatGPT die Inhalte von vorigen bzw. anderen Chats berücksichtigt. Der Vorteil der „New chat“-Variante liegt darin, dass Sie später immer wieder auf diesen Chat zurückkommen und daran weiter arbeiten können, da der Chat „links oben auf Ihrem Bildschirm“ gespeichert wird. Mit dem *„Stift-Symbol“* können Sie ihn umbenennen und mit dem *„Papierkorb-Symbol“* auch wieder löschen.

- Da die richtige Formulierung der Prompts von großer Bedeutung ist, empfehle ich Ihnen, komplexere Prompts vorab **in einem Textverarbeitungsprogramm (z.B. Word) vor zu formulieren.** So können Sie den Prompt so lange abändern oder verfeinern, bis er Ihrer Meinung nach passt. Kopieren Sie dann diesen Prompt und fügen Sie ihn ins ChatGPT-Eingabefeld ein.

- Bei komplexeren Prompt-Aufgaben empfehle ich zudem eine zusätzliche Formulierung am Ende Ihres Prompts, in etwa in der Art: ***„Wenn du noch Fragen hast, dann stelle sie bevor du mit der Aufgabe beginnst, damit das Ergebnis so gut wie möglich wird.“*** Sie weisen damit ChatGPT ausdrücklich an, zuvor Fragen an Sie zu stellen. Sollte Ihr Prompt nämlich nicht eindeutig genug sein, wird ChatGPT in der Tat Fragen stellen. Beantworten Sie dann die Fragen und ChatGPT beginnt dann mit der Ausgabe der Antworten. Alternativ können Sie auch fragen: ***„Hast du das verstanden?“***, wobei ich die erste Formulierung bevorzuge.

Teil II: Die 10 Prompt-Arten

In diesem Kapitel widmen wir uns den verschiedenen Prompt Arten, mit denen Sie das volle Potenzial von ChatGPT in Ihrem Arbeitsalltag ausschöpfen können. Zwar ist es ist möglich, ChatGPT auch ohne Kenntnisse über die verschiedenen Prompt Arten zu nutzen. Allerdings empfehle ich Ihnen, sich mit diesen grundlegenden Eingabearten vertraut zu machen.

Stellen Sie sich das Ganze wie beim Kochen vor: Man kann einfache Gerichte zubereiten, ohne jemals einen Kochkurs besucht oder ein Kochbuch gelesen zu haben. Ein ungeschulter Koch wird jedoch wahrscheinlich nicht alle Techniken und Möglichkeiten der Kochkunst optimal nutzen können.

Ähnlich verhält es sich mit ChatGPT: Ohne Kenntnis der verschiedenen Prompt-Arten können Sie die KI nutzen, allerdings nicht in vollem Umfang. Wenn Sie jedoch die verschiedenen Prompts und deren Anwendung kennen, können Sie das volle Potential von ChatGPT ausschöpfen und Ihre Arbeit erleichtern.

In diesem Kapitel präsentiere ich Ihnen die zehn grundlegenden Prompt-Arten und zeige Ihnen anhand von konkreten Beispielen, wie Sie diese in Ihrem Arbeitsalltag einsetzen können. Das Beherrschen dieser Prompt-Arten ermöglicht es Ihnen, gezielte Fragen an die KI zu stellen, die richtigen Informationen zu erhalten und komplexe Aufgaben effektiver zu bewältigen.

Nehmen Sie sich also die Zeit, sich mit den verschiedenen Prompt-Arten vertraut zu machen und finden Sie heraus, welche am besten zu Ihren Bedürfnissen passen.

Überblick über alle Prompt-Arten

Auf den nächsten Seiten finden Sie eine Überblickstabelle mit allen im folgenden behandelten Prompt-Arten, geordnet nach ihrem möglichen Verwendungszweck in alphabetischer Reihenfolge. In der rechten Spalte steht die Seitenzahl des Buches, auf der jeweilige Prompt beschrieben ist.

Zweck	Beschreibung	Konkreter Prompt	Seite im Buch
Abwägung	Analysiert Vor- und Nachteile einer Situation oder...	Pro-und-Contra-Prompt	48
Anleitung	Gibt klare Anweisungen für die gewünschte Antwort.	Anweisungs-Prompt	30
Anpassung	Passt den Schreibstil oder Ton an eine bestimmte...	Antwortstil-anpassen-Prompt	56
Charakterisierung	Entwickelt fiktive Charaktere oder Personas für...	Personas-erstellen-Prompt	67
E-Mail schreiben	Verfasst E-Mails oder Briefe in angemessener Form...	E-Mail-schreiben-Prompt	59
Emotionalität	Beurteilt den emotionalen Ton eines Textes oder...	Sentiment-Analyse-Prompt	54
Erläuterung	Bittet um eine detaillierte Erklärung eines...	Erklärungs-Prompt	35
Erzählung	Schreibt Geschichten oder erzählerische Texte.	Erzähl-Prompt	60
Feedback	Fordert konstruktives Feedback oder Kritik.	Feedback-erhalten-Prompt	51
Formatierung	Fordert eine Antwort im Markdown-Format.	Markdown-Format-Prompt	31
Fragen	Stellt Fragen, um Informationen oder Meinungen...	Frage-Prompt	38
Gespräch	Simuliert einen Dialog oder ein Gespräch zwischen...	Dialog-Prompt	33

Zweck	Beschreibung	Konkreter Prompt	Seite im Buch
Imitation	Imitiert den Schreibstil einer bestimmten Person...	Eigenen-Schreibstil-vorgeben-Prompt	58
Internet Analyse	Untersucht und analysiert Online-Inhalte.	Internetbeitrags-Analyse-Prompt	52
Klonen	Kopiert den Stil eines bestimmten Autors oder...	Schreibstil-klonen-Prompt	62
Komplexität	Löst komplexe Aufgaben oder Probleme.	Komplexe-Aufgaben-Prompt	41
Perspektivwechsel	Fordert den Wechsel der Perspektive oder Rolle.	Perspektive-wechseln-Prompt	46
Präzisierung	Hilft, eine vage Antwort weiter zu verfeinern.	Verfeinerungs-Prompt	36
Prozess	Beschreibt einen Prozess oder Vorgang in...	Schritt-für-Schritt-Prompt	44
Standpunkt	Bittet um eine Meinung oder persönliche...	Meinungs-Prompt	50
Strukturänderung	Organisiert Informationen nach der umgekehrten...	Umgekehrte-Pyramide-Prompt	63
Tabelle	Verlangt eine Antwort in Tabellenform.	Tabellenformat-Prompt	32
Vorlagen	Erstellt Vorlagen für zukünftige Prompts.	Prompt-Vorlagen-erstellen-Prompt	61
Vielschichtig	Kombiniert mehrere Listen-Prompts.	Mehrfach-Listen-Prompt	43
Widerspruch	Ermutigt, Gegenargumente oder alternative...	Gegenargument-anführen-Prompt	45
Zielgruppe	Identifiziert und definiert die Zielgruppe für...	Zielgruppe-definieren-Prompt	65
Zusammenfassung	Erstellt eine Zusammenfassung eines längeren...	Zusammenfassungs-Prompt	50

1. Anweisungs-Prompts

Ein **Anweisungs-Prompt** ist eine Art von Aufforderung, die dazu dient, ChatGPT eine klare und präzise Anweisung zu erteilen. Der Prompt kann eingesetzt werden, um ChatGPT bestimmte Aktionen ausführen zu lassen, wie etwa das Erledigen von Aufgaben.

Beispiel-Prompts

"Erstelle einen Zeitplan für das kommende Teammeeting, das am Montag stattfinden soll."

"Recherchiere alle verfügbaren Informationen über unsere wichtigsten Wettbewerber und erstelle eine Übersicht ihrer Produkte, Preise und Marketingstrategien."

"Analysiere die Ergebnisse unserer letzten Marketingkampagne und erstelle einen Bericht mit Verbesserungsvorschlägen für die nächste Kampagne."

Worauf sollte man bei der Anwendung achten?

- Bei der Verwendung von Anweisungs-Prompts ist es wichtig, klar und präzise Anweisungen zu formulieren. Mehrdeutige Anweisungen, die ChatGPT verwirren könnten, sollten vermieden werden.

- Stellen Sie zudem sicher, dass ChatGPT über alle notwendigen Informationen verfügt, um die Anweisungen korrekt auszuführen. Wenn Sie unsicher sind, ob ChatGPT die Anweisungen richtig verstanden hat, können Sie Rückmeldung einholen oder weitere Erläuterungen anbieten, bevor Sie die Ausführung der Anweisungen beginnen.

Der Anweisungs-Prompt ist eine effektive Möglichkeit, ChatGPT bestimmte Aufgaben ausführen zu lassen. Dabei ist es wichtig, darauf zu achten, dass die Anweisungen klar und präzise formuliert sind.

2. Ausgabeformat-Prompts

ChatGPT ist in der Lage, Antworten in verschiedenen Ausgabeformaten zu präsentieren. Zwei der gängigen Ausgabeformate sind:

Markdown-Format

Markdown ist eine praktische Computersprache, die das Erstellen formatierter Texte in einem schlichten Textformat ermöglicht. Indem Sie ChatGPT anweisen, Antworten im Markdown-Format auszugeben, können Sie Ihre Inhalte besser strukturieren und formatieren. Die Antworten von ChatGPT werden dadurch ansprechender und leichter verständlich.

Im Markdown-Format stehen verschiedene Formatierungsoptionen zur Verfügung. Hier einige der gängigsten:

Überschriften: Überschriften werden durch Voranstellen des Textes mit einem Hashtag (#) erstellt. Die Anzahl der Hashtags bestimmt die Ebene der Überschrift, z.B. # für H1-Überschrift, ## für H2-Überschrift.

Fettgedruckter Text: Um Text fett darzustellen, fassen Sie ihn in doppelte Sternchen oder Unterstriche ein, z.B. **Hallo** oder __Hallo__.

Kursiver Text: Kursiver Text entsteht, indem man den Text in einzelne Sternchen (*) einfasst, z.B. *Hallo*.

Aufzählungslisten: Erstellen Sie Aufzählungslisten, indem Sie ein Sternchen (*) oder einen Bindestrich (-) vor jede Zeile setzen.

Links: Fügen Sie Link-Text in eckige Klammern und die URL in runde Klammern ein, z.B. [Google](https://www.google.com).

Es gibt auch fortgeschrittene Optionen wie Tabellen, Blockzitate und Codeblöcke zur Textformatierung.

Beispiele für einen konkreten Prompt

"Erstelle eine Liste der wichtigsten Aufgaben für unser neues Projekt im Markdown-Format."

"ChatGPT, du bist ein erfahrener Kaufmann für Dialogmarketing. Verfasse einen kurzen Bericht über die Leistung unserer letzten Marketingkampagne im Markdown-Format, einschließlich der erreichten Ziele, der verwendeten Kanäle und der wichtigsten Verbesserungsmöglichkeiten."

Mit ChatGPT-Antworten im Markdown-Format können Sie

- Dokumentationen und Anleitungen erstellen
- Projektpläne und -berichte formatieren
- E-Mails und Nachrichten übersichtlicher gestalten
- Präsentationen und Vorträge vorbereiten

Nutzen Sie ChatGPT und seine vielfältigen Formatierungsoptionen, um Dokumente, E-Mails und Präsentationen professionell zu gestalten.

Tabellenformat

Eine Möglichkeit, wie ChatGPT Antworten darstellen kann, ist die Verwendung von Tabellen. Diese ermöglichen eine klare und übersichtliche Darstellung von Informationen.

Die Verwendung von Tabellen in ChatGPT ermöglicht eine schnelle und klar strukturierte Informationsaufbereitung. Dies ist jedoch nur eine der vielfältigen Möglichkeiten, Antworten darzustellen.

Hier der original Beispiel-Prompt für die Tabelle auf Seite 72

"Erstelle eine Tabelle in alphabetischer Reihenfolge mit den Methoden: ABC-Technik, 5-Why-Verfahren, 6-Hüte-Methode, Brainstorming, Ishikawa-Methode, Lateral-Thinking, Methode 635, Multi-Kriterien-Analyse, PAS-Methode, Pareto-Analyse, Reframing, SAMPER-Methode, SCORE-Methode, SOAP, SWOT-Analyse, Tetralemma-Ansatz, 10-10-10-Methode, Umkehr-Brainstorming, Walt-Disney-Strategie und WWAD-Methode.

Die erste Spalte soll alle Methoden auflisten.

In der zweiten Spalte setze ein X für alle Methoden, die für die Ideenfindung geeignet sind.

In der dritten Spalte setze ein X für alle Methoden, die für die Problemlösung geeignet sind.

In der vierten Spalte setze ein X für alle Methoden, die für die Entscheidungsfindung geeignet sind.

Die Spaltenbreite sollte dabei möglichst gleich sein."

Tipps zur Formulierung von Tabellen-Prompts

- Je genauer und spezifischer die Frage gestellt wird, desto besser kann ChatGPT die passende Tabelle auswählen und die erforderlichen Informationen präsentieren.
- Um die gewünschten Informationen zu erhalten, ist es wichtig, eine klare und präzise Sprache zu nutzen.
- Vermeiden Sie überflüssige Details und komplizierte Formulierungen.

Weitere Darstellungsoptionen für ChatGPT-Antworten: **HTML-Format:** Hierbei profitieren Sie von erweiterter Formatierung und können zusätzlich Links, Bilder und Tabellen einbinden. **JSON-Format**: Dieses Format ist besonders nützlich für Programmierer und Webentwickler, da es häufig in diesen Bereichen zum Einsatz kommt.

Bitte beachten Sie, dass diese Liste nicht abschließend ist. ChatGPT kann je nach Implementierung möglicherweise auch andere Ausgabeformate unterstützen.

3. Dialog-Prompts

In der heutigen schnelllebigen Geschäftswelt ist es wichtig, über ausgezeichnete Kommunikationsfähigkeiten zu verfügen, um effektiv mit Kunden und Kollegen interagieren zu können. **Dialog-Prompts** können dabei helfen, verschiedene Szenarien zu simulieren und zu üben, um die eigenen Kommunikationsfähigkeiten zu verbessern.

Bedeutung des Dialog-Prompts im beruflichen Kontext

Dialog-Prompts sind Konversationen, die ChatGPT auffordern, eine bestimmte Rolle zu spielen und auf eine Reihe von Fragen oder Anweisungen zu reagieren. Im beruflichen Kontext können Dialog-Prompts verwendet werden, um eine Vielzahl von Szenarien zu simulieren, wie beispielsweise Kundengespräche, Verkaufspräsentationen oder Beschwerdegespräche. Indem Sie mit solchen simulierten Situationen arbeiten, können Sie Ihre Fähigkeiten verbessern und sich auf unerwartete Situationen oder schwierige Kunden vorbereiten.

Beispiele für die Verwendung von Dialog-Prompts

Kundengespräche: Ein Dialog-Prompt könnte ein simuliertes Kundengespräch enthalten, in dem Sie als Mitarbeiter auf eine Reihe von Fragen von ChatGPT antworten müssen. Indem Sie verschiedene Szenarien durchspielen, können Sie Ihre Fähigkeit verbessern, auf die Bedürfnisse des Kunden einzugehen und Probleme zu lösen.

Verkaufspräsentationen: Ein Dialog-Prompt könnte auch eine Verkaufspräsentation simulieren, in der Sie eine fiktive Produkt- oder Dienstleistung präsentieren müssen. Indem Sie verschiedene Szenarien durchspielen, können Sie Ihre Fähigkeiten in Bezug auf Argumentation und Überzeugung verbessern.

Beschwerdegespräche: Ein Dialog-Prompt könnte auch eine Beschwerde eines Kunden simulieren, auf die Sie reagieren müssen. Indem Sie verschiedene Szenarien durchspielen, können Sie Ihre Fähigkeiten in Bezug auf Konfliktlösung und Kundenbindung verbessern.

Was ist bei der Formulierung von Dialog-Prompts zu beachten?

Bei der Formulierung von Dialog-Prompts gibt es einige wichtige Punkte zu beachten, um sicherzustellen, dass sie effektiv sind:

- Klare und präzise Anweisungen an ChatGPT: Die Anweisungen an ChatGPT sollten klar und verständlich sein. Tipp: Fragen sie einfach nach, ob er alles verstanden hat. Dann können sie gegebenenfalls nachbessern.

- Realistische Szenarien: Die simulierten Szenarien sollten realistisch sein und sich auf tatsächliche Situationen beziehen, die Sie im Arbeitsalltag erleben könnten.
- Feedback und Analyse: Lassen Sie ruhig ChatGPT am Ende des Dialoges den Dialog bewerten.

Beispiel-Prompts

„ChatGPT, ich möchte mit dir ein Beschwerdegespräch simulieren. Erstelle eine Schritt-für-Schritt Anleitung, was ich tun muss, damit ich mit ChatGPT in einen Übungsdialog treten kann.“

„ChatGPT, du bist nun ein erfahrener Buchhalter. Führe einen Dialog zwischen dir und einem Mitarbeiter, der Schwierigkeiten hat, den Unterschied zwischen direkten und indirekten Kosten zu verstehen."

Fazit: Ein Dialog-Prompt kann im beruflichen Kontext nützlich sein, um verschiedene Szenarien zu simulieren und zu üben. Er kann auch eingesetzt werden, um Sie auf unerwartete Situationen oder schwierige Kunden vorzubereiten.

4. Erklärungs-Prompts

ChatGPT ist hervorragend darin, Sachverhalte zu erklären. Ein **Erklärungs-Prompt** ist eine Texteingabe, die das Sprachmodell auffordert, etwas zu erklären oder zu definieren. Beispiele für solche Prompts sind:

"Erkläre den Begriff ROI (Return on Investment) und wie er berechnet wird."

"Kannst du mir den Unterschied zwischen einer AG und einer GmbH erklären?"

"Erkläre mir, was eine Bilanz ist und was sie enthält."

"Könntest du den Begriff Cashflow und seine Bedeutung für ein Unternehmen erklären?"

"Erkläre mir bitte den Begriff Businessplan und welche Elemente er normalerweise enthält."

Wozu können Erklärungs-Prompts verwendet werden?

Solche Prompts dienen dazu, eine präzise Definition oder Erklärung eines Konzepts zu erhalten. Sie können auch genutzt werden, um zusätzliche Informationen oder Details zu einem Thema zu erfragen.

Worauf sollte man bei Erklärungs-Prompts achten?

- Bei der Verwendung von Erklärungs-Prompts ist es wichtig, präzise und klare Formulierungen zu nutzen, um sicherzustellen, dass das Sprachmodell die gewünschte Erklärung liefert.
- Es kann hilfreich sein, den Kontext oder die spezifische Bedeutung des Begriffs anzugeben, um die Genauigkeit der Antwort zu erhöhen.

Fazit: Erklärungs-Prompts können bei der Suche nach spezifischen Informationen oder beim Verständnis von Konzepten hilfreich sein. Es ist jedoch stets wichtig, die Richtigkeit und Vollständigkeit der bereitgestellten Informationen zu überprüfen, da das Sprachmodell nicht immer in der Lage ist, komplexe Themen oder Nuancen vollständig zu erfassen.

Verfeinerungs-Prompt

Ein effizienter und zielgerichteter Dialog mit ChatGPT ist entscheidend, um nützliche und präzise Informationen zu erhalten. Eine Möglichkeit, dies zu erreichen, ist die Verwendung von Verfeinerungsprompts. Verfeinerungsprompts unterstützen Sie, indem sie genauere Antworten und Informationen von ChatGPT ermöglichen.

Hier einige Beispiele für Verfeinerungsprompts

Könntest du das bitte genauer erklären?
Kannst du ein Beispiel dafür geben?
Wie funktioniert das genau?
Könntest du das in einfachen Worten erklären?

Wie würde das in der Praxis umgesetzt werden?
Was sind die damit verbundenen Herausforderungen?
Wie würde sich das auf X auswirken?
Was sind mögliche Alternativen dazu?

Fazit: Verfeinerungsprompts können Ihre Kommunikation mit ChatGPT im beruflichen Kontext verbessern und die Effizienz erhöhen. Achten Sie jedoch darauf, geeignete Prompts in den entsprechenden Situationen zu verwenden.

Vervollständigungs-Prompt

Vervollständigungs-Prompts bieten eine Möglichkeit, den Chatbot dazu zu bringen, eine Antwort zu generieren, indem Sie nur einen Teil des Satzes eingeben.

Anwendungsbereiche

Vervollständigungs-Prompts können vielseitig eingesetzt werden. Beispielsweise sind sie nützlich für die Erstellung von Marketingmaterialien wie Slogans oder Taglines. Sie eignen sich ebenso für das Verfassen von E-Mails oder Social-Media-Beiträgen. Mit Vervollständigungs-Prompts lassen sich auch schnell Kundenanfragen beantworten oder Berichte erstellen.

Beispiele für Vervollständigungs-Prompts

"Ich benötige einen Marketing-Slogan für unser neues Produkt. Was könnte ich verwenden?" "Unser innovatives Produkt: __________"

"Ich möchte einen ansprechenden Social-Media-Beitrag verfassen. Könntest du mir dabei helfen?" "Heute ist der perfekte Tag, um ____________"

"Ich benötige eine zügige Antwort auf diese Kundenanfrage. Wie sollte ich antworten?"

"Vielen Dank für Ihre Anfrage. Unser Ziel ist es, unseren Kunden einen erstklassigen Service zu bieten. Wir werden Ihre Anfrage umgehend bearbeiten

und uns in Kürze bei Ihnen melden. In der Zwischenzeit können Sie gerne ___________"

Tipps für die Anwendung von Vervollständigungs-Prompts

- Es ist wichtig, den Kontext bei der Verwendung von Vervollständigungs-Prompts zu berücksichtigen. Sie sollten sicherstellen, dass die generierte Antwort dem Anliegen des Kunden entspricht und den professionellen Standards des Unternehmens gerecht wird.
- Darüber hinaus ist zu beachten, dass die Chatbot-Antwort eventuell nicht perfekt ist und möglicherweise noch überarbeitet werden muss, um Korrektheit und Angemessenheit zu gewährleisten.

Fazit: Vervollständigungs-Prompts bei ChatGPT sind ein wertvolles Instrument, das Ihnen helfen kann, Ihre Arbeit effizienter zu gestalten und schnell auf Kundenanfragen zu reagieren. Dennoch ist es wichtig, den Kontext zu berücksichtigen und sicherzustellen, dass die generierte Antwort den professionellen Anforderungen des Unternehmens entspricht.

5. Frage-Prompts

Die weiter vorne genannten Erklärungs-Prompts sind hilfreich, wenn Sie eine ausführliche Erklärung zu einem bestimmten Thema wünschen oder beispielsweise mehr über ein spezielles Konzept, eine Idee oder einen Prozess erfahren möchten. Die Antwort von ChatGPT wird entsprechend detailliert ausfallen.

Sollten Sie jedoch eine Liste von Optionen oder Möglichkeiten bevorzugen, ohne zu sehr ins Detail zu gehen, kann ein Frage-Prompt zweckmäßiger sein. Ein **Frage-Prompt** eignet sich, wenn Sie eine schnelle, allgemeine Antwort auf eine bestimmte Frage benötigen oder verschiedene Optionen vergleichen möchten.

Beim Stellen von Fragen an ChatGPT gibt es einige grundlegende Dinge zu beachten, um sicherzustellen, dass Sie die bestmögliche Antwort erhalten:

Klarheit: Achten Sie darauf, dass Ihre Frage klar und präzise formuliert ist, damit ChatGPT versteht, was von ihm erwartet wird.

Offene Fragen: Generell sind offene Fragen, die mit "Wie?", "Was?" oder "Warum?" beginnen, besser als geschlossene Fragen, die mit "Ja" oder "Nein" beantwortet werden können. Offene Fragen ermöglichen detailliertere Antworten von ChatGPT, während geschlossene Fragen eher zu kurzen und prägnanten Antworten führen.

Eindeutigkeit: Achten Sie darauf, dass Ihre Frage eindeutig ist und keine Mehrdeutigkeit zulässt, um eine klare und präzise Antwort von ChatGPT zu erhalten.

Geduld: ChatGPT benötigt manchmal Zeit, um eine gute Antwort zu generieren. Seien Sie geduldig und geben Sie ChatGPT ausreichend Zeit, um eine vollständige Antwort zu liefern.

Kontext: Geben Sie genügend Kontext und Hintergrundinformationen, damit ChatGPT Ihre Frage versteht und in der Lage ist, eine vollständige Antwort zu liefern.

Nach der Frage fragen: Sie können ChatGPT auch fragen, welche Fragen Sie zu einem Thema stellen sollen.

Beispiel: *"ChatGPT, du bist nun ein erfahrener Business-Coach. Stelle fünf Fragen, die ich meinem Klienten stellen kann, um seine Ziele und Prioritäten besser zu verstehen."*

6. Listen-Prompts

Ein **Listen-Prompt** ist ein Sprachbefehl, der das Sprachmodell ChatGPT auffordert, eine Liste von Elementen auf der Grundlage einer bestimmten Kategorie oder bestimmten Kriterien zu erstellen. Es ist eine einfache und effektive Methode, um geordnete Informationen zu einem bestimmten Thema zu erhalten. Beispiele aus dem beruflichen Kontext:

„Liste die zehn wichtigsten Fähigkeiten auf, die ein erfolgreicher Vertriebsmitarbeiter haben sollte.“

„Liste die fünf führenden Unternehmen in der Softwarebranche auf."

„Liste die zehn wichtigsten Elemente auf, die in einem Geschäftsplan enthalten sein sollten."

„Nenne die sechs häufigsten Fehler, die Start-ups bei der Finanzplanung machen."

Wofür können Listen-Prompts verwendet werden?

Listen-Prompts können verwendet werden, um geordnete Informationen zu einem bestimmten Thema zu erhalten. Sie können dazu dienen, eine Sammlung von Informationen zu organisieren und zu strukturieren, um sie leichter zugänglich zu machen. Listen-Prompts können auch dazu verwendet werden, spezifische Kriterien oder Kategorien zu definieren, um die Genauigkeit der Antwort zu erhöhen.

Was bei der Verwendung von Listen-Prompts zu beachten ist

- Bei der Verwendung von Listen-Prompts ist es wichtig, präzise und klare Formulierungen zu verwenden, um sicherzustellen, dass das Sprachmodell die gewünschten Informationen liefert.
- Es kann auch hilfreich sein, die Kriterien oder die spezifische Kategorie anzugeben, auf die sich die Liste bezieht, um die Genauigkeit der Antwort zu erhöhen.
- Es ist jedoch immer wichtig, die Richtigkeit und Vollständigkeit der bereitgestellten Informationen zu überprüfen.

Insgesamt ist der Listen-Prompt eine nützliche Methode, um geordnete Informationen zu erhalten und komplexe Themen zu organisieren. Mit klaren Formulierungen und präzisen Kriterien können Listen-Prompts eine schnelle und effektive Möglichkeit bieten, um Informationen zu erhalten, die für das Geschäftsleben relevant sind.

7. Mehrfach-Prompts

Manchmal kann es Sinn machen, in einen Prompt gleich mehrere Fragen einzubauen. Man spricht dann von einem **Mehrfach-Prompt.** Hier drei Möglichkeiten:

Komplexe-Aufgaben

Die Kombination aus **Listen-Prompt** (siehe Seite 39) und **Schritt-für-Schritt-Prompt** (siehe dazu Seite 44) kann eine äußerst wirksame Methode sein, um komplexe Aufgaben zu gliedern und zu organisieren. Mit dem Listen-Prompt werden zunächst alle relevanten Punkte und Aspekte der Aufgabe in einer Liste erfasst. Anschließend verwendet man den Schritt-für-Schritt-Prompt, um für jeden einzelnen Punkt der Liste detaillierte Anweisungen und Schritte zu erstellen.

Anwendungsbereiche der Methode

Diese Methode eignet sich in der Praxis beispielsweise für die Projektplanung, die Erstellung von Handbüchern oder die Organisation von Veranstaltungen. Durch die Kombination beider Prompts werden komplexe Aufgaben in überschaubare Schritte unterteilt und somit leichter bewältigt. Im persönlichen Kontext kann sie bei der Reiseplanung, der Erstellung von To-Do-Listen oder der Organisation von Haushaltsaufgaben hilfreich sein. Dabei wird die Arbeitsweise des Gehirns unterstützt, indem das Arbeitsgedächtnis entlastet und die Aufgaben auf mehrere Schritte verteilt werden.

Prompt-Beispiele aus der Geschäftswelt

„Erfasse alle relevanten Aspekte des neuen Produkts in einer Liste und erstelle anschließend detaillierte Anweisungen für jeden einzelnen Punkt, z. B. zur Marktforschung, Produktentwicklung, Marketingstrategie, Vertrieb und Verkauf."

„Erfasse alle relevanten Aspekte des Projekts in einer Liste und erstelle dann detaillierte Anweisungen für jeden einzelnen Punkt, z. B. zur Bedarfsanalyse, Konzeption, Implementierung, Überwachung und Evaluierung."

„Erfasse alle relevanten Aspekte der Veranstaltung in einer Liste und erstelle anschließend detaillierte Anweisungen für jeden einzelnen Punkt, z. B. zur Auswahl des Veranstaltungsorts, Gestaltung des Programms, Organisation von Catering und Equipment, Marketing und Vertrieb."

Tipps zur erfolgreichen Anwendung

- Formulieren Sie das Thema der Anfrage so klar wie möglich, um die bestmöglichen Vorschläge von ChatGPT zu erhalten.
- Seien Sie sich bewusst, dass ChatGPT ein Werkzeug ist und der generierte Text als Vorschlag zu verstehen ist, der gegebenenfalls weiter bearbeitet und angepasst werden muss.
- Achten Sie darauf, dass die Liste der Aufgaben oder Punkte nicht zu lang wird, um eine übersichtliche Struktur zu gewährleisten. Es kann hilfreich sein, die Liste in kleinere Abschnitte zu unterteilen und für jeden Abschnitt eine eigene Schritt-für-Schritt-Anleitung zu erstellen.
- Prüfen Sie die generierten Schritte auf ihre Praktikabilität und Durchführbarkeit und passen Sie sie gegebenenfalls nötig an. Überprüfen Sie auch die Verständlichkeit der Anweisungen, um sicherzustellen, dass sie von allen Beteiligten nachvollzogen werden können.

Fazit: Insgesamt stellt die Kombination von Listen-Prompt und Schritt-für-Schritt-Prompt eine äußerst effektive Methode dar, um komplexe Aufgaben zu strukturieren und zu organisieren. Durch die klare Gliederung und die detaillierten Anweisungen wird die Bewältigung der Aufgaben erleichtert und das Risiko von Fehlern minimiert.

Mehrfach-Listen

Eine Variante des Komlexen-Aufgabe-Prompts ist der **Mehrfach-Listen-Prompt.** Mit der Verwendung von Mehrfach-Listen-Prompts können Sie in einem einzigen Schritt detaillierte und präzise Antworten auf mehrere Ihrer Fragen erhalten. Im geschäftlichen Umfeld lassen sich Mehrfach-Listen-Prompts für eine Vielzahl von Anwendungsfällen nutzen.

Mehrfach-Listen-Prompt-Beispiel

"ChatGPT, nenne mir die zehn führenden Unternehmen in der Technologiebranche."

"Für jedes Unternehmen, liste das neueste Produkt auf, das sie eingeführt haben."

"Nenne die zehn häufigsten Gründe, warum Kunden die Produkte der führenden Unternehmen kaufen."

"Für jedes Produkt, liste die Top-Konkurrenten auf dem Markt auf."

Was sollten Sie bei der Anwendung beachten?

- Bevor Sie Mehrfach-Listen-Prompts nutzen, ist es wichtig, klare und präzise Fragen zu formulieren, um genaue Antworten zu erhalten.
- Achten Sie darauf, die Prompt-Formulierungen in einer logischen Reihenfolge zu kombinieren, um relevante Antworten zu bekommen.
- Es kann hilfreich sein, alternative Formulierungen für Ihre Eingaben auszuprobieren, um sicherzustellen, dass ChatGPT Ihre Anliegen richtig versteht.

Fazit: Mehrfach-Listen-Prompts sind ein nützliches Werkzeug, um relevante und detaillierte Informationen im Berufskontext abzurufen. Mit ihrer Hilfe können Sie präzisere Antworten auf ihre Fragen bekommen und schnell wichtige Informationen erhalten. Achten Sie darauf, klare und präzise Fragen zu stellen und die Prompt-Formulierungen in einer logischen Reihenfolge zu kombinieren, um die bestmöglichen Antworten zu bekommen.

Schritt-für-Schritt

Auch der Schritt-für-Schritt-Prompt ist eine Funktion, die es Ihnen ermöglicht, Vorschläge in Form von schrittweisen Anleitungen zu erhalten. Basierend auf Ihrem Prompt generiert ChatGPT automatisch einen Text, der Schritt-für-Schritt-Anleitungen enthält, um Sie durch einen bestimmten Prozess oder eine Aktivität zu führen.

Anwendungsmöglichkeiten

Der Schritt-für-Schritt-Prompt kann in verschiedenen Situationen nützlich sein. Im beruflichen Bereich kann er beispielsweise dazu verwendet werden, um einen Geschäftsplan zu erstellen, eine Marketingstrategie zu entwickeln oder ein Produkt zu entwerfen. Im persönlichen Kontext kann er zur Erstellung einer To-Do-Liste oder zur Planung einer Reise eingesetzt werden.

Beispiel-Prompts aus der Geschäftswelt

"Erstelle einen Marketingplan für unser neues Produkt. Bitte gib uns schrittweise Anweisungen zur Marktforschung, Zielgruppenbestimmung und Marketingstrategie."

"Entwickle ein Verkaufstrainingsprogramm für unsere neuen Mitarbeiter. Gib uns schrittweise Anweisungen zur Bedarfsanalyse, Konzeption des Trainings, Implementierung und Evaluation."

"Bitte erstelle eine schrittweise Anleitung zur Durchführung einer Marktforschung. Definiere das Forschungsziel, wähle die passende Methode, führe die Erhebung durch und analysiere die Ergebnisse."

Worauf sollte man bei der Anwendung achten?

- Bei der Verwendung des Schritt-für-Schritt-Prompts ist es wichtig, das Thema der Anfrage so klar wie möglich zu formulieren, damit ChatGPT den Nutzer bestmöglich unterstützen kann.
- Zudem sollten Sie sich bewusst sein, dass ChatGPT ein Werkzeug ist und dass der generierte Text nur als erster Vorschlag zu verstehen ist, der gegebenenfalls noch weiter bearbeitet und vertieft werden muss.

8. Perspektiven-Erweiterungs-Prompts

In der heutigen schnelllebigen Arbeitswelt ist es von großer Bedeutung, kritisches Denken und Reflexionsfähigkeit an den Tag zu legen, um fundierte Entscheidungen treffen zu können. Eine effektive Möglichkeit hierfür ist die Verwendung von **Perspektiven-Erweiterungs-Prompts.** Mit diesen können wir unsere Denkweise und Perspektive erweitern. Hier drei Varianten davon:

Gegenargument anführen

Der **Gegenargument-Prompt** ist eine Methode, die dazu dient, unsere eigene Position und Argumentation kritisch zu hinterfragen. Hierbei wird ChatGPT aufgefordert, eine gegenteilige Meinung zu einer Aussage einzunehmen, um ein besseres Verständnis für die Argumente der Gegenpartei zu entwickeln.

Die Anwendung des Gegenargument-Prompts kann uns helfen, unsere eigene Position zu überprüfen und zu verbessern. Indem wir die Perspektive der Gegenpartei einnehmen, können wir deren Argumente besser verstehen und unsere eigene Argumentation entsprechend anpassen.

Anwendung im beruflichen Kontext

Im beruflichen Kontext kann der Einsatz des Gegenargument-Prompts besonders nützlich sein, um Entscheidungen und Strategien aus verschiedenen Blickwinkeln zu betrachten. Sie können dadurch Ihre eigene Argumentation und Entscheidung kritischer hinterfragen und gegebenenfalls verbessern. Dies kann dazu beitragen, bessere Ergebnisse zu erzielen oder Konflikte zu lösen.

Hier sind einige Beispiel-Prompts

"ChatGPT, was sind die Hauptargumente gegen unsere geplante Strategie und wie können wir diese entkräften?"

"ChatGPT, welche Gründe sprechen gegen eine Zusammenarbeit mit unserem wichtigsten Konkurrenten und wie können wir diese entkräften?"

"ChatGPT, welche Bedenken und Vorbehalte haben unsere Kunden gegen unser Produkt und wie können wir diese ausräumen?"

Andere mögliche Prompt-Formulierungen

„Kannst du gegen diese Idee argumentieren?"
„Was sind Gründe gegen diesen Standpunkt?"
„Was wären die Argumente gegen diese Theorie?"
„Was ist die entgegengesetzte Position zu diesem Thema?"

Worauf bei der Formulierung von solchen Prompts zu achten ist

- Damit die Methode effektiv eingesetzt werden kann, sollten die Fragen klar und präzise formuliert werden.
- Die Fragen sollten auf das spezifische Thema oder Problem abgestimmt sein und offen genug sein, um verschiedene Antworten zuzulassen.
- Es ist auch wichtig, dass die Fragen aus einer neutralen und nicht-wertenden Perspektive gestellt werden.

Insgesamt ist der Gegenteil-Prompt eine effektive Methode, um die eigene Argumentation kritisch zu hinterfragen und gegebenenfalls zu verbessern.

Perspektive wechseln

Beim **Perspektivenwechsel-Prompt** wird ChatGPT gebeten, eine alternative Meinung zu einem bestimmten Thema oder Argument einzunehmen oder aus der Sicht einer bestimmten Person zu sprechen, um eine andere Perspektive oder Denkweise zu bekommen.

Der Zweck dieser Methode besteht darin, die Fähigkeit zur kritischen Reflexion und Analyse zu stärken. Indem wir andere Perspektiven und Standpunkte erkunden, können wir unsere eigenen Argumente und Meinungen besser verstehen und vertreten. Zudem fördert es unsere Empathie und trägt zu besserer Kommunikation und Zusammenarbeit bei.

Anwendung im beruflichen Kontext

Auch im beruflichen Kontext kann die Verwendung von Perspektivenwechsel-Prompts besonders hilfreich sein. So können Sie Ihre Arbeit und Ihre Entscheidungen aus verschiedenen Blickwinkeln betrachten und kritischer hinterfragen. Dadurch kann die Methode dazu beitragen, Konflikte aufzulösen oder die Zusammenarbeit zu verbessern.

Hier sind einige Beispiel-Prompts

"ChatGPT, aus der Perspektive eines Vorgesetzten: Wie könnte ich meine Leistung und Fähigkeiten verbessern, um eine Beförderung zu erhalten?"

"ChatGPT, aus der Perspektive eines Kunden, der sich für ein Konkurrenzprodukt entschieden hat: Was hat dazu geführt und was können wir tun, um zukünftig mehr Kunden für uns zu gewinnen?"

"ChatGPT, aus der Perspektive eines Lieferanten: Wie können wir unsere Zusammenarbeit verbessern, um die Qualität der gelieferten Produkte und Dienstleistungen zu erhöhen und Kosten zu senken?"

Mögliche andere Prompt-Formulierungen

„Gib mir eine andere Sichtweise auf diese Fragestellung.?“

„Kannst du eine alternative Perspektive auf diese Situation geben?“

Worauf bei der Formulierung von solchen Prompt zu achten ist

- Um die Methode effektiv anzuwenden, sollten klare und präzise Fragen gestellt werden, die zu einer tieferen Reflexion und Analyse führen.
- Die Fragen sollten auf das spezifische Thema oder Problem abgestimmt sein und offen genug sein, um verschiedene Antworten und Perspektiven zuzulassen.
- Es ist auch wichtig, dass die Fragen aus einer neutralen und nicht-wertenden Perspektive gestellt werden.

Insgesamt ist der Perspektivenwechsel-Prompt eine effektive Methode, um die Denkweise und Perspektive zu erweitern.

Pro-und-Contra

Der **Pro-und-Contra-Prompt** ist eine Methode, um Argumente für und gegen eine Aussage oder Entscheidung zu sammeln und zu analysieren. Dabei wird ChatGPT gebeten, eine Liste von Argumenten auf beiden Seiten einer Debatte zu erstellen, um eine umfassende Analyse durchzuführen und eine fundierte Entscheidung zu treffen.

Die Methode hilft dabei, die Fähigkeit zur kritischen Reflexion und Analyse zu verbessern. Durch die Identifizierung und Analyse von Argumenten auf beiden Seiten können Sie ein besseres Verständnis für ein Thema oder eine Entscheidung gewinnen und Ihre eigenen Argumente und Meinungen besser verteidigen.

Anwendung im beruflichen Kontext

Im beruflichen Kontext kann die Verwendung des Pro-und-Contra-Prompts besonders hilfreich sein. So können z.B. Führungskräfte verschiedene Entscheidungen oder Strategien analysieren und die Vor- und Nachteile abwägen, um eine fundierte Entscheidung zu treffen. Auch können Sie damit verschiedene Lösungen für ein Problem erarbeiten und deren Vor- und Nachteile abwägen.

Hier sind einige Beispiel-Prompts

"ChatGPT, welche Vor- und Nachteile hat die Verwendung einer neuen Software im Vergleich zur Beibehaltung der aktuellen Softwarelösung?"

"ChatGPT, welche Vor- und Nachteile hat das Arbeiten im Homeoffice im Vergleich zum Arbeiten im Büro?"

"ChatGPT, welche Vor- und Nachteile hat die Übernahme eines zusätzlichen Projekts im Vergleich zur Ablehnung aufgrund von Zeitmangel?"

Worauf bei der Formulierung von solchen Prompts zu achten ist

- Um die Methode effektiv anzuwenden, sollten klare und präzise Fragen gestellt werden, die zu einer umfassenden Analyse führen.
- Die Fragen sollten auf das spezifische Thema oder Problem abgestimmt sein und offen genug sein, um verschiedene Antworten und Perspektiven zuzulassen.
- Es ist auch wichtig, dass die Fragen aus einer neutralen und nicht-wertenden Perspektive gestellt werden.

Insgesamt ist der Pro-und-Contra-Prompt eine effektive Methode, um die Vor- und Nachteile einer Entscheidung oder Option zu analysieren und eine fundierte Entscheidung zu treffen. Egal ob als Führungskraft oder als Teammitglied, die Verwendung dieser Methode kann helfen, eine klarere Sicht auf die Situation zu bekommen.

9. Text-Analyse-Prompts

Textanalyse-Prompts sind Anweisungen, die ChatGPT dazu anregen, eine Analyse oder Zusammenfassung eines Textes zu erstellen. Dadurch können Sie einen Text gründlicher analysieren oder schneller zu verstehen, indem zum Beispiel verschiedene Aspekte des Textes identifiziert und beschrieben werden.

Anwendungsbereiche von Textanalyse-Prompts

Textanalyse-Prompts sind sowohl in der Geschäftswelt als auch im akademischen Bereich nützlich. Im Geschäftskontext dienen sie der Analyse von Geschäftsberichten, Marktforschungsberichten oder Kundenbewertungen. Im akademischen Umfeld werden sie zur Untersuchung von wissenschaftlichen Artikeln oder Büchern eingesetzt. Mithilfe von Analyse-Prompts lassen sich wichtige Informationen aus Texten extrahieren und effizient auswerten. Um aussagekräftige und relevante Ergebnisse zu erzielen, ist es wichtig, den Analysegegenstand klar zu definieren.

Beispiele für Textanalyse-Prompts

Zusammenfassungs-Prompt

„Fasse den Geschäftsbericht in drei Sätzen zusammen."
„Erstelle eine kurze Zusammenfassung des Kundenfeedbacks."
„Fasse den Forschungsbericht in einem Absatz zusammen."

Themen-Prompt

„Welche Hauptthemen behandelt die Marktanalyse?"
„Ermittle die Hauptthemen des Forschungsberichts."
„Welche Themen werden in dem Buch angesprochen?"

Meinungs-Prompt

„Welche Meinung vertritt der Autor im Leitartikel?"
„Ermittle die Position des Autors in der Produktrezension."
„Welche Meinung widerspiegelts sich in der Kundenbewertung?"

Vergleichs-Prompt

„Vergleiche die Meinungen in diesem Produkttest mit denen in einem ähnlichen Test."
„Vergleiche die Marktforschungsberichte der letzten zwei Jahre."
„Vergleiche die Geschäftsberichte von zwei konkurrierenden Unternehmen."

Struktur-Prompt

„Beschreibe die Struktur des Geschäftsberichts und ihren Beitrag zur Verständlichkeit."
„Analysiere die Struktur des wissenschaftlichen Artikels und erläutere, wie sie die Argumentation unterstützt."
„Beschreibe die Struktur des Romans und wie sie zum Verständnis der Handlung beiträgt."

Fazit: Textanalyse-Prompts sind ein effektives Instrument, um Texte aus verschiedenen Bereichen im Geschäftsleben zu untersuchen und besser zu verstehen. Durch den gezielten Einsatz von Analyse-Prompts können essenzielle Informationen aus Texten gewonnen und aufbereitet werden, was zu fundierten Entscheidungen und einem besseren Verständnis komplexer Sachverhalte führt.

Feedback erhalten

ChatGPT kann nicht nur Sachverhalte erklären, sondern auch wertvolles Feedback zu Ihren Texten geben. Ein **Um-Feedback-bitten-Prompt** ist eine Texteingabe, die das Sprachmodell auffordert, kritisches Feedback oder Verbesserungsvorschläge für Ihren Text (oder auch Ihre Idee) zu liefern.

Wozu können „Um-Feedback-bitten-Prompts“ verwendet werden?

Solche Prompts dienen dazu, eine objektive Meinung oder Verbesserungsvorschläge für Ihre Texte im beruflichen Umfeld zu erhalten. Sie können genutzt werden, um sicherzustellen, dass Ihre Texte klar, präzise und effektiv kommuniziert werden.

Beispiele für solche Prompts

"Bitte gib mir Feedback zu diesem Projektvorschlag und wie ich ihn verbessern kann."

"Bitte bewerte meinen Bericht und gib mir Ratschläge, wie ich ihn optimieren kann."

"Bitte überprüfe meine Präsentation und sage mir, ob ich wichtige Punkte übersehen habe?"

"Bitte gib mir dein Feedback zu diesem Verkaufstext und ob er überzeugend genug ist."

"ChatGPT, du bist ein erfahrener Kaufmann im Großhandel. Analysiere das Sentiment in den Kundenbewertungen unserer Produkte und identifiziere die Hauptgründe für positives und negatives Feedback."

"ChatGPT, du bist ein erfahrener Logopäde. Bitte gib mir Feedback zu meinem Therapieplan für einen Patienten mit selektivem Mutismus: 1) Entspannungsübungen, 2) Rollenspiele, 3) Belohnungssystem, 4) schrittweise Exposition und 5) Elterntraining."

Worauf Sie bei der Formulierung von Um-Feedback-bitten-Prompts achten sollten

- Bei der Verwendung von „Um-Feedback-bitten-Prompts" ist es wichtig, den Kontext und die Absicht Ihres Textes anzugeben, damit das Sprachmodell angemessenes Feedback liefern kann.
- Es kann hilfreich sein, präzise Fragen zu stellen, um gezielte Verbesserungsvorschläge zu erhalten.
- Beachten Sie, dass ChatGPT als KI-Modell nicht immer menschenähnliche Meinungen oder Gefühle in Bezug auf Ihre Texte haben wird. Daher ist es mitunter ratsam, auch menschliches Feedback einzuholen.

Spezial-Anwendung: Sie können einen Text mit der Version 3.5 erstellen lassen und diesen dann mit der Version 4 verbessern lassen, in dem Sie ChatGPT auf einen „erfahrenen Lektor" primen und den Text aus dieser Rolle heraus verbessern lassen. Das klappt hervorragend, probieren Sie es aus! (Wie ein solches Priming funktioniert, erfahren Sie auf Seite 67.)

Internetbeitrags-Analyse

Ein **Internetbeitrags-Analyse-Prompt** dient zur Auswertung von Artikeln im Internet. Dabei werden die wesentlichen Informationen identifiziert und der Standpunkt oder die Meinung des Autors ermittelt. Zudem dient die Analyse dazu, die Qualität des Artikels zu bewerten und mögliche Vor- oder Nachteile herauszufinden.

Anwendungsbereiche der Internetbeitrags-Analyse

Die Analyse kann für unterschiedliche Zwecke genutzt werden, beispielsweise um bei

- wissenschaftlichen Artikeln wichtige Fakten und Ergebnisse zu identifizieren
- Politischen Artikeln die Meinung des Autors zu verstehen und kritisch zu hinterfragen
- Produkten: Vor- und Nachteile des Produkts zu erkennen und zu bewerten

Beispiel-Prompts

„Welches sind die wichtigsten Fakten des folgenden Artikels? (Artikellink ...)"

„Welche Meinung vertritt der Autor in diesem Beitrag? (Artikellink ...)"

„Gibt es Vor- und Nachteile des in diesem Artikel beschriebenen Produkts? (Artikellink ...)"

„Welche Argumente bringt der Autor für seine Meinung in diesem Beitrag vor? (Artikellink ...)"

Schritt-für-Schritt-Anleitung zur Durchführung einer Analyse mit ChatGPT

1. Formulieren Sie Ihre Analysefrage und geben Sie diese in das Eingabefeld von ChatGPT ein.
2. Kopieren Sie den Link des zu analysierenden Artikels und fügen Sie ihn nach Ihrer Frage ein.
3. Drücken Sie die "Enter"-Taste oder klicken Sie auf die Schaltfläche "Absenden".
4. Warten Sie, bis ChatGPT den Artikel analysiert hat und Ihnen die Ergebnisse anzeigt.
5. Beachten Sie, dass ChatGPT keine automatische URL-Vorschau bietet. Stellen Sie daher sicher, dass der Link korrekt eingegeben wurde. Zudem kann ChatGPT lediglich Texte analysieren, weshalb die Analyse (noch) keine Bilder oder Videos berücksichtigt.

Tipps für eine erfolgreiche Internetbeitrags-Analyse mit ChatGPT

- Wählen Sie Artikel mit angemessener Länge und klarem Fokus.
- Seien Sie sich bewusst, dass ChatGPT keine vollständige Analyse bieten kann und kritische Reflexion sowie zusätzliche Recherche erforderlich sein können.

Fazit: Die Internetbeitrags-Analyse mithilfe von ChatGPT ist ein nützliches Werkzeug, um schnell und effektiv einen Überblick über einen Artikel zu erhalten. Allerdings sollten Sie stets eine kritische Haltung einnehmen und zusätzliche Recherchen durchführen, um ein umfassendes Verständnis des Themas zu erlangen.

Sentiment-Analyse

Die Sentiment-Analyse ermöglicht das Erkennen und Bewerten von Stimmungen, Meinungen oder Emotionen in Texten. Mit ChatGPT können Sie eine solche Analyse mithilfe eines einzigen Prompts durchführen.

Was ist ein Sentiment-Analyse-Prompt?

Ein **Sentiment-Analyse-Prompt** ist eine textbasierte Aufforderung, die an ein KI-Modell wie ChatGPT gesendet wird, um die Stimmung eines bestimmten Textes zu analysieren. Der Prompt besteht aus einer Anweisung oder Frage, die das Modell auffordert, die Emotionen im gegebenen Text zu untersuchen und eine passende Antwort zu erstellen.

Beispiel eines Sentiment-Analyse-Prompts

"Führe eine Sentiment-Analyse des folgenden Textes durch: 'Text einfügen'"

Das KI-Modell analysiert dann die Stimmung des Textes und generiert eine Antwort, wie zum Beispiel:

"Der Artikel setzt sich mit dem Thema Social Media auseinander und behandelt sowohl Vor- als auch Nachteile von Plattformen wie Facebook, Instagram und Co. Insgesamt ist der Ton des Artikels neutral, da er sowohl positive als auch negative Aspekte von Social Media beleuchtet, ohne eine klare

Tendenz in eine bestimmte Richtung aufzuweisen. Einige Passagen des Artikels haben jedoch einen leicht negativen Unterton, während andere Passagen einen positiven Ton aufweisen. Insgesamt bietet der Artikel eine ausgewogene und differenzierte Betrachtung des Themas Social Media."

Anwendungsmöglichkeiten der Sentiment-Analyse

Die Sentiment-Analyse kann in verschiedenen Branchen und Szenarien eingesetzt werden, zum Beispiel:

Kundensupport: Analyse von Kundenbewertungen oder -anfragen, um Probleme oder Beschwerden zu identifizieren.

Marketing: Untersuchung von Social-Media-Beiträgen, um die öffentliche Meinung über ein Produkt oder eine Marke zu erfassen.

Politik: Bewertung von Wahlkampfreden oder politischen Debatten, um die Stimmung der Wähler einzuschätzen.

Forschung: Analyse von Texten, um Emotionen und Meinungen zu bestimmten Themen zu untersuchen.

Analyse von Internetbeiträgen: Siehe dazu Seite 52: Internetartikel analysieren.

Wichtige Hinweise zur Anwendung

Bei der Verwendung der Sentiment-Analyse mit einem einzigen Prompt in ChatGPT sind einige Punkte zu beachten:

- **Klarheit:** Achten Sie darauf, dass der Prompt klar und verständlich ist, damit das KI-Modell die gewünschte Analyse durchführen kann.
- **Kontext:** Berücksichtigen Sie den Kontext des Textes, da dies die Genauigkeit der Analyse beeinflussen kann.
- **Ironie und Slang:** KI-Modelle können Schwierigkeiten haben, Ironie oder Slang zu erkennen. Achten Sie daher darauf, dass der zu analysierende Text klar und unmissverständlich ist.

- **Ergebnisse überprüfen:** KI-Modelle sind nicht perfekt und können Fehler machen. Daher ist es wichtig, die Ergebnisse der Sentiment-Analyse kritisch zu hinterfragen und gegebenenfalls manuell zu überprüfen.

Fazit: Zusammenfassend kann die Sentiment-Analyse mithilfe eines einzigen Prompts in ChatGPT in verschiedenen Anwendungsfällen eingesetzt werden, um die Stimmung oder Emotionen in einem Text zu erkennen und zu bewerten. Achten Sie dabei auf Klarheit und Kontext des Prompts, um die Genauigkeit der Analyse zu gewährleisten, und seien Sie sich der möglichen Einschränkungen von KI-Modellen bewusst.

10. Texte-schreiben-Prompts

Im Folgenden einige Prompt-Arten, die Ihnen bei der Erstellung von Texten helfen können.

Antwortstil anpassen

Falls Ihnen der Antwortstil von ChatGPT nicht zusagt, können Sie diesen mit einem **Antwortstil-anpassen-Prompt** jederzeit ändern. Teilen Sie einfach mit, welchen Schreibstil ChatGPT nutzen soll. Hier einige Beispiele:

1. **Informativer Stil:** Dient dazu, den Leser zu informieren oder zu schulen. Beispiel: Eine E-Mail, die den aktuellen Projektstatus, Fortschritte und nächste Schritte aufzeigt.
2. **Überzeugender Stil:** Hat das Ziel, den Leser von einer Handlung oder Meinung zu überzeugen. Beispiel: Eine E-Mail, die potenzielle Kunden zum Kauf eines Produkts oder einer Dienstleistung animiert, indem Vorteile und Nutzen betont werden.
3. **Beschreibender Stil:** Veranschaulicht Menschen, Orte, Objekte oder Ereignisse. Beispiel: Eine E-Mail, die ein neues Produkt und dessen Funktionen, Merkmale und Anwendungsbereiche erläutert.

4. **Emotionaler/Inspirierender Stil:** Weckt starke Gefühle oder Emotionen und inspiriert oder motiviert den Leser. Beispiel: Eine E-Mail, die Leidenschaft und Engagement für ein Projekt oder eine Idee betont und den Empfänger zur Aktivität anregt.

5. **Humorvoller Stil:** Soll lustig oder amüsant sein. Beispiel: Eine E-Mail, die eine witzige Geschichte oder Anekdote erzählt, um das Interesse des Empfängers zu wecken oder ihn zu unterhalten.

6. **Eleganter Stil:** Zeichnet sich durch Anmut oder Raffinesse aus. Beispiel: Ein formeller Brief oder eine E-Mail, die einen höflichen und respektvollen Ton wählt, um eine wichtige Botschaft zu vermitteln.

7. **Leidenschaftlicher Stil:** Steckt voller Energie und Emotionen, meist mit einem Fokus auf persönlichen Überzeugungen oder Werten. Beispiel: Eine E-Mail, die die Leidenschaft des Absenders für eine bestimmte Sache oder einen bestimmten Zweck ausdrückt und andere dazu ermutigt, sich ebenfalls dafür einzusetzen.

8. **Provokativer Stil:** Fordert oder provoziert den Leser heraus, oft mit einer kontroversen oder unkonventionellen Meinung. Beispiel: Eine E-Mail, die eine kontroverse Frage oder Ansicht aufwirft, um eine Diskussion oder Debatte anzuregen.

9. **Sinnlicher Stil:** Spricht die Sinne oder Emotionen an. Beispiel: Eine Werbe-E-Mail für ein Wellness-Angebot, das die sinnlichen Aspekte von Entspannung, Genuss und körperlicher Erholung betont.

10. **Einfühlsamer Stil:** Zeigt Sensibilität oder Empathie, meist mit Fokus auf Verständnis oder Mitgefühl. Beispiel: Ein Brief oder eine E-Mail, die Verständnis, Empathie und Trost für einen Mitarbeiter oder Kollegen in einer schwierigen Situation ausdrückt.

11. **Unpersönlicher Stil:** Soll objektiv oder distanziert sein, oft mit Fokus auf unpersönliche Themen oder Konzepte. Beispiel: Eine E-Mail, die sachliche Informationen, Fakten oder Zahlen enthält, ohne einen persönlichen Bezug oder eine emotionale Komponente.

Beispiel-Prompt

"ChatGPT, ich benötige eine E-Mail im inspirierenden Stil, die Leidenschaft und Engagement für ein Umweltschutzprojekt betont und den Empfänger dazu anregt, aktiv zu werden. Bitte erstelle diese E-Mail für mich."

Worauf bei der Formulierung von Schreibstil-Prompts zu achten ist

- Um eine effektive Kommunikation bei Schreibstil-Anpassungs-Prompts zu gewährleisten, sollten Sie die gewünschte Stiländerung klar formulieren und genügend Kontext liefern.
- Dabei sind mitunter auch die Zielgruppe, der Zweck der Texterstellung und eine angemessene Länge zu berücksichtigen.

Durch das Beachten dieser Aspekte können Sie die Qualität der Ergebnisse verbessern und sicherstellen, dass ChatGPT Ihren Erwartungen besser entspricht.

Eigenen Schreibstil vorgeben

Ein Kritikpunkt an ChatGPT sei seine Unfähigkeit, Inhalte bereitzustellen, die individuell auf den Nutzer zugeschnitten ist. Mit einem **Eigenen-Schreibstil-verwenden-Prompt** können Sie das Sprachmodell dazu auffordern, Ihren individuellen Stil zu imitieren und personalisierte Antworten zu liefern. Um den eigenen Schreibstil für ChatGPT greifbar zu machen, empfiehlt es sich zuerst den eigenen Stil analysieren und beschreiben zu lassen.

Beispiel: *"Analysiere meinen Schreibstil basierend auf dem folgenden Text in Klammer und gib mir eine Beschreibung meines Schreibstils."*

Dann können Sie neue Texte in Ihrem Schreibstil erstellen lassen:

Beispiel: *„Schreibe mir einen Text zum Thema xy mit ungefähr 500 Worten in meinem Schreibstil."*

Tipps für Eigene-Schreibstil-Prompts

- Geben Sie klare Anweisungen und stellen Sie Beispiele Ihres gewünschten Stils bereit.
- Nennen Sie den Kontext oder die Zielgruppe, um die Antwortgenauigkeit und Stilangleichung zu verbessern.
- Je mehr Texte ChatGPT von Ihnen verarbeitet hat, desto besser kann das Modell Ihren Stil imitieren.

Durch den Einsatz von **Eigene-Schreibstil-Prompts** erhalten Sie personalisierte und authentische Antworten von ChatGPT, die Ihrem individuellen Stil entsprechen.

E-Mail-schreiben

ChatGPT ist ein Experte darin, das Verfassen von E-Mails zu unterstützen. Ein **E-Mail-schreiben-Prompt** ist eine Texteingabe, die das Sprachmodell auffordert, eine E-Mail zu einem bestimmten Thema oder Zweck zu verfassen. Solche Prompts dienen dazu, die Erstellung von E-Mails im beruflichen Kontext zu erleichtern und Zeit zu sparen.

Beispiele für solche Prompts

"Verfasse eine E-Mail, um einen Terminvorschlag für ein Geschäftstreffen zu machen."

"Schreibe eine E-Mail an einen Kunden, um eine Preiserhöhung anzukündigen."

"Verfasse eine E-Mail an einen Lieferanten, um über eine Verspätung der Lieferung zu informieren."

"Könntest du eine E-Mail schreiben, um eine Präsentation vorzubereiten und um Feedback zu bitten?"

"Bitte verfasse eine E-Mail, um ein Projektupdate an die Teammitglieder zu senden."

Worauf man bei E-Mail-schreiben-Prompts achten sollte

- Bei der Verwendung von E-Mail-schreiben-Prompts ist es wichtig, präzise und klare Formulierungen zu nutzen, um sicherzustellen, dass das Sprachmodell die gewünschte E-Mail liefert.

- Es kann hilfreich sein, den Kontext, die Zielgruppe und den Zweck der E-Mail anzugeben, um die Genauigkeit und Relevanz der Antwort zu erhöhen.

- Es ist ratsam, die vom Sprachmodell generierte E-Mail vor dem Versand sorgfältig zu prüfen und gegebenenfalls anzupassen, um sicherzustellen, dass sie den Anforderungen und dem gewünschten Ton entspricht.

Fazit: E-Mail-schreiben-Prompts können bei der Erstellung professioneller und effektiver E-Mails im beruflichen Kontext hilfreich sein. Es ist jedoch stets wichtig, die Richtigkeit, Vollständigkeit und Angemessenheit der bereitgestellten E-Mails zu überprüfen.

Erzähl-Prompt

GPT ist ein leistungsstarker, KI-basierter Sprachgenerator mit vielfältigen Anwendungsmöglichkeiten. Eine weitere nützliche Funktionen von ChatGPT ist die Generierung von **Erzähl-Prompts**, die als kreative Ausgangspunkte für Geschichten oder Erzählungen dienen können.

Was ist ein Erzähl-Prompt?

Ein Erzähl-Prompt bei ChatGPT ist eine kurze Anweisung oder ein Satz, der dazu dient, eine Geschichte oder Erzählung zu initiieren oder zu inspirieren. ChatGPT generiert seine Antwort basierend auf seiner umfangreichen Textdatenbank.

Mögliche Anwendungen im Geschäftskontext

Erzähl-Prompts können für diverse Zwecke im Geschäftsbereich verwendet werden. Sie sind hilfreich für Brainstorming-Sitzungen, kreative Schreibprozesse, das Verfassen von Marketingtexten oder die Entwicklung neuer

Geschäftsideen. Die Nutzung von Erzähl-Prompts fördert sowohl Kreativität als auch Vorstellungskraft und eröffnet neue Ideen und Perspektiven.

Beispiele für Erzähl-Prompts

„Verfasse eine Geschichte über einen Vertriebsmitarbeiter, der einen großen Kunden verliert und versucht, ihn zurückzugewinnen.“

„Erzähle die Geschichte eines Unternehmens, das während der Pandemie sein Geschäftsmodell anpassen musste, um zu überleben.“

„Schreibe eine Geschichte über ein Start-up, das eine innovative Lösung für ein alltägliches Problem gefunden hat.“

Wichtige Hinweise zur Anwendung

- Bei der Nutzung von Erzähl-Prompts ist es entscheidend, darauf zu achten, dass die generierten Geschichten oder Erzählungen im Einklang mit den Unternehmenswerten und -richtlinien stehen.
- Es empfiehlt sich zudem, die Ergebnisse mit einem Redakteur oder Kollegen zu überprüfen, um sicherzustellen, dass sie klar, verständlich und relevant sind.

ChatGPT bietet durch die Erzähl-Prompts eine kreative und inspirierende Möglichkeit, neue Ideen und Perspektiven im Geschäftsbereich zu fördern und zu entwickeln.

Prompt-Vorlagen erstellen

Eine Prompt-Vorlage ist ein vorformulierter Text oder eine Nachricht mit Platzhaltern für bestimmte Informationen, ähnlich wie eine E-Mail-Vorlage. ChatGPT ist sehr gut darin, solch vorformulierte Texte oder Nachrichten mit Platzhaltern zu erstellen.

Ein Beispiel

"Betreff: Anfrage zu [Information]

Liebe(r) [Name],

ich hoffe es geht Ihnen gut und die Geschäfte laufen nach Plan. Ich schreibe Ihnen, da ich Informationen zum Thema [Thema] suche. Wenn Sie mir [spezifische Informationen] zur Verfügung stellen könnten, wäre ich Ihnen sehr dankbar.

Vielen Dank für Ihre Zeit und Unterstützung.

Mit freundlichen Grüßen,

[Ihr Name]"

Worauf Sie bei Erstellen von Prompt-Vorlagen achten sollten

- Bei der Verwendung solcher Prompts ist es wichtig, präzise und klare Formulierungen zu nutzen, um sicherzustellen, dass das Sprachmodell die gewünschte Vorlage liefert.
- Es kann hilfreich sein, den Kontext oder die spezifische Anwendung der Vorlage anzugeben, um die Genauigkeit der Antwort zu erhöhen. Sie können dazu auch die vielen Vorlagen in der auf Seite .... beschriebenen AIPRM-Erweiterung nutzen
- Überprüfen Sie stets die Richtigkeit, Vollständigkeit und Formulierungen der bereitgestellten Informationen und passen Sie sie entsprechend an.

Schreibstil klonen

Schreibstilklonen-Prompts dienen dazu, den Stil oder Ton eines bestimmten Autors, einer Epoche oder eines Genres nachzuahmen. Sie ermöglichen es, Texte zu erstellen, die dem gewünschten Stil entsprechen, um so eine konsistente und ansprechende Schreibweise zu gewährleisten.

Beispiele für solche Prompts sind:

"Schreibe einen Ratgeber im Stil von Dale Carnegie."

"Verfasse einen Blogbeitrag im Tonfall von Stephen Covey."

"Erstelle einen Bericht im Stil der Romantik."

Worauf Sie beim Formulieren von solchen Prompts achten sollten

- Bei der Verwendung von „Schreibstil-klonen-Prompts" ist es wichtig, den gewünschten Stil oder Ton deutlich zu benennen, damit das Sprachmodell die angemessene Schreibweise anwenden kann.

- Es kann hilfreich sein, Beispiele oder Referenzen aus den Originaltexten des gewählten Stils bereitzustellen, um die Genauigkeit und Authentizität der Nachahmung zu erhöhen.

Fazit: Schreibstil-klonen-Prompts sind ein nützliches Werkzeug, um kreatives Schreiben zu fördern und den Ton oder Stil eines bestimmten Autors, einer Epoche oder eines Genres nachzuahmen. Bei der Verwendung solcher Prompts ist es jedoch wichtig, den gewünschten Stil präzise zu definieren und gegebenenfalls Beispiele oder Referenzen bereitzustellen, um die Qualität der Nachahmung zu gewährleisten.

Umgekehrte Pyramide

Der **umgekehrte-Pyramide-Methoden-Prompt** veranlasst ChatGPT eine Schreibstrategie anzuwenden, bei der wichtige Informationen zuerst präsentiert und anschließend in absteigender Reihenfolge sortiert werden. Diese Methode eignet sich besonders für journalistische Berichte, Präsentationen und andere Textarten. Durch die Interaktion mit künstlicher Intelligenz wie ChatGPT kann diese Methode auf eine neue Ebene gehoben werden, indem zusätzliche Ideen und Informationen generiert werden.

Anwendungsgebiete der Methode mit ChatGPT

Die umgekehrte Pyramide-Methode kann dabei helfen, den Text klar und prägnant zu strukturieren, sodass wichtige Informationen zuerst präsentiert werden. Verwenden Sie die umgekehrte Pyramide-Methode in Kombination mit ChatGPT, um automatisch erstellte Texte zu strukturieren. Diese Methode kann in verschiedenen Kontexten nützlich sein, z.B. für die Erstellung von Berichten, Artikeln, Blogbeiträgen oder sogar für die Erstellung von Marketingtexten.

Beispiel-Prompts

"Verfasse einen Artikel über die Vorteile von Chatbots für Unternehmen unter Anwendung der umgekehrten Pyramide-Methode."

"Erstelle einen Blogbeitrag über die besten Übungen zur Stärkung der Rumpfmuskulatur unter Anwendung der umgekehrten Pyramide-Methode."

"Schreibe eine Pressemitteilung über die Einführung unseres neuen Produkts unter Anwendung der umgekehrten Pyramide-Methode."

Tipps zur Anwendung

- Es ist wichtig, sicherzustellen, dass Ihre Texte klare und präzise Informationen enthalten und gut strukturiert sind, um sicherzustellen, dass Ihre Leser die wichtigsten Informationen zuerst erhalten.
- Geben Sie ChatGPT klare und präzise Anweisungen, um Ihre Texte entsprechend der umgekehrten Pyramide-Methode zu strukturieren.

Fazit: Die umgekehrte Pyramide-Methode ist eine effektive Schreibstrategie, die in Kombination mit ChatGPT als Schreibwerkzeug genutzt werden kann, um automatisch Texte zu erstellen. Mit dieser Methode können Sie wirkungsvolle und informative Texte verfassen, die Ihre Leser ansprechen und informieren.

Zielgruppe definieren

Zielgruppen-Prompts dienen dazu, den Schreibstil, die Sprache und den Inhalt eines Textes an eine spezifische Zielgruppe anzupassen. Sie können genutzt werden, um die Relevanz und Verständlichkeit eines Textes für verschiedene Altersgruppen, Bildungsniveaus oder Interessensgebiete zu optimieren.

Beispiele für solche Prompts

"Erkläre den Begriff ROI (Return on Investment) in einfacher Sprache, sodass ein Neuling im Bereich der Finanzen es verstehen kann."

"Beschreibe die Unterschiede zwischen einer AG und einer GmbH für ein Publikum ohne juristischen Hintergrund."

"Schreibe einen Blogbeitrag über Umweltverschmutzung durch Plastikmüll im Stil der Zeitung 'Die Zeit', aber so, dass ihn ein 12-Jähriger gut verstehen kann."

Worauf Sie bei Zielgruppen-Prompts achten sollten

- Bei der Verwendung von Zielgruppen-Prompts ist es wichtig, die Bedürfnisse und das Verständnisniveau der Zielgruppe klar zu formulieren, um eine angemessene und zielgerichtete Antwort zu erhalten.
- Es kann hilfreich sein, den gewünschten Schreibstil, mögliche Einschränkungen oder zusätzliche Anforderungen, wie z.B. das Vermeiden von Fachjargon, zu spezifizieren.

Fazit: Zielgruppen-Prompts können Ihnen dabei helfen, einen Text besser auf die Bedürfnisse der gewünschten Leserschaft abzustimmen und so die Kommunikationseffizienz zu erhöhen. Dabei ist es wichtig, die Zielgruppe, den Schreibstil und die inhaltlichen Anforderungen klar zu definieren.

Teil III: ChatGPT-Priming

Für eine optimale Nutzung von ChatGPT im beruflichen Umfeld ist es wichtig den Prompt so zu formulieren, dass die gewünschte Antwort auch das bestmögliche Ergebnis liefert. Hier kommt das sogenannte **ChatGPT-Priming** ins Spiel. Priming ist ein psychologisches Konzept, bei dem Wahrnehmung oder Reaktionen auf einen Reiz durch vorherige Reize beeinflusst werden. Im Zusammenhang mit ChatGPT bedeutet das, dass die KI durch gezielte Vorinformationen besser auf die gestellte Frage reagieren kann.

Vergleichen Sie ChatGPT mit einem erfahrenen Sommelier in einem erstklassigen Restaurant. Mit dem richtigen Hinweis kann der Sommelier eine passende Weinempfehlung aussprechen, die genau Ihrem Geschmack und Ihren Präferenzen entspricht. Dabei ist das Prinzip des "Priming" entscheidend – es fungiert wie ein Schlüssel, der dem Sommelier ermöglicht, den idealen Wein aus der umfangreichen Weinkarte auszuwählen.

Im Folgenden erhalten Sie Informationen darüber, wie Sie ChatGPT durch sogenanntes **Persona-Priming** effektiv nutzen können, um jene präzisen Informationen und Antworten zu bekommen, die Sie benötigen. Sie erfahren, wie Sie durch Hinzufügen relevanter Stichworte und Kontexte vor Ihrer eigentlichen Frage ChatGPT auf Ihre Bedürfnisse und Anforderungen ausrichten können. Dadurch werden Ihre Interaktionen mit der Künstlichen Intelligenz zielgerichteter und effizienter.

Personas erstellen

Effektive Nutzung von Persona-Prompts zur Verbesserung von Antworten

ChatGPT ist eine künstliche Intelligenz, die menschenähnliche Antworten auf Fragen und Anfragen liefert. Um genauere und relevantere Antworten zu erzielen, empfiehlt es sich, ChatGPT mithilfe von **Persona-Prompts** in eine bestimmte Rolle oder Persona zu versetzen. Diese Prompts dienen als **"Priming"** und unterstützen ChatGPT, um bessere Antworten zu generieren.

Vorteile von Persona-Priming

Mit Persona-Prompts kann ChatGPT die Eigenschaften und Fähigkeiten einer bestimmten Rolle nutzen, um gezielte Antworten zu geben. Zum Beispiel ermöglicht ein Persona-Prompt, der ChatGPT als erfahrenen Projektmanager darstellt, fundiertere Antworten im Bereich Projektmanagement. Dadurch kann ChatGPT Ihre individuellen Bedürfnisse erfüllen und Ihne maßgeschneiderte Ideen, Vorschläge oder Antworten anbieten.

Beispiel: Persona-Priming-Prompt

"ChatGPT, ich möchte, dass du die Rolle eines Eventmanagers einnimmst. Du verfügst über umfassendes Wissen in den Bereichen Veranstaltungsplanung, Marketing, Budgetierung und Logistik. Du bist in der Lage, Ratschläge zur Planung und Durchführung von erfolgreichen Veranstaltungen zu geben und kannst Empfehlungen zu Veranstaltungsorten, Dienstleistern und Promotion-Strategien anbieten."

Einstiegsformulierungen

Folgende Formulierungen eignen sich, um ChatGPT in eine bestimmte Persona oder Rolle zu versetzen und dadurch zielgerichtete und relevante Antworten zu erhalten:

„ChatGPT, ich möchte, dass du als erfahrener ... antwortest. In dieser Rolle verfügst du über ...“
"ChatGPT, als erfahrener ..."
"ChatGPT, in der Rolle eines/einer ..."
"ChatGPT, stelle dir vor, du wärst ein/e ..."
"ChatGPT, angenommen, du bist ein/e ..."
"ChatGPT, mit den Fähigkeiten eines/einer ..."
"ChatGPT, als Experte/Expertin für ..."
"ChatGPT, unter der Annahme, dass du ein/e ..."
"ChatGPT, mit dem Hintergrund eines/einer ..."
"ChatGPT, aus der Perspektive eines/einer ..."

Tipps zur Erstellung von Persona-Prompts

- Beim Erstellen von Persona-Prompts ist es wichtig, präzise und ausführlich zu sein. Beschreiben Sie die spezifischen Eigenschaften und Fähigkeiten der gewünschten Rolle genau. Konkrete Beispiele erleichtern das Verständnis von ChatGPT
- Es kann hilfreich sein, weitere relevante Eigenschaften und Fähigkeiten zu nennen, um ChatGPT optimal auf den Nutzer abzustimmen.
- Achten Sie darauf, nicht zu viele Eigenschaften und Fähigkeiten aufzulisten, da dies ChatGPT überfordern und zu ungenauen Antworten führen kann. Fokussieren Sie sich auf die wichtigsten und für die jeweilige Fragestellung relevanten Aspekte.

In Teil V dieses Ratgebers finden Sie für jeden der 100 aufgeführten Berufe einen passenden Persona-Prompt. Sollte Ihr Beruf nicht dabei sein, können Sie den folgenden **Persona-Kreations-Prompt** verwenden, um die entsprechenden Persona-Eigenschaften zu erstellen:

Persona-Kreations-Prompt

„ChatGPT, ich möchte, dass du in weiterer Folge als (...) antwortest.

Bevor du diese Rolle einnimmst, möchte ich dich noch auf diese Rolle primen. Überlege, welche spezifischen Eigenschaften und Fähigkeiten du dir selbst noch geben sollst, um in dieser Rolle die besten Antworten geben zu können.

Baue diese Eigenschaften in deine Antwort ein und formuliere diese als Prompt (Beispiel: "ChatGPT, ich möchte, dass du die Rolle eines/einer ... einnimmst. Du verfügst über ... und ... usw.").

Beginne deine Antwort mit: "ChatGPT, ich möchte ..." und beende sie nach der Auflistung der letzten Eigenschaft."

Schreiben sie Ihren Beruf in die Klammer des ersten Satzes. Z.B. *„ChatGPT, ich möchte, dass du in weiterer Folge als Zerspannungstechniker antwortest."* Und fügen Sie dann den ganzen Prompttext in die ChatGPT-Eingabezeile ein.

ChatGPT liefert Ihnen dann einen Persona-Prompt. Kopieren Sie diesen und fügen Sie ihn am besten in ein leeres Textdokument (z.B. Word) ein. Lesen Sie diesen dann sorgfältig durch und streichen oder ergänzen Sie die vorgeschlagenen Eigenschaften. Schreiben Sie dann Ihre konkrete Anfrage gleich im Anschluss. (z.B. *Du bist jetzt ein erfahrener Zerspannungstechniker. Was kann ich tun, um folgende Probleme bei ... zu beheben?)*

ChatGPT antwortet dann gezielt als erfahrener „Zerspannungstechniker" und gibt Ihnen konkretere Antworten auf Ihre Frage.

Ich empfehle Ihnen, den Unterschied zwischen Prompt-Frage ohne Persona-Priming und derselben Frage, nach dem Persona-Primen einfach einmal auszuprobieren und auf die möglichen Qualitätsunterschiede in der Antwort zu achten. Testen Sie das ruhig auch einmal mit der Version 3.5 und dann einmal mit der Version 4.0. Sie werden feststellen, dass die Version 4.0 um Welten bessere Antworten liefert.

Fazit: Der Einsatz von **Persona-Priming-Prompts** in ChatGPT trägt dazu bei, genauere und relevantere Antworten zu erzielen. Indem ChatGPT eine bestimmte Rolle oder Persona einnimmt, kann es gezielt auf Ihre Bedürfnisse eingehen. Achten Sie bei der Erstellung von Persona-Prompts darauf, präzise und relevant zu sein, um ChatGPT bestmöglich auf die Anforderungen des Nutzers abzustimmen.

Teil IV: 20 Kreativitätstechniken mit ChatGPT

ChatGPT ist ein leistungsstarkes KI-Modell, das sich hervorragend zur Unterstützung bewährter Kreativitätstechniken aus dem Business-Coaching eignet. Sie können ChatGPT immer ganz einfach nutzen, indem Sie beispielsweise Aufforderungen wie *"ChatGPT, gib mir Ideen, wie ich..."* oder *"Welche Lösungen empfiehlst du für dieses Problem*?" oder *"Wie treffe ich eine Entscheidung bei...?"* verwenden. Die Kombination von Kreativitätstechniken mit ChatGPT kann jedoch den Kreativprozess beschleunigen, optimieren und das assoziative Denken fördern, indem neue Verbindungen zwischen Ideen durch das Generieren von Ideen, Begriffen und Konzepten geschaffen werden.

Hier sind fünf Vorteile der Verknüpfung von Kreativitätstechniken mit ChatGPT

- **Beschleunigung des Kreativprozesses:** ChatGPT ermöglicht eine schnelle Generierung von Ideen und gestaltet den Kreativprozess effizienter.
- **Erleichterung von Perspektivwechseln:** ChatGPT unterstützt das Einnehmen alternativer Standpunkte oder Sichtweisen, um eine umfassendere Betrachtung von Fragestellungen zu ermöglichen.
- **Schaffung neuer Verbindungen:** Durch das Kombinieren von Ideen und Konzepten entstehen neue, innovative Verknüpfungen.
- **Steigerung der Effektivität von Kreativprozessen:** Die Nutzung von KI-gestützten Techniken führt zu einem effizienteren und zielgerichteteren Kreativprozess.
- **Verbesserung der Qualität kreativer Lösungen:** Die Verbindung von menschlicher Kreativität mit der Leistungsfähigkeit von KI-Modellen ermöglicht die Entwicklung hochwertiger, innovativer Lösungen.

Im Folgenden finden Sie 20 verschiedene Kreativitätstechniken aus den Bereichen Ideenfindung, Problemlösung und Entscheidungsfindung, die in Verbindung mit ChatGPT besonders effektiv eingesetzt werden können. Es ist wichtig zu beachten, dass einige Techniken und Methoden auch in anderen Bereichen anwendbar sind. So kann beispielsweise die "6-Hüte-Methode" nicht nur zur Ideenfindung, sondern auch zur Problemlösung und Entscheidungsfindung angewendet werden.

Einen Überblick über die angeführten Techniken und Methoden sehen Sie hier. (Übrigens: Diese Tabelle habe ich mit Hilfe von ChatGPT erstellt. Wie das Erstellen von Tabellen funktioniert, lesen Sie auf Seite 32)

Methode	Ideenfindung	Problemlösung	Entscheidungsfindung
10-10-10-Methode			X
5-Why-Verfahren		X	
6-Hüte-Methode		X	X
ABC-Technik	X	X	
Brainstorming	X	X	X
Ishikawa-Methode		X	
Lateral-Thinking	X	X	X
Methode 635	X	X	
Multi-Kriterien-Analyse			X
PAS-Methode		X	
Pareto-Analyse		X	X
Reframing	X	X	X
SAMPER-Methode	X	X	X
SCORE-Methode	X	X	X
SOAP	X		
SWOT-Analyse			X
Tetralemma-Ansatz		X	X
Umkehr-Brainstorming	X	X	
Walt-Disney-Strategie		X	
WWAD-Methode	X	X	X

Bei den angeführten Kreativitätstechniken habe ich mich auf wesentliche Informationen zur möglichen Anwendung der Techniken und Methoden beschränkt. Wenn Sie tiefgreifenderes Infos zu einer Methode möchten, nutzen Sie doch einfach ChatGPT. Der Chatbot kann Ihnen zum Beispiel eine Vielzahl von Büchern empfehlen, zusammenfassen oder Fragen zum Inhalt beantworten. Wie Sie ChatGPT zur Buchrecherche nutzen können, lesen Sie auf Seite 104.

Ideenfindung

Die Ideenfindung spielt eine zentrale Rolle im Berufsalltag. Sie ist entscheidend für die Entwicklung neuer Produkte, die Erarbeitung von Konzepten oder die Lösung komplexer Probleme. Erfolgreiche Projekte basieren auf kreativen Ideen, die durch verschiedene Methoden gefördert werden können. Die Einbindung von ChatGPT in den Ideenfindungsprozess ermöglicht es, neue Perspektiven und Impulse zu gewinnen, um innovative Lösungen zu entwickeln. Auf den folgenden Seiten stelle ich Ihnen in alphabetischer Reihenfolge bewährte Methoden zur Ideenfindung vor, die durch den Einsatz von ChatGPT noch effektiver gestaltet werden können.

6-Hüte-Methode

Die **Sechs-Hüte-Methode** ist eine kreative Denktechnik, entwickelt von Edward de Bono, mit dem Ziel, Denkprozesse strukturierter und effizienter zu gestalten. Sie unterstützt dabei, unterschiedliche Perspektiven auf ein Problem oder eine Fragestellung einzunehmen und somit neue Lösungsansätze zu erarbeiten.

Relevanz im Berufsleben

In der Arbeitswelt findet die Sechs-Hüte-Methode Anwendung in Bereichen wie Ideenfindung, Problemlösung und Entscheidungsfindung. Mithilfe von

ChatGPT als Werkzeug kann diese Methode noch effektiver genutzt werden.

Die sechs Hüte im Überblick

Die Sechs-Hüte-Methode gliedert das Denken in sechs verschiedene Perspektiven oder Hüte:

1. **Weißer Hut** – Fakten und Daten: Hierbei liegt der Fokus auf verfügbaren Informationen.
2. **Roter Hut** – Emotionen und Intuition: Dieser Hut erlaubt das Ausdrücken persönlicher Meinungen und Bauchgefühle.
3. **Schwarzer Hut** – Negative Aspekte und Risiken: Ziel ist es, potenzielle Probleme und Gefahren zu erkennen.
4. **Gelber Hut** – Positive Aspekte und Chancen: Hier werden mögliche Vorteile und Gelegenheiten identifiziert.
5. **Grüner Hut** – Kreativität und Innovation: In dieser Phase werden neue Ideen und Ansätze entwickelt.

Blauer Hut – Metakognition: Hier erfolgt Reflexion und Organisation des eigenen Denkprozesses.

Der Nutzen dieser Methode besteht darin, dass jeder Hut eigene Schwerpunkte und Fragestellungen hat, die nacheinander bearbeitet werden können. Durch das systematische Einnehmen verschiedener Perspektiven kann man Probleme und Fragestellungen bewusster und strukturierter angehen.

Praxisbeispiel

Angenommen Sie möchten eine neue Marketingstrategie entwickeln. Die Sechs-Hüte-Methode kann dabei helfen, die Strategie zu optimieren. Sie instruieren ChatGPT nacheinander die verschiedenen Hüte aufzusetzen und zu aus der jeweiligen Sicht zu antworten.

Ein Beispiel-Start-Prompt könnte lauten

"ChatGPT, ich möchte eine neue Marketingstrategie entwickeln. Bitte verwende die Sechs-Hüte-Methode, um mir dabei zu helfen, verschiedene Perspektiven einzunehmen und kreative Ideen zu generieren." Nach der Antwort von ChatGPT schreiben Sie zum Beispiel einfach: *„Gut dann starten wir"* und schon sind Sie im Dialog.

Tipps zur Formulierung von Sechs-Hüte-Prompts

Bei der Erstellung von Sechs-Hüte-Prompts ist darauf zu achten, dass sie klar und präzise formuliert sind und das Problem oder die Fragestellung deutlich umreißen.

Fazit: Die Sechs-Hüte-Methode von Edward de Bono ist ein wertvolles Instrument für kreatives Denken im beruflichen Umfeld. Durch die Integration von ChatGPT als Hilfsmittel wird diese Methode noch effektiver, um zügig und unkompliziert unterschiedliche Perspektiven einzunehmen und innovative Lösungsansätze zu entwickeln. Das sequenzielle Aufsetzen der verschiedenen Hüte trägt dazu bei, das Denken strukturierter und effizienter zu gestalten.

ABC-Technik

Ein kreativer Ansatz für strukturiertes Denken

Die **ABC-Methode** ist eine kreative Technik, die häufig zum Organisieren von Gedanken und Ideen eingesetzt wird. Dabei werden zu vorgegebenen Anfangsbuchstaben jeweils Begriffe überlegt, die in Zusammenhang mit dem jeweiligen Thema stehen. In diesem Fall generiert ChatGPT zufällige Begriffe, die mit den Buchstaben des Alphabets beginnen, um Ihnen dabei zu helfen, kreativer und strukturierter zu denken.

Anwendungsbereiche der ABC-Methode

Die ChatGPT-Prompts für die Anwendung der ABC-Methode können überall dort eingesetzt werden, wo es darum geht, neue Ideen zu entwickeln oder Probleme zu lösen. Wenn Sie beispielsweise eine Marketingkampagne planen oder eine Geschäftsstrategie entwerfen, kann der ChatGPT-Prompt Ihnen dabei helfen, frische Ideen zu generieren und Ihre Gedanken zu ordnen.

Beispiel-Prompts

"ChatGPT, du bist nun ein erfahrener Kosmetiker. Verwende die ABC-Technik, um eine Liste von Hautpflege-Begriffen für jeden Buchstaben des Alphabets zu erstellen."

"ChatGPT, du bist nun ein erfahrener Landschaftsarchitekt. Verwende die ABC-Technik, um mögliche Pflanzen für ein trockenheitsresistentes Landschaftsprojekt aufzulisten."

Tipps zur Anwendung

- Nehmen Sie sich Zeit, um die generierten Begriffe zu reflektieren und zu überlegen, wie sie in Ihre Geschäftstätigkeit integriert werden können.
- Es ist hilfreich, die generierten Begriffe in einem Brainstorming- oder Mindmapping-Prozess weiterzuentwickeln, um neue Zusammenhänge zu entdecken.
- Achten Sie darauf, den Fokus nicht zu verlieren und sich auf das Thema zu konzentrieren, um effektiv zu arbeiten. Wählen Sie daher präzise Begriffe, die sich auf das aktuelle Thema beziehen, und lassen Sie sich nicht von irrelevanten Ideen ablenken.

Fazit: Der ChatGPT-Prompt zur Anwendung der ABC-Methode ist ein einfaches und effektives Tool, das Ihnen helfen kann, kreative Ideen zu entwickeln und Ihre Gedanken zu organisieren. Beachten Sie jedoch, dass die generierten Begriffe in einem sinnvollen Kontext betrachtet werden sollten und nicht von Ihrem eigentlichen Ziel ablenken dürfen. Probieren Sie es aus und entdecken Sie neue Perspektiven!

Brainstorming

Brainstorming ist eine der bekanntesten und effektivsten Methoden zur Ideenfindung, Problemlösung und Entscheidungsfindung. Das ChatGPT-System nutzt künstliche Intelligenz, basierend auf umfangreichen Daten und Wissen, um Fragen und Anfragen zu beantworten. Die Kombination von Brainstorming und ChatGPT führt schnell zu erweiterten Ideen- und Lösungsansätzen die als Grundlage für Entscheidungen dienen können.

Was ist der Brainstorming-Prompt für ChatGPT?

Der Brainstorming-Prompt für ChatGPT unterstützt Sie dabei, das Potenzial des ChatGPT-Systems für Ideenfindung und Problemlösung optimal auszuschöpfen. Sie können zwar auch einfache Fragen stellen, aber die Verwendung eines speziellen Brainstorming-Prompts trägt dazu bei, dass die Antworten von ChatGPT kreativer und vielfältiger ausfallen.

Anwendungsgebiete

Der ChatGPT-Brainstorming-Prompt kann in verschiedenen Bereichen eingesetzt werden, wie beispielsweise Produktentwicklung, Marketingstrategien, Personalentwicklung, Prozessoptimierung und vielen anderen. Er kann sowohl in Teamsitzungen und Workshops als auch für die individuelle Arbeit verwendet werden.

Beispiel-Prompts

"Führe ein Brainstorming durch, um Ideen zur Verbesserung unserer Produkte zu sammeln und den Marktbedürfnissen gerecht zu werden."

"Mache ein Brainstorming, um effektive Marketingstrategien zu entwickeln und unsere Zielgruppe besser zu erreichen."

"Starte ein Brainstorming, um Möglichkeiten zur Optimierung unserer Geschäftsprozesse und effizienteren Arbeitsweisen zu finden."

"Leite ein Brainstorming an, um die Motivation und Produktivität unserer Mitarbeiter zu steigern."

"Initiiere ein Brainstorming, um herauszufinden, wie wir die Kundenzufriedenheit erhöhen können."

Tipps für die Anwendung des Brainstorming-Prompts

- Bei der Verwendung des ChatGPT-Brainstorming-Prompts ist es wichtig, dass Sie eine klare Fragestellung oder ein Problem definieren und das ChatGPT-System gezielt einsetzen, um Ideen und Lösungen zu generieren.

- Zudem sollte darauf geachtet werden, dass die Ideen während des Brainstormings nicht bewertet werden, sondern gesammelt und erst später evaluiert werden sollten.
- Beim Brainstorming im Team empfiehlt es sich, eine Moderation oder einen Leiter einzusetzen, um den Ablauf der Diskussionen und Ideenfindung zu gewährleisten und ein konstruktives Ergebnis zu erzielen. Sie können auch ChatGPT fragen, wie ein optimaler Ablauf eines Brainstormings gestaltet wird und welche Empfehlungen ChatGPT dazu gibt.

Fazit: Brainstorming mit ChatGPT ist eine effektive Methode für Ideenfindung, Problemlösung und Entscheidungsfindung. Der Brainstorming-Prompt kann in verschiedenen Bereichen eingesetzt werden und erfordert eine klare Aufforderung zum Brainstorming.

Ideen erfolgreich weiterentwickeln

Manchmal ist es notwendig, **Ideen weiter zu optimieren**, um konkrete Ergebnisse zu erhalten. Mithilfe von ChatGPT können Sie Ihre Ideen, die Sie beispielsweise bereits durch die Anwendung von Kreativitätstechniken in Kombination mit ChatGPT generiert haben, noch weiter verfeinern.

Beispiel eines praxisrelevanten Prompts

Ein beispielhafter, praxisorientierter Prompt aus dem Geschäftsbereich könnte lauten:

"ChatGPT, ich möchte unsere Marketingstrategie optimieren, um mehr Kunden zu gewinnen. Wir haben bereits einige Ideen durch Brainstorming gesammelt, wie zum Beispiel Influencer-Marketing, Veranstaltungen und Social-Media-Kampagnen. Bitte analysiere diese Ansätze und unterbreite zusätzliche Verbesserungen oder Alternativen, die wir in Betracht ziehen sollten."

Tipps zur Formulierung von Ideen-Weiterentwicklung-Prompts

- Beachten Sie bei der Formulierung von Prompts zur Weiterentwicklung von Ideen Folgendes:
- Klarheit: Sorgen Sie für einen klaren und präzisen Prompt, um Missverständnisse zu verhindern und bessere Resultate zu erzielen.
- Kontext: Stellen Sie ausreichend Hintergrundinformationen und Kontext zur Verfügung, damit ChatGPT Ihre Ideen besser versteht und optimiert.
- Zielsetzung: Definieren Sie das angestrebte Ergebnis oder Ziel der Weiterentwicklung, um den Fokus auf das Wesentliche zu richten.
- Offenheit: Lassen Sie Raum für neue Ideen und Vorschläge, indem Sie den Prompt offen gestalten.

Fazit: Die Verbindung von ChatGPT und der Weiterentwicklung von Ideen stellt eine wirkungsvolle Methode dar, um innovative Lösungen im beruflichen Umfeld zu identifizieren und zu optimieren. Wenn Sie klar formulierte Prompts nutzen und dabei Klarheit, Kontext, Zielsetzung und Offenheit beachten, können Sie das Potenzial von ChatGPT vollständig ausschöpfen und wertvolle Einsichten für Ihre Projekte erlangen.

Lateral-Thinking

ChatGPT ist ein fortschrittliches künstliches Intelligenz-System, das in der Lage ist, komplexe Aufgaben aus verschiedenen Bereichen zu lösen. Eines seiner nützlichen Einsatzgebiete ist die Anwendung von lateralem Denken, um innovative Lösungen für geschäftliche Probleme zu finden.

Was ist der Lateral-Thinking-Prompt?

Beim **Lateral-Thinking-Prompt** handelt es sich um eine Frage oder eine Anweisung, die ChatGPT dazu auffordert, unkonventionelle und kreative Ideen zu generieren. Der Lateral-Thinking-Prompt kann somit als eine Art

"Anregung" dienen, um den kreativen Denkprozess von ChatGPT zu fördern.

Wofür kann man den Lateral-Thinking-Prompt verwenden?

Der Lateral-Thinking-Prompt kann in vielen geschäftlichen Kontexten verwendet werden, wie zum Beispiel bei der Entwicklung von neuen Produkten, der Problemlösung oder der Identifizierung von Chancen. Er kann dazu beitragen, den kreativen Prozess zu fördern und neue Perspektiven zu entdecken, die auf herkömmliche Weise möglicherweise nicht entstanden wären.

Beispiele für Prompts

"ChatGPT, du bist nun ein erfahrener Automobilkaufmann. Wende das Lateral-Thinking an, um unkonventionelle und innovative Ideen für die Steigerung unserer Verkaufszahlen zu finden."

"ChatGPT, du bist nun ein erfahrener Koch. Nutze das Laterale Denken, um mir ungewöhnliche und kreative Ideen für ein Hauptspeisengericht zu geben, das aus alltäglichen Zutaten besteht."

Was ist bei der Anwendung zu beachten?

- Beim Einsatz des Lateral-Thinking-Prompts sollte man darauf achten, eine offene Denkweise zu haben und bereit zu sein, unkonventionelle Ideen zu akzeptieren.
- Man sollte darauf achten, den Prompt klar und präzise zu formulieren, um sicherzustellen, dass ChatGPT versteht, was von ihm erwartet wird.
- Es ist außerdem empfehlenswert, die Ideen von ChatGPT zu bewerten und gegebenenfalls weiterzuentwickeln, um die besten Lösungen zu finden.

Fazit: Der Lateral-Thinking-Prompt unterstützt Sie bei der Entwicklung innovativer Lösungen durch kreative Ideengenerierung und Nutzung der kognitiven Fähigkeiten von ChatGPT. Eine kritische Bewertung der besten Ideen ist jedoch entscheidend.

Methode 635

Die **635-Methode** ist ein bewährter Ansatz zur Generierung kreativer Ideen. Ursprünglich bringt sie eine Gruppe von Menschen zusammen, um gemeinsam Ideen zu einem bestimmten Thema zu entwickeln. Doch was, wenn keine Gruppe verfügbar ist oder man nicht auf die Kooperation anderer angewiesen sein möchte? In diesem Fall kann ChatGPT eine effektive Alternative darstellen.

Anwendungsmöglichkeiten der Methode mit ChatGPT

Die Methode ist auf viele Themen anwendbar, wie zum Beispiel Produkt- oder Dienstleistungsverbesserungen, Umsatzsteigerung oder die Entwicklung neuer Geschäftsideen. ChatGPT hilft dabei, schnell und einfach Ideen zu generieren und einen frischen Blick auf das Problem oder Ziel zu werfen.

Ein praktisches Beispiel:

Angenommen, Sie betreiben einen Online-Shop und möchten Ihren Umsatz steigern. Stellen Sie ChatGPT einfach folgende Frage: *"ChatGPT, ich möchte Ideen zum Thema 'Wie kann ein Online-Shop seinen Umsatz steigern?' unter Anwendung der 635-Methode erhalten. Nenne mir drei kurze Ideen im Format '1. 2. 3.'."*

ChatGPT könnte daraufhin Ideen wie diese generieren:

1. *Upselling-Strategie durch gezielte Produktplatzierung und Empfehlungen*
2. *Erweiterung der Zahlungsmöglichkeiten, z. B. PayPal, Bitcoin, etc.*
3. *Personalisierte Empfehlungen basierend auf dem Kaufverhalten der Kunden*

Sie können diese Ideen als Ausgangspunkt nutzen und weitere Ideen hinzufügen. Basierend auf der dritten Idee von ChatGPT könnten Sie beispielsweise überlegen, wie Sie das Kundenkaufverhalten besser analysieren können, um noch individuellere Empfehlungen zu geben. Hierfür könnten Sie Tools wie Google Analytics oder Social-Media-Plattformen verwenden.

Ihre eigenen Ideen könnten so aussehen:

1. Einführung von Abonnementmodellen zur langfristigen Kundenbindung und regelmäßigen Einnahmen
2. Verbesserung des Bestellprozesses, um ein angenehmes Einkaufserlebnis zu bieten und die Conversion-Rate zu erhöhen
3. Einsatz von Influencer-Marketing zur Gewinnung neuer Kunden und Steigerung des Markenbewusstseins

Diese Ideen können Sie nun an ChatGPT weitergeben und um drei neue Ideen ergänzen lassen:

"ChatGPT, ich habe folgende Ideen: 1. Einführung von Abonnementmodellen; 2. Verbesserung des Bestellprozesses; 3. Einsatz von Influencer-Marketing. Entwickle basierend auf diesen Ideen drei neue Ideen."

ChatGPT könnte daraufhin Ideen wie diese generieren:

1. *Einführung von Treueprogrammen zur Kundenbindung und Umsatzsteigerung*
2. *Automatisierte Produktbewertungen und Empfehlungen basierend auf dem Kundenkaufverhalten zur Verbesserung des Kundenerlebnisses und Umsatzsteigerung*
3. *Integration von Social-Media-Plattformen zur Bekanntmachung des Online-Shops und Gewinnung neuer Kunden, z. B. durch gezieltes Influencer-Marketing auf Instagram*

Wichtige Aspekte bei der Anwendung

- Es ist wichtig zu beachten, dass ChatGPT eine künstliche Intelligenz ist und menschliche Intuition oder Kreativität nicht ersetzen kann. Die von ChatGPT generierten Ideen sollten daher als Ausgangspunkt dienen und nicht als endgültige Lösungen betrachtet werden.

- Priorisieren Sie die erarbeiteten Ideen und setzen Sie diese schrittweise um.

Fazit: Die 635-Methode in Kombination mit ChatGPT kann eine schnelle und effektive Möglichkeit sein, Ideen zu generieren und neue Perspektiven auf ein Problem oder Ziel zu gewinnen. Durch den Einsatz von ChatGPT können Sie ohne Gruppenarbeit kreative Lösungsansätze entwickeln und Ihr Geschäft oder Projekt weiter voranbringen.

Umkehr-Brainstorming

Die Kreativitätstechnik für ungewöhnliche Lösungen

Während die Methode des klassischen Brainstormings (siehe Seite 76) direkt auf die Problemlösung abzielt, ist das Umkehr-Brainstorming eine Kreativitätstechnik, bei der es darum geht, zunächst Probleme oder Hindernisse zu identifizieren, statt nach Lösungen zu suchen. Bei dieser Methode wird ChatGPT dazu aufgefordert, Ideen zu sammeln, die das **Gegenteil dessen bewirken**, was man normalerweise tun würde, um ein Problem zu lösen. Dies hilft dabei, mögliche Denkblockaden aufzulösen und kann zu unerwarteten Lösungen und neuen Perspektiven führen.

Der Umkehr-Brainstorming-Methoden-Prompt

Der ChatGPT-Prompt zur Anwendung der Umkehr-Brainstorming-Methode ermöglicht es Nutzern, schnell Ideen für Umkehr-Brainstorming-Sitzungen zu generieren.

Der Prompt kann in verschiedenen Situationen hilfreich sein, zum Beispiel:

- Wenn man in einer Sackgasse steckt und keine Lösung für ein Problem findet.
- Wenn man ein Team zusammenbringen möchte, um neue Ideen zu entwickeln.
- Wenn man eine andere Perspektive auf ein Problem gewinnen will.

Beispiel-Prompts

"ChatGPT, du bist nun ein erfahrener Familienberater. Führe ein Umkehr-Brainstorming durch, um herauszufinden, wie man die Kommunikation und Beziehungen innerhalb einer Familie verschlechtern könnte. Anschließend diskutiere, welche Verhaltensweisen vermieden werden sollten, um eine positive Familienatmosphäre aufrechtzuerhalten."

"ChatGPT, du bist nun ein erfahrener Augenoptiker. Wende das Umkehr-Brainstorming an, um herauszufinden, wie man Kunden davon abhält, in unser Optikergeschäft zu kommen, und ziehe daraus Schlüsse für effektive Maßnahmen zur Kundenbindung."

Anwendungstipps

- Die Methode sollte mit einer klaren Frage oder Herausforderung beginnen, um den Fokus zu halten.
- Bei Unsicherheit kann man einfach mit ChatGPT in einen Dialog treten, z.B.: *"Ich habe folgendes Problem ... Ich möchte mit ChatGPT ein Umkehr-Brainstorming durchführen. Wie soll ich dabei vorgehen?"*
- Ideen sollten so formuliert werden, dass sie das Gegenteil von dem erreichen, was normalerweise getan wird, um das Problem zu lösen.
- Auch scheinbar unlogische oder absurde Ideen sollten berücksichtigt werden, da sie möglicherweise zu neuen Denkanstößen führen.
- In aller Regel ist es sinnvoll, die Ergebnisse aus dem Umkehr-Brainstorming wieder in die gegenteiligen Antworten umzudrehen, um daraus konkrete Lösungsansätze abzuleiten. Durch das Umkehren der "schlechten Ideen" können neue und ungewöhnliche Wege gefunden werden, um ein Problem zu lösen oder eine Herausforderung anzugehen. Zudem eröffnen sich dadurch unerwartete Chancen oder Potenziale, die sonst vielleicht übersehen worden wären. So kann man beispielsweise ChatGPT anweisen, die "schlechten Ideen" wieder umzukehren, um daraus echte Verbesserungsvorschläge zu erhalten.

Fazit: Umkehr-Brainstorming ist ein nützliches Instrument, um den kreativen Prozess zu unterstützen und neue Perspektiven zu eröffnen, besonders mit ChatGPT. Es kann in unterschiedlichen Kontexten eingesetzt werden und hilft, innovative Lösungen zu finden. Durch das Ausprobieren unkonventioneller Ideen und das Umkehren von gängigen Vorgehensweisen fördert es individuelle und teambasierte Kreativität.

Walt-Disney-Strategie

Die **Walt-Disney-Strategie** ist eine bewährte kreative Problemlösungsmethode, entwickelt vom legendären Unternehmer Walt Disney. Sie besteht aus drei Schritten: Träumen, Realismus und Kritik, wobei jeder Schritt einen Aspekt von Disneys Persönlichkeit repräsentiert. Die Walt-Disney-Methode und ChatGPT können effektiv kombiniert werden, um Ideen zu finden und Probleme zu lösen.

Hier sind die Schritte, um diese Methode mit ChatGPT anzuwenden

- Definieren Sie das Problem oder Thema, für das Sie Ideen sammeln möchten.
- Stellen Sie ChatGPT eine Frage, die das Problem oder Thema umfasst.
- Nutzen Sie ChatGPT, um drei verschiedene Perspektiven auf das Problem oder Thema zu erhalten. Verwenden Sie dazu die drei Rollen der Walt-Disney-Methode: Träumer, Realist und Kritiker. Stellen Sie ChatGPT jeweils eine Frage aus der Perspektive jeder Rolle.
- Erstellen Sie eine Liste mit Ideen für jede Rolle. Nutzen Sie ChatGPT, um Ideen basierend auf den gestellten Fragen zu generieren.
- Kombinieren Sie die Ideen aus jeder Rolle, um eine ganzheitliche Lösung für das Problem oder Thema zu entwickeln. Verwenden Sie ChatGPT, um die verschiedenen Ideen zu kombinieren und zu verfeinern.

Beispielhafte Fragen an ChatGPT könnten sein

„Du bist Walt Disney und gibst mir eine Antwort als Träumer in der Walt-Disney-Methode auf folgende Frage: "Welches sind die kreativsten und ungewöhnlichsten Möglichkeiten, um unser Unternehmen zu verbessern?"

„Du bist Walt Disney und gibst mir eine Antwort als Realist in der Walt-Disney-Methode auf folgende Frage: "Welches sind die realistischsten und praktikabelsten Ansätze, um unser Unternehmen zu optimieren?"

„Du bist Walt Disney und gibst mir eine Antwort als Kritiker in der Walt-Disney-Methode auf folgende Frage: "Welche Herausforderungen müssen wir meistern, um diese Verbesserungen umzusetzen?"

Sammeln und kombinieren Sie die Ideen von ChatGPT für jede Rolle, um eine umfassende Lösung für Ihr Problem oder Thema zu entwickeln. Nutzen Sie dazu die Möglichkeiten der Kommunikation mit ChatGPT.

Fazit: Die Walt-Disney-Strategie ist eine wirkungsvolle Methode zur kreativen Problemlösung, die in verschiedenen Kontexten angewendet werden kann. In Kombination mit ChatGPT können Sie rasch und effizient Ideen generieren, Probleme lösen und neue Perspektiven gewinnen.

Problemlösung

In der modernen Arbeitswelt ist es wichtig, auftretende Probleme zügig und effizient zu lösen. Es gibt im Business-Coaching diverse erprobte Methoden, die bei der Problemlösung hilfreich sein können. Im Folgenden präsentiere ich Ihnen einige dieser Ansätze in aphabetischer Reihenfolge, die in Kombination mit dem Einsatz von ChatGPT angewendet werden können. Jede Methode bietet ihre eigenen Vorteile und kann je nach Kontext unterschiedlich effektiv sein. Es empfiehlt sich, gegebenenfalls mehrere Herangehensweisen auszutesten, um ein bestmögliches Ergebnis zu erzielen.

5-Why-Verfahren

Das **5-Why-Verfahren** ist eine bewährte Methode zur Ursachenanalyse von Problemen, die häufig im Rahmen der Prozessoptimierung eingesetzt wird. Dabei wird die Ursache eines Problems durch eine Kette von "Warum?"-Fragen ergründet. Die Grundannahme ist, dass man sich durch das Stellen von fünf aufeinanderfolgenden "Warum?"-Fragen der eigentlichen Ursache annähert.

Relevanz im Berufsleben

Das 5-Why-Verfahren ist im Berufsalltag äußerst hilfreich, um Probleme zu identifizieren und Prozesse zu optimieren. Es trägt zur Klärung von

Missverständnissen bei und fördert eine effektive Kommunikation. Die Methode kann sowohl in Team-Meetings als auch in Einzelgesprächen angewendet werden.

Vorteile der Integration von ChatGPT

Die Kombination des 5-Why-Verfahrens mit ChatGPT bringt verschiedene Vorteile mit sich. Einerseits kann ChatGPT zügig und unkompliziert eine Vielzahl von Fragen beantworten, wodurch der Analyseprozess beschleunigt wird. Andererseits kann ChatGPT auch unerwartete Ideen und Lösungsansätze liefern, die möglicherweise nicht sofort ersichtlich waren.

Beispiel-Start-Prompt

"ChatGPT, du bist nun ein erfahrener Blogger. Wende die WWAD-Methode an, um Probleme in meiner aktuellen Content-Strategie zu identifizieren und Lösungen vorzuschlagen."

Tipps für die Formulierung von 5-Why-Prompts

- Bei der Erstellung von 5-Why-Prompts ist es entscheidend, eine präzise Fragestellung zu wählen, die das Problem oder die Herausforderung exakt umreißt.
- Achten Sie darauf, dass die Fragen auf die Ursachen des Problems abzielen und nicht lediglich auf die Symptome eingehen.

Fazit: Das 5-Why-Verfahren ist eine effektive Methode zur Problemlösung und Prozessoptimierung im Berufsleben. Durch die Integration von ChatGPT können Vorteile wie eine schnellere Prozessabwicklung und zusätzliche Ideen und Lösungsvorschläge erzielt werden. Bei der Formulierung von 5-Why-Prompts ist es wichtig, klare und präzise Fragen zu stellen.

Ishikawa-Methode

Die Ishikawa-Methode, auch als Fischgrätendiagramm oder Ursache-Wirkungs-Diagramm bekannt, dient der Identifikation von Ursachen eines Problems. Das Diagramm setzt sich aus einer horizontalen Linie zusammen, welche das Problem repräsentiert, und vertikalen Linien, die verschiedene

Faktoren abbilden, welche zur Problementstehung beitragen können. Diese Faktoren, als „Fischgräten“ bezeichnet, lassen sich in Kategorien wie Mensch, Maschine, Material, Methode, Messung oder Umgebung einteilen.

Relevanz im Berufsumfeld

Die Ishikawa-Methode erweist sich im Berufsumfeld als hilfreich, um komplexe Probleme zu analysieren und Lösungsansätze zu erarbeiten. Sie findet Anwendung in verschiedenen Geschäftsbereichen wie Produktion, Marketing, Kundenservice und Projektmanagement.

Erweiterte Vorteile durch Einsatz von ChatGPT

Mithilfe von ChatGPT lässt sich die Effektivität der Ishikawa-Methode weiter steigern. ChatGPT unterstützt dabei, zügig und effizient zahlreiche mögliche Ursachen zu identifizieren und in passende Kategorien einzuordnen. Außerdem trägt es zur Generierung alternativer Perspektiven und unkonventioneller Ideen bei, die möglicherweise übersehen wurden.

Ein praxisnahes Beispiel für einen Start-Prompt

"ChatGPT, du bist nun ein erfahrener E-Commerce-Kaufmann. Verwende die Ishikawa-Methode, um die möglichen Ursachen für eine plötzliche Abnahme der Webseiten-Besucher unseres Online-Shops zu identifizieren und zu analysieren."

Tipps zur Formulierung von Ishikawa-Prompts

- Achten Sie bei der Formulierung von Ishikawa-Prompts darauf, das Problem präzise zu definieren und eine klare Anweisung zur Anwendung der Methode zu geben.
- Es empfiehlt sich, die Kategorien zu spezifizieren und gegebenenfalls Beispiele für jede Kategorie anzuführen, um das Verständnis zu erleichtern.

Fazit: Die Ishikawa-Methode ist ein wirkungsvolles Instrument zur Problemanalyse im Berufsumfeld. Mit der Nutzung von ChatGPT lässt sich die Effizienz dieser Methode zusätzlich erhöhen, indem es bei der raschen Identifikation potenzieller Ursachen und der Entwicklung von Lösungen unterstützt.

PAS -Methode

Die **PAS-Methode (Problem, Alternativen, Lösungen)** ist eine erprobte Technik zur Identifizierung von Problemen und Herausforderungen, Entwicklung möglicher Lösungen und Auswahl einer effektiven Lösung. Berater, Coaches und Führungskräfte verwenden sie häufig, um Entscheidungsprozesse zu vereinfachen. Kombiniert mit ChatGPT können Sie Probleme im Geschäftskontext schnell und effizient lösen und Entscheidungen treffen.

Anwendungsbereiche im Berufsleben

Die PAS-Methode ist im Berufsleben äußerst wertvoll, da sie Führungskräften und Mitarbeitern hilft, klare Entscheidungen zu treffen und effektiv Probleme zu lösen. Sie ermöglicht die Prüfung aller möglichen Alternativen und die Auswahl der besten Lösung. Sie ist besonders nützlich in Branchen wie Finanzen, Marketing, Management, Personalwesen und Beratung.

Vorteile der Kombination mit ChatGPT

Die Integration von ChatGPT in die PAS-Methode bietet mehrere Vorteile. Mithilfe von Prompt Engineering können gezielte Fragen gestellt werden, um ChatGPT effektiv zu trainieren und schnell Lösungen zu finden. Durch die Verwendung von Conditional Generation kann ChatGPT sogar mögliche Lösungen vorschlagen, die Sie in Ihre Entscheidungen einbeziehen können. ChatGPT ist somit eine wertvolle Unterstützung bei der Anwendung der PAS-Methode.

Beispiel für einen praxisrelevanten Prompt

Ein Beispiel für einen idealen Anfangs-Prompt, um ChatGPT bei der Anwendung der PAS-Methode zu trainieren, könnte lauten:

"ChatGPT, ich möchte das Problem mit unserem aktuellen Kundenbetreuungssystem lösen. Bitte hilf mir mit der PAS-Methode, indem du mir eine Frage stellst, um das Problem zu definieren."

ChatGPT startet dann den Dialog und könnte dann zum Beispiel eine gezielte Frage stellen, um das Problem besser zu verstehen, z.B.

"Was sind die häufigsten Kundenbeschwerden bezüglich unseres derzeitigen Kundenbetreuungssystems?" oder *"Welche spezifischen Aspekte unseres aktuellen Kundenbetreuungssystems führen am häufigsten zu Kundenbeschwerden?"*.

Tipps zur Formulierung von PAS-Methoden-Prompts

- Bei der Formulierung von PAS-Methoden-Prompts ist es wichtig, klar und präzise zu sein und gezielte Fragen zu stellen, um ChatGPT effektiv zu trainieren.
- Stellen Sie sicher, dass der Prompt ausreichend Informationen enthält, damit ChatGPT das Problem vollständig verstehen und angemessen darauf reagieren kann.

Fazit: Die Kombination von PAS-Methode und ChatGPT bietet wertvolle Unterstützung bei der Lösung von Problemen im Geschäftskontext. Durch gezielte Formulierung von PAS-Methoden-Prompts und den Einsatz von ChatGPT können Sie schnell und effektiv Ideen und Lösungen entwickeln, um Entscheidungen zu treffen und Probleme zu lösen.

Reframing

Reframing ist eine bewährte Methode, um Perspektiven zu verändern und berufliche Herausforderungen zu meistern. Dabei betrachtet man eine Situation aus verschiedenen Blickwinkeln, um neue Einsichten und Lösungen zu finden. Mit ChatGPT als Textanalyst und Business Coach an Ihrer Seite können Sie diese Methode noch effektiver und zielgerichteter einsetzen.

Beispiel eines konkreten Anfangs-Prompts

"Ich möchte die Methode Reframing nutzen, um meine Führungsrolle im Team zu stärken. Hilf mir, meine Perspektive zu erweitern und neue Lösungsansätze zu finden, um Konflikte innerhalb des Teams zu lösen und eine positive Arbeitsatmosphäre zu schaffen."

Tipps zur Anwendung von Reframing

- **Problemverständnis:** Stellen Sie sicher, dass Sie das Problem oder die Situation genau verstehen. Formulieren Sie es klar und präzise, damit ChatGPT Ihnen zielgerichtete Vorschläge machen kann.
- **Informationen:** Geben Sie ChatGPT genügend Informationen, um eine umfassende Analyse durchführen zu können. Vermeiden Sie unklare oder unspezifische Fragen.
- **Reflektion:** Nehmen Sie sich Zeit, um die Vorschläge von ChatGPT zu überdenken und zu reflektieren. Versuchen Sie, verschiedene Perspektiven einzunehmen und alternative Lösungen zu entwickeln.
- **Kritische Denkfähigkeit:** Bedenken Sie, dass ChatGPT eine künstliche Intelligenz ist und möglicherweise nicht immer die besten oder passendsten Lösungen vorschlägt. Verwenden Sie ChatGPT als wertvolles Werkzeug, aber behalten Sie stets Ihre eigene kritische Denkfähigkeit im Auge.

Fazit: Reframing mit ChatGPT im beruflichen Kontext kann eine effektive Methode sein, um neue Perspektiven und Lösungsansätze zu entdecken. Achten Sie darauf, das Problem klar zu formulieren und ChatGPT ausreichend Informationen bereitzustellen, um Ihnen zielgerichtete Vorschläge zu machen. Reflektieren Sie die Vorschläge von ChatGPT und erarbeiten Sie alternative Lösungen. Nutzen Sie ChatGPT als hilfreiches Werkzeug, aber bewahren Sie stets Ihre eigene kritische Denkfähigkeit.

SCORE-Methode

SCORE (Situation, Challenge, Obstacle, Resolution, End Result) ist eine hilfreiche Methode zur Problemlösung und Entscheidungsfindung im beruflichen Kontext. Die Methode ist aufgebaut aus fünf Schritten: Situation, Challenge, Obstacle, Resolution und End Result. Sie hilft dabei, Situationen systematisch zu analysieren, Herausforderungen zu identifizieren, Hindernisse zu erkennen, Lösungen zu entwickeln und Ergebnisse zu bewerten. In

Kombination mit ChatGPT kann diese Methode effizienter und zielgerichteter angewendet werden.

Bedeutung im beruflichen Kontext

Im beruflichen Kontext ist es wichtig, schnell und effektiv auf Herausforderungen reagieren zu können. Die SCORE-Methode bietet hierfür einen strukturierten Ansatz, um Probleme und Fragestellungen zielgerichtet zu bearbeiten. Sie unterstützt dabei, Entscheidungen fundiert und nachvollziehbar zu treffen, und trägt so zur Steigerung der Leistungsfähigkeit und Wettbewerbsfähigkeit bei.

Vorteile der Methode durch die Verwendung von ChatGPT

- Schnellere Analyse: ChatGPT kann Datenmengen effizient durchsuchen und relevante Informationen extrahieren.
- Flexibilität: Individuelle Anpassungen der Methode sind einfach möglich, um auf spezifische Situationen einzugehen.
- Kreativität: ChatGPT kann ungewöhnliche Lösungsansätze generieren und so neue Perspektiven eröffnen.

Einen konkreten Start-Prompt als Beispiel

"ChatGPT, ich möchte die aktuelle Situation in unserem Unternehmen analysieren und geeignete Lösungen finden. Bitte wende die SCORE-Methode an, um die Herausforderungen, Hindernisse und möglichen Lösungen zu identifizieren und mir dabei zu helfen, das bestmögliche Endergebnis zu erreichen."

Was ist bei der Formulierung von „SCORE-Prompts“ zu beachten?

Bei der Formulierung von SCORE-Prompts sollten Sie:

- klar und präzise formulieren, um Missverständnisse zu vermeiden.
- die Anforderungen und Ziele der jeweiligen Situation explizit benennen.
- genügend Informationen bereitstellen, damit ChatGPT eine fundierte Analyse durchführen kann.

Fazit: Die SCORE-Methode ist eine wertvolle Technik zur Problemlösung im beruflichen Kontext. Durch die Kombination mit ChatGPT können Entscheidungen schneller und effektiver getroffen werden. Eine präzise Formulierung von Prompts und das Bereitstellen ausreichender Informationen sind dabei entscheidend für den Erfolg.

SOAP-Methode

Problemlösung im Beruf durch ChatGPT-Unterstützung optimieren

Die SOAP-Methode (Situation, Hindernis, Aktion, Ergebnis), ursprünglich entwickelt für die Dokumentation von Krankheitsverläufen in Medizin und Psychotherapie, hat sich als effektive Technik zur systematischen Analyse und Problemlösung in verschiedenen Bereichen wie Projektmanagement, Kundenbetreuung und Einzelhandel etabliert.

Die Bedeutung der SOAP-Methode im Berufsalltag

Die SOAP-Methode (Subjektiv, Objektiv, Bewertung, Plan) ermöglicht es, Arbeitsabläufe zu strukturieren, Klarheit zu schaffen und notwendige Aktionen zur Erreichung eines Ziels zu planen. In Verbindung mit ChatGPT kann die Methode noch effektiver gestaltet werden.

Vorteile der SOAP-Methode in Kombination mit ChatGPT

Durch die Unterstützung von ChatGPT können Mitarbeiter ihre Probleme und Herausforderungen in einem strukturierten Format präsentieren, was eine effektive Analyse und Lösung ermöglicht. ChatGPT kann zudem bei der Identifizierung von versteckten Hindernissen helfen, um eine umfassendere Problemlösung anzubieten.

Beispiel eines SOAP-Prompts mit ChatGPT

"ChatGPT, ich möchte meine Führungsqualitäten verbessern und ein besserer Teamleiter werden. Nutze die SOAP-Methode, um mir bei der Planung zu helfen. Kannst du mir bitte dabei helfen?"

Tipps zur Formulierung von SOAP-Prompts

- Achten Sie bei der Formulierung von SOAP-Prompts darauf, die vier Schritte (Subjektiv, Objektiv, Bewertung, Plan) klar und präzise zu definieren.
- Jeder Schritt sollte in einer logischen Reihenfolge angeordnet und einfach sowie verständlich formuliert sein, damit ChatGPT das Problem leicht erfassen und eine entsprechende Lösung präsentieren kann.

Fazit: Die Anwendung der SOAP-Methode im Berufsalltag ist eine effektive Methode, um Herausforderungen und Probleme zu bewältigen. In Kombination mit ChatGPT lässt sich die Methode noch effizienter und produktiver gestalten. Durch die sorgfältige Formulierung von SOAP-Prompts können Mitarbeiter ChatGPT optimal nutzen und so ihre Problemlösungskompetenz im Berufsalltag steigern.

WWAD-Methode

Die **WWAD-Methode (What's Wrong and What's Desired** auf Deutsch etwa: **Was ist falsch? und was ist erwünscht?)** ist eine erprobte Technik zur Identifikation von Problemen und zur Entwicklung von Lösungen. Sie kommt häufig im Coaching und in der Beratung zum Einsatz, um Menschen bei der Verbesserung ihrer Situation zu unterstützen. Der Ansatz besteht darin, eine klare Vorstellung von bestehenden Problemen zu erhalten und gleichzeitig eine deutliche Vision von den gewünschten Zielen zu entwickeln. Dies erleichtert den Übergang von der aktuellen Situation zum angestrebten Ziel.

Anwendung im Berufsumfeld

Die WWAD-Methode erweist sich im Berufsumfeld als sehr nützlich. Sie hilft Mitarbeitenden oder Teams, die mit Herausforderungen konfrontiert sind oder ihre Leistung optimieren möchten, indem sie den Fokus auf die wesentlichen Probleme und Ziele legt. Durch präzises Definieren von "Was ist falsch" können Lösungen erarbeitet werden, um das Problem zu beheben. Ebenso ermöglicht die klare Vision von "Was ist erwünscht" die Definition von Zielen, die erreicht werden sollen.

Vorteile der Methode in Kombination mit ChatGPT

Die Verwendung von ChatGPT in Kombination mit der WWAD-Methode bietet zahlreiche Vorteile. Einerseits unterstützt die Technologie bei der Definition von "Was ist falsch" und "Was ist erwünscht", indem sie große Datenmengen und Informationen durchsucht und Zusammenhänge zwischen verschiedenen Faktoren identifiziert. Andererseits hilft ChatGPT bei der Generierung von Ideen und Lösungen, indem es auf Basis vorhandener Daten und Informationen neue Vorschläge unterbreitet.

Beispiel-Prompt

Ein Beispiel für einen WWAD-Prompt im geschäftlichen Kontext könnte lauten:

"ChatGPT, du bist nun ein erfahrener Elektroingenieur. Identifiziere mit der WWAD-Methode die Probleme und die gewünschten Ergebnisse bei der Umsetzung eines Smart-Grid-Projekts."

Tipps zur Formulierung von WWAD-Prompts

- Bei der Formulierung von WWAD-Prompts ist es wichtig, klare und präzise Fragen zu stellen. Diese sollten eine eindeutige Definition von "Was ist falsch" und "Was ist erwünscht" ermöglichen.

- Achten Sie darauf, nicht zu viele Fragen auf einmal zu stellen, um ChatGPT nicht zu überfordern.

Fazit: Die Anwendung der WWAD-Methode in Verbindung mit ChatGPT kann im Berufsumfeld wertvoll sein, um Herausforderungen zu bewältigen und Ziele zu erreichen. Mit klarem Fokus auf das Wesentliche und präzisen Definitionen von "Was ist falsch" und "Was ist erwünscht" lassen sich schnell und effektiv Lösungen finden.

Entscheidungsfindung

Die richtige Entscheidung zu treffen, kann oftmals herausfordernd sein, insbesondere wenn es um bedeutende berufliche Angelegenheiten geht. Auf den folgenden Seiten stelle ich Ihnen verschiedene erprobte Entscheidungsfindungsmethoden in alphabetischer Reihenfolge vor. Mit ChatGPT können Sie diese Ansätze noch effizienter nutzen, um fundierte Entscheidungen zu treffen. Jede Technik oder Methode hat spezifische Stärken und eignet sich für unterschiedliche Situationen. Die Wahl der passenden Methode hängt somit von der Art der Entscheidung und Ihren individuellen Bedürfnissen ab.

10-10-10-Methode

Entscheidungen für langfristigen Erfolg treffen

In unserer schnelllebigen Welt sind oft rasche Entscheidungen erforderlich. Dabei ist es auch wichtig, die langfristigen Auswirkungen zu berücksichtigen. Die **10-10-10-Methode** ist eine einfache und wirkungsvolle Technik für Entscheidungen mit langfristigen Konsequenzen. Diese Methode dient sowohl der Kreativität als auch der Entscheidungsfindung.

Die Auswirkungen einer Entscheidung schätzen Sie mithilfe dieser Fragen ab: Welche Folgen hat die Entscheidung in 10 Minuten (sofort), in 10 Monaten (einem gut abschätzbaren Zeitraum) und in 10 Jahren (hinter dem planbaren Zeithorizont)?

Die 10-10-10-Methode lässt sich auch in Kombination mit KI, wie ChatGPT, nutzen, um Ideen zu generieren. Ein Beispiel: Sie überlegen, Ihren aktuellen Job zu kündigen und eine neue berufliche Herausforderung anzunehmen. Sie fragen ChatGPT:

"ChatGPT, ich erwäge, meinen Job aufzugeben, um eine neue Karrieremöglichkeit zu verfolgen. Wie treffe ich eine Entscheidung, die mich langfristig zufriedenstellt? Nutze dabei die 10-10-10-Methode."

Generelle Anwendung der 10-10-10-Methode mit ChatGPT

Verwenden Sie ChatGPT, um verschiedene Szenarien und mögliche Folgen zu visualisieren. Bedenken Sie jedoch, dass ChatGPT kein Hellseher ist und Ihre Entscheidungen nicht für Sie treffen kann. Nutzen Sie die Antworten und Anregungen als Denkanstöße und beziehen Sie sie in Ihre Überlegungen mit ein.

Fazit: Die 10-10-10-Methode ist eine einfache und effektive Technik, um langfristig wirkende Entscheidungen zu treffen. Mit ChatGPT können Sie den Prozess zusätzlich vereinfachen und effizienter gestalten. Beachten Sie allerdings, dass ChatGPT lediglich ein Hilfsmittel ist und Ihre Entscheidungen nicht ersetzen kann. Nutzen Sie die Antworten des KI-Modells als Denkanstöße und beziehen Sie sie in Ihre Überlegungen mit ein, um langfristig erfolgreiche Entscheidungen zu treffen.

Multi-Kriterien-Analyse (MKA)

Die **Multi-Kriterien-Analyse (MKA)** ist eine weit verbreitete Methode, um komplexe Probleme systematisch zu lösen. Sie spielt im Geschäftsbereich eine bedeutende Rolle bei Entscheidungsprozessen wie Lieferantenauswahl, Investitionsentscheidungen oder Produkteinführungen. MKA bezieht mehrere, oft konfliktbehaftete Kriterien in die Entscheidungsfindung ein, bewertet und gewichtet sie, um die optimale Wahl zu treffen.

MKA und ChatGPT: Eine leistungsstarke Kombination im Berufsleben

Die Integration von ChatGPT in die MKA ermöglicht Unternehmen, zahlreiche Vorteile zu nutzen. ChatGPT verarbeitet Daten und führt umfangreiche Bewertungen und Analysen schnell aus. Die KI hilft bei der Formulierung von Kriterien und Gewichtungen sowie der Erstellung von Entscheidungsmodellen, was die Effizienz und Genauigkeit der Entscheidungsfindung verbessert.

Praxisbeispiel: MKA und ChatGPT in der Geschäftswelt

Ein Beispiel für die Anwendung von MKA mit ChatGPT im Geschäftskontext lautet:

"ChatGPT, ich möchte ein neues CRM-System für mein Unternehmen auswählen. Nutze die Multi-Kriterien-Analyse, um mir bei der Identifikation relevanter Kriterien wie Funktionsumfang, Benutzerfreundlichkeit, Integrationsmöglichkeiten und Kosten zu helfen. Führe eine Analyse durch und empfiehl mir basierend auf den Ergebnissen die beste Lösung."

Tipps für gelungene MKA-Prompts

- Bei der Erstellung von MKA-Prompts sind klare und präzise Anweisungen entscheidend. Kriterien und Gewichtungen müssen exakt formuliert werden, um treffsichere Ergebnisse zu erzielen.

- Ebenso ist es wichtig, die richtigen Fragen zu stellen und Prioritäten sowie Ziele des Entscheidungsprozesses zu berücksichtigen.

Fazit: Zusammenfassend bietet die MKA eine wertvolle Entscheidungshilfe im Geschäftsumfeld, wobei die Integration von ChatGPT den Prozess unterstützt. Unternehmen profitieren von der Genauigkeit und Effizienz, die ChatGPT bei der Durchführung von MKA-Analysen gewährleistet. Um präzise Ergebnisse zu erzielen, sind klare und spezifische Anweisungen bei der Formulierung von MKA-Prompts unerlässlich.

Pareto-Analyse

Die **Pareto-Analyse** ist eine statistische Methode, die verwendet wird, um die wichtigsten Elemente in einem Datensatz zu identifizieren. Sie basiert auf dem Pareto-Prinzip, auch bekannt als das 80/20-Prinzip, das besagt, dass 80% der Ergebnisse durch 20% der Ursachen erzielt werden. Die Pareto-Analyse kann auf verschiedene Bereiche angewendet werden, um die wichtigsten Elemente zu identifizieren und auf diese Weise Entscheidungen zu treffen, die auf Daten und Fakten basieren.

Beispiel-Prompts

"ChatGPT, du bist nun ein erfahrener Grafikdesigner. Wende die Pareto-Analyse an, um herauszufinden, welche 20% der Design-Elemente 80% des Erfolgs bei der Gestaltung eines ansprechenden Plakats ausmachen."

"ChatGPT, du bist nun ein erfahrener Immobilienentwickler. Führe eine Pareto-Analyse durch, um die wichtigsten Faktoren zu identifizieren, die den Erfolg eines Immobilienprojekts beeinflussen."

Wichtige Punkte bei der Anwendung

- Auch wenn keine Daten erforderlich sind, sollte man dennoch darauf achten, eine ausreichende Grundlage für die Analyse zu schaffen, z. B. durch die Sammlung von qualitativen Informationen oder Meinungen.

- Die Ergebnisse sollten nicht isoliert betrachtet werden, sondern in Verbindung mit anderen relevanten Faktoren und Kontextinformationen.

Fazit: Die Pareto-Analyse ist ein nützliches Instrument zur Identifizierung der wichtigsten Elemente, auch in Situationen, in denen keine großen Datensätze erforderlich oder vorhanden sind. Durch die Anwendung dieser Methode können Prioritäten gesetzt und Entscheidungen getroffen werden, die auf den wesentlichen Faktoren basieren und somit zum Erfolg von Unternehmen beitragen. Mit ChatGPT kann diese Analyse effizient und einfach durchgeführt werden, um fundierte Entscheidungen zu treffen und den Erfolg zu maximieren.

SAMPER-Methode

Die **SAMPER-Methode** ist eine bewährte Technik für strukturierte und effektive Entscheidungsfindung. SAMPER steht für **Situation, Aktivität, Methode, Person, Erfolg und Risiko.** In Kombination mit ChatGPT, wird diese Methode noch effizienter und ermöglicht eine schnellere Entscheidungsfindung.

Anwendungsbeispiele in der Geschäftswelt

Ein Beispiel für die Anwendung der SAMPER-Methode in der Geschäftswelt könnte die Wahl einer geeigneten Marketingstrategie für ein neues Produkt sein. Mit der SAMPER-Methode lassen sich die verschiedenen Möglichkeiten bewerten und abwägen. Ein weiteres Beispiel wäre die Auswahl des passenden Bewerberprofils für eine offene Stelle.

Musterbeispiel für einen ChatGPT-Prompt

"ChatGPT, du bist nun ein erfahrener Kaufmann im Gesundheitswesen. Wende die SAMPER-Methode an, um innovative Lösungen zur Steigerung der Effizienz unserer Verwaltungs- und Abrechnungsprozesse zu entwickeln."

Wichtige Aspekte bei der Anwendung

- Bei der Anwendung der SAMPER-Methode in Verbindung mit ChatGPT ist es wichtig, alle relevanten Faktoren sorgfältig zu betrachten und in den Entscheidungsprozess einzubeziehen. ChatGPT kann dabei helfen, diese Faktoren zu erfassen und zu strukturieren.
- Dennoch sollte das endgültige Ergebnis stets vom Benutzer selbst überprüft werden, da es letztendlich um eine menschliche Entscheidung geht.

Fazit: Die Kombination von SAMPER-Methode und ChatGPT bietet ein nützliches Instrument, um komplexe Entscheidungen im beruflichen Kontext effizienter zu treffen. Mithilfe von ChatGPT können alle relevanten Faktoren rasch und strukturiert erfasst werden. Dabei ist es wichtig, dass der Benutzer die endgültige Entscheidung selbst überprüft und trifft.

SWOT-Analyse

Nutzen Sie ChatGPT, um eine effektive **SWOT-Analyse** durchzuführen und Stärken, Schwächen, Chancen und Bedrohungen einer Entscheidung zu identifizieren.

Die SWOT-Analyse ist ein bewährtes Instrument zur Ermittlung von Stärken, Schwächen, Chancen und Bedrohungen eines Unternehmens oder Projekts. Durch den Einsatz von ChatGPT wird die SWOT-Analyse noch effizienter und zeitsparender, da die künstliche Intelligenz von ChatGPT eine schnelle und präzise Analyse ermöglicht.

Beispiel einer SWOT-Analyse

Ein Unternehmen möchte seine Position im Markt besser einschätzen und wendet sich an ChatGPT, um eine SWOT-Analyse durchzuführen. ChatGPT könnte in diesem Fall eine Analyse liefern, die folgendermaßen aussieht:

- ***Stärken:*** *Erfahrene Mitarbeiter, hohe Kundenzufriedenheit, starke Marke*
- ***Schwächen:*** *Veraltete Technologie, hohe Mitarbeiterfluktuation, geringe Flexibilität*
- ***Chancen:*** *Neue Marktsegmente, Partnerschaften mit anderen Unternehmen, Digitalisierung des Geschäftsmodells*
- ***Bedrohungen****: Konkurrenzdruck, Änderungen in der Rechtsprechung, Wirtschaftskrisen*

Die tatsächlichen Ergebnisse, die ChatGPT liefert, hängen von der spezifischen Fragestellung und den Informationen ab, die Sie dem System zur Verfügung stellen.

Ein konkreter Praxis-Prompt als Beispiel

Der ideale Start-Prompt für eine SWOT-Analyse mit ChatGPT sollte klar und präzise sein und alle relevanten Informationen enthalten, die für die Analyse benötigt werden. Hier ist ein Beispiel für einen solchen Prompt:

"ChatGPT, bitte führe eine SWOT-Analyse für [Name des Unternehmens/Projekts] durch, das im Bereich [Branche/Betätigungsfeld] tätig ist. Berücksichtige dabei die aktuellen Marktbedingungen, Wettbewerber und branchenspezifischen Faktoren. Bitte identifiziere die Stärken, Schwächen, Chancen und Bedrohungen, die für dieses Unternehmen/Projekt relevant sind."

Indem Sie den Namen des Unternehmens oder Projekts, die Branche oder das Betätigungsfeld und weitere relevante Informationen angeben, ermöglichen Sie es ChatGPT, eine zielgerichtete und aussagekräftige SWOT-Analyse durchzuführen. Je detaillierter und präziser die bereitgestellten Informationen sind, desto besser kann ChatGPT die Analyse an die spezifischen Bedürfnisse anpassen.

Wichtige Punkte bei der Anwendung einer SWOT-Analyse mit ChatGPT

- Klare Definition der Analyseziele und Auswahl relevanter Faktoren
- Objektive Bewertung der Stärken, Schwächen, Chancen und Bedrohungen
- Ausarbeitung von Maßnahmen zur Verbesserung der Situation bei Schwächen und Bedrohungen sowie zur Nutzung von Chancen und Stärken

Fazit: Die SWOT-Analyse ist ein essenzielles Instrument für strategische Planung und Entscheidungsfindung. Mit ChatGPT als Unterstützung wird die Analyse schneller und effektiver, ohne die Genauigkeit der Ergebnisse zu beeinträchtigen. Es ist jedoch wichtig, die Anwendung der SWOT-Analyse sorgfältig und objektiv durchzuführen, um aussagekräftige Ergebnisse zu erzielen.

Tetralemma-Ansatz

Der **Tetralemma-Ansatz** ist eine Entscheidungsfindungsmethode, die darauf abzielt, komplexe Entscheidungen systematisch zu analysieren und alle möglichen Optionen gründlich abzuwägen. Die Methode baut auf der Annahme auf, dass es in Entscheidungssituationen meist mehr als zwei Alternativen gibt. Der Tetralemma-Ansatz unterstützt dabei, diese Optionen geordnet und systematisch zu evaluieren, um zu einer weisen Entscheidung zu gelangen.

Relevanz im Geschäftsleben

Im Geschäftsleben erweist sich der Tetralemma-Ansatz als besonders nützlich, da Entscheidungen oft weitreichende Konsequenzen haben und von zahlreichen Faktoren beeinflusst werden. Daher ist es wichtig, alle Optionen sorgfältig zu analysieren und zu bewerten, um die bestmögliche Entscheidung zu treffen. Der Tetralemma-Ansatz bietet eine strukturierte und systematische Herangehensweise, die im Berufsalltag von großem Wert sein kann.

Vorteile der Anwendung des Tetralemma-Ansatzes mit ChatGPT

Die Kombination des Tetralemma-Ansatzes mit ChatGPT bietet mehrere Vorteile. Zum einen kann ChatGPT dabei helfen, die verschiedenen Optionen objektiv zu analysieren, indem es auf umfangreiche Informationen und Erfahrungen aus seiner Wissensbasis zurückgreift. Das kann zu fundierten und neutralen Bewertungen der Alternativen führen. Zum anderen kann ChatGPT mögliche Konsequenzen und Auswirkungen der verschiedenen Optionen aufzeigen, die bei der Entscheidungsfindung von Bedeutung sind.

Ein praxisrelevantes Beispiel

"ChatGPT, ich stehe vor einer Entscheidung im Bereich Mitarbeiterentwicklung und möchte den Tetralemma-Ansatz zur Entscheidungsfindung nutzen. Ich kann entweder ein externes Schulungsprogramm für meine Mitarbeiter organisieren, um ihre Fähigkeiten zu verbessern, oder eine interne Schulung anbieten, die von erfahrenen Mitarbeitern durchgeführt wird. Ich bin mir unsicher, welche Option am besten ist. Bitte hilf mir, den Tetralemma-Ansatz anzuwenden, um diese Entscheidung zu treffen."

In diesem Beispiel kann ChatGPT die Vor- und Nachteile beider Optionen analysieren und mögliche Auswirkungen auf das Unternehmen, die Mitarbeiterentwicklung und das Arbeitsklima bewerten. So können Sie eine informierte Entscheidung treffen, die auf einer umfassenden Analyse basiert.

Beispiel einer verkürzten Antwort von ChatGPT:

Externe Schulung: Vorteile: Zugang zu Experten, neue Perspektiven, Entlastung interner Ressourcen.

Nachteile: Höhere Kosten, weniger maßgeschneidert, geringere Mitarbeiterbindung.

Interne Schulung: Vorteile: Kosteneffizient, interner Wissenstransfer, bessere Zusammenarbeit.

Nachteile: Begrenzte Expertise, weniger Zeit für reguläre Aufgaben, möglicherweise weniger professionelle Materialien.

Tipps zur Formulierung von Tetralemma-Anfragen

- Bei der Formulierung von Tetralemma-Anfragen ist es wichtig, die Entscheidungssituation klar und präzise darzustellen, um eine deutliche Antwort von ChatGPT zu erhalten.
- Es ist ebenfalls hilfreich, die möglichen Alternativen deutlich aufzuzeigen und die relevanten Entscheidungskriterien zu benennen.
- Eine klare und präzise Formulierung der Tetralemma-Anfrage unterstützt dabei, von ChatGPT fundierte und nützliche Antworten zu bekommen, die bei der Entscheidungsfindung behilflich sind.

Fazit: Der Tetralemma-Ansatz ist eine wertvolle Entscheidungsfindungsmethode im Geschäftsleben, die dazu beiträgt, komplexe Entscheidungen systematisch zu analysieren und alle Optionen gründlich abzuwägen. Die Anwendung dieser Methode in Verbindung mit ChatGPT kann zu fundierten und klaren Entscheidungen führen, die auf einer breiten Informationsbasis und Überlegungen beruhen.

ChatGPT kann dabei helfen, Optionen objektiv zu analysieren, mögliche Konsequenzen aufzuzeigen und somit bei der Entscheidungsfindung unterstützen. Eine klare und präzise Formulierung der Tetralemma-Anfrage erleichtert es, von ChatGPT eine fundierte und nützliche Antwort zu erhalten, die bei der Entscheidungsfindung eine wertvolle Hilfe darstellt.

Exkurs: Literaturrecherche mit ChatGPT

ChatGPT hat auch **Zugriff auf eine Vielzahl von Büchern** aus unterschiedlichen Fachgebieten und Genres. Durch seine umfangreiche Datenbank und die Fähigkeit, komplexe Zusammenhänge zu analysieren, kann ChatGPT gezielte Informationen zu Büchern bereitstellen und Ihnen dabei helfen, passende Literatur für Ihre Bedürfnisse zu finden. Im Folgenden erfahren Sie, wie Ihnen ChatGPT bei der Recherche und Analyse von (Fach-)büchern behilflich sein kann und welche Vorteile sich daraus ergeben.

Zeitersparnis: Als vielbeschäftigte Person fällt es oft schwer, ausreichend Zeit zum Lesen und Analysieren von Büchern zu finden. ChatGPT unterstützt Sie, indem es die zentralen Punkte eines Buches extrahiert und Ihnen eine prägnante Zusammenfassung liefert.

Flexibilität: ChatGPT ist ein vielseitiges Werkzeug, das Fragen zu diversen Themen beantworten kann. Ob es sich um einen Roman, ein Sachbuch oder Memoiren handelt, ChatGPT hilft Ihnen, passende Antworten zu finden.

Tieferes Verständnis: Bei Schwierigkeiten, ein Buch zu verstehen oder zu interpretieren, kann ChatGPT Ihnen helfen, ein besseres Verständnis zu erlangen. Durch gezielte Fragen erhalten Sie verschiedene Perspektiven und können Ihre eigenen Gedanken vertiefen.

Personalisierte Empfehlungen: Wenn Sie ChatGPT nach einem Buch fragen, erhalten Sie auch maßgeschneiderte Empfehlungen basierend auf Ihren Interessen und Vorlieben.

Zugänglichkeit: ChatGPT ist jederzeit und überall verfügbar, sodass Sie Fragen zu Büchern stellen können, unabhängig von Ihrem Standort.

Insgesamt bietet ChatGPT als Werkzeug zur Zusammenfassung und Analyse von Büchern viele Vorteile, einschließlich Zeitersparnis, tieferem Verständnis und personalisierten Empfehlungen. Wenn Sie eine schnelle und zuverlässige Methode zur Buchrecherche suchen, sollten Sie ChatGPT in Betracht ziehen.

Praxisnahe Anleitung zur Buchrecherche mit ChatGPT

Starten Sie Ihre Anfrage an ChatGPT mit einem passenden Prompt, z.B.: *"Hallo ChatGPT, ich benötige für meine Arbeit ein Buch zum Thema [Thema]. Kannst du mir helfen?"*

Geben Sie eine präzise Beschreibung des gewünschten Themas ein. Je genauer, desto besser kann ChatGPT das passende Buch finden. Beispiel: *"Ich suche ein Buch zum effektiven Projektmanagement in der IT-Branche."*

ChatGPT schlägt Ihnen daraufhin eine Liste von relevanten Büchern vor. Haben Sie ein interessantes Buch gefunden, können Sie ChatGPT um weitere Informationen bitten, z.B.: *"Bitte erläutere den Inhalt dieses Buches und die wichtigsten Erkenntnisse für meine berufliche Praxis."*

ChatGPT präsentiert Ihnen eine Zusammenfassung des Buchinhalts sowie zentrale Erkenntnisse und Argumente, die für Ihren Berufsalltag relevant sein könnten. Stellen Sie gegebenenfalls spezifische Fragen, wie: *"Welche Methoden empfiehlt der Autor für erfolgreiches Projektmanagement?"*

Fazit: ChatGPT bietet als Recherche- und Analysewerkzeug für (Fach-)bücher zahlreiche Vorteile, um sich zusätzliches Fachwissen anzueignen. Mit Zeitersparnis, Flexibilität und personalisierten Empfehlungen erleichtert ChatGPT Ihren Alltag und unterstützt Ihre berufliche und persönliche Weiterentwicklung.

Teil V: 2000 Prompts für 100 Berufe

In diesem Kapitel präsentiere ich Ihnen 100 Berufe, in denen ChatGPT eine wertvolle Unterstützung darstellen kann. Ich werde verschiedene Tätigkeiten aufzeigen, bei denen ChatGPT hilfreich sein kann, und Ihnen zudem konkrete Beispiel-Prompts zu diesen Tätigkeiten sowie zu unterschiedlichen Prompt-Arten liefern. Bitte beachten Sie, dass die aufgeführten Tätigkeiten und Prompts beispielhaft sind und keine abschließende Liste darstellen.

Mein Ansinnen ist es, Ihnen zu verdeutlichen, dass ChatGPT in nahezu jedem Berufsfeld - auch in solchen, die hier nicht erwähnt werden - eine nützliche Hilfestellung sein kann. Dies gilt meiner Meinung unabhängig davon, ob Sie am Berufsanfang stehen oder bereits eine erfahrene Fachkraft sind. Ich hoffe, dass dieses Kapitel Ihnen dabei hilft, die vielseitigen Einsatzmöglichkeiten von ChatGPT im Berufsalltag zu erkennen und für sich zu nutzen.

Wichtige Hinweise

- In diesem Ratgeber finden Sie 100 Berufe in alphabetischer Reihenfolge. Die Berufsbezeichnungen orientieren sich dabei an der Auflistung auf der Homepage der Bundesagentur für Arbeit. Da dort jedoch nicht alle Berufe aufgeführt sind und es keine einheitlichen Bezeichnungen gibt, können einige Berufe unter anderen Namen gelistet sein.

  So wird beispielsweise der Begriff „Sekretärin" nicht explizit verwendet, stattdessen finden Sie „Office Managerin", „Kauffrau für Büromanagement" oder „Kaufmännische Assistentin im Bereich Büro". Durchstöbern Sie die Liste und wählen Sie die Berufe aus, die Ihren Vorstellungen am nächsten kommen.

- Als Experte oder Expertin in Ihrem Beruf könnten Ihnen einige Prompt-Beispiele weniger sinnvoll oder zielführend erscheinen. In diesem Fall betrachten Sie den jeweiligen Prompt bitte als Anregung, wie eine solche Prompt Art verwendet werden kann.

- Möglicherweise kann ChatGPT die eine oder andere Prompt-Anfrage derzeit noch nicht beantworten. Die rasante Entwicklung im Bereich der Künstlichen Intelligenz lässt jedoch erwarten, dass sich dies mit der Einführung der Version 4.5 oder 5.0 ändern wird.

- Da ChatGPT-Antworten in der Regel keine Quellenangaben enthalten - mit Ausnahme der Nutzung der „Internet-Chrome-Erweiterung", bei der die Internetquellen aufgeführt sind - empfiehlt es sich, die Antworten immer zu überprüfen.

Abfall- und Recyclingmanager/in

Für den Beruf des Abfall- und Recyclingmanagers kann ChatGPT in verschiedenen Bereichen eingesetzt werden, um die tägliche Arbeit zu erleichtern. Hier sind einige Tätigkeiten und entsprechende Beispiel-Prompts aufgelistet:

Optimierung von Recyclingprozessen: Abfall- und Recyclingmanager können ChatGPT nutzen, um Ideen zur Verbesserung von Recyclingprozessen und Abläufen zu erhalten.

Beispiel-Prompt: *"Bitte gib mir 3 Vorschläge zur Optimierung des Recyclingprozesses für Kunststoffabfälle in einer städtischen Recyclinganlage."*

Entwicklung von Recyclingprogrammen: ChatGPT kann bei der Erstellung von Plänen für neue Recyclingprogramme oder die Verbesserung bestehender Programme helfen.

Beispiel-Prompt: *"Beschreibe die Schritte zur Entwicklung eines erfolgreichen kommunalen Elektronikschrott-Recyclingprogramms."*

Forschung zu Recyclingtechnologien: Abfall- und Recyclingmanager können ChatGPT nach Informationen über aktuelle und zukünftige Recyclingtechnologien und -verfahren fragen.

Beispiel-Prompt: *"Erkläre mir die neuesten Technologien und Verfahren zur Trennung und Wiederverwertung von gemischten Kunststoffabfällen."*

Kommunikation und Öffentlichkeitsarbeit: ChatGPT kann bei der Kommunikation mit verschiedenen Stakeholdern und der Öffentlichkeit helfen, z. B. bei der Erstellung von Informationsmaterialien oder dem Verfassen von Pressemitteilungen.

Beispiel-Prompt: *"Schreibe eine kurze Pressemitteilung zur Einführung eines neuen, umweltfreundlichen Sammelsystems für Glasabfälle in der Stadt."*

Analyse von Abfalldaten und Berichterstattung: Abfall- und Recyclingmanager können ChatGPT verwenden, um bei der Analyse von Abfalldaten und der Erstellung von Berichten zu helfen.

Beispiel-Prompt: *"Wie erstelle ich einen aussagekräftigen Jahresbericht über die Abfallentsorgung und Recyclingquoten einer Stadt, inklusive wichtiger Statistiken und Trends?"*

Durch die Nutzung von ChatGPT in diesen verschiedenen Bereichen können Abfall- und Recyclingmanager ihre Arbeit effizienter gestalten und sich auf die strategische Planung und Umsetzung von Abfallmanagement- und Recyclinglösungen konzentrieren.

15 weitere Prompt-Beispiele

In diesem Abschnitt werde ich verschiedene Techniken und Prompts anführen, die den Arbeitsalltag von Abfall- und Recyclingmanagern erleichtern können. Zuerst verwende ich den Persona-Priming-Prompt, um ChatGPT in die Rolle eines Experten für Abfall- und Recyclingmanagement zu versetzen. Anschließend stelle ich Ihnen ausgewählte Techniken und Prompts aus den Kategorien "Allgemeine Prompt-Arten", "Ideenfindungs-Prompts", "Problemlösungs-Prompts" und "Entscheidungsfindungs-Prompts" vor, die speziell auf den Beruf des Abfall- und Recyclingmanagers zugeschnitten sind.

Persona-Priming Beispiel: *"ChatGPT, ich möchte, dass du die Rolle eines Abfall- und Recyclingmanagers einnimmst. Du verfügst über Kenntnisse in den Bereichen Abfallmanagement, Recyclingprozesse und Umweltschutz. Du bist in der Lage, Ratschläge zur Abfallvermeidung, zur fachgerechten*

Entsorgung von Abfällen und zur Implementierung von Recyclingprogrammen zu geben. Du hast Erfahrung mit der Zusammenarbeit mit Kommunen, Unternehmen und Bürgern, um nachhaltige Lösungen für Abfallprobleme zu entwickeln." Geben Sie nun Ihre konkrete Anfrage als Prompt ein, indem Sie beispielhaft schreiben: *"ChatGPT, du bist nun ein erfahrener Abfall- und Recyclingmanager. Was ...?"*

Dialog-Prompt Beispiel: *"ChatGPT, du bist nun ein erfahrener Abfall- und Recyclingmanager. Bitte führe einen Dialog mit mir über die Vorteile und Herausforderungen der Einführung eines Pfandsystems für Einwegverpackungen."*

Frage-Prompt Beispiel: *"ChatGPT, du bist nun ein erfahrener Abfall- und Recyclingmanager. Wie kann ich ein effektives Abfallreduzierungsprogramm für meinen Betrieb entwickeln?"*

Gegenargument-Prompt Beispiel: *"ChatGPT, du bist nun ein erfahrener Abfall- und Recyclingmanager. Nenne mir ein Gegenargument gegen die Verwendung von Einwegverpackungen aus biologisch abbaubaren Materialien."*

Ideen-erfolgreich-weiterentwickeln-Prompt Beispiel: *"ChatGPT, du bist nun ein erfahrener Abfall- und Recyclingmanager. Ich habe eine Idee für ein neues Recyclingprogramm für Lebensmittelverpackungen. Hilf mir, diese Idee weiterzuentwickeln und mögliche Schwachstellen zu identifizieren."*

Internet-Analyse-Prompt Beispiel: *"ChatGPT, du bist nun ein erfahrener Abfall- und Recyclingmanager. Analysiere das Internet nach den neuesten Trends und Best Practices im Bereich Abfallmanagement und Recycling."*

Markdown-Format-Prompt Beispiel: *"ChatGPT, du bist nun ein erfahrener Abfall- und Recyclingmanager. Erstelle eine Liste im Markdown-Format von fünf wesentlichen Elementen, die bei der Entwicklung eines Abfallwirtschaftsplans berücksichtigt werden sollten."*

Multi-Kriterien-Analyse-(MKA)-Prompt Beispiel: *"ChatGPT, du bist nun ein erfahrener Abfall- und Recyclingmanager. Führe eine Multi-Kriterien-Analyse durch, um die besten Optionen für die Entsorgung von gemischtem Abfall in einem kleinen Unternehmen zu ermitteln."*

Pro-und-Contra-Prompt Beispiel: *"ChatGPT, du bist nun ein erfahrener Abfall- und Recyclingmanager. Erstelle eine Pro-und-Contra-Liste zur Einführung eines zentralisierten Abfallmanagementsystems in einer Stadt."*

Reframing-Prompt Beispiel: *"ChatGPT, du bist nun ein erfahrener Abfall- und Recyclingmanager. Reframe das Problem der hohen Abfallaufkommen in städtischen Gebieten, um neue Lösungsansätze zu finden."*

Schritt-für-Schritt-Prompt Beispiel: *"ChatGPT, du bist nun ein erfahrener Abfall- und Recyclingmanager. Beschreibe Schritt für Schritt den Prozess der Implementierung eines effektiven Mülltrennungssystems in einem Wohngebiet."*

Sentiment-Prompt Beispiel: *"ChatGPT, du bist nun ein erfahrener Abfall- und Recyclingmanager. Analysiere das öffentliche Sentiment gegenüber der Einführung eines umfassenden Kompostierungsprogramms in einer ländlichen Gemeinde gemäß folgendem Artikel ..."*

SWOT-Analyse-Prompt Beispiel: *"ChatGPT, du bist nun ein erfahrener Abfall- und Recyclingmanager. Führe eine SWOT-Analyse durch, um die Stärken, Schwächen, Chancen und Risiken der Implementierung eines Zero-Waste-Programms in einer Organisation zu identifizieren."*

Tabellen-Format-Prompt Beispiel: *"ChatGPT, du bist nun ein erfahrener Abfall- und Recyclingmanager. Erstelle eine Tabelle, die verschiedene Arten von Abfällen, ihre Entsorgungsmethoden und die jeweiligen Umweltauswirkungen aufzeigt."*

Um-Feedback-bitten-Prompt Beispiel: *"ChatGPT, du bist nun ein erfahrener Abfall- und Recyclingmanager. Bitte gib mir Feedback zu meinem aktuellen Abfallentsorgungskonzept für ein mittelständisches Unternehmen und schlage Verbesserungen vor."*

Agrarwissenschaftler/in

Für den Beruf des Agrarwissenschaftlers kann ChatGPT in verschiedenen Bereichen eingesetzt werden, um die tägliche Arbeit zu erleichtern. Hier sind einige Tätigkeiten und entsprechende Beispiel-Prompts aufgelistet:

Forschung zu Pflanzen- und Tierarten: Agrarwissenschaftler können ChatGPT nutzen, um Informationen über spezifische Pflanzen- oder Tierarten und deren Anforderungen in Bezug auf Wachstum, Ernährung und Pflege zu erhalten.

Beispiel-Prompt: *"Beschreibe die optimalen Wachstumsbedingungen und Ernährungsanforderungen für Weizen."*

Optimierung von landwirtschaftlichen Verfahren: ChatGPT kann Vorschläge zur Verbesserung von landwirtschaftlichen Verfahren und Techniken liefern, um die Produktivität und Nachhaltigkeit zu erhöhen.

Beispiel-Prompt: *"Bitte gib mir 3 Vorschläge zur Optimierung der Bewässerungstechniken in einem landwirtschaftlichen Betrieb, um den Wasserverbrauch zu reduzieren."*

Analyse von Agrardaten: Agrarwissenschaftler können ChatGPT verwenden, um bei der Analyse von Agrardaten, wie Ernteerträgen, Bodenqualität und Wetterbedingungen, zu helfen und entsprechende Handlungsempfehlungen abzuleiten.

Beispiel-Prompt: *"Welche Faktoren sollte ich bei der Analyse der Bodenqualität für den Anbau von Kartoffeln berücksichtigen, und wie kann ich diese Informationen nutzen, um die Ernteerträge zu verbessern?"*

Entwicklung von Agrarprojekten: ChatGPT kann bei der Planung und Umsetzung von Agrarprojekten helfen, indem es Informationen über Projektmanagement, Finanzierungsmöglichkeiten und Risikobewertungen liefert.

Beispiel-Prompt: *"Beschreibe die Schritte zur Entwicklung eines erfolgreichen Projekts zur Einführung nachhaltiger Anbaumethoden in einer landwirtschaftlichen Gemeinschaft."*

Kommunikation und Wissenstransfer: Agrarwissenschaftler können ChatGPT verwenden, um bei der Erstellung von Informationsmaterialien, Präsentationen oder Artikeln zu helfen, die Fachwissen an Landwirte, politische Entscheidungsträger und die breite Öffentlichkeit vermitteln.

Beispiel-Prompt: *"Erstelle eine kurze Zusammenfassung über die Vorteile der biologischen Landwirtschaft und deren positive Auswirkungen auf Umwelt und Lebensmittelqualität."*

Durch die Nutzung von ChatGPT in diesen verschiedenen Bereichen können Agrarwissenschaftler ihre Arbeit effizienter gestalten und sich auf die Erforschung und Anwendung neuer Erkenntnisse in der Landwirtschaft konzentrieren.

15 weitere Beispiel-Prompts

Im Folgenden finden Sie eine Auswahl von maßgeschneiderten Prompts und Techniken, die speziell für den Beruf des Agrarwissenschaftlers ausgewählt wurden. Die Prompts umfassen verschiedene Aspekte wie Ideenfindung, Problemlösung und Entscheidungsfindung und sind so formuliert, dass sie direkt im Eingabefeld von ChatGPT verwendet werden können. Denken Sie daran, vor der Verwendung der konkreten Prompts den Persona-Priming-Prompt zu verwenden, um ChatGPT auf die Rolle eines Agrarwissenschaftlers vorzubereiten.

Persona-Priming-Prompt Beispiel: *"ChatGPT, ich möchte, dass du die Rolle eines Agrarwissenschaftlers einnimmst. Du verfügst über fundiertes Wissen in den Bereichen Pflanzenwissenschaft, Bodenkunde, Tierzucht, Agrartechnik und Agrarökonomie. Du kannst Fragen zu nachhaltiger Landwirtschaft, Pflanzenproduktion, Düngung und Schädlingsbekämpfung beantworten und dabei die neuesten wissenschaftlichen Erkenntnisse berücksichtigen."* Geben Sie nun Ihre konkrete Anfrage als Prompt ein, indem Sie beispielhaft schreiben: *"ChatGPT, du bist nun ein erfahrener Agrarwissenschaftler. Was ...?"*

Dialog-Prompt Beispiel: *"ChatGPT, du bist nun ein erfahrener Agrarwissenschaftler. Bitte führe einen Dialog mit mir über die Vor- und Nachteile von konventioneller Landwirtschaft im Vergleich zu biologischer Landwirtschaft."*

Frage-Prompt Beispiel: *"ChatGPT, du bist nun ein erfahrener Agrarwissenschaftler. Was sind die Hauptunterschiede zwischen stickstoffbasierten und phosphorhaltigen Düngemitteln in Bezug auf ihre Auswirkungen auf Pflanzen und den Boden?"*

Gegenargument-Prompt Beispiel: *"ChatGPT, du bist nun ein erfahrener Agrarwissenschaftler. Ich glaube, dass Monokulturen effizienter sind als* *vielfältige Anbausysteme. Bitte gib mir ein Gegenargument, das die Vorteile der Anbaudiversität hervorhebt."*

Brainstorming-Prompt Beispiel: *"ChatGPT, du bist nun ein erfahrener Agrarwissenschaftler. Führe ein Brainstorming durch und liste fünf innovative Ideen auf, um die Erträge in einem landwirtschaftlichen Betrieb zu steigern, ohne die Umwelt zu schädigen."*

Internet-Analyse-Prompt Beispiel: *"ChatGPT, du bist nun ein erfahrener Agrarwissenschaftler. Durchsuche das Internet nach den neuesten Entwicklungen und Trends in der Präzisionslandwirtschaft und erstelle eine kurze Zusammenfassung der wichtigsten Punkte."*

Listen-Prompt Beispiel: *"ChatGPT, du bist nun ein erfahrener Agrarwissenschaftler. Erstelle eine Liste der zehn wichtigsten Faktoren, die bei der Auswahl von Pflanzenarten für den Anbau unter Berücksichtigung von Klima, Bodenbeschaffenheit und Marktanforderungen zu berücksichtigen sind."*

Markdown-Format-Prompt Beispiel: *"ChatGPT, du bist nun ein erfahrener Agrarwissenschaftler. Erstelle ein kurzes Dokument im Markdown-Format, das die Grundlagen der Bodenbearbeitung und verschiedene Methoden zur Verbesserung der Bodenfruchtbarkeit erklärt."*

5-Why-Verfahren-Prompt Beispiel: *"ChatGPT, du bist nun ein erfahrener Agrarwissenschaftler. Eine Farm hat in den letzten Jahren sinkende Ernteerträge. Wende das 5-Why-Verfahren an, um mögliche Ursachen für dieses Problem zu identifizieren und Lösungsansätze zu finden."*

Pro-und-Contra-Prompt Beispiel: *"ChatGPT, du bist nun ein erfahrener Agrarwissenschaftler. Erstelle eine Pro-und-Contra-Liste für den Einsatz von Gentechnik in der Landwirtschaft."*

Reframing-Prompt (aus den Problemlösungs-Prompts) Beispiel: *"ChatGPT, du bist nun ein erfahrener Agrarwissenschaftler. Formuliere das Problem der Bodenerosion in landwirtschaftlichen Gebieten neu, um alternative Lösungsansätze zu finden, die über traditionelle Erosionskontrollmaßnahmen hinausgehen."*

Schritt-für-Schritt-Prompt Beispiel: *"ChatGPT, du bist nun ein erfahrener Agrarwissenschaftler. Beschreibe Schritt für Schritt, wie man eine* *nachhaltige Düngungsstrategie für einen landwirtschaftlichen Betrieb entwickelt und implementiert."*

Tabellen-Format-Prompt Beispiel: *"ChatGPT, du bist nun ein erfahrener Agrarwissenschaftler. Erstelle eine Tabelle, die die wichtigsten Schädlinge und Krankheiten von Mais auflistet, sowie ihre Symptome und mögliche Bekämpfungsmaßnahmen."*

Um-Feedback-bitten-Prompt Beispiel: *"ChatGPT, du bist nun ein erfahrener Agrarwissenschaftler. Ich habe einen Plan zur Umstellung eines landwirtschaftlichen Betriebs auf biologischen Anbau erstellt. Bitte gib mir Feedback zu den wichtigsten Aspekten, die ich bei der Umstellung berücksichtigen sollte."*

SWOT-Analyse-Prompt Beispiel: *"ChatGPT, du bist nun ein erfahrener Agrarwissenschaftler. Führe eine SWOT-Analyse für den Einsatz von Drohnen zur Überwachung von Pflanzenwachstum und Schädlingsbefall in einem landwirtschaftlichen Betrieb durch."*

Altenpfleger/in

ChatGPT kann auch im Beruf der Altenpflege eine wertvolle Hilfe sein und den Arbeitsalltag erleichtern. Hier sind einige Tätigkeiten, bei denen ChatGPT angewendet werden kann, und jeweils ein Beispiel-Prompt, der zeigt, wie die KI konkret helfen kann:

Aktualisierung von Pflegeplänen: ChatGPT kann bei der Aktualisierung und Anpassung von Pflegeplänen eingesetzt werden, um sicherzustellen, dass die Bedürfnisse der betreuten Personen optimal berücksichtigt werden.

Beispiel-Prompt: *"Aktualisiere den Pflegeplan von Herrn Müller, um seine neuesten Gesundheitsinformationen und Mobilitätseinschränkungen einzubeziehen."*

Dokumentation von Pflegeleistungen: Die KI kann dabei helfen, die tägliche Dokumentation der Pflegeleistungen effizient und genau zu verfassen.

Beispiel-Prompt: *"Fasse die heute erbrachten Pflegeleistungen für Frau Schneider zusammen, einschließlich Medikamentengabe, körperlicher Unterstützung und sozialer Interaktion."*

Informationsrecherche: ChatGPT kann genutzt werden, um schnell Informationen zu Medikamenten, Krankheiten oder Behandlungsmethoden zu recherchieren.

Beispiel-Prompt: *"Erkläre die Nebenwirkungen und Interaktionen von Metoprolol und welche Vorsichtsmaßnahmen bei der Gabe an ältere Menschen zu beachten sind."*

Kommunikation mit Angehörigen: Die KI kann beim Verfassen von E-Mails oder Berichten an die Familien der betreuten Personen unterstützen, um sie über den Zustand und Fortschritt ihrer Angehörigen zu informieren.

Beispiel-Prompt: *"Verfasse eine E-Mail an die Tochter von Frau Meyer, um sie über die Verbesserung ihres Gesundheitszustands und die geplanten Aktivitäten für die kommende Woche zu informieren."*

Fortbildung und Wissenstransfer: ChatGPT kann eingesetzt werden, um aktuelle Studien oder Fachartikel im Bereich der Altenpflege zu finden und zusammenzufassen, um das eigene Fachwissen kontinuierlich zu erweitern.

Beispiel-Prompt: *"Finde und fasse die wichtigsten Erkenntnisse aus aktuellen Studien zur Demenzpflege zusammen, die für Altenpfleger relevant sind."*

Diese Beispiele zeigen, wie ChatGPT Altenpfleger/innen in verschiedenen Aspekten ihres Berufs unterstützen kann, um ihre Arbeit effizienter und zielgerichteter zu gestalten.

15 weitere Prompt-Beispiele

In diesem Abschnitt werde ich Ihnen spezifische Beispiele für ChatGPT-Prompts und Kreativitätstechniken vorstellen, die speziell auf den Beruf des Altenpflegers zugeschnitten sind. Diese Prompts können Ihnen dabei helfen, Ihre Arbeit effizienter und zielgerichteter zu gestalten. Bevor Sie die Prompts verwenden, sollten Sie den Persona-Priming-Prompt nutzen, um ChatGPT in die Rolle eines erfahrenen Altenpflegers zu versetzen.

Persona-Priming-Prompt Beispiel: *"ChatGPT, ich möchte, dass du die Rolle eines Altenpflegers einnimmst. Du verfügst über praktische Erfahrungen und Fachwissen im Bereich der Altenpflege, einschließlich der körperlichen, emotionalen und sozialen Bedürfnisse älterer Menschen. Du kannst Empfehlungen zur Unterstützung von Senioren bei der Bewältigung von Alltagsaufgaben geben und hast ein tiefes Verständnis für die besonderen Herausforderungen, die sich im Alter ergeben."* Geben Sie nun Ihre konkrete Anfrage als Prompt ein, indem Sie beispielhaft schreiben: *"ChatGPT, du bist nun ein erfahrener Altenpfleger. Was ...?"*

5-Why-Verfahren-Prompt Beispiel: *"ChatGPT, du bist nun ein erfahrener Altenpfleger und sollst herausfinden, warum Herr Meyer häufiger gestürzt ist. Bitte führe das 5-Why-Verfahren durch, um die Ursache zu ermitteln."*

ABC-Technik-Prompt Beispiel: *"ChatGPT, du bist nun ein erfahrener Altenpfleger und möchtest neue Aktivitäten für die Senioren in der Einrichtung entwickeln. Bitte verwende die ABC-Technik, um kreative Vorschläge zu generieren."*

Dialog-Prompt Beispiel: *"ChatGPT, du bist nun ein erfahrener Altenpfleger und möchtest wissen, wie du mit einem herausfordernden Familienmitglied eines Pflegebedürftigen umgehen solltest. Bitte führe einen Dialog mit mir, um mögliche Lösungen zu diskutieren."*

Frage-Prompt Beispiel: *"ChatGPT, du bist nun ein erfahrener Altenpfleger und möchtest wissen, wie man Druckgeschwüren bei bettlägerigen Senioren vorbeugen kann. Bitte stelle mir Fragen, die mir helfen, eine geeignete Vorgehensweise zu entwickeln."*

Gegenargument-Prompt Beispiel: *"ChatGPT, du bist nun ein erfahrener Altenpfleger und sollst die Vor- und Nachteile der Verwendung von Antipsychotika bei dementen Patienten evaluieren. Bitte präsentiere Gegenargumente zur routinemäßigen Verwendung von Antipsychotika."*

Ishikawa-Methode-Prompt Beispiel: *"ChatGPT, du bist nun ein erfahrener Altenpfleger und sollst herausfinden, warum einige Bewohner unter Gewichtsverlust leiden. Bitte erstelle ein Ishikawa-Diagramm (Fischgräten-Diagramm), um mögliche Ursachen zu identifizieren."*

Lateral-Thinking-Prompt Beispiel: *"ChatGPT, du bist nun ein erfahrener Altenpfleger und sollst kreative Ideen für die Verbesserung der sozialen Interaktionen unter den Bewohnern entwickeln. Bitte verwende die Lateral-Thinking-Methode, um unkonventionelle Lösungen zu finden."*

Pareto-Analyse-Prompt Beispiel: *"ChatGPT, du bist nun ein erfahrener Altenpfleger und möchtest herausfinden, welche Maßnahmen den größten Einfluss auf das Wohlbefinden der Bewohner haben. Bitte führe eine Pareto-Analyse durch, um die wichtigsten Faktoren zu identifizieren."*

Pro-und-Contra-Prompt Beispiel: *"ChatGPT, du bist nun ein erfahrener Altenpfleger und sollst die Vor- und Nachteile der Einbindung von Haustieren in die Pflegeeinrichtung evaluieren. Bitte liste die Pros und Kontras auf."*

Reframing-Prompt Beispiel: *"ChatGPT, du bist nun ein erfahrener Altenpfleger und möchtest eine negative Situation in der Pflegeeinrichtung neu bewerten. Eine Bewohnerin zeigt aggressives Verhalten. Bitte reframe diese Situation, um sie in einem positiveren Licht darzustellen."*

SWOT-Analyse-Prompt Beispiel: *"ChatGPT, du bist nun ein erfahrener Altenpfleger und möchtest eine SWOT-Analyse für deine Pflegeeinrichtung durchführen. Bitte hilf mir, die Stärken, Schwächen, Chancen und Bedrohungen zu identifizieren."*

Um-Feedback-bitten-Prompt Beispiel: *"ChatGPT, du bist nun ein erfahrener Altenpfleger und hast einen neuen Pflegeplan für einen Bewohner erstellt. Bitte gib mir Feedback zu diesem Plan, um sicherzustellen, dass er den Bedürfnissen des Bewohners gerecht wird."*

Verfeinerungs-Prompt Beispiel: *"ChatGPT, du bist nun ein erfahrener Altenpfleger und hast einen Vorschlag für eine Aktivität für die Bewohner erhalten. Die Aktivität beinhaltet Gartenarbeit. Bitte verfeinere diesen Vorschlag, um ihn besser auf die Fähigkeiten und Bedürfnisse der Bewohner abzustimmen."*

WWAD-Methode-Prompt (What's Wrong and What's Desired) Beispiel: *"ChatGPT, du bist nun ein erfahrener Altenpfleger und möchtest die Ursache für die Unzufriedenheit einiger Bewohner identifizieren. Bitte führe die WWAD-Methode durch, um herauszufinden, was falsch läuft und was gewünscht wird."*

Anlagenmechaniker/in für Sanitär-, Heizungs- und Klimatechnik

Anlagenmechaniker/innen für Sanitär-, Heizungs- und Klimatechnik können ChatGPT in vielfältiger Weise nutzen, um ihre tägliche Arbeit zu erleichtern. Hier sind einige Beispiele dafür, wie ChatGPT bei verschiedenen Tätigkeiten eingesetzt werden kann, inklusive konkreter Beispiel-Prompts:

Planung und Installation von Sanitär-, Heizungs- und Klimatechnik

Beispiel-Prompt: *"Beschreibe die Schritte, die bei der Planung und Installation eines Heizungssystems in einem Einfamilienhaus zu beachten sind."*

Fehlerdiagnose und Reparatur von Anlagen

Beispiel-Prompt: *"Gib eine Schritt-für-Schritt-Anleitung zur Fehlerdiagnose und Reparatur eines undichten Wasserrohrs."*

Beratung von Kunden zur Auswahl der passenden Geräte

Beispiel-Prompt: *"Erkläre die Vor- und Nachteile von verschiedenen Heizungssystemen (Gasheizung, Ölheizung, Wärmepumpe) für ein Wohngebäude."*

Berechnung von Material- und Arbeitskosten für Projekte

Beispiel-Prompt: *"Wie berechne ich die Material- und Arbeitskosten für die Installation einer Solarthermie-Anlage auf einem Einfamilienhaus?"*

Überprüfung und Aktualisierung von technischen Dokumentationen

Beispiel-Prompt: *"Erstelle eine Checkliste zur Überprüfung der Vollständigkeit und Richtigkeit von technischen Dokumentationen für eine Klimaanlage."*

Aktualisierung von Wissen über gesetzliche Vorschriften und Normen

Beispiel-Prompt: *"Beschreibe die wichtigsten gesetzlichen Vorschriften und Normen, die bei der Installation von Heizungs- und Klimatechnik zu beachten sind."*

Kommunikation mit Lieferanten und anderen Fachleuten

Beispiel-Prompt: *"Formuliere eine professionelle E-Mail an einen Lieferanten, um Informationen über die Lieferzeit und Preise von Sanitärmaterialien zu erfragen."*

Durch die Verwendung von ChatGPT in diesen verschiedenen Bereichen können Anlagenmechaniker/-innen für Sanitär-, Heizungs- und Klimatechnik ihre Arbeitsabläufe optimieren, ihren Kunden bessere Ergebnisse liefern und insgesamt effizienter arbeiten.

15 weitere Prompt-Beispiele

In diesem Abschnitt finden Sie speziell ausgewählte Prompts und Techniken, die für den Beruf des Anlagenmechanikers für Sanitär-, Heizungs- und Klimatechnik besonders geeignet sind. Zunächst wird ein Persona-Priming-Prompt vorgestellt, der ChatGPT auf die Rolle eines erfahrenen Anlagenmechanikers einstimmt. Anschließend werden verschiedene Prompts präsentiert, die auf verschiedene Problemstellungen und Fragestellungen im Berufsalltag eines Anlagenmechanikers abzielen.

Persona-Priming-Prompt Beispiel: *"ChatGPT, du bist ein erfahrener Anlagenmechaniker für Sanitär-, Heizungs- und Klimatechnik. Du verfügst über umfangreiche Kenntnisse in der Installation, Wartung und Reparatur von Sanitär-, Heizungs- und Klimaanlagen. Du bist mit den verschiedenen Technologien und Materialien vertraut und kannst praktische Ratschläge zur Auswahl und zum Betrieb dieser Systeme geben."* Geben Sie nun Ihre konkrete Anfrage als Prompt ein, indem Sie beispielhaft schreiben: *"ChatGPT, du bist nun ein erfahrener Anlagenmechaniker für Sanitär-, Heizungs- und Klimatechnik. Was ...?“*

5-Why-Verfahren-Prompt Beispiel: *"ChatGPT, du bist nun ein erfahrener Anlagenmechaniker für Sanitär-, Heizungs- und Klimatechnik. Bitte führe eine 5-Why-Analyse durch, um die Ursache für einen ungewöhnlich hohen Energieverbrauch bei einer Gasheizungsanlage zu ermitteln."*

ABC-Technik-Prompt Beispiel: *"ChatGPT, du bist nun ein erfahrener Anlagenmechaniker für Sanitär-, Heizungs- und Klimatechnik. Wende die ABC-Technik an, um mögliche Verbesserungen und Optimierungen bei der Installation von Sanitär- und Heizungssystemen aufzulisten."*

Dialog-Prompt Beispiel: *"ChatGPT, du bist nun ein erfahrener Anlagenmechaniker für Sanitär-, Heizungs- und Klimatechnik. Stelle einen fiktiven Dialog zwischen dir und einem Kunden dar, der sich über die besten Optionen für eine energiesparende Heizungsanlage informieren möchte."*

Frage-Prompt Beispiel: *"ChatGPT, du bist nun ein erfahrener Anlagenmechaniker für Sanitär-, Heizungs- und Klimatechnik. Stelle eine Liste mit Fragen zusammen, die du einem Kunden stellen würdest, um dessen Bedürfnisse und Anforderungen für eine neue Heizungsanlage besser zu verstehen."*

Gegenargument-Prompt Beispiel: *"ChatGPT, du bist nun ein erfahrener Anlagenmechaniker für Sanitär-, Heizungs- und Klimatechnik. Gib ein Gegenargument zu der Behauptung, dass Wärmepumpen immer die beste Wahl für Heizsysteme sind."*

Ideen-erfolgreich-weiterentwickeln-Prompt Beispiel: *"ChatGPT, du bist nun ein erfahrener Anlagenmechaniker für Sanitär-, Heizungs- und Klimatechnik. Beschreibe Schritte, wie eine Idee für ein neues, energieeffizientes Klimatechniksystem erfolgreich weiterentwickelt werden kann."*

Internet-Analyse-Prompt Beispiel: *"ChatGPT, du bist nun ein erfahrener Anlagenmechaniker für Sanitär-, Heizungs- und Klimatechnik. Führe eine Internet-Analyse durch, um herauszufinden, welche aktuellen Trends und Technologien in der Branche für Sanitär-, Heizungs- und Klimatechnik vorherrschen."*

Multi-Kriterien-Analyse-(MKA)-Prompt Beispiel: *"ChatGPT, du bist nun ein erfahrener Anlagenmechaniker für Sanitär-, Heizungs- und Klimatechnik. Führe eine Multi-Kriterien-Analyse durch, um die beste Heizungsoption für ein Mehrfamilienhaus unter Berücksichtigung von Faktoren wie Kosten, Energieeffizienz und Umweltfreundlichkeit zu ermitteln."*

Pro-und-Contra-Prompt Beispiel: *"ChatGPT, du bist nun ein erfahrener Anlagenmechaniker für Sanitär-, Heizungs- und Klimatechnik. Liste die Vor- und Nachteile von zentralen und dezentralen Warmwasserversorgungssystemen auf."*

Reframing-Prompt Beispiel: *"ChatGPT, du bist nun ein erfahrener Anlagenmechaniker für Sanitär-, Heizungs- und Klimatechnik. Formuliere das*

Problem eines ineffizienten Heizungssystems neu, um alternative Lösungsansätze zu finden."

Schritt-für-Schritt-Prompt Beispiel: *"ChatGPT, du bist nun ein erfahrener Anlagenmechaniker für Sanitär-, Heizungs- und Klimatechnik. Erkläre in einem Schritt-für-Schritt-Ansatz, wie man ein Leck in einem Heizungsrohr findet und repariert."*

Stil-und-Schreibart-Anpassungs-Prompt Beispiel: *"ChatGPT, du bist nun ein erfahrener Anlagenmechaniker für Sanitär-, Heizungs- und Klimatechnik. Erstelle eine leicht verständliche Anleitung zur Wartung eines Kessels, die für Laien geeignet ist."*

Zusammenfassungs-Prompt Beispiel: *"ChatGPT, du bist nun ein erfahrener Anlagenmechaniker für Sanitär-, Heizungs- und Klimatechnik. Fasse die wichtigsten Punkte zusammen, die bei der Planung und Installation eines neuen Badezimmers in einem Einfamilienhaus zu beachten sind."*

Architekt/in

ChatGPT kann Architekten in vielerlei Hinsicht unterstützen, um ihre tägliche Arbeit effizienter und kreativer zu gestalten. Hier sind einige Beispiele, wie ChatGPT Architekten bei ihren Aufgaben helfen kann, zusammen mit konkreten Beispiel-Prompts:

Bauvorschriften und Zoneneinteilung: ChatGPT kann Informationen zu geltenden Bauvorschriften und Zoneneinteilungen liefern, um sicherzustellen, dass Projekte den örtlichen Bestimmungen entsprechen.

Beispiel-Prompt: *"Erkläre die wichtigsten Bauvorschriften und Zoneneinteilungen, die bei der Planung eines Einfamilienhauses in München zu beachten sind."*

Kollaboration mit anderen Fachleuten: ChatGPT kann bei der Kommunikation und Zusammenarbeit mit anderen Fachleuten, wie Ingenieuren, Bauunternehmern und Landschaftsarchitekten helfen.

Beispiel-Prompt: *"Erstelle eine E-Mail an einen Landschaftsarchitekten, um Ideen für die Außengestaltung eines neuen Bürokomplexes zu besprechen."*

Präsentationen erstellen: ChatGPT kann bei der Erstellung von Präsentationen helfen, indem es Texte, Layouts und visuelle Inhalte vorschlägt.

Beispiel-Prompt: *"Entwirf eine Präsentationsstruktur, um den Entwurf eines modernen Einkaufszentrums einem Kunden vorzustellen."*

Kundenanfragen beantworten: ChatGPT kann helfen, Kundenanfragen effizient und professionell zu beantworten.

Beispiel-Prompt: *"Ein Kunde hat Bedenken bezüglich der Energieeffizienz seines geplanten Hauses geäußert. Wie kann ich ihm die Vorteile unseres Entwurfs und der verwendeten Materialien erklären?"*

Inspirationsquellen finden: ChatGPT kann helfen, inspirierende Gebäude oder Projekte zu finden, die als Referenz oder Ausgangspunkt für eigene Entwürfe dienen können.

Beispiel-Prompt: *"Zeige mir fünf beeindruckende Beispiele von umweltfreundlichen und energieeffizienten Gebäuden weltweit."*

Indem Architekten ChatGPT in diese verschiedenen Aspekte ihrer Arbeit integrieren, können sie ihre Arbeitsabläufe optimieren und ihre Kreativität steigern.

15 weitere Beispiel-Prompts

In diesem Abschnitt stelle ich Ihnen einige spezifisch auf den Beruf des Architekten zugeschnittene Prompts vor, die sich aus den oben angeführten Kategorien ableiten. Zunächst macht es Sinn den Persona-Priming-Prompt zu verwenden, um ChatGPT die Rolle eines erfahrenen Architekten einnehmen zu lassen. Anschließend werden verschiedene Techniken und Prompts aufgelistet, die Architekten bei der Lösung von Problemen, Ideenfindung und Entscheidungsfindung unterstützen können.

Persona-Priming-Prompt Beispiel: *"ChatGPT, ich möchte, dass du die Rolle eines Architekten einnimmst. Du verfügst über umfassendes Wissen in den Bereichen Architektur, Design, Bauplanung und -technik. Du bist in der Lage, kreative und funktionale Gestaltungslösungen zu entwickeln, die den*

Bedürfnissen der Kunden und den Anforderungen von Umwelt, Gesellschaft und Regulierungsbehörden gerecht werden." Geben Sie nun Ihre konkrete Anfrage als Prompt ein, indem Sie beispielhaft schreiben: *"ChatGPT, du bist nun ein erfahrener Architekt. Was ...?"*

Dialog-Prompt Beispiel: *"ChatGPT, du bist nun ein erfahrener Architekt und führst ein Gespräch mit einem Bauingenieur, um die besten Methoden für die Umsetzung eines umweltfreundlichen Gebäudes zu besprechen."*

Frage-Prompt Beispiel: *"ChatGPT, du bist nun ein erfahrener Architekt, welche Faktoren müssen bei der Gestaltung eines barrierefreien Gebäudes berücksichtigt werden?"*

Gegenargument-Prompt Beispiel: *"ChatGPT, du bist nun ein erfahrener Architekt, präsentiere ein Gegenargument gegen die Verwendung von Stahl als Hauptkonstruktionsmaterial für ein Wohngebäude."*

Ideen-erfolgreich-weiterentwickeln-Prompt Beispiel: *"ChatGPT, du bist nun ein erfahrener Architekt, wie könnten wir das Konzept eines vertikalen Gartens in der Fassadengestaltung eines Bürogebäudes erfolgreich weiterentwickeln?"*

Markdown-Format-Prompt Beispiel: *"ChatGPT, du bist nun ein erfahrener Architekt, erstelle in Markdown-Format einen Projektbericht über den Fortschritt eines Wohnkomplexes, der gerade im Bau ist."*

Multi-Kriterien-Analyse-(MKA)-Prompt Beispiel: *"ChatGPT, du bist nun ein erfahrener Architekt, führe eine Multi-Kriterien-Analyse durch, um die beste Option für die Dachkonstruktion eines neuen Wohnhauses zu ermitteln."*

Pareto-Analyse-Prompt Beispiel: *"ChatGPT, du bist nun ein erfahrener Architekt, führe eine Pareto-Analyse durch, um die wichtigsten Faktoren zu identifizieren, die den Bau eines neuen Hochhauses am meisten verzögern."*

Pro-und-Contra-Prompt Beispiel: *"ChatGPT, du bist nun ein erfahrener Architekt, analysiere die Vor- und Nachteile von Solarzellen auf dem Dach eines Einfamilienhauses."*

Reframing-Prompt Beispiel: *"ChatGPT, du bist nun ein erfahrener Architekt, betrachte das Problem eines beengten Baugrundstücks aus einer anderen Perspektive und finde kreative Lösungen für die Raumgestaltung."*

Schritt-für-Schritt-Prompt Beispiel: *"ChatGPT, du bist nun ein erfahrener Architekt, beschreibe Schritt für Schritt den Prozess der Erstellung von Bauplänen für ein Mehrfamilienhaus."*

Sentiment-Prompt Beispiel: *"ChatGPT, du bist nun ein erfahrener Architekt, analysiere das positive und negative Feedback von Kunden, die in von dir entworfenen Wohngebäuden leben."*

Stil-und-Schreibart-Anpassungs-Prompt Beispiel: *"ChatGPT, du bist nun ein erfahrener Architekt, schreibe einen kurzen Projektvorschlag für ein innovatives Wohngebäude im Stil eines informellen Berichts für ein internes Teammeeting."*

Um-Feedback-bitten-Prompt Beispiel: *"ChatGPT, du bist nun ein erfahrener Architekt, gib mir Feedback zu ... bezüglich der Struktur und Stabilität eines geplanten Hochhauses."*

Vervollständigungs-Prompt Beispiel: *"ChatGPT, du bist nun ein erfahrener Architekt, vervollständige den folgenden Satz: 'Die drei Hauptziele bei der Gestaltung eines energieeffizienten Gebäudes sind...'"*

Assistent/in – Hotelmanagement

Im Hotelmanagement ist es entscheidend, effizient und gut organisiert zu arbeiten, um einen reibungslosen Betrieb und zufriedene Gäste zu gewährleisten. ChatGPT kann Assistenten im Hotelmanagement bei verschiedenen Aufgaben helfen, um deren Arbeitsalltag zu erleichtern:

Kommunikation mit Gästen: ChatGPT kann bei der Beantwortung von Gästeanfragen und der Kommunikation per E-Mail oder Chat-Plattformen helfen. Dabei kann die KI auf eine Vielzahl von Themen eingehen, wie zum Beispiel Zimmerreservierungen, Sonderwünsche oder Informationen zu lokalen Sehenswürdigkeiten.

Beispiel-Prompt: *"Schreibe eine E-Mail-Antwort an einen Gast, der eine Reservierung für ein Doppelzimmer mit Meerblick und Informationen zu nahegelegenen Restaurants anfragt."*

Planung und Organisation von Veranstaltungen: ChatGPT kann bei der Planung von Veranstaltungen, wie Konferenzen, Hochzeiten oder Banketten, unterstützen. Hierbei kann die KI bei der Erstellung von Zeitplänen, Budgets und der Koordination von Lieferanten helfen.

Beispiel-Prompt: *"Erstelle einen detaillierten Zeitplan für eine Hochzeit mit 100 Gästen, die in unserem Hotel stattfindet, inklusive Ablauf der Zeremonie, des Empfangs und des Abendessens."*

Personalmanagement: ChatGPT kann bei der Erstellung von Dienstplänen, der Überwachung von Arbeitszeiten und der Organisation von Schulungen für das Personal eingesetzt werden.

Beispiel-Prompt: *"Erstelle einen Dienstplan für das Housekeeping-Team für die kommende Woche, wobei jeder Mitarbeiter 40 Stunden arbeitet und mindestens einen freien Tag hat."*

Berichterstattung und Analyse: ChatGPT kann bei der Erstellung von Berichten und der Analyse von betrieblichen Kennzahlen, wie Auslastung, Umsatz und Kundenzufriedenheit, helfen.

Beispiel-Prompt: *"Erstelle einen Monatsbericht für unser Hotel, der die wichtigsten Kennzahlen wie Auslastung, Umsatz, durchschnittliche Aufenthaltsdauer und Kundenzufriedenheit zusammenfasst."*

Marketing und Werbung: ChatGPT kann bei der Erstellung von Marketingmaterialien, wie Broschüren, Blogbeiträgen oder Social-Media-Posts, helfen, um das Hotel und seine Angebote zu bewerben.

Beispiel-Prompt: *"Entwerfe einen ansprechenden Social-Media-Post, der unser neues Wellness-Paket mit Spa-Behandlungen und Yoga-Kursen bewirbt."*

Insgesamt kann ChatGPT eine wertvolle Unterstützung für Assistenten im Hotelmanagement darstellen, indem es hilft, vielfältige Aufgaben effizienter und organisierter zu erledigen, um einen reibungslosen Betrieb und zufriedene Gäste zu gewährleisten.

15 weitere Beispiel-Prompts

Hier finden Sie weitere Prompts, die auf den Beruf des Assistenten im Hotelmanagement zugeschnitten sind. Zuerst sehen Sie einen Persona-Priming-Prompt, um ChatGPT auf die Rolle eines erfahrenen Assistenten im Hotelmanagement vorzubereiten. Anschließend können Sie aus den verschiedenen Kategorien von Prompts und Techniken auswählen und diese auf konkrete Beispiele anwenden, um praktische Lösungen und Ideen für den Beruf zu generieren.

Persona-Priming-Prompt: *"ChatGPT, ich möchte, dass du die Rolle eines Assistenten im Hotelmanagement einnimmst. Du verfügst über fundierte Kenntnisse in den Bereichen Hotelbetrieb, Kundenservice, Marketing und Verkauf. Du bist in der Lage, effektive Strategien zur Steigerung der Kundenzufriedenheit und der betrieblichen Effizienz zu entwickeln und kannst Ratschläge zur Verbesserung von Hotelprozessen geben."* Geben Sie nun Ihre konkrete Anfrage als Prompt ein, indem Sie beispielhaft schreiben: *"ChatGPT, du bist nun ein erfahrener Assistent im Hotelmanagement. Was ...?"*

5-Why-Verfahren-Prompt Beispiel: *"ChatGPT, du bist nun ein erfahrener Assistent im Hotelmanagement. Bitte führe das 5-Why-Verfahren durch, um die Ursache für eine erhöhte Anzahl von Beschwerden über langsame Zimmerservicezeiten zu ermitteln."*

6-Hüte-Methoden-Prompt Beispiel: *"ChatGPT, du bist nun ein erfahrener Assistent im Hotelmanagement. Führe die 6-Hüte-Methode durch, um mögliche Verbesserungen in der Kommunikation zwischen den verschiedenen Abteilungen unseres Hotels zu erörtern."*

Brainstorming-Prompt Beispiel: *"ChatGPT, du bist nun ein erfahrener Assistent im Hotelmanagement. Bitte führe ein Brainstorming durch, um kreative Ideen für ein neues Thema für unser hoteleigenes Restaurant zu finden."*

Dialog-Prompt Beispiel: *"ChatGPT, du bist nun ein erfahrener Assistent im Hotelmanagement. Schreibe einen Dialog zwischen einem Hotelgast und einem Mitarbeiter an der Rezeption, in dem der Gast nach einem Upgrade auf* *ein Zimmer mit Meerblick fragt und der Mitarbeiter ihm verschiedene Optionen anbietet."*

Gegenteilige-Ansicht-Prompt Beispiel: *"ChatGPT, du bist nun ein erfahrener Assistent im Hotelmanagement. Bitte gib uns eine gegenteilige Ansicht darüber, warum es für unser Hotel vorteilhaft sein könnte, keine Rabatte für längere Aufenthalte anzubieten."*

Multi-Kriterien-Analyse-(MKA)-Prompt Beispiel: *"ChatGPT, du bist nun ein erfahrener Assistent im Hotelmanagement. Führe eine Multi-Kriterien-Analyse (MKA) durch, um die besten Optionen für eine Hotelrenovierung zu bewerten, unter Berücksichtigung von Kosten, Zeitrahmen und erwarteten Verbesserungen für die Gästeerfahrung."*

Pareto-Analyse-Prompt Beispiel: *"ChatGPT, du bist nun ein erfahrener Assistent im Hotelmanagement. Führe eine Pareto-Analyse durch, um die 20% der Probleme zu identifizieren, die 80% der Beschwerden unserer Hotelgäste verursachen."*

Pro-und-Contra-Prompt Beispiel: *"ChatGPT, du bist nun ein erfahrener Assistent im Hotelmanagement. Erstelle eine Pro-und-Contra-Liste für die Entscheidung, ob unser Hotel eine neue App entwickeln sollte, um den Check-in- und Check-out-Prozess für Gäste zu vereinfachen."*

Reframing-Prompt Beispiel: *"ChatGPT, du bist nun ein erfahrener Assistent im Hotelmanagement. Bitte führe ein Reframing durch, um die Herausforderung, die durch die Einführung eines neuen Buchungssystems entsteht, als eine Gelegenheit zur Verbesserung des Gästeerlebnisses zu betrachten."*

Schritt-für-Schritt-Prompt Beispiel: *"ChatGPT, du bist nun ein erfahrener Assistent im Hotelmanagement. Erstelle eine schrittweise Anleitung zur Einführung eines effektiven Beschwerdemanagementsystems in unserem Hotel."*

Stil-und-Schreibart-Anpassungs-Prompt Beispiel: *"ChatGPT, du bist nun ein erfahrener Assistent im Hotelmanagement. Verfasse einen Werbetext für unser Hotel, der sich an eine junge, trendbewusste Zielgruppe richtet."*

SWOT-Analyse-Prompt Beispiel: *"ChatGPT, du bist nun ein erfahrener Assistent im Hotelmanagement. Führe eine SWOT-Analyse für unser Hotel* *durch, um unsere Stärken, Schwächen, Chancen und Bedrohungen zu identifizieren."*

Um-Feedback-bitten-Prompt Beispiel: *"ChatGPT, du bist nun ein erfahrener Assistent im Hotelmanagement. Schreibe einen Fragebogen für unsere Gäste, um Feedback zu ihrem Aufenthalt und Vorschläge zur Verbesserung unseres Hotels zu erhalten."*

Verfeinerungs-Prompt Beispiel: *"ChatGPT, du bist nun ein erfahrener Assistent im Hotelmanagement. Bitte verfeinere den folgenden Text für eine E-Mail an unsere Stammgäste, um sie über Sonderangebote und bevorstehende Veranstaltungen in unserem Hotel zu informieren: 'Liebe Gäste, wir möchten Ihnen einige tolle Angebote und Veranstaltungen mitteilen, die bald in unserem Hotel stattfinden werden."*

Assistent/in - Gesundheitstourismus/-prophylaxe

Für den Beruf des Assistenten/-in im Bereich Gesundheitstourismus/-prophylaxe kann ChatGPT auf vielfältige Weise eingesetzt werden, um die tägliche Arbeit zu erleichtern und zu optimieren. Hier sind einige Beispiele für Tätigkeiten und konkrete Beispiel-Prompts:

Organisation und Planung von Gesundheitsevents: ChatGPT kann bei der Organisation und Planung von Veranstaltungen im Bereich Gesundheitstourismus und -prophylaxe unterstützen, indem es Vorschläge für Themen, Zeitpläne und Aktivitäten macht.

Beispiel-Prompt: *"Gib mir eine Liste von 10 Aktivitäten, die bei einem Gesundheits- und Wellness-Event angeboten werden können, zusammen mit einer kurzen Beschreibung jeder Aktivität."*

Erstellung von Informationsmaterial: Assistenten/-innen im Gesundheitstourismus und -prophylaxe müssen oft Informationsmaterial für Gäste und Kunden erstellen. ChatGPT kann dabei helfen, ansprechende und informative Texte zu verfassen.

Beispiel-Prompt: *"Schreibe einen kurzen Text, der die Vorteile von Yoga und Meditation für die körperliche und geistige Gesundheit erläutert."*

Kommunikation mit Kunden: ChatGPT kann bei der Kommunikation mit Kunden helfen, indem es schnell und präzise Antworten auf Fragen gibt und dabei einen freundlichen und professionellen Ton beibehält.

Beispiel-Prompt: *"Wie kann ich einem Kunden erklären, warum ein Gesundheits-Check-up vor dem Beginn eines Fitnessprogramms wichtig ist?"*

Recherche zu Gesundheitstrends und -themen: Assistenten/-innen im Gesundheitstourismus und -prophylaxe müssen stets über die neuesten Entwicklungen und Trends im Gesundheitsbereich informiert sein. ChatGPT kann dabei helfen, Fachartikel und Studien zu analysieren und Zusammenfassungen zu erstellen.

Beispiel-Prompt: *"Fasse die wichtigsten Erkenntnisse aus dem Artikel 'Die Rolle von Ernährung und Bewegung in der Prävention von Herz-Kreislauf-Erkrankungen' zusammen."*

Unterstützung bei der Angebotserstellung: ChatGPT kann bei der Erstellung von Angeboten für Gesundheits- und Wellnessprogramme unterstützen, indem es Vorschläge für Preise, Leistungen und Verkaufsargumente macht.

Beispiel-Prompt: *"Erstelle ein Angebot für ein 7-tägiges Gesundheits- und Wellness-Programm, das Unterkunft, Verpflegung, Aktivitäten und Workshops beinhaltet."*

Diese Beispiele zeigen, wie ChatGPT Assistenten/-innen im Bereich Gesundheitstourismus und -prophylaxe bei verschiedenen Aufgaben unterstützen kann, um ihre Arbeit effizienter und produktiver zu gestalten.

15 weitere Beispiel-Prompts

Hier werden Ihnen ausgewählte Prompt-Arten und Kreativitätstechniken für den Beruf des Assistenten/-in im Bereich Gesundheitstourismus/-prophylaxe vorgestellt. Zuerst wird ein Persona-Priming-Prompt verwendet, um ChatGPT in die Rolle des Experten für diesen Beruf zu versetzen. Anschließend werden konkrete, ausführliche und praxisorientierte Prompts für jede der ausgewählten Prompt-Arten und Techniken präsentiert. Diese Beispiele sollen Ihnen dabei helfen, ChatGPT effektiv für die Lösung von Problemen und Aufgaben in diesem Beruf einzusetzen.

Persona-Priming-Prompt Beispiel: *"ChatGPT, ich möchte, dass du die Rolle eines Assistenten im Gesundheitstourismus/-prophylaxe einnimmst. Du verfügst über Fachkenntnisse in den Bereichen Gesundheitstourismus, Prävention und Wellness. Du bist in der Lage, Reisetipps und Empfehlungen für gesundheitsorientierte Urlaube zu geben und kannst Ratschläge zur Verbesserung der persönlichen Gesundheit und des Wohlbefindens anbieten."* Geben Sie nun Ihre konkrete Anfrage als Prompt ein, indem Sie beispielhaft schreiben: *"ChatGPT, du bist nun ein erfahrener Assistenten im Gesundheitstourismus/-prophylaxe. Was ...?“*

5-Why-Verfahren-Prompt Beispiel: *"ChatGPT, du bist nun ein erfahrener Assistent im Gesundheitstourismus/-prophylaxe. Bitte wende das 5-Why-Verfahren an, um die Ursache für die geringe Teilnehmerzahl bei unseren Yoga-Workshops zu ermitteln."*

6-Hüte-Methode-Prompt Beispiel: *"ChatGPT, du bist nun ein erfahrener Assistent im Gesundheitstourismus/-prophylaxe. Nutze die 6-Hüte-Methode, um verschiedene Perspektiven auf die Einführung einer neuen Wellnessbehandlung in unserem Gesundheitsresort zu betrachten."*

ABC-Technik-Prompt Beispiel: *"ChatGPT, du bist nun ein erfahrener Assistent im Gesundheitstourismus/-prophylaxe. Verwende die ABC-Technik, um Ideen für Marketingstrategien zur Bewerbung unserer Detox-Programme zu generieren."*

Dialog-Prompt Beispiel: *"ChatGPT, du bist nun ein erfahrener Assistent im Gesundheitstourismus/-prophylaxe. Verfasse einen Dialog zwischen einem Kunden, der Fragen zu unseren Fitnesskursen hat, und mir als Assistent, der die Fragen beantwortet."*

Gegenteilige-Ansicht-Prompt Beispiel: *"ChatGPT, du bist nun ein erfahrener Assistent im Gesundheitstourismus/-prophylaxe. Stelle die gegenteilige Ansicht dar, dass ein All-inclusive-Angebot in unserem Wellness-Resort möglicherweise keine gute Idee ist."*

Internet-Analyse-Prompt Beispiel: *"ChatGPT, du bist nun ein erfahrener Assistent im Gesundheitstourismus/-prophylaxe. Führe eine kurze Internet-Analyse durch, um die Top-5-Trends im Bereich Gesundheitstourismus und -prophylaxe für das Jahr 2023 zu ermitteln."*

Multi-Kriterien-Analyse-(MKA)-Prompt Beispiel: *"ChatGPT, du bist nun ein erfahrener Assistent im Gesundheitstourismus/-prophylaxe. Führe eine Multi-Kriterien-Analyse (MKA) durch, um die besten Standorte für unser nächstes Gesundheits- und Wellness-Event zu ermitteln, basierend auf Faktoren wie Erreichbarkeit, Infrastruktur, Klima und Attraktivität der Umgebung."*

Pareto-Analyse-Prompt Beispiel: *"ChatGPT, du bist nun ein erfahrener Assistent im Gesundheitstourismus/-prophylaxe. Wende die Pareto-Analyse an, um die 20% der Aktivitäten und Dienstleistungen in unserem Wellness-Resort zu identifizieren, die für 80% unserer Kundenbeschwerden verantwortlich sind."*

Reframing-Prompt Beispiel: *"ChatGPT, du bist nun ein erfahrener Assistent im Gesundheitstourismus/-prophylaxe. Nutze das Reframing, um eine negative Kundenbewertung unseres Fitnessstudios in eine Gelegenheit zur Verbesserung und Weiterentwicklung umzuwandeln."*

Schritt-für-Schritt-Prompt Beispiel: *"ChatGPT, du bist nun ein erfahrener Assistent im Gesundheitstourismus/-prophylaxe. Gib mir eine schrittweise Anleitung zur Planung und Durchführung eines erfolgreichen Gesundheits- und Wellness-Workshops für unsere Gäste."*

Stil-und-Schreibart-Anpassungs-Prompt Beispiel: *"ChatGPT, du bist nun ein erfahrener Assistent im Gesundheitstourismus/-prophylaxe. Verfasse einen Text über die Vorteile unserer Wellness-Angebote, der sich an eine Zielgruppe von Senioren richtet, indem du einen angemessenen Schreibstil und eine ansprechende Schreibart verwendest."*

SWOT-Analyse-Prompt Beispiel: *"ChatGPT, du bist nun ein erfahrener Assistent im Gesundheitstourismus/-prophylaxe. Führe eine SWOT-Analyse für unser Gesundheitsresort durch, um Stärken, Schwächen, Chancen und Bedrohungen zu identifizieren und Verbesserungspotenziale aufzudecken."*

Tetralemma-Ansatz-Prompt Beispiel: *"ChatGPT, du bist nun ein erfahrener Assistent im Gesundheitstourismus/-prophylaxe. Wende den Tetralemma-Ansatz an, um die verschiedenen Optionen zur Preisgestaltung unserer Wellness-Pakete zu untersuchen und eine fundierte Entscheidung zu treffen."*

Vervollständigungs-Prompt Beispiel: *"ChatGPT, du bist nun ein erfahrener Assistent im Gesundheitstourismus/-prophylaxe. Vervollständige den folgenden Satz: 'Ein erfolgreiches Wellness-Programm sollte immer ___, ___, und ___ beinhalten, um den Teilnehmern ein umfassendes Erlebnis zu bieten.'"*

Augenoptiker/in

Augenoptiker/innen können ChatGPT für eine Vielzahl von Tätigkeiten einsetzen, um ihren Arbeitsalltag zu erleichtern. Hier sind einige Beispiele für den Einsatz von ChatGPT im Beruf der Augenoptiker/innen:

Kundenberatung: ChatGPT kann Augenoptiker/innen dabei unterstützen, die richtige Brille oder Kontaktlinsen für ihre Kunden zu empfehlen, indem es ihnen hilft, die verschiedenen Optionen und ihre Vor- und Nachteile zu bewerten.

Beispiel-Prompt: *"Bitte erläutere die Vor- und Nachteile von Einstärkenbrillen, Gleitsichtbrillen und Kontaktlinsen für einen Kunden mit Alterssichtigkeit."*

Produktempfehlungen: ChatGPT kann dazu verwendet werden, Empfehlungen für spezifische Brillenmodelle, Kontaktlinsen oder Pflegemittel zu geben, basierend auf den Bedürfnissen und Vorlieben des Kunden.

Beispiel-Prompt: *"Welche Brillenfassungen sind am besten für Kunden mit breiten Gesichtern geeignet? Nenne mindestens drei Beispiele."*

Fachwissen auffrischen: Augenoptiker/innen können ChatGPT nutzen, um ihr Fachwissen in Bezug auf aktuelle Entwicklungen in der Augenheilkunde, Optometrie und Brillenindustrie auf dem neuesten Stand zu halten.

Beispiel-Prompt: *"Bitte erläutere die neuesten Entwicklungen in der Behandlung von Presbyopie und wie diese die Arbeit von Augenoptikern beeinflussen."*

Marketing und Verkaufsförderung: ChatGPT kann dazu verwendet werden, ansprechende Werbetexte, Social-Media-Posts oder E-Mails für

Augenoptiker/innen zu verfassen, um Kunden auf neue Produkte oder Sonderangebote aufmerksam zu machen.

Beispiel-Prompt: *"Verfasse einen einladenden Social-Media-Post, der Kunden dazu einlädt, die neueste Kollektion von Designerbrillen in unserem Optikergeschäft zu entdecken."*

Kommunikation mit Lieferanten: ChatGPT kann Augenoptiker/innen dabei unterstützen, effektive E-Mails oder Anfragen an Lieferanten zu verfassen, um Informationen über Produkte, Preise oder Lieferzeiten zu erhalten.

Beispiel-Prompt: *"Verfasse eine professionelle E-Mail an einen Brillenfassungslieferanten, um Informationen über deren aktuelle Kollektion, Preise und Lieferbedingungen zu erfragen."*

Durch die Verwendung von ChatGPT in diesen verschiedenen Bereichen können Augenoptiker/innen ihre Produktivität steigern, Kunden besser beraten und ihre Arbeitsabläufe optimieren.

15 weitere Beispiel-Prompts

In diesem Abschnitt finden Sie ausgewählte Prompts und Techniken, die speziell auf den Beruf des Augenoptikers zugeschnitten sind. Diese Prompts wurden aus den verschiedenen Kategorien "Allgemeine Prompt Arten", "Ideenfindungs-Prompts", "Problemlösungs-Prompts" und "Entscheidungsfindungs-Prompts" ausgewählt und an den Beruf angepasst. Ich beginne mit dem Persona-Priming-Prompt und präsentiere dann Beispiele für jeden ausgewählten Prompt oder Technik.

Persona-Priming-Prompt *"ChatGPT, ich möchte, dass du die Rolle eines Augenoptikers einnimmst. Du verfügst über fundierte Kenntnisse in den Bereichen Sehkorrektur, Brillen, Kontaktlinsen und optische Geräte. Du kannst Empfehlungen zur Auswahl der richtigen Sehhilfen geben und hast ein tiefes Verständnis für die menschliche Optik und die verschiedenen Sehprobleme, die auftreten können."* Geben Sie nun Ihre konkrete Anfrage als Prompt ein, indem Sie beispielhaft schreiben: *"ChatGPT, du bist nun ein erfahrener Augenoptiker. Was ...?"*

6-Hüte-Methode-Prompt Beispiel: *"ChatGPT, du bist nun ein erfahrener Augenoptiker. Wende die 6-Hüte-Methode an, um die Vor- und Nachteile* *von Tageslinsen, Wochenlinsen und Monatslinsen aus verschiedenen Perspektiven zu beleuchten."*

Gegenteilige-Ansicht-Prompt Beispiel: *"ChatGPT, du bist nun ein erfahrener Augenoptiker. Beschreibe die gegenteilige Ansicht des Arguments, dass Kontaktlinsen generell besser als Brillen sind."*

Liste-Prompt Beispiel: *"ChatGPT, du bist nun ein erfahrener Augenoptiker. Erstelle eine Liste von zehn häufigen Fragen, die Kunden im Optikergeschäft stellen, und gib kurze, informative Antworten darauf."*

Pro-und-Contra-Prompt Beispiel: *"ChatGPT, du bist nun ein erfahrener Augenoptiker. Erstelle eine Pro-und-Contra-Liste für das Tragen von Kontaktlinsen gegenüber Brillen."*

Reframing-Prompt Beispiel: *"ChatGPT, du bist nun ein erfahrener Augenoptiker. Nutze das Reframing, um eine Beschwerde eines Kunden über lange Wartezeiten für eine Brillenanpassung in eine Gelegenheit zur Verbesserung des Kundenservices umzuwandeln."*

Schritt-für-Schritt-Prompt Beispiel: *"ChatGPT, du bist nun ein erfahrener Augenoptiker. Gib eine schrittweise Anleitung zum Anpassen einer Brille für einen Kunden, um die bestmögliche Passform und den höchsten Tragekomfort zu gewährleisten."*

Stil-und-Schreibart-Anpassungs-Prompt Beispiel: *"ChatGPT, du bist nun ein erfahrener Augenoptiker. Verfasse einen informativen und ansprechenden Text über die Vorteile von Blaulichtfilter-Brillen, der sich an eine Zielgruppe von jungen Erwachsenen richtet."*

SWOT-Analyse-Prompt Beispiel: *"ChatGPT, du bist nun ein erfahrener Augenoptiker. Führe eine SWOT-Analyse für ein kleines, unabhängiges Optikergeschäft durch, das sich auf maßgefertigte Brillen und persönlichen Service spezialisiert hat."*

Umkehr-Brainstorming-Prompt Beispiel: *"ChatGPT, du bist nun ein erfahrener Augenoptiker. Wende das Umkehr-Brainstorming an, um herauszufinden, wie man Kunden davon abhält, in unser Optikergeschäft zu kommen, und ziehe daraus Schlüsse für effektive Maßnahmen zur Kundenbindung."*

Verfeinerungs-Prompt Beispiel: *"ChatGPT, du bist nun ein erfahrener Augenoptiker. Verfeinere die folgende Frage, um eine klarere und präzisere Antwort zu erhalten: 'Sind Gleitsichtbrillen für alle Altersgruppen geeignet?'"*

Vervollständigungs-Prompt Beispiel: *"ChatGPT, du bist nun ein erfahrener Augenoptiker. Vervollständige folgenden Satz: 'Die wichtigsten Faktoren bei der Auswahl der richtigen Brille für einen Kunden sind...'"*

WWAD-Methode-Prompt (What's Wrong and What's Desired) Beispiel: *"ChatGPT, du bist nun ein erfahrener Augenoptiker. Analysiere ein Problem, bei dem Kunden Schwierigkeiten haben, ihre Brille richtig zu reinigen, und finde heraus, was gewünscht ist, um das Problem zu beheben. Wende dazu die WWAD-Methode (What's Wrong and What's Desired) an"*

Zusammenfassungs-Prompt Beispiel: *"ChatGPT, du bist nun ein erfahrener Augenoptiker. Fasse die Hauptvorteile von Polarisationsgläsern in Sonnenbrillen in einem kurzen Absatz zusammen."*

10-10-10-Methoden-Prompt Beispiel: *"ChatGPT, du bist nun ein erfahrener Augenoptiker. Wende die 10-10-10-Methode an, um die langfristigen Auswirkungen einer Entscheidung zu analysieren, ob unser Optikergeschäft in eine größere Ladenfläche umziehen sollte."*

Automobilkaufmann/frau

ChatGPT kann in verschiedenen Bereichen der Arbeit eines Automobilkaufmanns oder einer Automobilkauffrau eingesetzt werden, um die Effizienz zu steigern und den Arbeitsalltag zu erleichtern. Hier einige Beispiele:

Recherche und Analyse von Fahrzeugdaten: ChatGPT kann bei der Recherche und Analyse von Fahrzeugdaten, technischen Details und Vergleichsinformationen helfen. So kann man schnell fundierte Entscheidungen treffen und Kunden besser beraten.

Beispiel-Prompt: *"Gib mir die wichtigsten technischen Daten und Vergleichsinformationen zwischen dem VW Golf und dem Ford Focus."*

Kommunikation und Kundenbetreuung: ChatGPT kann genutzt werden, um effektive und professionelle E-Mails oder andere schriftliche Kommunikationen zu erstellen. So spart man Zeit und verbessert die Qualität der Kundenbetreuung.

Beispiel-Prompt: *"Schreibe eine E-Mail an Herrn Müller, um ihm die Finanzierungsoptionen für den Audi A3 vorzustellen."*

Angebotserstellung und Kalkulation: ChatGPT kann bei der Erstellung von Angeboten und der Kalkulation von Preisen und Rabatten helfen, um schneller und präziser auf Kundenanfragen reagieren zu können.

Beispiel-Prompt: *"Erstelle ein Angebot für einen BMW 3er mit folgenden Ausstattungsmerkmalen: Metallic-Lackierung, Ledersitze, Navigationsgerät und 3 Jahre Garantie. Berücksichtige dabei einen Rabatt von 5%."*

Verkaufsförderung und Marketing: ChatGPT kann bei der Entwicklung von kreativen Marketingstrategien und Werbetexten unterstützen, um den Absatz von Fahrzeugen zu steigern.

Beispiel-Prompt: *"Entwickle einen einprägsamen Slogan und einen kurzen Werbetext für den Verkauf eines Elektroautos."*

Verwaltung und Organisation: ChatGPT kann bei der Organisation von Terminen, Kundendaten und Dokumenten helfen, um den Überblick zu behalten und den Arbeitsalltag zu strukturieren.

Beispiel-Prompt: *"Erstelle einen Terminplan für die nächsten zwei Wochen, inklusive Probefahrten, Kundengespräche und interne Meetings."*

Durch den Einsatz von ChatGPT in diesen und weiteren Bereichen des Berufsalltags von Automobilkaufleuten können Arbeitsabläufe optimiert und die tägliche Arbeit effizienter gestaltet werden.

15 weitere Beispiel-Prompts

In diesem Abschnitt präsentiere ich Ihnen 15 verschiedene Prompt-Arten und Kreativtechniken für den Beruf eines Automobilkaufmanns oder einer Automobilkauffrau präsentieren. Diese Prompts helfen dabei, verschiedene Aspekte des Berufsalltags effizienter zu gestalten und Probleme zu lösen. Zuerst beginne ich mit dem Persona-Priming-Prompt, um ChatGPT die Rolle eines erfahrenen Automobilkaufmanns oder einer Automobilkauffrau einzunehmen. Danach folgen individuell auf den Beruf zugeschnittene Prompts, die in alphabetischer Reihenfolge angeordnet sind.

Persona-Priming-Prompt Beispiel: *"ChatGPT, ich möchte, dass du die Rolle eines Automobilkaufmanns einnimmst. Du verfügst über umfassendes Wissen über Fahrzeuge, Automobiltechnik, Verkaufsstrategien und Kundenservice. Du bist in der Lage, Empfehlungen zur Auswahl des richtigen Fahrzeugs zu geben und kannst Informationen über Finanzierungsmöglichkeiten, Wartung und Fahrzeugfunktionen bereitstellen."* Geben Sie nun Ihre konkrete Anfrage als Prompt ein, indem Sie beispielhaft schreiben: *"ChatGPT, du bist nun ein erfahrener Automobilkaufmann. Was ...?"*

ABC-Technik-Prompt Beispiel: *"ChatGPT, du bist nun ein erfahrener Automobilkaufmann. Verwende die ABC-Technik, um Ideen für eine erfolgreiche Verkaufsveranstaltung in unserem Autohaus zu generieren, beginnend mit dem Buchstaben A."*

Dialog-Prompt Beispiel: *"ChatGPT, du bist nun ein erfahrener Automobilkaufmann. Führe einen simulierten Dialog mit einem Kunden, der sich für den Kauf eines Elektroautos interessiert, und beantworte dabei dessen Fragen."*

Frage-Prompt Beispiel: *"ChatGPT, du bist nun ein erfahrener Automobilkaufmann. Welche Fragen sollte ich einem Kunden stellen, um herauszufinden, welche Art von Fahrzeug am besten zu seinen Bedürfnissen passt?"*

Gegenargument-Prompt Beispiel: *"ChatGPT, du bist nun ein erfahrener Automobilkaufmann. Stelle Gegenargumente für die Annahme auf, dass Elektroautos generell zu teuer für die meisten Autokäufer sind."*

Ishikawa-Methoden-Prompt Beispiel: *"ChatGPT, du bist nun ein erfahrener Automobilkaufmann. Nutze die Ishikawa-Methode, um mögliche Ursachen für einen Rückgang der Kundenzufriedenheit in unserem Autohaus zu analysieren."*

Lateral-Thinking-Prompt Beispiel: *"ChatGPT, du bist nun ein erfahrener Automobilkaufmann. Wende das Lateral-Thinking an, um unkonventionelle und innovative Ideen für die Steigerung unserer Verkaufszahlen zu finden."*

Listen-Prompt Beispiel: *"ChatGPT, du bist nun ein erfahrener Automobilkaufmann. Erstelle eine Liste mit den Top 5 Faktoren, die Kunden bei der Auswahl eines neuen Autos am wichtigsten sind."*

Markdown-Format-Prompt Beispiel: *"ChatGPT, du bist nun ein erfahrener Automobilkaufmann. Erstelle einen kurzen, übersichtlichen Fahrzeugvergleich zwischen dem VW Golf und dem Ford Focus im Markdown-Format."*

Pro-und-Contra-Prompt Beispiel: *"ChatGPT, du bist nun ein erfahrener Automobilkaufmann. Erstelle eine Pro-und-Contra-Liste für den Kauf eines Elektroautos im Vergleich zu einem Verbrennungsmotor."*

Reframing-Prompt Beispiel: *"ChatGPT, du bist nun ein erfahrener Automobilkaufmann. Nutze das Reframing, um die Herausforderungen bei der Einführung von Elektroautos in unserem Autohaus als Chancen darzustellen."*

Schritt-für-Schritt-Prompt Beispiel: *"ChatGPT, du bist nun ein erfahrener Automobilkaufmann. Beschreibe den Schritt-für-Schritt-Prozess, um ein individuelles Angebot für einen Kunden basierend auf seinen Wünschen und Anforderungen zu erstellen."*

SWOT-Analyse-Prompt Beispiel: *"ChatGPT, du bist nun ein erfahrener Automobilkaufmann. Führe eine SWOT-Analyse unseres Autohauses durch, um Stärken, Schwächen, Chancen und Bedrohungen zu identifizieren."*

Um-Feedback-bitten-Prompt Beispiel: *"ChatGPT, du bist nun ein erfahrener Automobilkaufmann. Entwickle einen Fragebogen, um Feedback von Kunden nach dem Kauf eines Fahrzeugs bei uns einzuholen."*

Vervollständigungs-Prompt Beispiel: *"ChatGPT, du bist nun ein erfahrener Automobilkaufmann. Vervollständige folgenden Satz: 'Ein zufriedener Kunde ist für unser Autohaus wichtig, weil...'"*

Zusammenfassungs-Prompt Beispiel: *"ChatGPT, du bist nun ein erfahrener Automobilkaufmann. Fasse die wichtigsten Vorteile von Hybridfahrzeugen im Vergleich zu reinen Elektroautos und Verbrennungsmotoren zusammen."*

Autor/Autorin

ChatGPT kann Autoren dabei helfen, ihre tägliche Arbeit zu erleichtern und ihre Kreativität zu fördern. Hier sind einige Tätigkeiten, bei denen ChatGPT Autoren unterstützen kann, sowie konkrete Beispiel-Prompts für jeden Einsatzbereich:

Ideenfindung: Autoren können ChatGPT verwenden, um neue Ideen und Konzepte für ihre Geschichten oder Artikel zu generieren.

Beispiel-Prompt: *"Gib mir fünf originelle Ideen für einen Science-Fiction-Roman."*

Charakterentwicklung: ChatGPT kann Autoren dabei helfen, komplexe und interessante Charaktere zu erstellen, indem es Hintergrundgeschichten, Motivationen und Persönlichkeitsmerkmale vorschlägt.

Beispiel-Prompt: *"Entwickle eine Hintergrundgeschichte und Persönlichkeitsmerkmale für einen Protagonisten in einem Fantasy-Roman."*

Dialogerstellung: Autoren können ChatGPT nutzen, um realistische und ansprechende Dialoge zwischen ihren Charakteren zu erstellen.

Beispiel-Prompt: *"Schreibe einen Dialog zwischen einem Detektiv und einem Verdächtigen in einem Krimi."*

Schreiben von Szenen und Handlungsabschnitten: ChatGPT kann Autoren bei der Ausarbeitung von Szenen oder Handlungsabschnitten unterstützen, indem es Vorschläge zur Beschreibung der Umgebung, der Atmosphäre und der Handlung macht.

Beispiel-Prompt: *"Beschreibe eine spannende Verfolgungsjagd in einer futuristischen Stadt."*

Überarbeiten und Editieren: Autoren können ChatGPT verwenden, um ihre Texte zu überarbeiten, indem sie nach besseren Formulierungen, Satzstrukturen und Perspektiven fragen.

Beispiel-Prompt: *"Verbessere diesen Satz: 'Der Sonnenuntergang war schön und der Himmel färbte sich rot."*

Schreibblockaden überwinden: Wenn Autoren auf Schreibblockaden stoßen, kann ChatGPT ihnen helfen, diese zu überwinden, indem es Vorschläge und Anregungen für die Fortsetzung ihrer Arbeit liefert.

Beispiel-Prompt: *"Ich stecke in meiner Geschichte fest, in der die Hauptfigur in einer Sackgasse gelandet ist. Wie könnte sie daraus entkommen?"*

Mit diesen Beispielen können Autoren ChatGPT effektiv einsetzen, um ihre tägliche Arbeit zu erleichtern und ihre Kreativität zu steigern. Die Verwendung von ChatGPT kann Autoren dabei helfen, ihre Schreibprozesse zu optimieren und ihre Geschichten auf ein neues Niveau zu heben.

15 weitere Beispiel-Prompts

In diesem Abschnitt finden Sie speziell angepasste Prompts und Techniken, die für Autoren und Autorinnen nützlich sind. Diese Prompts wurden sorgfältig aus den oben aufgeführten Kategorien ausgewählt, um Ihnen zu helfen, Ihre Kreativität zu steigern, Schreibblockaden zu überwinden und Ihre Geschichten auf ein neues Niveau zu heben. Durch die Verwendung des Persona-Priming-Prompts können Sie ChatGPT in die Rolle eines erfahrenen Autors versetzen, um Ihnen wertvolle Ratschläge und kreatives Feedback zu bieten.

Persona-Priming-Prompt Beispiel: *"ChatGPT, ich möchte, dass du die Rolle eines Autors einnimmst. Du verfügst über hervorragende schriftliche Kommunikationsfähigkeiten, ein tiefes Verständnis für literarische Stile und Techniken sowie ein ausgeprägtes Gespür für Erzählstrukturen und Charakterentwicklung. Du kannst Ratschläge zum Schreibprozess geben und kreatives Feedback zu Manuskripten und Ideen anbieten."* Geben Sie nun Ihre konkrete Anfrage als Prompt ein, indem Sie beispielhaft schreiben: *"ChatGPT, du bist nun ein erfahrener Autor. Was ...?"*

ABC-Technik-Prompt Beispiel: *"ChatGPT, du bist nun ein erfahrener Autor. Verwende die ABC-Technik, um mir bei der Entwicklung einer kreativen und originellen Handlung für meinen Roman zu helfen."*

Dialog-Prompt Beispiel: *"ChatGPT, du bist nun ein erfahrener Autor. Schreibe einen fesselnden und emotionalen Dialog zwischen zwei Charakteren, die sich nach langer Zeit wiedersehen."*

Gegenargument-Prompt Beispiel: *"ChatGPT, du bist nun ein erfahrener Autor. Stelle ein Gegenargument gegen die Behauptung auf, dass das Schreiben von Romanen in der heutigen Zeit keine Relevanz mehr hat."*

Ideen-erfolgreich-weiterentwickeln-Prompt Beispiel: *"ChatGPT, du bist nun ein erfahrener Autor. Gib mir Vorschläge, wie ich eine anfängliche Idee für einen Fantasy-Roman erfolgreich weiterentwickeln kann."*

Markdown-Format-Prompt Beispiel: *"ChatGPT, du bist nun ein erfahrener Autor. Verfasse einen kurzen Absatz über die Schönheit der Natur und formatiere ihn im Markdown-Stil."*

Multi-Kriterien-Analyse-(MKA)-Prompt Beispiel: *"ChatGPT, du bist nun ein erfahrener Autor. Führe eine Multi-Kriterien-Analyse durch, um mir bei der Entscheidung zu helfen, welche meiner beiden Romanideen ich als nächstes Projekt verfolgen soll."*

Pro-und-Contra-Prompt Beispiel: *"ChatGPT, du bist nun ein erfahrener Autor. Erstelle eine Pro-und-Contra-Liste für das Schreiben eines historischen Romans im Vergleich zu einem Science-Fiction-Roman."*

Reframing-Prompt Beispiel: *"ChatGPT, du bist nun ein erfahrener Autor. Nutze das Reframing, um die Herausforderungen bei der Schreibblockade als Chancen für persönliches Wachstum und kreative Entfaltung darzustellen."*

Schreibstil-klonen-Prompt Beispiel: *"ChatGPT, du bist nun ein erfahrener Autor. Klone den Schreibstil von Ernest Hemingway und verfasse einen kurzen Absatz, der in einem seiner Romane vorkommen könnte."*

Sentiment-Prompt Beispiel: *"ChatGPT, du bist nun ein erfahrener Autor. Analysiere das Sentiment in diesem kurzen Textausschnitt und gib mir Feedback dazu, ob es positiv, negativ oder neutral ist: 'Die Sonne ging langsam unter, und die Welt schien in Dunkelheit und Kälte zu versinken ...'"*

SWOT-Analyse-Prompt Beispiel: *"ChatGPT, du bist nun ein erfahrener Autor. Führe eine SWOT-Analyse für meinen Romanentwurf durch, um Stärken, Schwächen, Chancen und Bedrohungen zu identifizieren."*

Tabellen-Format-Prompt Beispiel: *"ChatGPT, du bist nun ein erfahrener Autor. Erstelle eine Tabelle, die die Charaktere meines Romans auflistet und ihre wichtigsten Persönlichkeitsmerkmale, Stärken und Schwächen."*

Um-Feedback-bitten-Prompt Beispiel: *"ChatGPT, du bist nun ein erfahrener Autor. Bitte lies diesen kurzen Textausschnitt und gib mir konstruktives Feedback, um meine Schreibfähigkeiten zu verbessern: 'Als sie die Tür öffnete, wurde ihr bewusst, dass nichts mehr so sein würde, wie es einmal war ..'"*

Zusammenfassungs-Prompt Beispiel: *"ChatGPT, du bist nun ein erfahrener Autor. Fasse die Handlung meines 30-seitigen Manuskripts in einem einzigen, fesselnden Absatz zusammen."* (Anmerkung: Da das Einfügen von 30 Seiten im Eingabefeld noch nicht funktioniert, müssen Sie das Manuskript in Teilen einfügen.)

Bauingenieur/in

ChatGPT kann Bauingenieuren dabei helfen, ihre tägliche Arbeit zu erleichtern und effizienter zu gestalten. Hier sind einige Tätigkeiten, bei denen ChatGPT angewendet werden kann, und konkrete Beispiel-Prompts für jeden Bereich:

Entwurf und Planung: ChatGPT kann bei der Entwicklung von Entwürfen und Plänen unterstützen, indem es wichtige Informationen, Berechnungen und Vorschläge zur Verfügung stellt.

Beispiel-Prompt: *"Bitte erläutere die grundlegenden Schritte zur Erstellung eines Entwurfs für ein Einfamilienhaus, einschließlich aller erforderlichen Berechnungen und Überlegungen."*

Berechnungen und Simulationen: Bauingenieure können ChatGPT verwenden, um Berechnungen und Simulationen in ihrem Arbeitsbereich durchzuführen.

Beispiel-Prompt: *"Wie berechnet man die Tragfähigkeit einer Betonplatte mit einer Dicke von 20 cm, einer Länge von 5 Metern und einer Breite von 3 Metern?"*

Baustellenmanagement und Koordination: ChatGPT kann Bauingenieuren helfen, Baustellen effizienter zu verwalten, indem es Informationen über den aktuellen Fortschritt und potenzielle Probleme bereitstellt.

Beispiel-Prompt: *"Was sind die wesentlichen Faktoren, die bei der Koordination und dem Management einer Baustelle berücksichtigt werden sollten?"*

Kommunikation und Präsentation: Bauingenieure können ChatGPT nutzen, um professionelle Präsentationen und Dokumentationen zu erstellen, die ihre Arbeit klar und präzise darstellen.

Beispiel-Prompt: *"Bitte erstelle eine Zusammenfassung der wichtigsten Punkte, die in einer Präsentation über den Fortschritt eines Hochbauprojekts behandelt werden sollten."*

Forschung und Innovation: ChatGPT kann Bauingenieuren helfen, auf dem neuesten Stand der Technik und Forschung zu bleiben, indem es aktuelle Informationen und Entwicklungen bereitstellt.

Beispiel-Prompt: *"Welche neuen Materialien oder Technologien haben in den letzten Jahren einen signifikanten Einfluss auf den Hochbau gehabt?"*

Weiterbildung und Wissensvertiefung: Bauingenieure können ChatGPT verwenden, um ihr Wissen in speziellen Bereichen zu vertiefen oder um Ratschläge und Empfehlungen für die Weiterbildung zu erhalten.

Beispiel-Prompt: *"Welche Kurse oder Zertifizierungen würdest du einem Bauingenieur empfehlen, um seine Kenntnisse im Bereich der nachhaltigen Bauweise zu erweitern?"*

Durch die Integration von ChatGPT in ihre tägliche Arbeit können Bauingenieure ihre Produktivität steigern, ihre Arbeitsabläufe optimieren und ihre Projekte effektiver verwalten.

15 weitere Beispiel-Prompts

In diesem Abschnitt finden Sie weitere speziell ausgewählte Prompts und Kreativitätstechniken, die auf den Beruf des Bauingenieurs zugeschnitten sind. Ich beginne mit einem Persona-Priming-Prompt, um ChatGPT auf die Rolle eines Bauingenieurs vorzubereiten. Anschließend stelle ich Ihnen die ausgewählten Prompts aus den Kategorien "Allgemeine Prompt-Arten", "Ideenfindungs-Prompts", "Problemlösungs-Prompts" und "Entscheidungsfindungs-Prompts" vor, die auf konkrete Tätigkeiten im Beruf des Bauingenieurs abgestimmt sind.

Persona-Priming-Prompt *"ChatGPT, ich möchte, dass du die Rolle eines Bauingenieurs einnimmst. Du verfügst über fundiertes Wissen in den Bereichen Bauwesen, Statik, Materialwissenschaften, Geotechnik und Verkehrsplanung. Du bist in der Lage, effektive Lösungen für Bauvorhaben zu entwickeln und kannst fachkundige Beratung zu Bauprozessen, Bauvorschriften und -materialien sowie zur Planung und Umsetzung von Bauprojekten anbieten."* Geben Sie nun Ihre konkrete Anfrage als Prompt ein, indem Sie beispielhaft schreiben: *"ChatGPT, du bist nun ein erfahrener Bauingenieur. Was ...?“*

5-Why-Verfahren-Prompt Beispiel: *"ChatGPT, du bist nun ein erfahrener Bauingenieur. Führe das 5-Why-Verfahren durch, um die Ursache für Risse in einer Betonwand zu ermitteln."*

ABC-Technik-Prompt Beispiel: *"ChatGPT, du bist nun ein erfahrener Bauingenieur. Verwende die ABC-Technik, um mögliche Ursachen für eine Verzögerung beim Bau eines Hochhauses zu identifizieren."*

Dialog-Prompt Beispiel: *"ChatGPT, du bist nun ein erfahrener Bauingenieur. Stelle einen Dialog zwischen einem Bauingenieur und einem Architekten dar, der sich um den besten Ansatz für ein nachhaltiges Bauprojekt dreht."*

Frage-Prompt Beispiel: *"ChatGPT, du bist nun ein erfahrener Bauingenieur. Was sind die wichtigsten Faktoren, die bei der Auswahl von Baumaterialien für ein erdbebensicheres Gebäude berücksichtigt werden sollten?"*

Gegenargument-Prompt Beispiel: *"ChatGPT, du bist nun ein erfahrener Bauingenieur. Nenne ein Gegenargument gegen die Verwendung von Stahlbeton in einem bestimmten Bauprojekt und erkläre, warum es in diesem Fall nicht die beste Wahl ist."*

Internet-Analyse-Prompt Beispiel: *"ChatGPT, du bist nun ein erfahrener Bauingenieur. Analysiere das Internet, um die besten Anbieter von Fertigbetonteilen in der Region XYZ zu finden."*

Lateral-Thinking-Prompt Beispiel: *"ChatGPT, du bist nun ein erfahrener Bauingenieur. Verwende Lateral Thinking, um unkonventionelle Lösungen zur Verbesserung der Energieeffizienz eines Gebäudes vorzuschlagen."*

Markdown-Format-Prompt Beispiel: *"ChatGPT, du bist nun ein erfahrener Bauingenieur. Erstelle eine Liste der wichtigsten Schritte zur Durchführung einer geotechnischen Untersuchung im Markdown-Format."*

Multi-Kriterien-Analyse-(MKA)-Prompt Beispiel: *"ChatGPT, du bist nun ein erfahrener Bauingenieur. Führe eine Multi-Kriterien-Analyse durch, um die besten Optionen für den Bau eines Straßenüberführungssystems unter Berücksichtigung von Kosten, Umweltauswirkungen und Verkehrsaufkommen zu bewerten."*

Pareto-Analyse-Prompt Beispiel: *"ChatGPT, du bist nun ein erfahrener Bauingenieur. Führe eine Pareto-Analyse durch, um die häufigsten Probleme bei der Bauausführung eines Projekts zu identifizieren und die wichtigsten Verbesserungsbereiche zu priorisieren."*

Pro-und-Contra-Prompt Beispiel: *"ChatGPT, du bist nun ein erfahrener Bauingenieur. Erstelle eine Pro-und-Contra-Liste für die Verwendung von vorgefertigten Betonelementen gegenüber traditionellen Betonbauweisen."*

Reframing-Prompt Beispiel: *"ChatGPT, du bist nun ein erfahrener Bauingenieur. Nutze das Reframing, um eine alternative Perspektive auf die Herausforderungen bei der Integration von Solarenergie in ein bestehendes Gebäude zu entwickeln."*

Schritt-für-Schritt-Prompt Beispiel: *"ChatGPT, du bist nun ein erfahrener Bauingenieur. Beschreibe Schritt für Schritt, wie man ein Fundament für ein Wohngebäude vorbereitet und gießt."*

Stil-und-Schreibart-Anpassungs-Prompt Beispiel: *"ChatGPT, du bist nun ein erfahrener Bauingenieur. Erkläre die Bedeutung und Anwendung von Eurocode-Normen im Bauwesen in einer einfachen und leicht verständlichen Sprache für Laien."*

Bibliothekar/in

ChatGPT kann Bibliothekaren und Bibliothekarinnen in verschiedenen Bereichen ihrer täglichen Arbeit unterstützen. Hier sind einige Tätigkeiten, bei denen ChatGPT angewendet werden kann:

Katalogisierung und Klassifizierung von Medien: ChatGPT kann bei der Katalogisierung und Klassifizierung von Büchern, Zeitschriften und anderen Medien helfen, indem es Informationen aus den Werken extrahiert und passende Schlagwörter vorschlägt.

Beispiel-Prompt: *"Bitte extrahiere die wichtigsten Informationen aus dem Buch 'Der Alchimist' von Paulo Coelho und schlage geeignete Schlagwörter und Klassifikationen vor."*

Recherche und Informationsbeschaffung: ChatGPT kann bei der Suche nach Informationen oder Literatur zu bestimmten Themen unterstützen, indem es relevante Quellen und Verweise vorschlägt.

Beispiel-Prompt: *"Bitte finde mir die fünf wichtigsten Bücher zum Thema Nachhaltigkeit und Umweltschutz, die in unserer Bibliothek verfügbar sind."*

Zusammenfassungen und Abstracts erstellen: ChatGPT kann dabei helfen, Zusammenfassungen und Abstracts von Texten zu erstellen, um den Benutzern einen schnellen Überblick über den Inhalt eines Werks zu geben.

Beispiel-Prompt: *"Erstelle eine kurze Zusammenfassung des Artikels 'Die Bedeutung von Bibliotheken im digitalen Zeitalter' von Maria Müller."*

Beantwortung von Benutzeranfragen: ChatGPT kann dabei helfen, Fragen von Benutzern zu beantworten, indem es auf das Wissen aus verschiedenen Quellen zugreift.

Beispiel-Prompt: *"Ein Benutzer fragt nach Empfehlungen für historische Romane, die im Mittelalter spielen. Welche fünf Bücher würdest du empfehlen?"*

Veranstaltungsplanung und -organisation: ChatGPT kann bei der Planung und Organisation von Veranstaltungen in der Bibliothek, wie Lesungen oder Workshops, unterstützen, indem es Ideen für Themen, Referenten oder

Aktivitäten vorschlägt. Beispiel-Prompt: "Gib mir drei Ideen für interessante Workshops, die wir in unserer Bibliothek für Jugendliche anbieten könnten."

Diese Beispiele zeigen, wie ChatGPT Bibliothekaren und Bibliothekarinnen in verschiedenen Aspekten ihrer täglichen Arbeit unterstützen kann, um Zeit zu sparen und den Service für die Benutzer zu verbessern.

15 weitere Beispiel-Prompts

In folgenden Abschnitt finden Sie eine Auswahl von Prompts und Techniken, die speziell für den Beruf des Bibliothekars entwickelt wurden. Diese Prompts basieren auf dem Persona-Priming, um ChatGPT in die Rolle eines erfahrenen Bibliothekars zu versetzen. Ich empfehle Ihnen, immer einen solchen Persona-Priming-Prompt zu erstellen, damit ChatGPT dann aus dieser Rolle heraus Ihr Anliegen beantworten kann. Die ausgewählten Techniken und Prompts sind in alphabetischer Reihenfolge aufgeführt und bieten praktische Anwendungsbeispiele für verschiedene Aspekte des bibliothekarischen Berufs.

Persona-Priming-Prompt *"ChatGPT, ich möchte, dass du die Rolle eines Bibliothekars einnimmst. Du verfügst über umfangreiche Kenntnisse in den Bereichen Informationswissenschaft, Literatur und Medienmanagement. Du bist in der Lage, Ratschläge zur Recherche und zur Auswahl geeigneter Ressourcen zu geben und kannst Empfehlungen zu Büchern und anderen Medienformaten abgeben."* Geben Sie nun Ihre konkrete Anfrage als Prompt ein, indem Sie beispielhaft schreiben: *"ChatGPT, du bist nun ein erfahrener Bibliothekar. Was ...?"*

ABC-Technik-Prompt Beispiel: *"ChatGPT, du bist nun ein erfahrener Bibliothekar. Verwende die ABC-Technik, um eine Liste von Schlagwörtern für ein Sachbuch über Nachhaltigkeit zu erstellen."*

Dialog-Prompt Beispiel: *"ChatGPT, du bist nun ein erfahrener Bibliothekar. Simuliere einen Dialog zwischen mir und einem Benutzer, der Informationen zum Thema Klimawandel sucht. Biete verschiedene Informationsquellen und Empfehlungen an."*

Frage-Prompt Beispiel: *"ChatGPT, du bist nun ein erfahrener Bibliothekar. Stelle mir fünf interessante Fragen, die ich einem Autor während einer Autorenlesung in unserer Bibliothek stellen könnte."*

Gegenteilige-Ansicht-Prompt Beispiel: *"ChatGPT, du bist nun ein erfahrener Bibliothekar. Beschreibe die gegenteilige Ansicht zum Artikel 'Die Bedeutung von Bibliotheken im digitalen Zeitalter' von Maria Müller."*

Gegenargument-Prompt Beispiel: *"ChatGPT, du bist nun ein erfahrener Bibliothekar. Entwickle Gegenargumente für die Aussage, dass physische Bücher durch E-Books vollständig ersetzt werden sollten."*

Internet-Analyse-Prompt Beispiel: *"ChatGPT, du bist nun ein erfahrener Bibliothekar. Führe eine Internet-Analyse durch, um die neuesten Entwicklungen und Trends im Bereich der Informationswissenschaft zu identifizieren."*

Listen-Prompt Beispiel: *"ChatGPT, du bist nun ein erfahrener Bibliothekar. Erstelle eine Liste von zehn Büchern, die für Kinder im Alter von 8 bis 12 Jahren geeignet sind und Themen wie Freundschaft, Abenteuer und Fantasie abdecken."*

PAS-Methoden-Prompt Beispiel: *"ChatGPT, du bist nun ein erfahrener Bibliothekar. Verwende die PAS-Methode (Problem-Analyse-Lösung), um herauszufinden, wie man die Verfügbarkeit von Online-Ressourcen für Bibliotheksbenutzer verbessern kann."*

Pro-und-Contra-Prompt Beispiel: *"ChatGPT, du bist nun ein erfahrener Bibliothekar. Erstelle ein Pro-und-Contra-Argument zur Einführung eines vollständig digitalen Katalogs in der Bibliothek."*

Reframing-Prompt Beispiel: *"ChatGPT, du bist nun ein erfahrener Bibliothekar. Wende Reframing an, um die Herausforderungen der Bibliotheken im Umgang mit dem digitalen Wandel in Chancen umzudeuten."*

Schritt-für-Schritt-Prompt Beispiel: *"ChatGPT, du bist nun ein erfahrener Bibliothekar. Beschreibe Schritt für Schritt, wie man eine effektive Literaturrecherche zum Thema Erneuerbare Energien durchführt."*

Stil-und-Schreibart-Anpassungs-Prompt Beispiel: *"ChatGPT, du bist nun ein erfahrener Bibliothekar. Verfasse einen kurzen Text zur Bedeutung von Bibliotheken in der heutigen Gesellschaft im Stil von Ernest Hemingway."*

SWOT-Analyse-Prompt Beispiel: *"ChatGPT, du bist nun ein erfahrener Bibliothekar. Führe eine SWOT-Analyse (Stärken, Schwächen, Chancen, Bedrohungen) für eine lokale Bibliothek durch, um ihre Positionierung und Zukunftsperspektiven zu bewerten."*

Zusammenfassungs-Prompt Beispiel: *"ChatGPT, du bist nun ein erfahrener Bibliothekar. Erstelle eine prägnante Zusammenfassung folgenden Forschungsartikels zum Thema Informationszugang und soziale Gerechtigkeit in Bibliotheken ..."*

Biologe/in

ChatGPT kann Biologen/innen in vielen verschiedenen Aspekten ihrer täglichen Arbeit unterstützen. Hier sind einige Beispiele für Tätigkeiten, bei denen ChatGPT angewendet werden kann, um die tägliche Arbeit zu erleichtern, und wie konkret ChatGPT dabei helfen kann:

Literaturrecherche: ChatGPT kann dabei helfen, die neuesten wissenschaftlichen Veröffentlichungen und Artikel zu finden und zusammenzufassen. Biologen/innen erhalten so einen schnellen Überblick über aktuelle Forschungsergebnisse.

Beispiel-Prompt: *"Finde und fasse die neuesten Forschungsergebnisse zum Thema 'CRISPR-Cas9' in der Genetik zusammen."*

Hypothesenbildung: ChatGPT kann bei der Formulierung von Hypothesen oder Forschungsfragen für wissenschaftliche Projekte unterstützen, indem es mögliche Fragestellungen oder Ideen vorschlägt.

Beispiel-Prompt: *"Generiere fünf interessante Forschungshypothesen im Bereich der Pflanzenökologie."*

Experiment-Design: ChatGPT kann helfen, Experimente zu entwerfen, indem es Beispiele für Methoden und Protokolle vorschlägt, die zur Untersuchung bestimmter Fragestellungen verwendet werden können.

Beispiel-Prompt: *"Wie kann ich ein Experiment entwerfen, um die Auswirkungen von Licht auf das Pflanzenwachstum zu untersuchen?"*

Datenanalyse: ChatGPT kann bei der Auswertung von Forschungsdaten helfen, indem es statistische Tests und Analysen vorschlägt, die auf die jeweilige Forschungsfrage angewendet werden können.

Beispiel-Prompt: *"Welche statistischen Tests sollte ich anwenden, um die Auswirkungen von verschiedenen Düngemitteln auf das Pflanzenwachstum zu untersuchen?"*

Wissenschaftliches Schreiben: ChatGPT kann beim Verfassen von wissenschaftlichen Berichten oder Artikeln unterstützen, indem es beispielsweise hilft, eine gut strukturierte Einleitung oder Diskussion zu formulieren.

Beispiel-Prompt: *"Hilf mir, eine Einleitung für einen Artikel über die Auswirkungen von Umweltverschmutzung auf die Artenvielfalt in Süßwasserökosystemen zu verfassen."*

Lehre und Kommunikation: ChatGPT kann bei der Erstellung von Lehrmaterialien oder Präsentationen unterstützen, indem es Vorschläge für didaktische Methoden, anschauliche Beispiele oder Visualisierungen macht.

Beispiel-Prompt: *"Erstelle eine Liste von fünf anschaulichen Beispielen, um die Evolution von Tieren und Pflanzen in einer Vorlesung zu erklären."*

Diese Beispiele zeigen, wie ChatGPT Biologen/innen in verschiedenen Aspekten ihrer Arbeit unterstützen kann. Durch die Verwendung von spezifischen Prompts können sie die künstliche Intelligenz nutzen, um ihre täglichen Aufgaben effizienter und zielgerichteter zu erledigen.

15 weitere Beispiel-Prompts

In diesem Abschnitt werden wir den Beruf des Biologen/der Biologin genauer betrachten und spezifische Prompts und Techniken vorstellen, um ChatGPT effektiv im Arbeitsalltag dieses Berufsfeldes einzusetzen. Zuerst wird ein Persona-Priming-Prompt verwendet, um ChatGPT auf die Rolle des

Biologen/der Biologin vorzubereiten. Anschließend werden verschiedene Prompts und Techniken aus den oben genannten Kategorien präsentieren und auf die spezifischen Tätigkeiten und Herausforderungen im Bereich der Biologie anwenden.

Persona-Priming-Prompt *"ChatGPT, ich möchte, dass du die Rolle eines Biologen einnimmst. Du verfügst über fundiertes Wissen in den Bereichen Biologie, Ökologie, Genetik und Zellbiologie. Du kannst Fragen zu verschiedenen Lebensformen und biologischen Prozessen beantworten und dabei die neuesten wissenschaftlichen Erkenntnisse und Forschungsmethoden berücksichtigen."* Geben Sie nun Ihre konkrete Anfrage als Prompt ein, indem Sie beispielhaft schreiben: *"ChatGPT, du bist nun ein erfahrener Biologe. Was ...?"*

5-Why-Verfahren-Prompt Beispiel: *"ChatGPT, du bist nun ein erfahrener Biologe. Wende das 5-Why-Verfahren an, um die Ursachen für das Aussterben einer bestimmten Tierart zu ergründen."*

6-Hüte-Methoden-Prompt Beispiel: *"ChatGPT, du bist nun ein erfahrener Biologe. Verwende die 6-Hüte-Methode, um verschiedene Perspektiven auf das Problem der Überfischung zu betrachten."*

ABC-Technik-Prompt Beispiel: *"ChatGPT, du bist nun ein erfahrener Biologe. Nutze die ABC-Technik, um verschiedene Ansätze zur Bekämpfung von invasiven Arten zu generieren."*

Dialog-Prompt Beispiel: *"ChatGPT, du bist nun ein erfahrener Biologe. Führe einen Dialog zwischen zwei Forschern über die ethischen Implikationen der Gentechnik."*

Gegenteilige-Ansicht-Prompt Beispiel: *"ChatGPT, du bist nun ein erfahrener Biologe. Erkläre die Vorteile und die Kritikpunkte von Monokulturen in der Landwirtschaft aus gegensätzlichen Perspektiven."*

Multi-Kriterien-Analyse-(MKA)-Prompt Beispiel: *"ChatGPT, du bist nun ein erfahrener Biologe. Führe eine Multi-Kriterien-Analyse durch, um die besten Methoden zur Erhaltung von bedrohten Tierarten zu bewerten."*

Pro-und-Contra-Prompt Beispiel: *"ChatGPT, du bist nun ein erfahrener Biologe. Erstelle ein Pro-und-Contra-Argument zur Verwendung von Pestiziden in der modernen Landwirtschaft."*

Reframing-Prompt Beispiel: *"ChatGPT, du bist nun ein erfahrener Biologe. Wende Reframing an, um die Herausforderungen des Klimawandels in Chancen für die Biodiversität umzudeuten."*

Schritt-für-Schritt-Prompt Beispiel: *"ChatGPT, du bist nun ein erfahrener Biologe. Erkläre Schritt für Schritt, wie man eine erfolgreiche Feldstudie zur Erfassung von Insektenpopulationen durchführt."*

Sentiment-Prompt Beispiel: *"ChatGPT, du bist nun ein erfahrener Biologe. Analysiere das Sentiment von folgenden Social-Media-Beiträgen, die sich mit dem Thema Artenschutz befassen. ..."*

Stil-und-Schreibart-Anpassungs-Prompt Beispiel: *"ChatGPT, du bist nun ein erfahrener Biologe. Verfasse einen kurzen Text über die Auswirkungen des Klimawandels auf Meeresökosysteme im Stil eines populärwissenschaftlichen Magazins."*

SWOT-Analyse-Prompt Beispiel: *"ChatGPT, du bist nun ein erfahrener Biologe. Führe eine SWOT-Analyse für ein Naturschutzgebiet durch, um dessen Stärken, Schwächen, Chancen und Bedrohungen zu identifizieren."*

Tabellen-Format-Prompt Beispiel: *"ChatGPT, du bist nun ein erfahrener Biologe. Erstelle eine Tabelle, die die Hauptunterschiede zwischen den verschiedenen Arten von Symbiosen in der Natur aufzeigt."*

Tetralemma-Ansatz-Prompt Beispiel: *"ChatGPT, du bist nun ein erfahrener Biologe. Verwende den Tetralemma-Ansatz, um die verschiedenen Möglichkeiten der Anpassung an den Klimawandel in der Pflanzenwelt zu untersuchen."*

Blogger/-in

ChatGPT kann bei Blogger/-innen in vielfältiger Weise eingesetzt werden, um die tägliche Arbeit zu erleichtern. Hier sind einige Tätigkeiten, bei denen ChatGPT eine wertvolle Hilfe sein kann:

Ideenfindung für Blogbeiträge: ChatGPT kann dabei helfen, kreative Ideen für neue Blogbeiträge zu generieren, indem es mögliche Themen oder Schwerpunkte vorschlägt.

Beispiel-Prompt: *"Gib mir fünf interessante und originelle Blogpost-Ideen für einen Lifestyle-Blog."*

Recherche: ChatGPT kann als Recherchehilfe verwendet werden, um Informationen und Fakten zu einem bestimmten Thema oder einer Frage zu finden.

Beispiel-Prompt: *"Finde mir die wichtigsten Statistiken und Fakten zum Thema nachhaltige Mode."*

Texterstellung: ChatGPT kann beim Schreiben von Blogbeiträgen, Artikeln oder anderen Texten unterstützen, indem es Textabschnitte, Zusammenfassungen oder sogar vollständige Artikel generiert.

Beispiel-Prompt: *"Schreibe einen einleitenden Absatz für einen Blogpost über die Vorteile einer pflanzenbasierten Ernährung."*

Korrekturlesen und Bearbeiten: ChatGPT kann Texte auf Rechtschreib- und Grammatikfehler überprüfen und Verbesserungsvorschläge machen.

Beispiel-Prompt: *"Korrigiere und verbessere den folgenden Text: 'Das Wachstum von Social Media hat dazu geführt, das mehr Menschen ihre persönlichen Erfahrungen und Meinungen teilen. Es ist wichtig, dass wir ein Gespür für die Glaubwürdigkeit von Informationen entwickeln.'"*

Textanalyse: ChatGPT kann eine Textanalyse durchführen, um den Schreibstil, die Lesbarkeit oder den Ton des Textes zu bewerten.

Beispiel-Prompt: *"Analysiere den Schreibstil und Ton des folgenden Textes: 'In der heutigen schnelllebigen Welt ist es entscheidend, achtsam zu leben und sich Zeit für sich selbst zu nehmen.'"*

Social-Media-Posts: ChatGPT kann bei der Erstellung von Social-Media-Posts helfen, die auf die Zielgruppe und den jeweiligen Kanal zugeschnitten sind.

Beispiel-Prompt: *"Erstelle einen ansprechenden Instagram-Post, der auf meinen neuesten Blogbeitrag über umweltfreundliche Reisetipps aufmerksam macht."*

Insgesamt kann ChatGPT in vielen verschiedenen Aspekten des Blogging-Prozesses eingesetzt werden, um Zeit zu sparen, die Qualität der Inhalte zu erhöhen und den kreativen Prozess zu unterstützen.

15 weitere Beispiel-Prompts

In diesem Teil finden Sie speziell ausgewählte Prompts und Techniken, die für Blogger/-innen besonders hilfreich sein können. Zunächst beginnen wir mit einem Persona-Priming-Prompt, der ChatGPT in die Rolle eines erfahrenen Bloggers versetzt. Anschließend folgen praxisorientierte Prompts, die auf die unterschiedlichen Aspekte des Berufs eingehen und Ihnen helfen, das Beste aus ChatGPT für Ihre Blogging-Aktivitäten herauszuholen.

Persona-Priming-Prompt Beispiel: *"ChatGPT, du bist nun ein erfahrener Blogger mit ausgezeichneten Schreib- und Kommunikationsfähigkeiten, einem tiefen Verständnis für Online-Medien und soziale Netzwerke sowie Kenntnissen in den Bereichen Content-Erstellung und -Marketing. Du kannst Ratschläge zum Bloggen, zur Entwicklung einer Online-Präsenz und zum Aufbau einer Leserschaft geben."* Geben Sie nun Ihre konkrete Anfrage als Prompt ein, indem Sie beispielhaft schreiben: *"ChatGPT, du bist nun ein erfahrener Blogger. Was ...?"*

10-10-10-Methoden-Prompt Beispiel: *"ChatGPT, du bist nun ein erfahrener Blogger. Führe die 10-10-10-Methode durch, um mir zu helfen, eine Entscheidung darüber zu treffen, ob ich auf meiner Website Anzeigen schalten soll."*

5-Why-Verfahren-Prompt Beispiel: *"ChatGPT, du bist nun ein erfahrener Blogger. Wende das 5-Why-Verfahren an, um herauszufinden, warum meine Blogbesucherzahlen in letzter Zeit gesunken sind."*

ABC-Technik-Prompt Beispiel: *"ChatGPT, du bist nun ein erfahrener Blogger. Verwende die ABC-Technik, um Ideen für Blogbeiträge zu generieren, die sich auf das Thema Selbstfürsorge konzentrieren."*

Dialog-Prompt Beispiel: *"ChatGPT, du bist nun ein erfahrener Blogger. Schreibe einen Dialog zwischen mir und einem Leser, der Fragen zum Thema Nachhaltigkeit in der Modeindustrie hat."*

Gegenargument-Prompt Beispiel: *"ChatGPT, du bist nun ein erfahrener Blogger. Präsentiere Gegenargumente zu der These, dass Social Media schädlich für die geistige Gesundheit ist."*

Ideen-erfolgreich-weiterentwickeln-Prompt Beispiel: *"ChatGPT, du bist nun ein erfahrener Blogger. Wie kann ich eine meiner Blogpost-Ideen über umweltfreundliches Reisen erfolgreich weiterentwickeln?"*

Im-eigenen-Schreibstil-schreiben-lassen-Prompt Beispiel: *"ChatGPT, du bist nun ein erfahrener Blogger. Schreibe einen kurzen Text über die Vorteile des Bloggens in meinem eigenen Schreibstil."*

Internet-Analyse-Prompt Beispiel: *"ChatGPT, du bist nun ein erfahrener Blogger. Analysiere das Internet, um herauszufinden, welche Blogging-Plattformen derzeit am beliebtesten sind."*

Markdown-Format-Prompt Beispiel: *"ChatGPT, du bist nun ein erfahrener Blogger. Schreibe eine kurze Anleitung zur Verwendung von Markdown in Blogposts."*

Pro-und-Contra-Prompt Beispiel: *"ChatGPT, du bist nun ein erfahrener Blogger. Liste die Vor- und Nachteile von kostenpflichtigen Blogging-Plattformen im Vergleich zu kostenlosen Plattformen auf."*

Reframing-Prompt Beispiel: *"ChatGPT, du bist nun ein erfahrener Blogger. Verwende das Reframing, um das Problem der Schreibblockade aus einer anderen Perspektive zu betrachten und mögliche Lösungen aufzuzeigen."*

Schritt-für-Schritt-Prompt Beispiel: *"ChatGPT, du bist nun ein erfahrener Blogger. Erstelle eine Schritt-für-Schritt-Anleitung zum Aufbau einer erfolgreichen Blogging-Strategie."*

Stil-und-Schreibart-Anpassungs-Prompt Beispiel: *"ChatGPT, du bist nun ein erfahrener Blogger. Passe den Stil und die Schreibart eines bestehenden Blogposts an, um ihn für eine formellere Zielgruppe geeigneter zu machen."*

WWAD-Methode-Prompt (What's Wrong and What's Desired) Beispiel: *"ChatGPT, du bist nun ein erfahrener Blogger. Wende die WWAD-Methode an, um Probleme in meiner aktuellen Content-Strategie zu identifizieren und Lösungen vorzuschlagen."*

Buchhalter/in

ChatGPT kann Buchhaltern in vielfältiger Weise helfen, ihre tägliche Arbeit zu erleichtern. Hier sind einige Beispiele, wie ChatGPT in verschiedenen Tätigkeiten eingesetzt werden kann:

Buchhaltungsaufgaben automatisieren: ChatGPT kann dazu verwendet werden, einfache Buchhaltungsaufgaben wie die Kategorisierung von Ausgaben oder das Erstellen von Finanzberichten zu automatisieren.

Beispiel-Prompt: *"Erstelle einen monatlichen Finanzbericht mit folgenden Daten: Einnahmen 20.000 €, Ausgaben 15.000 €, Gewinn 5.000 €."*

Steuervorschriften recherchieren: ChatGPT kann als Recherche-Tool für aktuelle Steuervorschriften und -gesetze verwendet werden, um sicherzustellen, dass alle finanziellen Aktivitäten konform ablaufen.

Beispiel-Prompt: *"Erkläre die aktuellen Umsatzsteuerregelungen in Deutschland für kleine Unternehmen."*

Finanzplanung und -analyse: ChatGPT kann zur Unterstützung bei der Finanzplanung und -analyse eingesetzt werden, indem es hilft, mögliche Szenarien und deren finanzielle Auswirkungen zu bewerten.

Beispiel-Prompt: *"Berechne die finanziellen Auswirkungen einer 10%igen Kostensenkung in den Bereichen Personal und Marketing."*

Kundenkommunikation: ChatGPT kann dabei helfen, professionelle und präzise Antworten auf Kundenanfragen zu verfassen, indem es passende Formulierungen und Informationen bereitstellt.

Beispiel-Prompt: *"Verfasse eine E-Mail-Antwort an einen Kunden, der eine Frage zur Rechnungsstellung hat."*

Erklärung von Finanzbegriffen: ChatGPT kann zur Erklärung von komplexen Finanzbegriffen oder -konzepten verwendet werden, um das Verständnis für Kunden oder Kollegen zu erleichtern.

Beispiel-Prompt: *"Erkläre den Unterschied zwischen Abschreibungen und Rückstellungen."*

Indem Buchhalter ChatGPT für diese und weitere Tätigkeiten nutzen, können sie ihre Arbeitsabläufe optimieren und effizienter arbeiten. Das Tool kann ihnen wertvolle Zeit sparen und die Qualität ihrer Arbeit verbessern.

15 weitere Beispiel-Prompts

Um die Vielseitigkeit und Anwendbarkeit von ChatGPT in diesem Beruf zu demonstrieren, werde ich Ihnen verschiedene Prompts und Techniken vorstellen, die speziell auf die Bedürfnisse von Buchhaltern zugeschnitten sind. Zunächst wird ein Persona-Priming-Prompt verwendet, um ChatGPT in die Rolle eines erfahrenen Buchhalters zu versetzen. Anschließend werden die ausgewählten Techniken und Prompts präsentiert, die Buchhaltern bei der Lösung ihrer beruflichen Herausforderungen helfen können.

Persona-Priming-Prompt *"ChatGPT, ich möchte, dass du die Rolle eines Buchhalters einnimmst. Du verfügst über umfassendes Wissen in den Bereichen Buchhaltung, Steuern, Finanzplanung und -analyse. Du bist in der Lage, Ratschläge zur finanziellen Organisation und zur Einhaltung von gesetzlichen Vorschriften zu geben und kannst Empfehlungen zur Optimierung von Finanzprozessen und -strukturen anbieten."* Geben Sie nun Ihre konkrete Anfrage als Prompt ein, indem Sie beispielhaft schreiben: *"ChatGPT, du bist nun ein erfahrener Buchhalter. Was …?"*

10-10-10-Methoden-Prompt Beispiel: *"ChatGPT, du bist nun ein erfahrener Buchhalter. Führe die 10-10-10-Methode durch, um die langfristigen*

Auswirkungen einer geplanten Investition in neue Büroausstattung zu bewerten."

5-Why-Verfahren-Prompt Beispiel: *"ChatGPT, du bist nun ein erfahrener Buchhalter. Wende das 5-Why-Verfahren an, um die Ursache für wiederkehrende Fehlbuchungen in der Kostenrechnung zu ermitteln."*

Dialog-Prompt Beispiel: *"ChatGPT, du bist nun ein erfahrener Buchhalter. Führe einen Dialog zwischen dir und einem Mitarbeiter, der Schwierigkeiten hat, den Unterschied zwischen direkten und indirekten Kosten zu verstehen."*

Frage-Prompt Beispiel: *"ChatGPT, du bist nun ein erfahrener Buchhalter. Beantworte die Frage, wie man eine ordnungsgemäße Kassenbuchführung sicherstellt."*

Gegenargument-Prompt Beispiel: *"ChatGPT, du bist nun ein erfahrener Buchhalter. Präsentiere Gegenargumente zu der Annahme, dass eine Cloud-basierte Buchhaltungssoftware weniger sicher ist als eine lokale Lösung."*

Ideen-erfolgreich-weiterentwickeln-Prompt Beispiel: *"ChatGPT, du bist nun ein erfahrener Buchhalter. Entwickle Ideen, wie man das interne Kontrollsystem in einem Unternehmen verbessern kann."*

Lateral-Thinking-Prompt Beispiel: *"ChatGPT, du bist nun ein erfahrener Buchhalter. Wende das Lateral-Thinking-Prinzip an, um alternative Wege zur Reduzierung von Steuerbelastungen zu erkunden."*

Markdown-Format-Prompt Beispiel: *"ChatGPT, du bist nun ein erfahrener Buchhalter. Erstelle eine Liste der wichtigsten Jahresabschlussunterlagen im Markdown-Format."*

Pareto-Analyse-Prompt Beispiel: *"ChatGPT, du bist nun ein erfahrener Buchhalter. Führe eine Pareto-Analyse durch, um die 20% der Kostenarten zu identifizieren, die für 80% der Gesamtausgaben eines Unternehmens verantwortlich sind."*

Pro-und-Contra-Prompt Beispiel: *"ChatGPT, du bist nun ein erfahrener Buchhalter. Stelle die Vor- und Nachteile der Einführung einer Zero-Based-Budgeting-Methode gegenüber herkömmlichen Budgetierungsverfahren dar."*

Reframing-Prompt Beispiel: *"ChatGPT, du bist nun ein erfahrener Buchhalter. Wende Reframing an, um eine neue Perspektive auf die Herausforderungen bei der Implementierung eines neuen Buchhaltungssystems zu erhalten."*

Schritt-für-Schritt-Prompt Beispiel: *"ChatGPT, du bist nun ein erfahrener Buchhalter. Erkläre schrittweise, wie man eine Umsatzsteuervoranmeldung korrekt ausfüllt."*

Sentiment-Prompt Beispiel: *"ChatGPT, du bist nun ein erfahrener Buchhalter. Analysiere das Sentiment einer E-Mail von einem Kunden, der Unzufriedenheit über die Rechnungsstellung äußert."*

WWAD-Methode-Prompt (What's Wrong and What's Desired) Beispiel: *"ChatGPT, du bist nun ein erfahrener Buchhalter. Wende die WWAD-Methode an, um Schwachstellen im Cash-Flow-Management eines Unternehmens zu identifizieren und Verbesserungsvorschläge zu unterbreiten."*

Business-Coach

Als Business-Coach können Sie ChatGPT für verschiedene Tätigkeiten nutzen, um Ihre tägliche Arbeit zu erleichtern. Hier sind einige Beispiele:

Ideenfindung für Coaching-Sessions: ChatGPT kann Ihnen helfen, kreative Ansätze für Ihre Coaching-Sessions zu entwickeln.

Beispiel-Prompt: *"Gib mir fünf innovative Ideen für eine Coaching-Session zum Thema Zeitmanagement."*

Erstellung von Workshop-Materialien: Nutzen Sie ChatGPT, um Ihnen bei der Erstellung von Präsentationen, Arbeitsblättern und anderen Materialien für Workshops und Seminare zu helfen.

Beispiel-Prompt: *"Erstelle eine Gliederung für eine Präsentation zum Thema 'Führung in der digitalen Welt'."*

Selbstreflexion und Selbstcoaching: ChatGPT kann als Reflexionspartner dienen, um Ihre eigene Entwicklung als Coach zu fördern.

Beispiel-Prompt: *"Welche Fragen sollte ich mir stellen, um meine Fähigkeiten als Business-Coach zu überprüfen und weiterzuentwickeln?"*

Erstellung von Marketingmaterial: Lassen Sie ChatGPT ansprechende Texte für Ihre Website, Blogposts, Flyer oder Social-Media-Beiträge verfassen.

Beispiel-Prompt: *"Schreibe einen Blogpost über die Bedeutung von Emotionaler Intelligenz im Business-Coaching."*

Vorbereitung auf schwierige Coaching-Situationen: Nutzen Sie ChatGPT, um mögliche Szenarien durchzuspielen und sich auf herausfordernde Gespräche vorzubereiten.

Beispiel-Prompt: *"Wie gehe ich als Business-Coach mit einem Klienten um, der keine Verantwortung für seine Entscheidungen übernehmen möchte?"*

Feedback-Analyse: Lassen Sie ChatGPT das Feedback Ihrer Klienten analysieren, um mögliche Verbesserungsbereiche zu identifizieren.

Beispiel-Prompt: *"Analysiere das Feedback meiner letzten Coaching-Session und gib mir drei konkrete Vorschläge, wie ich meine Coaching-Fähigkeiten verbessern kann."*

Selbstmanagement und Produktivität: ChatGPT kann Ihnen helfen, Ihren Arbeitsalltag besser zu organisieren und Ihre Zeit effizienter zu nutzen.

Beispiel-Prompt: *"Entwirf einen Wochenplan für mich als Business-Coach, der meine Coaching-Sessions, Marketing-Aktivitäten und persönliche Weiterbildung berücksichtigt."*

Indem Sie ChatGPT für diese und weitere Tätigkeiten einsetzen, können Sie Ihre Effizienz und Effektivität als Business-Coach steigern und gleichzeitig mehr Zeit für Ihre Klienten und Ihre persönliche Weiterentwicklung gewinnen.

15 weitere Beispiel-Prompts

In diesem Abschnitt finden Sie ausgewählte Prompts und Techniken, die speziell für den Beruf des Business-Coaches entwickelt wurden. Diese Prompts decken verschiedene Aspekte der allgemeinen Prompt-Arten, Ideenfindungs-, Problemlösungs- und Entscheidungsfindungs-Prompts ab.

Um das beste Ergebnis zu erzielen, beginnen Sie zunächst mit dem Persona-Priming-Prompt und verwenden Sie dann die anderen ausgewählten Prompts und Techniken, um Ihre Arbeit als Business-Coach zu optimieren.

Persona-Priming-Prompt Beispiel: *"ChatGPT, ich möchte, dass du die Rolle eines Business-Coaches einnimmst. Du verfügst über fundierte Kenntnisse in den Bereichen Unternehmensführung, Personalentwicklung, Strategie und Kommunikation. Du bist in der Lage, Ratschläge zur Verbesserung von Geschäftsprozessen, zur Entwicklung von Führungskräften und zur Steigerung der Teamleistung zu geben."* Geben Sie nun Ihre konkrete Anfrage als Prompt ein, indem Sie beispielhaft schreiben: *"ChatGPT, du bist nun ein erfahrener Business-Coach. Was ...?“*

6-Hüte-Methode-Prompt Beispiel: *"ChatGPT, du bist nun ein erfahrener Business-Coach. Wende die 6-Hüte-Methode an, um verschiedene Perspektiven auf das Problem eines Klienten zu analysieren, der Schwierigkeiten hat, sein Team zu motivieren."*

Dialog-Prompt Beispiel: *"ChatGPT, du bist nun ein erfahrener Business-Coach. Führe einen simulierten Dialog mit einem Klienten durch, der seine Unternehmensstrategie überdenken möchte."*

Frage-Prompt Beispiel: *"ChatGPT, du bist nun ein erfahrener Business-Coach. Stelle fünf Fragen, die ich meinem Klienten stellen kann, um seine Ziele und Prioritäten besser zu verstehen."*

Gegenteilige-Ansicht-Prompt Beispiel: *"ChatGPT, du bist nun ein erfahrener Business-Coach. Stelle eine gegenteilige Ansicht zum aktuellen Vorgehen meines Klienten dar, um ihm dabei zu helfen, seine Strategie kritisch zu hinterfragen."*

Ishikawa-Methoden-Prompt Beispiel: *"ChatGPT, du bist nun ein erfahrener Business-Coach. Führe eine Ishikawa-Analyse durch, um die Ursachen für die Kommunikationsprobleme in einem Unternehmen im Bereich ... zu identifizieren."*

Markdown-Format-Prompt Beispiel: *"ChatGPT, du bist nun ein erfahrener Business-Coach. Erstelle eine strukturierte Liste im Markdown-Format mit zehn Aktionspunkten, die mein Klient umsetzen kann, um seine Mitarbeiterbindung zu verbessern."*

Pareto-Analyse-Prompt Beispiel: *"ChatGPT, du bist nun ein erfahrener Business-Coach. Führe eine Pareto-Analyse durch, um die 20% der Probleme zu identifizieren, die für 80% der Herausforderungen in der Führungsebene eines Unternehmens im Bereich ... verantwortlich sind."*

Pro-und-Contra-Prompt Beispiel: *"ChatGPT, du bist nun ein erfahrener Business-Coach. Stelle die Vor- und Nachteile einer flachen Organisationsstruktur gegenüber einer hierarchischen Organisationsstruktur dar."*

Reframing-Prompt Beispiel: *"ChatGPT, du bist nun ein erfahrener Business-Coach. Nutze das Reframing, um ein scheinbar negatives Feedback, das ein Klient erhalten hat, in eine positive Lernerfahrung umzuwandeln."*

Schritt-für-Schritt-Prompt Beispiel: *"ChatGPT, du bist nun ein erfahrener Business-Coach. Entwickle einen Schritt-für-Schritt-Plan für meinen Klienten, um seine Produktivität durch besseres Zeitmanagement zu steigern."*

Sentiment-Prompt Beispiel: *"ChatGPT, du bist nun ein erfahrener Business-Coach. Analysiere das Sentiment in den E-Mails meines Klienten, um herauszufinden, wie er seine Kommunikation mit seinen Mitarbeitern verbessern kann."*

Stil-und-Schreibart-Anpassungs-Prompt Beispiel: *"ChatGPT, du bist nun ein erfahrener Business-Coach. Schreibe einen Leitfaden für effektive Kommunikation in meinem persönlichen Schreibstil, den ich meinen Klienten zur Verfügung stellen kann."*

Um-Feedback-bitten-Prompt Beispiel: *"ChatGPT, du bist nun ein erfahrener Business-Coach. Entwirf eine E-Mail, in der ich meinen Klienten um Feedback zu unserer letzten Coaching-Session bitte, um meine Coaching-Methoden weiter zu verbessern."*

Chemiker/in

ChatGPT kann Chemikern bei einer Vielzahl von Aufgaben helfen, um ihre tägliche Arbeit zu erleichtern. Hier sind einige Beispiele für Tätigkeiten, bei denen ChatGPT angewendet werden kann:

Recherche von chemischen Verbindungen und Reaktionen: ChatGPT kann dabei helfen, Informationen über chemische Verbindungen und Reaktionen schnell und effizient zu recherchieren.

Beispiel-Prompt: *"Gib mir eine Zusammenfassung der Eigenschaften und Reaktionen von Natriumchlorid."*

Analyse von experimentellen Daten: ChatGPT kann bei der Analyse von experimentellen Daten unterstützen, indem es hilft, Muster und Zusammenhänge in den Daten zu erkennen und diese zu interpretieren.

Beispiel-Prompt: *"Analysiere die folgenden experimentellen Daten und identifiziere mögliche Trends oder Muster: [Daten einfügen]"*

Erstellung von Sicherheitsprotokollen und Material Safety Data Sheets (MSDS): ChatGPT kann bei der Erstellung von Sicherheitsprotokollen und Material Safety Data Sheets (MSDS) helfen, indem es auf Basis von chemischen Informationen und gesetzlichen Vorgaben einen Entwurf erstellt.

Beispiel-Prompt: *"Erstelle ein Material Safety Data Sheet für Natriumchlorid gemäß den EU-Vorschriften."*

Verfassen von wissenschaftlichen Berichten und Artikeln: ChatGPT kann bei der Strukturierung und dem Verfassen von wissenschaftlichen Berichten und Artikeln unterstützen, indem es hilft, die relevanten Informationen und Argumente klar und prägnant darzustellen.

Beispiel-Prompt: *"Hilf mir, eine Einleitung für einen wissenschaftlichen Artikel über die Synthese von Polystyrol zu verfassen."*

Entwurf von Versuchsprotokollen und Prozeduren: ChatGPT kann bei der Planung von Versuchsprotokollen und Prozeduren helfen, indem es auf Basis der gegebenen Ziele und Randbedingungen Vorschläge für geeignete experimentelle Ansätze entwickelt.

Beispiel-Prompt: *"Entwirf ein Versuchsprotokoll für die Synthese von Aspirin im Labor, unter Berücksichtigung der Sicherheitsvorschriften und einer möglichst hohen Ausbeute."*

Mit diesen und weiteren Anwendungsmöglichkeiten kann ChatGPT Chemikern dabei helfen, ihre tägliche Arbeit effizienter und effektiver zu gestalten, indem es sie bei einer Vielzahl von Aufgaben unterstützt.

15 weitere Beispiel-Prompts

Nun konzentrieren wir uns auf die Anwendung von ChatGPT im Beruf eines Chemikers unter Anwendung der im vorderen Teil des Buches beschriebenen Prompt-Arten und Techniken. Wir beginnen mit einem Persona-Priming-Prompt, um ChatGPT in die Rolle eines erfahrenen Chemikers zu versetzen. Anschließend präsentiere ich Ihnen ausgewählte Beispiele für Prompts und Kreativtechniken, die speziell auf die Bedürfnisse von Chemikern zugeschnitten sind. Diese Prompts decken verschiedene Aspekte des Berufs ab und helfen Chemikern, ihre Arbeit effizienter und effektiver zu gestalten.

Persona-Priming-Prompt *"ChatGPT, ich möchte, dass du die Rolle eines Chemikers einnimmst. Du verfügst über tiefgreifendes Wissen in den Bereichen Chemie, Materialwissenschaften und analytischen Methoden. Du kannst Fragen zu chemischen Reaktionen, Verbindungen und Prozessen beantworten und dabei die neuesten wissenschaftlichen Erkenntnisse und Forschungsmethoden berücksichtigen."* Geben Sie nun Ihre konkrete Anfrage als Prompt ein, indem Sie beispielhaft schreiben: *"ChatGPT, du bist nun ein erfahrener Chemiker. Was ...?“*

6-Hüte-Methoden-Prompt Beispiel: *"ChatGPT, du bist nun ein erfahrener Chemiker. Führe eine Diskussion über die Vor- und Nachteile der Verwendung von Kunststoffen unter Anwendung der 6-Hüte-Methode."*

Dialog-Prompt Beispiel: *"ChatGPT, du bist nun ein erfahrener Chemiker. Führe einen Dialog mit mir über die neuesten Entwicklungen in der Polymerchemie und deren Anwendungen."*

Frage-Prompt Beispiel: *"ChatGPT, du bist nun ein erfahrener Chemiker. Was sind die wesentlichen Unterschiede zwischen einer kovalenten und einer ionischen Bindung?"*

Gegenargument-Prompt Beispiel: *"ChatGPT, du bist nun ein erfahrener Chemiker. Stelle Gegenargumente für die Verwendung von Schwermetallen in industriellen Prozessen auf."*

Internet-Analyse-Prompt Beispiel: *"ChatGPT, du bist nun ein erfahrener Chemiker. Durchsuche das Internet nach den neuesten Fortschritten in der chemischen Katalyse und präsentiere die interessantesten Ergebnisse."*

Ishikawa-Methoden-Prompt Beispiel: *"ChatGPT, du bist nun ein erfahrener Chemiker. Analysiere die Ursachen für eine unerwartet niedrige Reaktionsausbeute mit der Ishikawa-Methode."*

Listen-Prompt Beispiel: *"ChatGPT, du bist nun ein erfahrener Chemiker. Erstelle eine Liste der häufigsten organischen Lösungsmittel und deren typischen Anwendungen."*

Markdown-Format-Prompt Beispiel: *"ChatGPT, du bist nun ein erfahrener Chemiker. Erkläre die Hauptgruppen des Periodensystems im Markdown-Format."*

Pareto-Analyse-Prompt Beispiel: *"ChatGPT, du bist nun ein erfahrener Chemiker. Führe eine Pareto-Analyse der Hauptursachen für Umweltverschmutzung durch chemische Industrie durch."*

Pro-und-Contra-Prompt Beispiel: *"ChatGPT, du bist nun ein erfahrener Chemiker. Diskutiere die Pro-und-Contra-Argumente für die Verwendung von biologisch abbaubaren Kunststoffen gegenüber herkömmlichen Kunststoffen."*

Reframing-Prompt Beispiel: *"ChatGPT, du bist nun ein erfahrener Chemiker. Reframe das Problem der Kunststoffverschmutzung und finde alternative Ansätze zur Reduzierung des Kunststoffabfalls."*

Schritt-für-Schritt-Prompt Beispiel: *"ChatGPT, du bist nun ein erfahrener Chemiker. Erkläre den Schritt-für-Schritt-Prozess der Herstellung von Nylon 6,6."*

Sentiment-Prompt Beispiel: *"ChatGPT, du bist nun ein erfahrener Chemiker. Analysiere das Sentiment des Autors im folgenden Artikel über die ethischen Aspekte der Gentechnik. ..."*

Stil-und-Schreibart-Anpassungs-Prompt Beispiel: *"ChatGPT, du bist nun ein erfahrener Chemiker. Schreibe einen kurzen Text über die Bedeutung der Grünen Chemie im Stil von Isaac Asimov."*

Drehbuchautor/in

Drehbuchautoren können ChatGPT nutzen, um ihren Arbeitsalltag in vielerlei Hinsicht zu erleichtern. Hier sind einige Tätigkeiten, bei denen ChatGPT Drehbuchautoren unterstützen kann, zusammen mit konkreten Beispiel-Prompts:

Ideenentwicklung: ChatGPT kann dabei helfen, originelle und kreative Ideen für Geschichten und Charaktere zu entwickeln.

Beispiel-Prompt: *"Gib mir fünf einzigartige Ideen für einen Science-Fiction-Film, der sich auf künstliche Intelligenz konzentriert."*

Dialogschreiben: ChatGPT kann dabei helfen, authentische und interessante Dialoge zwischen den Charakteren zu erstellen.

Beispiel-Prompt: *"Schreibe einen Dialog zwischen zwei Charakteren, die sich gerade zum ersten Mal begegnen und dabei herausfinden, dass sie gemeinsame Feinde haben."*

Überarbeitung und Verbesserung von Texten: ChatGPT kann Drehbuchautoren dabei unterstützen, bestehende Texte zu überarbeiten und zu verbessern.

Beispiel-Prompt: *"Überarbeite den folgenden Dialog, um ihn spannender und emotionaler zu gestalten: {Einfügen des zu überarbeitenden Dialogs}"*

Formatierung: ChatGPT kann beim korrekten Formatieren von Drehbüchern nach Branchenstandards helfen.

Beispiel-Prompt: *"Wandle den folgenden Text in ein standardisiertes Drehbuchformat um: {Einfügen des zu formatierenden Texts}"*

Brainstorming von Szenen und Sequenzen: ChatGPT kann bei der Entwicklung von Szenen und Sequenzen helfen, die auf bestimmten Themen oder Konzepten basieren.

Beispiel-Prompt: *"Entwickle eine dramatische Szene, in der ein Charakter die Wahrheit über seine Vergangenheit erfährt."*

Feedback und Kritik: ChatGPT kann als objektiver Leser fungieren, der konstruktives Feedback und Verbesserungsvorschläge für das Drehbuch bietet.

Beispiel-Prompt: *"Gib mir konstruktives Feedback zum ersten Akt meines Drehbuchs: {Einfügen des Drehbuchauszugs}"*

Indem sie ChatGPT für diese und ähnliche Tätigkeiten nutzen, können Drehbuchautoren Zeit und Mühe sparen, ihre Kreativität steigern und die Qualität ihrer Arbeit verbessern

<u>15 weitere Beispiel-Prompts</u>

Hier finden Sie weitere sorgfältig ausgewählte und praxisorientierte Prompts, die speziell auf den Beruf des Drehbuchautors zugeschnitten sind. Sie wurden aus den Kategorien "Allgemeine Prompt Arten", "Ideenfindungs-Prompts", "Problemlösungs-Prompts" und "Entscheidungsfindungs-Prompts" zusammengestellt. Mit dem Persona-Priming-Prompt können Sie ChatGPT darauf vorbereiten, die Rolle eines erfahrenen Drehbuchautors einzunehmen, um Ihnen bei Ihren spezifischen Herausforderungen und Fragestellungen optimal zu helfen.

Persona-Priming-Prompt *"ChatGPT, ich möchte, dass du die Rolle eines Drehbuchautors einnimmst. Du verfügst über hervorragende schriftliche Kommunikationsfähigkeiten, ein tiefes Verständnis für Film- und Fernsehindustrie, sowie ein ausgeprägtes Gespür für Erzählstrukturen und Charakterentwicklung. Du kannst Ratschläge zum Schreiben von Drehbüchern geben und kreatives Feedback zu Film- und Fernsehprojekten anbieten."* Geben Sie nun Ihre konkrete Anfrage als Prompt ein, indem Sie beispielhaft schreiben: *"ChatGPT, du bist nun ein erfahrener Drehbuchautor. Was ...?“*

Dialog-Prompt Beispiel: *"ChatGPT, du bist nun ein erfahrener Drehbuchautor. Schreibe einen spannenden Dialog zwischen einem Detektiv und einem Verdächtigen, bei dem der Detektiv dem Verdächtigen langsam die Schlinge zuzieht."*

Frage-Prompt Beispiel: *"ChatGPT, du bist nun ein erfahrener Drehbuchautor. Wie kann ich die Spannung in meinem Drehbuch am besten steigern und aufrechterhalten?"*

Gegenargument-Prompt Beispiel: *"ChatGPT, du bist nun ein erfahrener Drehbuchautor. Ich denke, mein Drehbuch hat genug Konflikt und Dramatik. Kannst du ein Gegenargument dazu liefern oder Verbesserungsvorschläge machen?"*

Ideenentwicklung-Prompt Beispiel: *"ChatGPT, du bist nun ein erfahrener Drehbuchautor. Gib mir drei originelle und kreative Ideen für einen Thriller, der sich um die Thematik von Identitätsdiebstahl dreht."*

Lateral-Thinking-Prompt Beispiel: *"ChatGPT, du bist nun ein erfahrener Drehbuchautor. Verwende das Lateral-Thinking-Konzept, um ungewöhnliche und unerwartete Wendungen für meine Kriminalgeschichte vorzuschlagen."*

Markdown-Format-Prompt Beispiel: *"ChatGPT, du bist nun ein erfahrener Drehbuchautor. Wandle den folgenden Text in ein Drehbuchformat um und verwende dabei Markdown: ... '"*

Pareto-Analyse-Prompt Beispiel: *"ChatGPT, du bist nun ein erfahrener Drehbuchautor. Führe eine Pareto-Analyse durch, um die 20% der Szenen in meinem Drehbuch zu identifizieren, die 80% der emotionalsten Wirkung erzielen."*

Pro-und-Contra-Prompt Beispiel: *"ChatGPT, du bist nun ein erfahrener Drehbuchautor. Nenne die Vor- und Nachteile von linearen und nichtlinearen Erzählstrukturen im Drehbuchschreiben."*

Reframing-Prompt Beispiel: *"ChatGPT, du bist nun ein erfahrener Drehbuchautor. Setze das Reframing-Konzept ein, um eine alternative Perspektive oder einen neuen Blickwinkel auf den Hauptkonflikt in meiner Geschichte vorzuschlagen."*

Schritt-für-Schritt-Prompt Beispiel: *"ChatGPT, du bist nun ein erfahrener Drehbuchautor. Beschreibe Schritt für Schritt, wie ich einen überzeugenden und gut strukturierten Akt in meinem Drehbuch erstellen kann."*

Sentiment-Prompt Beispiel: *"ChatGPT, du bist nun ein erfahrener Drehbuchautor. Analysiere die Stimmung und Emotionen in der folgenden Szene: 'Laura steht am Grab ihrer Mutter und kämpft mit den Tränen. Plötzlich tritt ein unbekannter Mann an sie heran und reicht ihr ein altes Foto ...'"*

SWOT-Analyse-Prompt Beispiel: *"ChatGPT, du bist nun ein erfahrener Drehbuchautor. Führe eine SWOT-Analyse für mein Drehbuchprojekt durch, um Stärken, Schwächen, Chancen und Bedrohungen zu identifizieren."*

Um-Feedback-bitten-Prompt Beispiel: *"ChatGPT, du bist nun ein erfahrener Drehbuchautor. Bitte gib mir konstruktives Feedback zu dieser Szene, in der der Protagonist auf seinen verloren geglaubten Vater trifft."*

Walt-Disney-Strategie-Prompt Beispiel: *"ChatGPT, du bist nun ein erfahrener Drehbuchautor. Wende die Walt-Disney-Strategie an, um drei unterschiedliche Blickwinkel auf die Entwicklung eines interessanten Nebencharakters in meiner Geschichte zu erhalten."*

E-Commerce-Kaufmann/-frau

ChatGPT kann im Beruf des E-Commerce-Kaufmanns/-frau in verschiedenen Bereichen angewendet werden, um den Arbeitsalltag zu erleichtern. Hier sind einige Tätigkeiten, bei denen ChatGPT unterstützen kann:

Produktbeschreibungen erstellen: ChatGPT kann dabei helfen, ansprechende und detaillierte Produktbeschreibungen zu verfassen. Diese sind entscheidend für den Erfolg eines Online-Shops.

Beispiel-Prompt: *"Erstelle eine ansprechende Produktbeschreibung für ein hochwertiges, wasserdichtes Damenportemonnaie aus Leder."*

Kundenanfragen beantworten: ChatGPT kann dazu verwendet werden, typische Kundenanfragen effizient und präzise zu beantworten, was die Kundenzufriedenheit erhöht.

Beispiel-Prompt: *"Antworte auf die Kundenanfrage: 'Hallo, ich habe vor einer Woche ein Paar Schuhe bestellt, aber sie sind noch nicht angekommen. Können Sie mir sagen, wann ich mit der Lieferung rechnen kann?'"*

Online-Marketing-Strategien entwickeln: ChatGPT kann dabei helfen, kreative Online-Marketing-Strategien zu entwickeln, die den Umsatz und die Bekanntheit des Online-Shops steigern.

Beispiel-Prompt: *"Entwickle eine innovative Online-Marketing-Strategie, um unsere neue Kollektion von nachhaltiger Sportbekleidung zu bewerben."*

Social-Media-Beiträge verfassen: ChatGPT kann eingängige und ansprechende Social-Media-Beiträge erstellen, um die Online-Präsenz zu verbessern und potenzielle Kunden auf den Shop aufmerksam zu machen.

Beispiel-Prompt: *"Schreibe einen interessanten und ansprechenden Social-Media-Beitrag, um unseren Sonderverkauf für Designerhandtaschen anzukündigen."*

Webseiten-Optimierung: ChatGPT kann Vorschläge zur Optimierung der Benutzererfahrung und der Conversion-Rate auf der Webseite geben.

Beispiel-Prompt: *"Analysiere unsere Webseite und gib fünf Vorschläge, um die Benutzererfahrung und die Conversion-Rate zu verbessern."*

Diese Beispiele zeigen, wie ChatGPT E-Commerce-Kaufleuten dabei helfen kann, ihre tägliche Arbeit effizienter und kreativer zu gestalten. Mit den richtigen Prompts kann ChatGPT wertvolle Unterstützung in verschiedenen Bereichen des Online-Handels bieten.

<u>15 weitere Beispiel-Prompts</u>

Im folgenden Abschnitt finden Sie eine Auswahl von spezifisch auf den Beruf des E-Commerce-Kaufmanns/-frau zugeschnittenen Prompts, die aus den verschiedenen oben aufgeführten Prompt-Arten und Kreativitätstechniken zusammengestellt wurden. Diese Prompts wurden sorgfältig ausgewählt und formuliert, um Ihnen bei der effektiven Nutzung von ChatGPT in Ihrem Arbeitsalltag zu helfen. Bevor Sie diese Prompts verwenden, können Sie den Persona-Priming-Prompt nutzen, um ChatGPT auf die Rolle eines E-Commerce-Kaufmanns/-frau einzustimmen.

Persona-Priming-Prompt *"ChatGPT, ich möchte, dass du die Rolle eines E-Commerce-Kaufmanns einnimmst. Du verfügst über umfangreiche Kenntnisse in den Bereichen Online-Handel, digitales Marketing, Webanalyse und Kundenservice. Du bist in der Lage, Ratschläge zur Entwicklung und Optimierung von E-Commerce-Strategien zu geben und kannst Empfehlungen zu Plattformen, Zahlungssystemen und Logistiklösungen anbieten."* Geben Sie nun Ihre konkrete Anfrage als Prompt ein, indem Sie beispielhaft schreiben: *"ChatGPT, du bist nun ein erfahrener E-Commerce-Kaufmann. Was ...?"*

ABC-Technik-Prompt Beispiel: *"ChatGPT, du bist nun ein erfahrener E-Commerce-Kaufmann. Verwende die ABC-Technik, um eine Liste von mindestens 10 verschiedenen Marketing-Ideen für unseren Online-Shop zu generieren, beginnend mit jedem Buchstaben des Alphabets von A bis Z."*

Dialog-Prompt Beispiel: *"ChatGPT, du bist nun ein erfahrener E-Commerce-Kaufmann. Führe einen fiktiven Dialog zwischen einem unzufriedenen Kunden und dem Kundenservice unseres Online-Shops durch, um eine Lösung für das Problem des Kunden zu finden."*

Frage-Prompt Beispiel: *"ChatGPT, du bist nun ein erfahrener E-Commerce-Kaufmann. Welche Schritte sollten wir unternehmen, um die Conversion-Rate unseres Online-Shops zu erhöhen und mehr Verkäufe zu generieren?"*

Gegenteilige-Ansicht-Prompt Beispiel: *"ChatGPT, du bist nun ein erfahrener E-Commerce-Kaufmann. Stelle eine gegenteilige Ansicht zu der Strategie auf, kostenlose Versandkosten für alle Bestellungen anzubieten, und erläutere, warum diese Strategie möglicherweise nicht effektiv ist."*

Internet-Analyse-Prompt Beispiel: *"ChatGPT, du bist nun ein erfahrener E-Commerce-Kaufmann. Führe eine Internet-Analyse durch und finde heraus, welche drei Hauptkonkurrenten unseres Online-Shops sind und welche Strategien sie anwenden, um erfolgreich zu sein."*

Ishikawa-Methoden-Prompt Beispiel: *"ChatGPT, du bist nun ein erfahrener E-Commerce-Kaufmann. Verwende die Ishikawa-Methode, um die möglichen Ursachen für eine plötzliche Abnahme der Webseiten-Besucher unseres Online-Shops zu identifizieren und zu analysieren."*

Markdown-Format-Prompt Beispiel: *"ChatGPT, du bist nun ein erfahrener E-Commerce-Kaufmann. Erstelle eine übersichtliche Liste im Markdown-Format, die die wichtigsten Schritte zur Optimierung der Benutzererfahrung auf unserer Webseite beschreibt."*

Multi-Kriterien-Analyse-(MKA)-Prompt Beispiel: *"ChatGPT, du bist nun ein erfahrener E-Commerce-Kaufmann. Führe eine Multi-Kriterien-Analyse durch, um die besten drei Zahlungssysteme für unseren Online-Shop zu* *ermitteln, basierend auf Faktoren wie Sicherheit, Benutzerfreundlichkeit und Kompatibilität."*

Pareto-Analyse-Prompt Beispiel: *"ChatGPT, du bist nun ein erfahrener E-Commerce-Kaufmann. Wende die Pareto-Analyse an, um die 20% der Faktoren zu identifizieren, die 80% der Probleme in unserem Online-Shop verursachen."*

Pro-und-Contra-Prompt Beispiel: *"ChatGPT, du bist nun ein erfahrener E-Commerce-Kaufmann. Erstelle eine Pro-und-Contra-Liste für die Implementierung eines Chatbot-Systems auf unserer Webseite."*

Reframing-Prompt Beispiel: *"ChatGPT, du bist nun ein erfahrener E-Commerce-Kaufmann. Nutze das Reframing, um eine alternative Perspektive auf das Problem der hohen Retourenquote unseres Online-Shops zu entwickeln und mögliche Lösungen vorzuschlagen."*

Sentiment-Prompt Beispiel: *"ChatGPT, du bist nun ein erfahrener E-Commerce-Kaufmann. Analysiere das Sentiment der Kundenbewertungen unseres Online-Shops und gib uns eine Zusammenfassung der häufigsten positiven und negativen Punkte, die von den Kunden hervorgehoben werden."*

SWOT-Analyse-Prompt Beispiel: *"ChatGPT, du bist nun ein erfahrener E-Commerce-Kaufmann. Führe eine SWOT-Analyse unseres Online-Shops durch, um unsere Stärken, Schwächen, Chancen und Bedrohungen zu identifizieren."*

Walt-Disney-Strategie-Prompt Beispiel: *"ChatGPT, du bist nun ein erfahrener E-Commerce-Kaufmann. Wende die Walt-Disney-Strategie an, um eine innovative Idee zur Steigerung der Kundenbindung in unserem Online-Shop zu entwickeln."*

Elektroingenieur/in

Elektroingenieure können ChatGPT in verschiedenen Bereichen ihrer täglichen Arbeit nutzen, um ihre Aufgaben effizienter und leichter zu bewältigen. Hier sind einige Beispiele, wie ChatGPT Elektroingenieuren helfen kann, zusammen mit konkreten Beispiel-Prompts:

Schaltpläne und technische Dokumentationen erstellen: ChatGPT kann Elektroingenieuren dabei helfen, Schaltpläne zu entwerfen und technische Dokumentationen zu erstellen, indem es ihnen Vorschläge und Ideen liefert.

Beispiel-Prompt: *"Erkläre die Funktion eines Spannungsteilers und erstelle einen einfachen Schaltplan dafür."*

Technische Probleme lösen: Elektroingenieure können ChatGPT verwenden, um bei der Lösung technischer Probleme Unterstützung zu erhalten.

Beispiel-Prompt: *"Wie kann ich die Störungen in einem AC/DC-Wandler reduzieren? Nenne mögliche Ursachen und Lösungsansätze."*

Produktentwicklung und -verbesserung: ChatGPT kann Vorschläge und Ideen für die Entwicklung und Verbesserung von elektronischen Produkten und Systemen liefern.

Beispiel-Prompt: *"Wie können wir die Energieeffizienz eines Elektromotors verbessern? Nenne drei innovative Ansätze."*

Wissenschaftliche Artikel und Forschung: Elektroingenieure können ChatGPT nutzen, um ihnen bei der Verfassung von wissenschaftlichen Artikeln und der Durchführung von Forschungen zu helfen.

Beispiel-Prompt: *"Erstelle eine Gliederung für einen Forschungsartikel zum Thema 'Drahtlose Energieübertragung und ihre Anwendungen'."*

Kommunikation und Präsentation: ChatGPT kann Elektroingenieuren dabei helfen, ihre Kommunikations- und Präsentationsfähigkeiten zu verbessern, indem es ihnen hilft, ihre Gedanken klar und präzise auszudrücken.

Beispiel-Prompt: *"Formuliere eine E-Mail, in der du deinem Team die neuesten Änderungen an einem elektronischen System erklärst."*

Technische Schulungen und Wissenstransfer: Elektroingenieure können ChatGPT verwenden, um technisches Wissen und Schulungsmaterialien zu erstellen oder zu erweitern.

Beispiel-Prompt: *"Erstelle eine Liste von fünf wichtigen Sicherheitshinweisen, die beim Umgang mit Hochspannungsgeräten beachtet werden sollten."*

Durch die Verwendung von ChatGPT können Elektroingenieure ihre tägliche Arbeit effizienter gestalten, Probleme lösen und innovative Lösungen entwickeln.

15 weitere Beispiel-Prompts

In diesem Abschnitt finden Sie eine Sammlung von sorgfältig ausgewählten und praxisorientierten Prompts, die speziell auf den Beruf des Elektroingenieurs zugeschnitten sind. Bevor Sie die folgenden Techniken und Prompts verwenden, ist es wichtig, das Persona-Priming durchzuführen, um ChatGPT in die Rolle eines erfahrenen Elektroingenieurs zu versetzen. Nach dem Persona-Priming können Sie die verschiedenen Techniken und Prompts anwenden, um bei verschiedenen Aufgaben und Herausforderungen in Ihrem Beruf wertvolle Unterstützung zu erhalten.

Persona-Priming-Prompt *"ChatGPT, ich möchte, dass du die Rolle eines Elektroingenieurs einnimmst. Du verfügst über fundiertes Wissen in den Bereichen Elektrotechnik, Elektronik, Steuerungstechnik und Energietechnik. Du kannst Fragen zu elektrischen Schaltungen, Systemen und Geräten beantworten und dabei innovative Lösungen und Anwendungen im Bereich der Elektrotechnik berücksichtigen."* Geben Sie nun Ihre konkrete Anfrage als Prompt ein, indem Sie beispielhaft schreiben: *"ChatGPT, du bist nun ein erfahrener Elektroingenieur. Was ...?“*

ABC-Technik-Prompt Beispiel: *"ChatGPT, du bist nun ein erfahrener Elektroingenieur. Verwende die ABC-Technik, um mögliche Verbesserungen für die Stabilität eines elektrischen Schaltkreises vorzuschlagen."*

Dialog-Prompt Beispiel: *"ChatGPT, du bist nun ein erfahrener Elektroingenieur. Führe einen Dialog mit mir, um die besten Methoden zur Fehlerbehebung bei der Inbetriebnahme einer SPS-gesteuerten Anlage zu erörtern."*

Frage-Prompt Beispiel: *"ChatGPT, du bist nun ein erfahrener Elektroingenieur. Welche Fragen sollte ich stellen, um die Effizienz eines Stromversorgungssystems zu bewerten?"*

Gegenargument-Prompt Beispiel: *"ChatGPT, du bist nun ein erfahrener Elektroingenieur. Nenne Gegenargumente zur Verwendung von Gleichstromübertragungssystemen im Vergleich zu Wechselstromübertragungssystemen im Bereich ... "*

Ideen-erfolgreich-weiterentwickeln-Prompt Beispiel: *"ChatGPT, du bist nun ein erfahrener Elektroingenieur. Wie kann ich meine Idee zur Verbesserung der Energieeffizienz von Leistungselektronik erfolgreich weiterentwickeln?"*

Internet-Analyse-Prompt Beispiel: *"ChatGPT, du bist nun ein erfahrener Elektroingenieur. Analysiere das Internet, um die besten Ressourcen zur Erlernung von Leistungselektronik für Anfänger zu finden."*

Markdown-Format-Prompt Beispiel: *"ChatGPT, du bist nun ein erfahrener Elektroingenieur. Erstelle eine Anleitung zur Fehlersuche bei einem Drei-Phasen-Wechselrichter im Markdown-Format."*

Pareto-Analyse-Prompt Beispiel: *"ChatGPT, du bist nun ein erfahrener Elektroingenieur. Führe eine Pareto-Analyse durch, um die 20% der häufigsten Ursachen für 80% der Ausfälle in einem elektrischen Verteilernetzwerk zu identifizieren."*

Pro-und-Contra-Prompt Beispiel: *"ChatGPT, du bist nun ein erfahrener Elektroingenieur. Liste die Vor- und Nachteile der Verwendung von Siliziumkarbid-Halbleitern gegenüber herkömmlichen Silizium-Halbleitern in Leistungselektronik-Anwendungen auf."*

Reframing-Prompt Beispiel: *"ChatGPT, du bist nun ein erfahrener Elektroingenieur. Reframe das Problem der hohen Wärmeentwicklung in elektronischen Geräten, um neue Lösungsansätze zu finden."*

Schritt-für-Schritt-Prompt Beispiel: *"ChatGPT, du bist nun ein erfahrener Elektroingenieur. Erkläre mir Schritt für Schritt, wie ich die Leistung eines Transformators berechnen kann."*

Sentiment-Prompt Beispiel: *"ChatGPT, du bist nun ein erfahrener Elektroingenieur. Analysiere das Sentiment in Kundenbewertungen eines bestimmten elektronischen Geräts und fasse die wichtigsten Stärken und Schwächen zusammen."*

Stil-und-Schreibart-Anpassungs-Prompt Beispiel: *"ChatGPT, du bist nun ein erfahrener Elektroingenieur. Erstelle eine kurze Einführung in die Grundlagen der Elektrotechnik, angepasst an den Schreibstil und die Lesezielgruppe von Studierenden im ersten Semester."*

WWAD-Methode-Prompt (What's Wrong and What's Desired) Beispiel: *"ChatGPT, du bist nun ein erfahrener Elektroingenieur. Identifiziere mit der WWAD-Methode die Probleme und die gewünschten Ergebnisse bei der Umsetzung eines Smart-Grid-Projekts."*

Elektroniker/in für Betriebstechnik

ChatGPT kann Elektronikern für Betriebstechnik in vielfältiger Weise helfen, ihre tägliche Arbeit effizienter zu gestalten. Hier sind einige Tätigkeiten, bei denen ChatGPT angewendet werden kann, und konkrete Beispiel-Prompts für jeden Einsatzbereich.

Technische Dokumentation erstellen oder prüfen: ChatGPT kann bei der Erstellung und Überprüfung von technischen Dokumentationen unterstützen, indem es Fehler findet, fehlende Informationen ergänzt und eine klare Struktur gewährleistet.

Beispiel-Prompt: *"Bitte überprüfe diese technische Dokumentation auf Fehler und fehlende Informationen und gib Verbesserungsvorschläge: [Dokumentation einfügen]"*

Lösungsansätze für technische Probleme finden: ChatGPT kann helfen, Lösungen für technische Probleme zu finden, indem es verschiedene Lösungsansätze vorschlägt und die Vor- und Nachteile jeder Option bewertet.

Beispiel-Prompt: *"Welche Lösungsansätze gibt es, um einen Kurzschluss in einem Schaltschrank zu beheben? Bitte nenne die Vor- und Nachteile jeder Methode."*

Aktuelle Branchentrends und Technologien verfolgen: ChatGPT kann dabei helfen, auf dem Laufenden zu bleiben, indem es Informationen über die neuesten Trends und Technologien im Bereich Betriebstechnik bereitstellt.

Beispiel-Prompt: *"Was sind die aktuellen Trends und Entwicklungen im Bereich der Betriebstechnik? Bitte fasse die wichtigsten Informationen zusammen."*

Schulungsunterlagen erstellen: ChatGPT kann bei der Erstellung von Schulungsunterlagen unterstützen, indem es Inhalte erstellt oder bestehende Materialien optimiert.

Beispiel-Prompt: *"Bitte erstelle eine kurze Einführung in die Grundlagen der Betriebstechnik für eine Mitarbeiterschulung."*

Kommunikation mit Kunden oder Kollegen: ChatGPT kann bei der Formulierung von E-Mails oder Nachrichten an Kunden oder Kollegen helfen, indem es klare und präzise Antworten auf Fragen oder Anfragen erstellt.

Beispiel-Prompt: *"Wie formuliere ich eine professionelle E-Mail, um einem Kunden die Vorgehensweise zur Fehlerbehebung an einer elektrischen Anlage zu erklären?"*

Insgesamt kann ChatGPT Elektronikern für Betriebstechnik wertvolle Unterstützung bieten und dazu beitragen, ihre Arbeit effizienter und zielgerichteter zu gestalten. Durch den Einsatz von ChatGPT in diesen verschiedenen Bereichen können sie ihre Produktivität steigern und die Qualität ihrer Arbeit verbessern.

15 weitere Beispiel-Prompts

Im Folgenden finden Sie 15 ausgewählte Prompts und Techniken, die speziell auf den Beruf des Elektronikers für Betriebstechnik zugeschnitten sind. Zunächst beginnen wir mit einem Persona-Priming-Prompt, um ChatGPT in die Rolle eines erfahrenen Elektronikers zu versetzen. Anschließend werden Prompts aus verschiedenen Kategorien vorgestellt, die sich auf Ideenfindung, Problemlösung und Entscheidungsfindung beziehen. Jeder Prompt ist so formuliert, wie ein ChatGPT-Benutzer ihn im Eingabefeld von ChatGPT verwenden würde, um ein konkretes Problem anzugehen.

Persona-Priming-Prompt Beispiel: *"ChatGPT, du bist nun ein erfahrener Elektroniker für Betriebstechnik. Du verfügst über umfassende Kenntnisse in den Bereichen Elektronik, Schaltungsentwurf, Halbleitertechnik und Mikroelektronik. Du bist in der Lage, Ratschläge zur Reparatur und Wartung von elektronischen Geräten zu geben und kannst Informationen über neue Entwicklungen und Technologien im Bereich der Elektronik bereitstellen."* Geben Sie nun Ihre konkrete Anfrage als Prompt ein, indem Sie beispielhaft schreiben: *"ChatGPT, du bist nun ein erfahrener Elektroniker für Betriebstechnik. Was ...?"*

ABC-Technik-Prompt Beispiel: *"ChatGPT, du bist nun ein erfahrener Elektroniker für Betriebstechnik. Führe eine ABC-Analyse durch, um die wichtigsten Aufgaben bei der Wartung einer elektrischen Anlage zu priorisieren."*

Dialog-Prompt Beispiel: *"ChatGPT, du bist nun ein erfahrener Elektroniker für Betriebstechnik. Führe ein simuliertes Gespräch zwischen einem Kunden und mir durch, in dem der Kunde Fragen zur Inbetriebnahme einer neuen elektrischen Anlage stellt."*

Frage-Prompt Beispiel: *"ChatGPT, du bist nun ein erfahrener Elektroniker für Betriebstechnik. Welche Fragen sollte ich am Telefon stellen, um die Ursache für einen unerwarteten Spannungsabfall in einem Schaltschrank zu ermitteln?"*

Gegenargument-Prompt Beispiel: *"ChatGPT, du bist nun ein erfahrener Elektroniker für Betriebstechnik. Nenne mögliche Gegenargumente gegen den Einsatz von Lüfterlosen Kühlsystemen in Schaltschränken und wie ich diese entkräften kann."*

Ideen-erfolgreich-weiterentwickeln-Prompt Beispiel: *"ChatGPT, du bist nun ein erfahrener Elektroniker für Betriebstechnik. Ich habe die Idee, die Energieeffizienz in einem Industriebetrieb zu verbessern. Wie kann ich diese Idee weiterentwickeln und erfolgreich umsetzen?"*

Internet-Analyse-Prompt Beispiel: *"ChatGPT, du bist nun ein erfahrener Elektroniker für Betriebstechnik. Suche im Internet nach den neuesten Entwicklungen in der Schaltschranktechnik und fasse die wichtigsten Erkenntnisse zusammen."*

Multi-Kriterien-Analyse-(MKA)-Prompt Beispiel: *"ChatGPT, du bist nun ein erfahrener Elektroniker für Betriebstechnik. Führe eine Multi-Kriterien-Analyse durch, um die besten Schaltschrankkomponenten für ein bestimmtes Projekt auszuwählen, indem du Kosten, Leistung, Zuverlässigkeit und Wartungsfreundlichkeit berücksichtigst."*

Pareto-Analyse-Prompt Beispiel: *"ChatGPT, du bist nun ein erfahrener Elektroniker für Betriebstechnik. Führe eine Pareto-Analyse durch, um die* *häufigsten Ursachen von Ausfällen in einem elektrischen Verteilernetz zu identifizieren und effektive Gegenmaßnahmen zu priorisieren."*

Pro-und-Contra-Prompt Beispiel: *"ChatGPT, du bist nun ein erfahrener Elektroniker für Betriebstechnik. Nenne die Vor- und Nachteile von verschiedenen Kabeltypen für die Verdrahtung von Schaltschränken."*

Reframing-Prompt Beispiel: *"ChatGPT, du bist nun ein erfahrener Elektroniker für Betriebstechnik. Betrachte das Problem der Überhitzung von elektronischen Komponenten in einem Schaltschrank aus einer anderen Perspektive und finde alternative Lösungen."*

Schritt-für-Schritt-Prompt Beispiel: *"ChatGPT, du bist nun ein erfahrener Elektroniker für Betriebstechnik. Gib mir eine Schritt-für-Schritt-Anleitung, um eine SPS (speicherprogrammierbare Steuerung) in einem Schaltschrank zu installieren und zu konfigurieren."*

SWOT-Analyse-Prompt Beispiel: *"ChatGPT, du bist nun ein erfahrener Elektroniker für Betriebstechnik. Führe eine SWOT-Analyse durch, um die Stärken, Schwächen, Chancen und Risiken der Einführung eines zentralisierten Energiemanagementsystems in einem Produktionsbetrieb zu bewerten."*

Um-Feedback-bitten-Prompt Beispiel: *"ChatGPT, du bist nun ein erfahrener Elektroniker für Betriebstechnik. Bitte gib mir Feedback zu meinem aktuellen Ansatz zur Behebung eines elektrischen Fehlers in einem Motorschutzschalter."*

Zusammenfassungs-Prompt Beispiel: *"ChatGPT, du bist nun ein erfahrener Elektroniker für Betriebstechnik. Fasse die wichtigsten Schritte zusammen, die bei der Planung und Installation eines neuen elektrischen Verteilersystems zu beachten sind."*

Elektrotechniker/in

Elektrotechniker/innen können ChatGPT in verschiedenen Aspekten ihrer Arbeit nutzen, um Prozesse zu optimieren, Ideen zu generieren und ihre täglichen Aufgaben effizienter zu gestalten. Hier sind einige Beispiele dafür, wie ChatGPT Elektrotechnikern helfen kann:

Lösungsfindung bei technischen Problemen: ChatGPT kann als Brainstorming-Tool verwendet werden, um Ideen für die Lösung von technischen Herausforderungen zu generieren.

Beispiel-Prompt: *"ChatGPT, bitte liste mögliche Ursachen und Lösungen für ein überhitztes Transformatorsystem auf."*

Berechnungen und Analysen: Elektrotechniker/innen können ChatGPT nutzen, um schnelle Berechnungen und Analysen von technischen Daten durchzuführen.

Beispiel-Prompt: *"ChatGPT, berechne die benötigte Leistung für einen Motor mit 15 kW, der einen Wirkungsgrad von 85 % hat."*

Dokumentation und Berichte: ChatGPT kann bei der Erstellung von technischen Dokumentationen, Berichten und Präsentationen unterstützen.

Beispiel-Prompt: *"ChatGPT, hilf mir, einen Bericht über die Installation eines neuen Stromversorgungssystems zu verfassen."*

Schaltpläne und technische Zeichnungen: ChatGPT kann als Inspirationsquelle für Schaltpläne und technische Zeichnungen dienen.

Beispiel-Prompt: *"ChatGPT, beschreibe einen effizienten Schaltplan für ein Photovoltaiksystem mit Batteriespeicher."*

Produktrecherche und -bewertung: Elektrotechniker/innen können ChatGPT verwenden, um Informationen über Produkte und deren Bewertungen zu sammeln.

Beispiel-Prompt: *"ChatGPT, finde die besten 3 Frequenzumrichter für einen 10-kW-Motor und vergleiche deren Eigenschaften und Preise."*

Kommunikation mit Kollegen und Kunden: ChatGPT kann dabei helfen, effektive und professionelle Kommunikation mit Kollegen und Kunden zu gewährleisten.

Beispiel-Prompt: *"ChatGPT, erstelle eine E-Mail, in der ich einen Kunden über die bevorstehende Wartung seines elektrischen Systems informiere."*

Fortbildung und Wissenserweiterung: Elektrotechniker/innen können ChatGPT nutzen, um ihr Wissen zu erweitern und auf dem neuesten Stand der Technik zu bleiben.

Beispiel-Prompt: *"ChatGPT, erkläre mir die Grundlagen der drahtlosen Energieübertragung und ihre aktuellen Anwendungen."*

Durch die Nutzung von ChatGPT in diesen verschiedenen Bereichen können Elektrotechniker/innen ihre Arbeit effizienter gestalten, ihre Problemlösungsfähigkeiten verbessern und ihre täglichen Aufgaben optimieren.

15 weitere Beispiel-Prompts

In diesem Abschnitt finden Sie eine Sammlung von 15 sorgfältig ausgewählten und praxisorientierten Prompts, die speziell für Elektrotechniker/innen entwickelt wurden. Diese Prompts basieren auf verschiedenen Kreativtechniken und Problemlösungsansätzen, um Elektrotechniker/innen dabei zu unterstützen, effizientere Lösungen für ihre täglichen Herausforderungen zu finden. Bevor Sie mit den spezifischen Prompts beginnen, empfehlen wir Ihnen, den Persona-Priming-Prompt zu verwenden, um ChatGPT in die Rolle eines Elektrotechnikers zu versetzen und sicherzustellen, dass die Antworten auf die folgenden Prompts fachkundig und präzise sind.

Persona-Priming-Prompt Beispiel: *"ChatGPT, ich möchte, dass du die Rolle eines Elektrotechnikers einnimmst. Du verfügst über umfassendes Wissen in den Bereichen Elektrotechnik, Steuerungstechnik, Automatisierung und Kommunikationstechnik. Du kannst Fragen zu elektrischen Schaltungen, Systemen und Geräten beantworten und Ratschläge zur Planung, Installation und Wartung von elektrotechnischen Anlagen geben."* Geben Sie nun Ihre konkrete Anfrage als Prompt ein, indem Sie beispielhaft schreiben: *"ChatGPT, du bist nun ein erfahrener Elektrotechniker. Was ...?"*

6-Hüte-Methode-Prompt Beispiel: *"ChatGPT, du bist nun ein erfahrener Elektrotechniker. Führe eine 6-Hüte-Methode-Analyse durch, um die Einführung eines neuen Automatisierungssystems in einer Produktionsanlage zu bewerten."*

ABC-Technik-Prompt Beispiel: *"ChatGPT, du bist nun ein erfahrener Elektrotechniker. Wende die ABC-Technik an, um mögliche Verbesserungen für ein elektrisches Verteilernetz zu priorisieren."*

Dialog-Prompt Beispiel: *"ChatGPT, du bist nun ein erfahrener Elektrotechniker. Führe einen Dialog mit mir über die besten Praktiken für die Erdung und den Blitzschutz in einem Gebäude."*

Frage-Prompt Beispiel: *"ChatGPT, du bist nun ein erfahrener Elektrotechniker. Welche Fragen sollte ich (am Telefon) stellen, um die Anforderungen für ein neues Beleuchtungssystem in einem Bürogebäude zu ermitteln?"*

Gegenargument-Prompt Beispiel: *"ChatGPT, du bist nun ein erfahrener Elektrotechniker. Nenne Gegenargumente für die Verwendung von Kupferkabeln anstelle von Aluminiumkabeln in elektrischen Installationen."*

Ishikawa-Methoden-Prompt Beispiel: *"ChatGPT, du bist nun ein erfahrener Elektrotechniker. Erstelle ein Ishikawa-Diagramm, um mögliche Ursachen für Spannungsschwankungen in einem Stromversorgungsnetz zu identifizieren."*

Listen-Prompt Beispiel: *"ChatGPT, du bist nun ein erfahrener Elektrotechniker. Erstelle eine Liste von Sicherheitsvorkehrungen, die bei der Arbeit an Hochspannungssystemen zu beachten sind."*

Markdown-Format-Prompt Beispiel: *"ChatGPT, du bist nun ein erfahrener Elektrotechniker. Erstelle eine Anleitung im Markdown-Format für die Installation eines Sicherungskastens in einem Wohngebäude."*

Pro-und-Contra-Prompt Beispiel: *"ChatGPT, du bist nun ein erfahrener Elektrotechniker. Liste die Vor- und Nachteile der Verwendung von LED-Leuchten gegenüber herkömmlichen Glühlampen auf."*

Reframing-Prompt Beispiel: *"ChatGPT, du bist nun ein erfahrener Elektrotechniker. Reframe das Problem eines hohen Energieverbrauchs in einem Gebäude und finde neue Ansätze, um Energieeffizienz zu verbessern."*

Schritt-für-Schritt-Prompt Beispiel: *"ChatGPT, du bist nun ein erfahrener Elektrotechniker. Beschreibe Schritt für Schritt den Prozess der Fehlersuche bei einem nicht funktionierenden Schaltkreis."*

SWOT-Analyse-Prompt Beispiel: *"ChatGPT, du bist nun ein erfahrener Elektrotechniker. Führe eine SWOT-Analyse für ein Unternehmen durch, das innovative Lösungen für intelligente Stromnetze entwickelt."*

Verfeinerungs-Prompt Beispiel: *"ChatGPT, du bist nun ein erfahrener Elektrotechniker. Verfeinere und optimiere folgenden Entwurf eines elektrischen Versorgungssystems für ein Industriegebiet. ..."*

Zusammenfassungs-Prompt Beispiel: *"ChatGPT, du bist nun ein erfahrener Elektrotechniker. Erstelle eine Zusammenfassung der wichtigsten Anforderungen für den Entwurf und die Installation von Solaranlagen auf Wohngebäuden."*

Ernährungsberater/in

Mögliche Tätigkeiten und Anwendungsbeispiele für ChatGPT:

Ernährungspläne erstellen: ChatGPT kann dabei helfen, individuelle Ernährungspläne für Kunden zu entwickeln, die auf deren persönlichen Bedürfnissen, Vorlieben und Zielen basieren.

Beispiel-Prompt: *"Erstelle einen 7-Tage-Ernährungsplan für einen 30-jährigen Mann, der 10 Kilogramm abnehmen möchte und vegetarisch lebt."*

Lebensmittelinformationen recherchieren: Ernährungsberater können ChatGPT nutzen, um Informationen über Nährstoffgehalt, Vorteile und mögliche Risiken von Lebensmitteln zu erhalten.

Beispiel-Prompt: *"Nenne mir den Nährstoffgehalt und gesundheitliche Vorteile von Quinoa im Vergleich zu braunem Reis."*

Rezeptvorschläge: ChatGPT kann kreative und gesunde Rezeptideen generieren, die auf bestimmte Ernährungsbedürfnisse und Kundenpräferenzen abgestimmt sind.

Beispiel-Prompt: *"Gib mir drei gesunde, glutenfreie Frühstücksideen mit Haferflocken und Beeren."*

Beratungsgespräche vorbereiten: ChatGPT kann helfen, Gesprächsleitfäden oder mögliche Fragen von Kunden im Vorfeld zu antizipieren und so die Beratungsgespräche effizienter zu gestalten.

Beispiel-Prompt: *"Erstelle einen Gesprächsleitfaden für ein Erstgespräch mit einem Kunden, der seine Ernährung umstellen möchte, um sein Immunsystem zu stärken."*

Aktuelle Studien und Trends im Ernährungsbereich verfolgen: Ernährungsberater können ChatGPT verwenden, um Informationen über aktuelle wissenschaftliche Studien und Trends im Bereich der Ernährung zusammenzufassen.

Beispiel-Prompt: *"Fasse die wichtigsten Erkenntnisse aus der Studie 'Effekte von intermittierendem Fasten auf Gewichtsverlust und Stoffwechselgesundheit' zusammen."*

Blogartikel oder Informationsmaterialien verfassen: ChatGPT kann Ernährungsberatern dabei helfen, interessante und informative Artikel oder Informationsmaterialien für Kunden oder die eigene Webseite zu erstellen.

Beispiel-Prompt: *"Verfasse einen Blogartikel über die Vorteile von Ballaststoffen für die Verdauung und nenne drei Lebensmittel, die reich an Ballaststoffen sind."*

Mit ChatGPT können Ernährungsberater ihre tägliche Arbeit erheblich erleichtern und ihre Kunden effektiver und effizienter betreuen. Die KI-generierten Antworten können wertvolle Informationen und Anregungen liefern, um maßgeschneiderte Lösungen für jeden Kunden zu entwickeln.

15 weitere Beispiel-Prompts

Im Folgenden finden Sie eine Auswahl von speziell ausgewählten Prompts und Kreativtechniken, die sich für den Beruf des Ernährungsberaters eignen. Beginnen Sie zunächst mit dem Persona-Priming-Prompt, um ChatGPT auf die Rolle eines Ernährungsberaters einzustellen. Anschließend können Sie die folgenden Techniken und Prompts nutzen, um Ihre Aufgaben als Ernährungsberater effektiv und kreativ zu bewältigen.

Persona-Priming-Prompt Beispiel: *"ChatGPT, ich möchte, dass du die Rolle eines Ernährungsberaters einnimmst. Du verfügst über umfangreiche Kenntnisse in den Bereichen Ernährung, Lebensmittelwissenschaft und menschliche Physiologie. Du bist in der Lage, Ratschläge zu gesunder Ernährung und Diätplänen zu geben und kannst individuelle*

Ernährungsempfehlungen anbieten, die auf den Bedürfnissen und Zielen der Person basieren." Geben Sie nun Ihre konkrete Anfrage als Prompt ein, indem Sie beispielhaft schreiben: *"ChatGPT, du bist nun ein erfahrener Ernährungsberater. Was ...?“*

5-Why-Verfahren-Prompt Beispiel: *"ChatGPT, du bist nun ein erfahrener Ernährungsberater. Führe das 5-Why-Verfahren durch, um die Ursache für den unerklärlichen Gewichtsverlust eines Klienten zu ermitteln."*

6-Hüte-Methoden-Prompt Beispiel: *"ChatGPT, du bist nun ein erfahrener Ernährungsberater. Nutze die 6-Hüte-Methode, um verschiedene Perspektiven und Lösungsansätze für einen Kunden mit Nahrungsmittelunverträglichkeiten zu erarbeiten."*

ABC-Technik-Prompt Beispiel: *"ChatGPT, du bist nun ein erfahrener Ernährungsberater. Verwende die ABC-Technik, um eine Liste (von A bis Z) von Lebensmitteln zu erstellen, die reich an Vitamin C sind."*

Dialog-Prompt Beispiel: *"ChatGPT, du bist nun ein erfahrener Ernährungsberater. Führe einen simulierten Dialog zwischen dir und einem Kunden durch, der Fragen zur ketogenen Diät hat."*

Frage-Prompt Beispiel: *"ChatGPT, du bist nun ein erfahrener Ernährungsberater. Welche Fragen sollte ich einem Kunden stellen, um seine Essgewohnheiten und Ernährungsziele besser zu verstehen?"*

Gegenteilige-Ansicht-Prompt Beispiel: *"ChatGPT, du bist nun ein erfahrener Ernährungsberater. Erkläre die Vorteile einer kohlenhydratreichen Ernährung, obwohl sie oft als ungesund angesehen wird."*

Internet-Analyse-Prompt Beispiel: *"ChatGPT, du bist nun ein erfahrener Ernährungsberater. Analysiere die neuesten Trends und Diskussionen im Bereich der Ernährung, indem du aktuelle Artikel, Blogs und Foren im Internet durchsuchst."*

Pro-und-Contra-Prompt Beispiel: *"ChatGPT, du bist nun ein erfahrener Ernährungsberater. Erstelle eine Pro-und-Contra-Liste für die Paleo-Diät."*

Rezeptvorschlag-Prompt Beispiel: *"ChatGPT, du bist nun ein erfahrener Ernährungsberater. Gib mir drei proteinreiche, pflanzliche Rezeptvorschläge für einen Kunden, der Muskeln aufbauen möchte."*

Schritt-für-Schritt-Prompt Beispiel: *"ChatGPT, du bist nun ein erfahrener Ernährungsberater. Beschreibe Schritt für Schritt, wie man einen ausgewogenen Ernährungsplan für einen Kunden erstellt."*

Sentiment-Prompt Beispiel: *"ChatGPT, du bist nun ein erfahrener Ernährungsberater. Analysiere die Stimmung des folgenden Emails eines Kunden, der trotz seiner Bemühungen nicht abnehmen kann ..."*

SWOT-Analyse-Prompt Beispiel: *"ChatGPT, du bist nun ein erfahrener Ernährungsberater. Führe eine SWOT-Analyse für ein Ernährungscoaching-Unternehmen durch, das sich auf vegetarische und vegane Ernährungspläne spezialisiert."*

Um-Feedback-bitten-Prompt Beispiel: *"ChatGPT, du bist nun ein erfahrener Ernährungsberater. Gib mir Feedback zu folgendem von Ernährungsplan, den ich für ... aufgestellt habe."*

Zusammenfassungs-Prompt Beispiel: *"ChatGPT, du bist nun ein erfahrener Ernährungsberater. Fasse aus dem folgenden Artikel die wichtigsten Punkte zusammen ..."*

Erzieher/in

ChatGPT kann Erziehern in vielfältiger Weise dabei helfen, ihren Arbeitsalltag zu erleichtern. Hier sind einige konkrete Anwendungsfälle und Beispiel-Prompts für die tägliche Arbeit von Erziehern:

Unterrichtsplanung: ChatGPT kann bei der Planung von Unterrichtseinheiten, Aktivitäten und Spielen unterstützen.

Beispiel-Prompt: *"Gib mir eine Liste von 5 altersgerechten Aktivitäten zum Thema 'Jahreszeiten' für Kinder im Alter von 4-6 Jahren."*

Pädagogische Materialien erstellen: Erstellen Sie mithilfe von ChatGPT Arbeitsblätter, Quizfragen und andere pädagogische Materialien.

Beispiel-Prompt: *"Entwerfe ein Arbeitsblatt für Kinder im Vorschulalter, um das Zählen von 1-10 zu üben."*

Lösungsansätze für Verhaltensprobleme: ChatGPT kann Vorschläge für den Umgang mit schwierigem Verhalten von Kindern liefern.

Beispiel-Prompt: *"Wie gehe ich am besten mit einem 5-jährigen Kind um, das während der Gruppenaktivitäten ständig stört?"*

Kommunikation mit Eltern: ChatGPT kann dabei helfen, professionelle E-Mails oder Briefe an Eltern zu verfassen.

Beispiel-Prompt: *"Verfasse eine E-Mail an die Eltern, um sie über die bevorstehende Projektwoche zum Thema 'Tiere' zu informieren."*

Ideen für Elternabende und Veranstaltungen: Erhalten Sie kreative Vorschläge für die Organisation von Elternabenden oder anderen Veranstaltungen.

Beispiel-Prompt: *"Gib mir drei Ideen für Aktivitäten während eines Elternabends, um das Gemeinschaftsgefühl der Eltern zu stärken."*

Fortbildung und persönliche Entwicklung: ChatGPT kann Vorschläge für Fortbildungsmöglichkeiten und Ressourcen zur Verbesserung der pädagogischen Fähigkeiten liefern.

Beispiel-Prompt: *"Empfehle mir drei Bücher oder Online-Ressourcen zum Thema 'Montessori-Pädagogik'."*

Durch die Nutzung von ChatGPT in diesen verschiedenen Bereichen können Erzieher ihre Arbeit effizienter gestalten, kreative Lösungen entwickeln und ihre Kommunikation mit Eltern und Kollegen verbessern.

15 weitere Beispiel-Prompts

In nächsten Abschnitt stelle ich Ihnen ausgewählte Prompts und Techniken vor, die speziell für den Beruf des/der Erziehers/in entwickelt wurden. Zuerst wird ein Persona-Priming-Prompt verwendet, um ChatGPT in die Rolle eines erfahrenen Erziehers zu versetzen. Anschließend werden aus den verschiedenen Kategorien passende Prompts und Techniken vorgestellt, um konkrete Probleme zu lösen und kreative Lösungen für die Herausforderungen im Arbeitsalltag eines Erziehers zu finden.

Persona-Priming-Prompt Beispiel: *"ChatGPT, ich möchte, dass du die Rolle eines Erziehers einnimmst. Du verfügst über fundierte Kenntnisse in den*

Bereichen Pädagogik, Entwicklungspsychologie und Bildung. Du bist in der Lage, Ratschläge zur frühkindlichen Erziehung, zur Schaffung einer förderlichen Lernumgebung und zur Entwicklung von sozialen und kognitiven Fähigkeiten bei Kindern und Jugendlichen zu geben." Geben Sie nun Ihre konkrete Anfrage als Prompt ein, indem Sie beispielhaft schreiben: *"ChatGPT, du bist nun ein erfahrener Erzieher. Was ...?"*

5-Why-Verfahren-Prompt Beispiel: *"ChatGPT, du bist nun ein erfahrener Erzieher. Führe das 5-Why-Verfahren durch, um herauszufinden, warum ein Kind in der Gruppe Schwierigkeiten hat, Freundschaften zu schließen."*

6-Hüte-Methode-Prompt Beispiel: *"ChatGPT, du bist nun ein erfahrener Erzieher. Analysiere eine geplante Exkursion in den Zoo unter Anwendung der 6-Hüte-Methode."*

Dialog-Prompt Beispiel: *"ChatGPT, du bist nun ein erfahrener Erzieher. Führe einen Dialog zwischen mir und einem Elternteil, der Bedenken bezüglich der Ernährung seines Kindes in der Einrichtung äußert."*

Frage-Prompt Beispiel: *"ChatGPT, du bist nun ein erfahrener Erzieher. Stelle fünf offene Fragen, die ich während eines Elterngesprächs verwenden kann, um die Bedürfnisse und Wünsche der Eltern besser zu verstehen."*

Gegenargument-Prompt Beispiel: *"ChatGPT, du bist nun ein erfahrener Erzieher. Präsentiere ein Gegenargument zu der Idee, dass Kinder im Kindergartenalter keine Hausaufgaben bekommen sollten."*

Ideen-erfolgreich-weiterentwickeln-Prompt Beispiel: *"ChatGPT, du bist nun ein erfahrener Erzieher. Wir haben die Idee, ein Gartenprojekt mit den Kindern zu starten. Beschreibe, wie wir diese Idee erfolgreich weiterentwickeln und umsetzen können."*

Markdown-Format-Prompt Beispiel: *"ChatGPT, du bist nun ein erfahrener Erzieher. Erstelle einen kurzen, strukturierten Elternbrief im Markdown-Format, um über die bevorstehende Projektwoche zu informieren."*

Pareto-Analyse-Prompt Beispiel: *"ChatGPT, du bist nun ein erfahrener Erzieher. Führe eine Pareto-Analyse durch, um herauszufinden, welche Aktivitäten und Projekte den größten positiven Einfluss auf die Entwicklung der Kinder in unserer Einrichtung haben."*

Pro-und-Contra-Prompt Beispiel: *"ChatGPT, du bist nun ein erfahrener Erzieher. Erstelle eine Pro-und-Contra-Liste zur Einführung von Schuluniformen in unserer Einrichtung."*

Reframing-Prompt Beispiel: *"ChatGPT, du bist nun ein erfahrener Erzieher. Nutze das Reframing, um eine neue Perspektive auf die Herausforderung der Integration von Kindern mit besonderen Bedürfnissen in den Gruppenalltag zu gewinnen."*

Schritt-für-Schritt-Prompt Beispiel: *"ChatGPT, du bist nun ein erfahrener Erzieher. Beschreibe Schritt für Schritt, wie ich eine erfolgreiche Konfliktlösung zwischen zwei Kindern in meiner Gruppe herbeiführen kann."*

SWOT-Analyse-Prompt Beispiel: *"ChatGPT, du bist nun ein erfahrener Erzieher. Führe eine SWOT-Analyse unserer Kindertagesstätte durch, um Stärken, Schwächen, Chancen und Risiken zu identifizieren."*

Tabellen-Format-Prompt Beispiel: *"ChatGPT, du bist nun ein erfahrener Erzieher. Erstelle eine Tabelle, in der du verschiedene Methoden zur Förderung der Feinmotorik von Kindern im Alter von 3-5 Jahren gegenüberstellst."*

Um-Feedback-bitten-Prompt Beispiel: *"ChatGPT, du bist nun ein erfahrener Erzieher. Entwickle eine kurze Umfrage, die ich den Eltern geben kann, um Feedback zu unserem neuen Ernährungskonzept in der Einrichtung zu erhalten."*

Eventmanager/in

Eventmanager haben eine vielfältige und herausfordernde Aufgabe, da sie für die Planung, Organisation und Durchführung verschiedener Veranstaltungen verantwortlich sind. ChatGPT kann ihnen dabei helfen, ihre tägliche Arbeit effizienter und kreativer zu gestalten. Im Folgenden werden einige Tätigkeiten beschrieben, bei denen ChatGPT zur Unterstützung eingesetzt werden kann, und jeweils ein Beispiel-Prompt angeführt.

Ideenfindung und Konzeptentwicklung: ChatGPT kann dabei helfen, kreative Ideen für Veranstaltungen zu entwickeln und verschiedene Konzepte auszuarbeiten.

Beispiel-Prompt: *"Generiere fünf originelle und durchführbare Ideen für eine Firmenveranstaltung zum Thema Nachhaltigkeit."*

Planung und Organisation: Bei der Planung und Organisation von Veranstaltungen kann ChatGPT nützliche Checklisten erstellen oder Vorschläge für geeignete Locations, Caterer oder technische Ausstattung liefern.

Beispiel-Prompt: *"Erstelle eine detaillierte Checkliste für die Organisation eines Outdoor-Festivals mit 5.000 Besuchern."*

Kommunikation und Marketing: ChatGPT kann bei der Erstellung von ansprechenden Einladungen, Pressemitteilungen oder Social-Media-Posts unterstützen.

Beispiel-Prompt: *"Verfasse eine ansprechende Einladung für ein exklusives Gala-Dinner im Namen unseres Unternehmens."*

Budgetierung und Kostenkontrolle: ChatGPT kann bei der Erstellung von Budgetplänen oder der Identifizierung von Kosteneinsparungen helfen.

Beispiel-Prompt: *"Erstelle einen Budgetplan für ein eintägiges Networking-Event mit 200 Teilnehmern und einem Budget von 25.000 Euro."*

Nachbereitung und Erfolgskontrolle: Nach einer Veranstaltung kann ChatGPT bei der Analyse von Feedback und der Erstellung von Berichten zur Erfolgskontrolle unterstützen.

Beispiel-Prompt: *"Analysiere die Rückmeldungen der Teilnehmer unseres letzten Events und erstelle einen Bericht über die wichtigsten Stärken und Verbesserungsmöglichkeiten."*

Durch den Einsatz von ChatGPT können Eventmanager ihre Arbeitsabläufe optimieren, kreative Ideen entwickeln und ihre Kommunikation verbessern. Dies trägt dazu bei, erfolgreiche Veranstaltungen zu realisieren und die Zufriedenheit ihrer Kunden zu erhöhen.

15 weitere Beispiel-Prompts

In diesem Abschnitt finden Sie eine Auswahl an spezifischen Prompts und Kreativtechniken, die auf den Beruf des Eventmanagers zugeschnitten sind. Ich habe verschiedene Prompts und Techniken aus den Kategorien "Allgemeine Prompt-Arten", "Ideenfindungs-Prompts", "Problemlösungs-

Prompts" und "Entscheidungsfindungs-Prompts" ausgewählt, um Eventmanagern dabei zu helfen, effektiv mit ChatGPT zusammenzuarbeiten. Mit Hilfe des Persona-Priming-Prompts kann ChatGPT die Rolle eines Eventmanagers einnehmen und auf umfassendes Wissen in den Bereichen Veranstaltungsplanung, Marketing, Budgetierung und Logistik zurückgreifen.

Persona-Priming-Prompt Beispiel: *"ChatGPT, ich möchte, dass du die Rolle eines Eventmanagers einnimmst. Du verfügst über umfassendes Wissen in den Bereichen Veranstaltungsplanung, Marketing, Budgetierung und Logistik. Du bist in der Lage, Ratschläge zur Planung und Durchführung von erfolgreichen Veranstaltungen zu geben und kannst Empfehlungen zu Veranstaltungsorten, Dienstleistern und Promotion-Strategien anbieten."* Geben Sie nun Ihre konkrete Anfrage als Prompt ein, indem Sie beispielhaft schreiben: *"ChatGPT, du bist nun ein erfahrener Eventmanager. Was ...?"*

ABC-Technik-Prompt Beispiel: *"ChatGPT, du bist nun ein erfahrener Eventmanager. Verwende die ABC-Technik, um mir kreative Ideen für ein einzigartiges Catering-Konzept bei einer Firmenveranstaltung zum Thema Umweltschutz zu präsentieren."*

Dialog-Prompt Beispiel: *"ChatGPT, du bist nun ein erfahrener Eventmanager. Führe einen Dialog mit mir, in dem wir die besten Möglichkeiten zur Bewerbung eines Musikfestivals diskutieren."*

Frage-Prompt Beispiel: *"ChatGPT, du bist nun ein erfahrener Eventmanager. Welche Fragen sollte ich stellen, um herauszufinden, ob ein potenzieller Veranstaltungsort für eine Hochzeit geeignet ist?"*

Gegenteilige-Ansicht-Prompt Beispiel: *"ChatGPT, du bist nun ein erfahrener Eventmanager. Gib mir eine gegenteilige Ansicht zu der Annahme, dass ein teurer Veranstaltungsort immer die beste Wahl für ein erfolgreiches Event ist."*

Internet-Analyse-Prompt Beispiel: *"ChatGPT, du bist nun ein erfahrener Eventmanager. Analysiere das Internet, um die Top 5 Trendthemen für Konferenzen in der Tech-Branche für dieses Jahr zu finden."*

Lateral-Thinking-Prompt Beispiel: *"ChatGPT, du bist nun ein erfahrener Eventmanager. Nutze das Lateral Thinking, um mir unkonventionelle Ideen für die Gestaltung eines Networking-Events vorzuschlagen."*

Markdown-Format-Prompt Beispiel: *"ChatGPT, du bist nun ein erfahrener Eventmanager. Erstelle einen Zeitplan für eine dreitägige Konferenz im Markdown-Format, der die Hauptredner, Workshops und Pausen beinhaltet."*

Pareto-Analyse-Prompt Beispiel: *"ChatGPT, du bist nun ein erfahrener Eventmanager. Führe eine Pareto-Analyse durch, um die 20% der Aufgaben zu identifizieren, die 80% der Ergebnisse bei der Planung eines erfolgreichen Firmenevents liefern."*

Reframing-Prompt Beispiel: *"ChatGPT, du bist nun ein erfahrener Eventmanager. Nutze das Reframing, um mir eine neue Perspektive auf die Herausforderung zu geben, ein ansprechendes Event zu organisieren, während wir ein begrenztes Budget haben."*

Schritt-für-Schritt-Prompt Beispiel: *"ChatGPT, du bist nun ein erfahrener Eventmanager. Beschreibe Schritt für Schritt, wie ich eine erfolgreiche Pressekonferenz für die Ankündigung eines großen Sportereignisses organisieren kann."*

Sentiment-Prompt Beispiel: *"ChatGPT, du bist nun ein erfahrener Eventmanager. Analysiere das Sentiment in den Rückmeldungen der Teilnehmer, um herauszufinden, wie diese Teilnehmer auf unser letztes Networking-Event reagiert haben."*

SWOT-Analyse-Prompt Beispiel: *"ChatGPT, du bist nun ein erfahrener Eventmanager. Führe eine SWOT-Analyse für die Planung eines Outdoor-Festivals in einer ländlichen Gegend durch."*

Tabellen-Format-Prompt Beispiel: *"ChatGPT, du bist nun ein erfahrener Eventmanager. Erstelle eine Tabelle mit einer Liste der wichtigsten Lieferanten (Caterer, Dekorateure, Techniker), ihren Kontaktdaten und Preisen, die ich für die Organisation einer Firmenfeier verwenden kann."*

Zusammenfassungs-Prompt Beispiel: *"ChatGPT, du bist nun ein erfahrener Eventmanager. Fasse die wichtigsten Punkte zusammen, die ich bei der Organisation eines erfolgreichen Wohltätigkeitsballs berücksichtigen sollte."*

Experte/in für erneuerbare Energien

Experten für erneuerbare Energien können ChatGPT in verschiedenen Bereichen ihres Arbeitsalltags einsetzen, um ihre Produktivität und Effizienz zu steigern. Hier sind einige Anwendungsfälle und Beispiel-Prompts für diese Berufsgruppe:

Technologie- und Marktforschung: ChatGPT kann dabei helfen, Informationen über neue Technologien, Markttrends und politische Entwicklungen im Bereich erneuerbare Energien zu sammeln und zusammenzufassen.

Beispiel-Prompt: *"Bitte fasse die wichtigsten aktuellen Entwicklungen und Technologien im Bereich der Solarenergie zusammen."*

Projektplanung: Experten für erneuerbare Energien können ChatGPT nutzen, um Projekte effektiver zu planen, indem sie den KI-Assistenten bitten, die benötigten Ressourcen, Zeitpläne und mögliche Risiken zu ermitteln.

Beispiel-Prompt: *"Bitte erstelle einen Projektplan für die Installation einer 50-MW-Solaranlage, einschließlich der erforderlichen Ressourcen, des Zeitplans und der potenziellen Risiken."*

Kostenschätzungen: ChatGPT kann dabei helfen, Kostenschätzungen für erneuerbare Energieprojekte zu erstellen, indem es Informationen über Material- und Arbeitskosten auf Grundlage von aktuellen Daten analysiert.

Beispiel-Prompt: *"Bitte erstelle eine Kostenschätzung für den Bau eines 100-MW-Windparks unter Berücksichtigung der Material- und Arbeitskosten."*

Erstellung von Berichten: Experten für erneuerbare Energien können ChatGPT nutzen, um technische und wirtschaftliche Berichte, Whitepapers oder Präsentationen zu erstellen, die ihre Arbeit unterstützen und erleichtern.

Beispiel-Prompt: *"Bitte schreibe einen technischen Bericht über die Vorteile und Herausforderungen von Offshore-Windenergieprojekten."*

Kommunikation und Zusammenarbeit: ChatGPT kann dabei helfen, die Kommunikation mit Kollegen, Kunden und Stakeholdern zu verbessern, indem es Vorschläge für E-Mails, Präsentationen oder andere Kommunikationsmittel liefert.

Beispiel-Prompt: *"Bitte erstelle einen Entwurf für eine E-Mail, in der ich meinem Kunden die Fortschritte bei der Implementierung eines Solarprojekts erläutere."*

Diese Beispiele zeigen, wie ChatGPT Experten für erneuerbare Energien bei verschiedenen Aspekten ihrer Arbeit unterstützen und die Effizienz ihrer täglichen Aufgaben steigern kann.

15 weitere Beispiel-Prompts

In diesem Abschnitt werden Sie erfahren, wie Experten für erneuerbare Energien ChatGPT mit verschiedenen Prompt-Arten und Kreativitätstechniken nutzen können, um ihre täglichen Aufgaben zu optimieren. Zuerst werden wir das Persona-Priming verwenden, um ChatGPT auf die Rolle eines Experten für erneuerbare Energien vorzubereiten. Anschließend sehen Sie verschiedene Prompt-Arten und Techniken mit konkreten Beispielen, die auf diesen Beruf zugeschnitten sind.

Persona-Priming-Prompt *"ChatGPT, ich möchte, dass du die Rolle eines Experten für erneuerbare Energien einnimmst. Du verfügst über fundierte Kenntnisse in den Bereichen erneuerbare Energietechnologien, Energieeffizienz und Energiewirtschaft. Du bist in der Lage, Ratschläge zur Nutzung erneuerbarer Energiequellen, zur Verbesserung der Energieeffizienz und zur Reduzierung von CO2-Emissionen zu geben."* Geben Sie nun Ihre konkrete Anfrage als Prompt ein, indem Sie beispielhaft schreiben: *"ChatGPT, du bist nun ein erfahrener Experten für erneuerbare Energien. Was ...?"*

5-Why-Verfahren-Prompt Beispiel: *"ChatGPT, du bist nun ein erfahrener Experte für erneuerbare Energien. Verwende das 5-Why-Verfahren, um herauszufinden, warum ein Windkraftwerk weniger Strom als erwartet produziert."*

6-Hüte-Methode-Prompt Beispiel: *"ChatGPT, du bist nun ein erfahrener Experte für erneuerbare Energien. Analysiere die Vor- und Nachteile eines vorgeschlagenen Geothermie Projekts unter Anwendung der 6-Hüte-Methode."*

ABC-Technik-Prompt Beispiel: *"ChatGPT, du bist nun ein erfahrener Experte für erneuerbare Energien. Nutze die ABC-Technik, um mögliche Lösungen für die Speicherung von Solarenergie im Bereich ... zu generieren."*

Gegenteilige-Ansicht-Prompt Beispiel: *"ChatGPT, du bist nun ein erfahrener Experte für erneuerbare Energien. Stelle eine gegenteilige Ansicht bezüglich der Kosteneffizienz von Offshore-Windparks dar."*

Internet-Analyse-Prompt Beispiel: *"ChatGPT, du bist nun ein erfahrener Experte für erneuerbare Energien. Analysiere das Internet, um Informationen über die neuesten Entwicklungen bei der Wasserstofftechnologie und ihre Anwendungen im Energiesektor zu finden."*

Ishikawa-Methoden-Prompt Beispiel: *"ChatGPT, du bist nun ein erfahrener Experte für erneuerbare Energien. Erstelle ein Ishikawa-Diagramm, um die Ursachen für Verzögerungen bei der Umsetzung eines Solarprojekts zu untersuchen."*

Pareto-Analyse-Prompt Beispiel: *"ChatGPT, du bist nun ein erfahrener Experte für erneuerbare Energien. Führe eine Pareto-Analyse durch, um die wichtigsten Faktoren zu identifizieren, die die Effizienz eines Biomassekraftwerks beeinflussen."*

Pro-und-Contra-Prompt Beispiel: *"ChatGPT, du bist nun ein erfahrener Experte für erneuerbare Energien. Erstelle eine Pro-und-Contra-Liste für die Nutzung von Photovoltaik-Anlagen im Vergleich zu Solarthermie."*

Reframing-Prompt Beispiel: *"ChatGPT, du bist nun ein erfahrener Experte für erneuerbare Energien. Verwende das Reframing, um eine neue Perspektive auf die Herausforderungen bei der Integration erneuerbarer Energien in das bestehende Stromnetz zu erhalten."*

Schritt-für-Schritt-Prompt Beispiel: *"ChatGPT, du bist nun ein erfahrener Experte für erneuerbare Energien. Beschreibe Schritt für Schritt, wie ein Unternehmen im Bereich ... seine Energieeffizienz durch den Einsatz von Energiesparmaßnahmen verbessern kann."*

SWOT-Analyse-Prompt Beispiel: *"ChatGPT, du bist nun ein erfahrener Experte für erneuerbare Energien. Führe eine SWOT-Analyse für die Einführung von ... und deren Auswirkungen auf den Energiesektor durch."*

Tabellen-Format-Prompt Beispiel: *"ChatGPT, du bist nun ein erfahrener Experte für erneuerbare Energien. Erstelle eine Tabelle, die die verschiedenen Arten von erneuerbaren Energietechnologien, ihre Leistungsfähigkeit, Kosten und Umweltauswirkungen vergleicht."*

Um-Feedback-bitten-Prompt Beispiel: *"ChatGPT, du bist nun ein erfahrener Experte für erneuerbare Energien. Ich habe einen Entwurf für einen Bericht über die Umweltauswirkungen von Wasserkraftanlagen erstellt. Bitte lies ihn und gib mir konstruktives Feedback."*

WWAD-Methode-Prompt (What's Wrong and What's Desired) Beispiel: *"ChatGPT, du bist nun ein erfahrener Experte für erneuerbare Energien. Verwende die WWAD-Methode, um die Probleme und Wünsche bei der Umsetzung eines Programms zur Förderung von Solardächern in städtischen Gebieten zu identifizieren."*

Fahrlehrer/-in

ChatGPT kann Fahrlehrer/-innen in verschiedensten Aspekten ihrer Arbeit unterstützen. Hier sind einige Beispiele für Tätigkeiten, bei denen ChatGPT angewendet werden kann:

Theorieunterricht vorbereiten: ChatGPT kann dabei helfen, Unterrichtsmaterialien und Präsentationen für den Theorieunterricht zu erstellen. Fahrlehrer/-innen können ChatGPT nutzen, um wichtige Verkehrsregeln, Verkehrsschilder und Sicherheitstipps zusammenzustellen.

Beispiel-Prompt: *"Erstelle eine Liste von 10 wichtigen Verkehrsregeln, die jeder Fahrschüler kennen sollte."*

Prüfungsfragen erstellen: ChatGPT kann genutzt werden, um praxisnahe Fragen für den theoretischen Teil der Fahrprüfung zu entwickeln. Diese Fragen können Fahrlehrer/-innen dabei helfen, ihre Schüler optimal auf die Prüfung vorzubereiten.

Beispiel-Prompt: *"Entwickle 5 multiple-choice-Fragen zum Thema Vorfahrtsregeln im Straßenverkehr."*

Fahrstunden planen: Fahrlehrer/-innen können ChatGPT verwenden, um individuelle Fahrstundenpläne für ihre Schüler zu erstellen. Dabei kann die KI die Pläne an die spezifischen Bedürfnisse und Fortschritte der Schüler anpassen.

Beispiel-Prompt: "*Erstelle einen Fahrstundenplan für einen Anfänger, der sich auf die ersten 10 Fahrstunden konzentriert, mit Schwerpunkt auf grundlegenden Fahrfertigkeiten.*"

Feedback geben: ChatGPT kann genutzt werden, um konstruktives Feedback für Fahrschüler zu formulieren. Durch das Feedback können Schüler ihre Fahrkünste verbessern und ihre Sicherheit im Straßenverkehr erhöhen.

Beispiel-Prompt: "*Formuliere ein konstruktives Feedback für einen Fahrschüler, der Schwierigkeiten beim Einparken hat.*"

Marketing und Kundenkommunikation: ChatGPT kann Fahrlehrer/-innen bei der Erstellung von Marketingmaterialien und der Kommunikation mit potenziellen Kunden unterstützen. Die KI kann dabei helfen, ansprechende und informative Texte für Webseiten, Social-Media-Posts oder E-Mail-Kampagnen zu verfassen.

Beispiel-Prompt: "*Verfasse einen kurzen, ansprechenden Text für eine Social-Media-Anzeige, die unsere Fahrschule bewirbt und die Vorteile unserer Fahrstunden hervorhebt.*"

Diese Beispiele zeigen, dass ChatGPT Fahrlehrer/-innen in vielen Bereichen ihrer Arbeit unterstützen kann, indem es bei der Vorbereitung von Unterrichtsmaterialien, der Prüfungsvorbereitung, der Planung von Fahrstunden, dem Feedbackgeben und der Kundenkommunikation hilft.

15 weitere Beispiel-Prompts

In diesem Abschnitt finden Sie eine Auswahl an Prompts und Kreativtechniken, die speziell auf den Beruf des Fahrlehrers/-in zugeschnitten sind. Wir beginnen mit dem Persona-Priming-Prompt, der ChatGPT darauf vorbereitet, die Rolle eines erfahrenen Fahrlehrers/-in einzunehmen. Anschließend folgen 14 Beispiele für verschiedene Prompt-Arten und Kreativtechniken, die Fahrlehrer/-innen bei verschiedenen beruflichen Herausforderungen unterstützen können.

Persona-Priming-Prompt *"ChatGPT, ich möchte, dass du die Rolle eines Fahrlehrers einnimmst. Du verfügst über umfangreiche Erfahrungen im Bereich des Fahrtrainings, der Verkehrssicherheit und der Straßenverkehrsordnung. Du bist in der Lage, Ratschläge zur sicheren Fahrpraxis, zur Vorbereitung auf Fahrprüfungen und zur Vermeidung von Verkehrsverstößen zu geben."* Geben Sie nun Ihre konkrete Anfrage als Prompt ein, indem Sie beispielhaft schreiben: *"ChatGPT, du bist nun ein erfahrener Fahrlehrer ...? Was ...?"*

ABC-Technik-Prompt Beispiel: *"ChatGPT, du bist nun ein erfahrener Fahrlehrer/-in. Verwende die ABC-Technik, um Ideen für effektive Lehrmethoden im Fahrunterricht zu generieren, vom Buchstaben A bis Z.*

Dialog-Prompt Beispiel: *"ChatGPT, du bist nun ein erfahrener Fahrlehrer/-in. Führe einen Dialog zwischen dir und einem Fahrschüler, der Probleme beim Verstehen der Vorfahrtsregeln hat."*

Frage-Prompt Beispiel: *"ChatGPT, du bist nun ein erfahrener Fahrlehrer/-in. Stelle fünf Fragen an einen Fahrschüler um sein Verständnis der Verkehrsregeln zu überprüfen."*

Gegenargument-Prompt Beispiel: *"ChatGPT, du bist nun ein erfahrener Fahrlehrer/-in. Gib Gegenargumente zu der Behauptung, dass Fahrschüler heutzutage nur noch den theoretischen Teil der Fahrprüfung lernen müssen, weil selbstfahrende Autos bald die Straßen dominieren werden."*

Ishikawa-Methoden-Prompt Beispiel: *"ChatGPT, du bist nun ein erfahrener Fahrlehrer/-in. Erstelle ein Ishikawa-Diagramm, um die Hauptursachen für schlechte Fahrleistungen bei Fahrschülern zu identifizieren."*

Markdown-Format-Prompt Beispiel: *"ChatGPT, du bist nun ein erfahrener Fahrlehrer/-in. Verfasse eine kurze Anleitung im Markdown-Format, die Fahrschülern hilft, sich an die wichtigsten Verkehrsregeln zu erinnern."*

Pareto-Analyse-Prompt Beispiel: *"ChatGPT, du bist nun ein erfahrener Fahrlehrer/-in. Führe eine Pareto-Analyse durch, um die 20% der Verkehrsregeln zu identifizieren, die 80% der Fahrprüfungsfehler verursachen."*

Pro-und-Contra-Prompt Beispiel: *"ChatGPT, du bist nun ein erfahrener Fahrlehrer/-in. Erstelle eine Pro-und-Contra-Liste, die die Vor- und Nachteile* *von Online-Fahrunterricht im Vergleich zum traditionellen Fahrunterricht in der Praxis diskutiert."*

Reframing-Prompt Beispiel: *"ChatGPT, du bist nun ein erfahrener Fahrlehrer/-in. Reframe das Problem, dass einige Fahrschüler ängstlich oder nervös sind, indem du positive Aspekte oder Möglichkeiten aufzeigst, wie diese Emotionen den Lernprozess unterstützen können."*

Schritt-für-Schritt-Prompt Beispiel: *"ChatGPT, du bist nun ein erfahrener Fahrlehrer/-in. Erkläre in einer Schritt-für-Schritt-Anleitung, wie man das sichere Anfahren am Berg meistert."*

Sentiment-Prompt Beispiel: *"ChatGPT, du bist nun ein erfahrener Fahrlehrer/-in. Analysiere das Sentiment in dieser Kundenbewertung unserer Fahrschule und gib Ratschläge, wie wir darauf reagieren sollten: 'Ich habe mich in dieser Fahrschule nie wirklich wohlgefühlt. Der Fahrlehrer war oft ungeduldig, und ich hatte das Gefühl, dass ich nie genug Zeit hatte, um die Manöver richtig zu lernen ...'"*

SWOT-Analyse-Prompt Beispiel: *"ChatGPT, du bist nun ein erfahrener Fahrlehrer/-in. Führe eine SWOT-Analyse unserer Fahrschule durch, um Stärken, Schwächen, Chancen und Bedrohungen zu identifizieren."*

Tabellen-Format-Prompt Beispiel: *"ChatGPT, du bist nun ein erfahrener Fahrlehrer/-in. Erstelle eine Tabelle, die verschiedene Faktoren vergleicht, die für Fahrschüler wichtig sind, wenn sie eine Fahrschule auswählen (z. B. Preis, Standort, Erfolgsquote, Flexibilität der Fahrstunden usw.)."*

Walt-Disney-Strategie-Prompt Beispiel: *"ChatGPT, du bist nun ein erfahrener Fahrlehrer/-in. Wende die Walt-Disney-Strategie an, um neue und innovative Wege zu finden, um den Fahrunterricht für unsere Schüler ansprechender und effektiver zu gestalten."*

Fachkraft – Gastronomie

ChatGPT kann für Fachkräfte in der Gastronomie eine große Hilfe sein, um verschiedene Aspekte der täglichen Arbeit zu erleichtern und effizienter zu gestalten. Hier sind einige Tätigkeiten, bei denen ChatGPT angewendet werden kann, und jeweils ein konkreter Beispiel-Prompt:

Menüplanung und Rezeptentwicklung: ChatGPT kann dabei helfen, kreative Menüideen zu entwickeln und neue Rezepte zu entwerfen, die auf aktuellen Trends, saisonalen Zutaten oder speziellen Ernährungsbedürfnissen basieren.

Beispiel-Prompt: "*Erstelle ein dreigängiges Menü für ein vegetarisches Sommerdinner unter Verwendung von saisonalen Zutaten.*"

Lagerverwaltung und Bestellungen: ChatGPT kann genutzt werden, um Informationen über Lagerbestände, Bestellmengen und Lieferanten zu organisieren und zu verwalten.

Beispiel-Prompt: "*Berechne die benötigten Bestellmengen für folgende Zutaten für die kommende Woche: Tomaten, Zucchini, Paprika, Olivenöl und Basilikum.*"

Personalmanagement: ChatGPT kann dabei helfen, Schichtpläne zu erstellen, Mitarbeiteranfragen zu beantworten oder Schulungen für das Personal zu planen.

Beispiel-Prompt: "*Erstelle einen Schichtplan für ein Team von 10 Mitarbeitern für die kommende Woche, mit Berücksichtigung der unterschiedlichen Verfügbarkeiten und benötigten Pausen.*"

Kundenservice und Beschwerdemanagement: ChatGPT kann dazu beitragen, effektive Antworten auf Kundenanfragen und Beschwerden zu formulieren, indem es angemessene und professionelle Formulierungen vorschlägt.

Beispiel-Prompt: "*Wie kann ich auf die Beschwerde eines Kunden reagieren, der mit der Qualität des Essens unzufrieden war?*"

Marketing und Kommunikation: ChatGPT kann verwendet werden, um ansprechende Werbetexte, Social-Media-Posts oder Newsletter-Inhalte zu erstellen, um Kunden über Angebote, Events oder neue Gerichte zu informieren.

Beispiel-Prompt: *"Schreibe einen ansprechenden Text für einen Social-Media-Post, um ein neues saisonales Gericht auf der Speisekarte vorzustellen."*

Durch die Verwendung von ChatGPT in diesen verschiedenen Bereichen können Fachkräfte in der Gastronomie ihre tägliche Arbeit effizienter gestalten und sich auf die Verbesserung ihres Services und der Kundenzufriedenheit konzentrieren.

15 weitere Beispiel-Prompts

In diesem Abschnitt finden Sie ausgewählte und maßgeschneiderte Prompts für den Beruf der Fachkraft - Gastronomie, die auf verschiedenen Prompt-Arten und Kreativtechniken basieren. Diese Prompts sollen dabei helfen, effektivere Lösungen und Ideen für den Arbeitsalltag in der Gastronomie zu entwickeln. Bevor Sie mit den spezifischen Prompts beginnen, verwenden Sie am besten den Persona-Priming-Prompt, um ChatGPT auf die Rolle einer Fachkraft - Gastronomie vorzubereiten.

Persona-Priming-Prompt Beispiel: *"ChatGPT, ich möchte, dass du die Rolle einer Fachkraft – Gastronomie einnimmst. Du verfügst über umfangreiche Kenntnisse in den Bereichen Lebensmittelzubereitung, Lebensmittelsicherheit, Küchenmanagement und Kundenservice. Du bist in der Lage, Ratschläge zur Zubereitung von Speisen, zur Optimierung von Arbeitsabläufen in der Küche und zur Verbesserung des Gastronomieerlebnisses für Gäste zu geben."* Geben Sie nun Ihre konkrete Anfrage als Prompt ein, indem Sie beispielhaft schreiben: *"ChatGPT, du bist nun eine erfahrene Fachkraft - Gastronomie ...? Was ..."*

10-10-10-Methoden-Prompt Beispiel: *"ChatGPT, du bist nun eine erfahrene Fachkraft – Gastronomie. Wende die 10-10-10-Methode an, um die möglichen Auswirkungen einer Preiserhöhung für unsere Menüpunkte in 10 Tagen, 10 Monaten und 10 Jahren abzuschätzen."*

6-Hüte-Methoden-Prompt Beispiel: *"ChatGPT, du bist nun eine erfahrene Fachkraft – Gastronomie. Analysiere die Entscheidung, eine neue Küchenausrüstung anzuschaffen, indem du die 6 Hüte-Methode anwendest, um die Vor- und Nachteile aus verschiedenen Perspektiven zu betrachten."*

Dialog-Prompt Beispiel: *"ChatGPT, du bist nun eine erfahrene Fachkraft – Gastronomie. Führe mit einem Küchenchef einen Dialog über die*

Einführung eines neuen Menüs, das sich auf lokale und nachhaltige Zutaten konzentriert."

Frage-Prompt Beispiel: *"ChatGPT, du bist nun eine erfahrene Fachkraft – Gastronomie. Stelle eine Liste mit 10 Fragen zusammen, die ein Gastronomiebetrieb sich stellen sollte, bevor er entscheidet, seine Öffnungszeiten zu erweitern."*

Ideen-erfolgreich-weiterentwickeln-Prompt Beispiel: *"ChatGPT, du bist nun eine erfahrene Fachkraft – Gastronomie. Ich habe die Idee, eine wöchentliche Themenabendveranstaltung in unserem Restaurant zu organisieren. Wie können wir diese Idee erfolgreich weiterentwickeln und umsetzen?"*

Ishikawa-Methoden-Prompt Beispiel: *"ChatGPT, du bist nun eine erfahrene Fachkraft – Gastronomie. Erstelle ein Ishikawa-Diagramm, um mögliche Ursachen für die langen Wartezeiten in unserem Restaurant zu analysieren."*

Menüplanung-und-Rezeptentwicklung-Prompt Beispiel: *"ChatGPT, du bist nun eine erfahrene Fachkraft – Gastronomie. Erstelle ein Fusionsmenü, das sowohl italienische als auch asiatische Einflüsse kombiniert, und entwickle für jedes Gericht ein kurzes Rezept."*

Pro-und-Contra-Prompt Beispiel: *"ChatGPT, du bist nun eine erfahrene Fachkraft – Gastronomie. Erstelle eine Pro-und-Contra-Liste für die Entscheidung, ob unser Restaurant eine Selbstbedienungsstation für Getränke einführen sollte."*

Reframing-Prompt Beispiel: *"ChatGPT, du bist nun eine erfahrene Fachkraft – Gastronomie. Unser Restaurant hat Probleme mit hohen Lebensmittelabfällen. Wende die Reframing-Technik an, um dieses Problem aus einer neuen Perspektive zu betrachten und innovative Lösungen zu finden."*

Schritt-für-Schritt-Prompt Beispiel: *"ChatGPT, du bist nun eine erfahrene Fachkraft – Gastronomie. Erkläre Schritt für Schritt, wie man ein effizientes System zur Überwachung der Lebensmittelsicherheit und Hygiene in unserem Restaurant implementiert."*

SWOT-Analyse-Prompt Beispiel: *"ChatGPT, du bist nun eine erfahrene Fachkraft – Gastronomie. Führe eine SWOT-Analyse für unser Restaurant* *durch, um unsere Stärken, Schwächen, Chancen und Bedrohungen zu identifizieren."*

Verfeinerungs-Prompt Beispiel: *"ChatGPT, du bist nun eine erfahrene Fachkraft – Gastronomie. Ich habe folgendes Rezept für einen veganen Burger entwickelt: Linsenpatties, Avocado, Tomaten, Salat und vegane Mayonnaise. Bitte verfeinere dieses Rezept, um es noch schmackhafter und gesünder zu gestalten."*

WWAD-Methode-Prompt (What's Wrong and What's Desired) Beispiel: *"ChatGPT, du bist nun eine erfahrene Fachkraft – Gastronomie. Wende die WWAD-Methode an, um Verbesserungsmöglichkeiten für unseren Kundenservice zu finden. Identifiziere, was in unserem derzeitigen Service falsch läuft und was wir stattdessen erreichen möchten."*

Fachmann/-frau - Restaurants und Veranstaltungsgastronomie

Für Fachleute im Bereich Restaurants und Veranstaltungsgastronomie kann ChatGPT eine wertvolle Hilfe sein, um den Arbeitsalltag effizienter und kreativer zu gestalten. Hier sind einige Anwendungen von ChatGPT, die speziell auf diesen Beruf zugeschnitten sind, zusammen mit Beispiel-Prompts:

Menügestaltung: ChatGPT kann bei der Zusammenstellung neuer Menüs und Getränkekarten helfen, indem es kreative Gerichte und Getränkevorschläge liefert.

Beispiel-Prompt: *"Gib mir fünf innovative Vorspeisenideen für ein mediterranes Restaurantmenü."*

Veranstaltungsplanung: ChatGPT kann dabei helfen, Veranstaltungen zu organisieren, indem es Vorschläge für Themen, Dekorationen und Abläufe macht.

Beispiel-Prompt: *"Beschreibe ein Konzept für ein Firmenevent mit dem Thema 'Zukunft der Technologie' und schlage passende Dekorationen und Aktivitäten vor."*

Personalmanagement: ChatGPT kann bei der Erstellung von Schichtplänen oder der Identifizierung von Schulungsbedarf für Mitarbeiter unterstützen.

Beispiel-Prompt: *"Erstelle einen wöchentlichen Schichtplan für ein Restaurant mit 10 Mitarbeitern, die unterschiedliche Verfügbarkeiten haben."*

Marketing und Werbung: ChatGPT kann bei der Erstellung von Werbetexten, Social-Media-Posts und E-Mail-Kampagnen unterstützen.

Beispiel-Prompt: *"Verfasse einen einladenden Social-Media-Post, um das neue vegetarische Menü in unserem Restaurant zu bewerben."*

Kundenfeedback: ChatGPT kann dabei helfen, Kundenbewertungen und -feedback zu analysieren, um Verbesserungspotenziale zu identifizieren.

Beispiel-Prompt: *"Analysiere die folgenden zehn Kundenbewertungen und identifiziere die drei häufigsten Kritikpunkte sowie mögliche Verbesserungsmaßnahmen."*

Rezeptentwicklung: ChatGPT kann bei der Entwicklung neuer Rezepte oder der Optimierung bestehender Rezepte helfen.

Beispiel-Prompt: *"Erstelle ein Rezept für einen veganen Schokoladenkuchen, der sowohl gesund als auch köstlich ist."*

Mit diesen Anwendungen kann ChatGPT Fachleuten im Bereich Restaurants und Veranstaltungsgastronomie helfen, ihre tägliche Arbeit effizienter und kreativer zu gestalten. Durch die Nutzung von ChatGPT in diesen Bereichen können Fachleute wertvolle Zeit sparen und gleichzeitig innovative Ideen entwickeln, um ihren Service und ihr Angebot zu verbessern.

15 weitere Beispiel-Prompts

Im folgenden finden Sie eine Liste von spezifisch ausgewählten Techniken und Prompts, die auf den Beruf des/der Fachmann/-frau - Restaurants und Veranstaltungsgastronomie zugeschnitten sind. Sie können diese Prompts nutzen, um ChatGPT effektiv in verschiedenen Aspekten dieses Berufes einzusetzen. Vor der Anwendung der Prompts können Sie ChatGPT mit dem Persona-Priming-Prompt auf die Rolle eines erfahrenen Fachmanns/-frau in Restaurants und Veranstaltungsgastronomie vorbereiten.

Persona-Priming-Prompt Beispiel: *"ChatGPT, ich möchte, dass du die Rolle eines Fachmanns - Restaurants und Veranstaltungsgastronomie einnimmst. Du verfügst über umfangreiche Kenntnisse in den Bereichen Restaurantmanagement, Veranstaltungsplanung, Speisen- und Getränkekunde sowie Kundenservice. Du bist in der Lage, Ratschläge zur Verbesserung von Restaurants und Veranstaltungsgastronomie zu geben, einschließlich der Speisekartenplanung, des Personaleinsatzes und der Optimierung von Arbeitsabläufen."* Geben Sie nun Ihre konkrete Anfrage als Prompt ein, indem Sie beispielhaft schreiben: *"ChatGPT, du bist nun ein erfahrener Fachmann für Restaurant und Veranstaltungsgastronomie ...? Was ..."*

5-Why-Verfahren-Prompt Beispiel: *"ChatGPT, du bist nun ein erfahrener Fachmann - Restaurants und Veranstaltungsgastronomie. Bitte führe das 5-Why-Verfahren durch, um die Ursache dafür zu ermitteln, warum unser Restaurant in den letzten Monaten einen Rückgang der Kundenzufriedenheit verzeichnet hat."*

ABC-Technik-Prompt Beispiel: *"ChatGPT, du bist nun ein erfahrener Fachmann - Restaurants und Veranstaltungsgastronomie. Verwende die ABC-Technik, um Ideen für die Neugestaltung unseres Restaurant-Interieurs zu sammeln."*

Dialog-Prompt Beispiel: *"ChatGPT, du bist nun ein erfahrener Fachmann - Restaurants und Veranstaltungsgastronomie. Bitte simuliere ein Dialog zwischen mir und einem unzufriedenen Kunden, der sich über die Qualität unseres Essens beschwert, und gib mir Ratschläge, wie ich angemessen und professionell reagieren kann."*

Frage-Prompt Beispiel: *"ChatGPT, du bist nun ein erfahrener Fachmann - Restaurants und Veranstaltungsgastronomie. Stelle mir fünf Fragen, die ich meinem Küchenteam stellen kann, um herauszufinden, wie wir unsere Speisekarte verbessern und abwechslungsreicher gestalten können."*

Internet-Analyse-Prompt Beispiel: *"ChatGPT, du bist nun ein erfahrener Fachmann - Restaurants und Veranstaltungsgastronomie. Bitte analysiere die Online-Präsenz unseres Restaurants, einschließlich unserer Website, Social-Media-Profile und Bewertungsplattformen, und gib uns Verbesserungsvorschläge."*

Listen-Prompt Beispiel: *"ChatGPT, du bist nun ein erfahrener Fachmann - Restaurants und Veranstaltungsgastronomie. Erstelle eine Liste von zehn möglichen Themenabenden, die wir in unserem Restaurant veranstalten könnten, um mehr Kunden anzulocken."*

Markdown-Format-Prompt Beispiel: *"ChatGPT, du bist nun ein erfahrener Fachmann - Restaurants und Veranstaltungsgastronomie. Erstelle eine Speisekarte für unser Restaurant im Markdown-Format, die leicht auf unserer Website und in Social-Media-Posts verwendet werden kann."*

Pro-und-Contra-Prompt Beispiel: *"ChatGPT, du bist nun ein erfahrener Fachmann - Restaurants und Veranstaltungsgastronomie. Analysiere die Vor- und Nachteile der Einführung eines Lieferservices für unser Restaurant."*

Reframing-Prompt Beispiel: *"ChatGPT, du bist nun ein erfahrener Fachmann - Restaurants und Veranstaltungsgastronomie. Bitte reframe das Problem, dass wir Schwierigkeiten haben, genügend Kunden für unsere Veranstaltungen zu gewinnen, und biete eine neue Perspektive für Lösungsansätze."*

Schritt-für-Schritt-Prompt Beispiel: *"ChatGPT, du bist nun ein erfahrener Fachmann - Restaurants und Veranstaltungsgastronomie. Beschreibe Schritt für Schritt, wie wir eine erfolgreiche Weinprobe in unserem Restaurant organisieren können."*

SWOT-Analyse-Prompt Beispiel: *"ChatGPT, du bist nun ein erfahrener Fachmann - Restaurants und Veranstaltungsgastronomie. Führe eine SWOT-Analyse für unser Restaurant durch, um unsere Stärken, Schwächen, Chancen und Bedrohungen zu identifizieren."*

Tabellen-Format-Prompt Beispiel: *"ChatGPT, du bist nun ein erfahrener Fachmann - Restaurants und Veranstaltungsgastronomie. Erstelle eine Tabelle, in der die monatlichen Einnahmen unseres Restaurants in den letzten zwei Jahren dargestellt werden."*

Um-Feedback-bitten-Prompt Beispiel: *"ChatGPT, du bist nun ein erfahrener Fachmann - Restaurants und Veranstaltungsgastronomie. Entwickle einen Fragebogen, den wir unseren Kunden nach ihrem Besuch in unserem Restaurant zusenden können, um wertvolles Feedback zu erhalten."*

Verfeinerungs-Prompt Beispiel: *"ChatGPT, du bist nun ein erfahrener Fachmann - Restaurants und Veranstaltungsgastronomie. Bitte verfeinere unsere aktuelle Marketingstrategie, um eine höhere Kundenbindung und mehr wiederkehrende Besucher zu erreichen."*

Fachverkäufer/in im Lebensmittelhandwerk

ChatGPT kann Fachverkäufer/innen im Lebensmittelhandwerk in vielfältiger Weise unterstützen und ihre tägliche Arbeit erleichtern. Hier sind einige Tätigkeiten, bei denen ChatGPT hilfreich sein kann, und konkrete Beispiel-Prompts für jeden Bereich:

Produktinformationen und Empfehlungen: ChatGPT kann Fachverkäufer/innen dabei helfen, detaillierte Informationen über Lebensmittelprodukte zu erhalten und Kunden passende Empfehlungen zu geben.

Beispiel-Prompt: *"Erkläre mir die Unterschiede zwischen verschiedenen Käsesorten und welche Sorten am besten zu Rotwein passen."*

Rezeptvorschläge: ChatGPT kann Verkäufer/innen inspirieren, indem es Rezeptvorschläge für bestimmte Zutaten liefert, die sie an ihre Kunden weitergeben können.

Beispiel-Prompt: *"Gib mir ein Rezept für ein Gericht, das sowohl Camembert als auch Walnüsse enthält."*

Umgang mit Kundenbeschwerden: ChatGPT kann Fachverkäufer/innen helfen, angemessene Antworten auf Kundenbeschwerden zu finden, um den Kundenservice zu verbessern.

Beispiel-Prompt: *"Ein Kunde beschwert sich, dass das Brot, das er gestern gekauft hat, heute schon hart ist. Wie sollte ich darauf reagieren?"*

Hygiene- und Sicherheitsrichtlinien: ChatGPT kann Informationen über die geltenden Hygiene- und Sicherheitsrichtlinien im Lebensmittelhandwerk bereitstellen und so dazu beitragen, dass die Vorschriften eingehalten werden.

Beispiel-Prompt: *"Welche grundlegenden Hygienevorschriften müssen im Lebensmittelhandwerk beachtet werden?"*

Aktuelle Trends und Innovationen: ChatGPT kann Verkäufer/innen über aktuelle Trends und Innovationen im Lebensmittelhandwerk informieren, damit sie ihr Angebot anpassen und verbessern können.

Beispiel-Prompt: *"Welche aktuellen Trends gibt es im Bereich nachhaltiger Lebensmittelverpackungen?"*

Durch die Nutzung von ChatGPT in diesen verschiedenen Bereichen können Fachverkäufer/innen im Lebensmittelhandwerk ihre Effizienz steigern, besseren Kundenservice bieten und ihre fachliche Kompetenz erweitern.

15 weitere Beispiel-Prompts

In diesem Abschnitt werde ich Ihnen spezifische Prompts für den Beruf des/der Fachverkäufers/in im Lebensmittelhandwerk vorstellen, die auf den verschiedenen Prompt-Arten und Kreativitätstechniken basieren. Diese Prompts sollen dazu beitragen, die Arbeitsabläufe und die Problemlösungskompetenz der Fachverkäufer/innen zu verbessern. Um den bestmöglichen Effekt zu erzielen, beginne ich zunächst mit dem Persona-Priming-Prompt und führe dann die weiteren Techniken und Prompts in alphabetischer Reihenfolge auf.

Persona-Priming-Prompt Beispiel: *"ChatGPT, ich möchte, dass du die Rolle eines Fachverkäufers im Lebensmittelhandwerk einnimmst. Du verfügst über fundierte Kenntnisse in den Bereichen Lebensmittelproduktion, Lebensmittelsicherheit und Kundenservice. Du bist in der Lage, Ratschläge zur Produktpräsentation, zum Verkauf von Lebensmitteln und zur Optimierung von Verkaufsstrategien im Lebensmittelhandwerk zu geben."* Geben Sie nun Ihre konkrete Anfrage als Prompt ein, indem Sie zum Beispiel schreiben: *"ChatGPT, du bist nun ein erfahrener Fachverkäufer im Lebensmittelhandwerk ...? Was ..."*

ABC-Technik-Prompt Beispiel: *"ChatGPT, du bist nun ein erfahrener Fachverkäufer im Lebensmittelhandwerk. Verwende die ABC-Technik, um mir eine Liste von Produkten zu erstellen, die ich in meinem Laden anbieten kann, um das Sortiment zu erweitern."*

Dialog-Prompt Beispiel: *"ChatGPT, du bist nun ein erfahrener Fachverkäufer im Lebensmittelhandwerk. Führe einen simulierten Dialog zwischen mir und einem Kunden durch, der wissen möchte, welche Brotsorten wir anbieten und welche am gesündesten sind."*

Frage-Prompt Beispiel: *"ChatGPT, du bist nun ein erfahrener Fachverkäufer im Lebensmittelhandwerk. Welche Fragen sollte ich stellen, um herauszufinden, welche Bedürfnisse und Vorlieben meine Kunden haben, um ihnen die bestmöglichen Empfehlungen geben zu können?"*

Gegenteilige-Ansicht-Prompt Beispiel: *"ChatGPT, du bist nun ein erfahrener Fachverkäufer im Lebensmittelhandwerk. Stelle eine gegenteilige Ansicht zum aktuellen Trend der veganen Ernährung vor und diskutiere, wie diese Sichtweise das Angebot und den Verkauf von Lebensmitteln in unserem Geschäft beeinflussen könnte."*

Ideen-erfolgreich-weiterentwickeln-Prompt Beispiel: *"ChatGPT, du bist nun ein erfahrener Fachverkäufer im Lebensmittelhandwerk. Wir haben die Idee, ein neues Produkt, nämlich ... in unser Sortiment aufzunehmen. Wie können wir diese Idee weiterentwickeln und erfolgreich umsetzen, um das Interesse der Kunden zu wecken?"*

Internet-Analyse-Prompt Beispiel: *"ChatGPT, du bist nun ein erfahrener Fachverkäufer im Lebensmittelhandwerk. Analysiere das Internet, um herauszufinden, welche Lebensmittel und Getränke derzeit besonders beliebt sind und wie wir unser Angebot entsprechend anpassen können."*

Markdown-Format-Prompt Beispiel: *"ChatGPT, du bist nun ein erfahrener Fachverkäufer im Lebensmittelhandmittelhandwerk. Erstelle eine Liste unserer Top 10 meistverkauften Produkte im Markdown-Format, um sie für ein Werbeplakat oder eine E-Mail zu verwenden."*

Pro-und-Contra-Prompt Beispiel: *"ChatGPT, du bist nun ein erfahrener Fachverkäufer im Lebensmittelhandwerk. Erörtere die Vor- und Nachteile der Einführung eines Treuepunktesystems für unsere Kunden."*

Reframing-Prompt Beispiel: *"ChatGPT, du bist nun ein erfahrener Fachverkäufer im Lebensmittelhandwerk. Ein Kunde beschwert sich über die hohen Preise unserer Bio-Produkte. Wende das Reframing an, um die Situation aus* *einer anderen Perspektive zu betrachten und eine positive Antwort zu formulieren."*

Sentiment-Prompt Beispiel: *"ChatGPT, du bist nun ein erfahrener Fachverkäufer im Lebensmittelhandwerk. Analysiere das Sentiment der Kundenbewertungen unseres Geschäfts und identifiziere Bereiche, in denen wir unseren Kundenservice verbessern können."*

Stil-und-Schreibart-Anpassungs-Prompt Beispiel: *"ChatGPT, du bist nun ein erfahrener Fachverkäufer im Lebensmittelhandwerk. Schreibe einen Werbetext für unser Geschäft, der sowohl humorvoll als auch informativ ist und unsere Zielgruppe anspricht."*

SWOT-Analyse-Prompt Beispiel: *"ChatGPT, du bist nun ein erfahrener Fachverkäufer im Lebensmittelhandwerk. Führe eine SWOT-Analyse für unser Geschäft durch, um unsere Stärken, Schwächen, Chancen und Risiken zu identifizieren."*

Tabellen-Format-Prompt Beispiel: *"ChatGPT, du bist nun ein erfahrener Fachverkäufer im Lebensmittelhandwerk. Erstelle eine Tabelle, die die Nährwertangaben unserer fünf beliebtesten Produkte vergleicht, um Kunden bei der Auswahl eines passenden Produkts zu unterstützen."*

Um-Feedback-bitten-Prompt Beispiel: *"ChatGPT, du bist nun ein erfahrener Fachverkäufer im Lebensmittelhandwerk. Wie kann ich Kunden dazu ermutigen, ehrliches Feedback zu ihrem Einkaufserlebnis bei uns zu geben, um unseren Service kontinuierlich zu verbessern?"*

Familienberater/in

Familienberater unterstützen Menschen bei der Bewältigung verschiedener Herausforderungen in ihren Familienleben. ChatGPT kann Familienberatern bei verschiedenen Tätigkeiten helfen, ihren Arbeitsalltag zu erleichtern und effizienter zu gestalten. Hier einige Beispiele:

Beratungsplanung und Fallmanagement: ChatGPT kann dabei helfen, individuelle Beratungspläne für Klienten zu erstellen und den Fortschritt zu dokumentieren.

Beispiel-Prompt: *"Entwerfe einen Beratungsplan für einen Klienten mit Eheproblemen und Kommunikationsschwierigkeiten."*

Interventionsstrategien entwickeln: ChatGPT kann Vorschläge für geeignete Interventionsstrategien liefern, die auf die spezifischen Bedürfnisse der Klienten zugeschnitten sind.

Beispiel-Prompt: *"Liste fünf Interventionsstrategien für Familien auf, um ihre Kommunikationsfähigkeiten zu verbessern."*

Übungen und Aktivitäten: ChatGPT kann Ideen für verschiedene Übungen und Aktivitäten generieren, die Familienberater mit ihren Klienten durchführen können.

Beispiel-Prompt: *"Gib mir drei Aktivitäten, die eine Familie gemeinsam ausprobieren kann, um ihre Bindung zu stärken."*

Fortbildung und Recherche: Familienberater müssen auf dem neuesten Stand der Forschung und Praxis in ihrem Bereich bleiben. ChatGPT kann dabei helfen, relevante Artikel, Studien und Bücher zu finden.

Beispiel-Prompt: *"Finde die fünf einflussreichsten Studien im Bereich der Familientherapie, die in den letzten zehn Jahren veröffentlicht wurden."*

Selbstreflexion und Supervision: Familienberater können ChatGPT nutzen, um eigene Gedanken und Erkenntnisse aus ihrer Arbeit zu reflektieren oder um Unterstützung bei der Supervision zu erhalten.

Beispiel-Prompt: *"Hilf mir, meine Erfahrungen aus der letzten Beratungssitzung zu reflektieren, in der wir uns auf Konfliktlösungsstrategien konzentriert haben."*

Insgesamt kann ChatGPT Familienberatern helfen, ihre Arbeitsabläufe effizienter zu gestalten und ihre Klienten besser zu unterstützen. Die gegebenen Beispiel-Prompts können angepasst und erweitert werden, um den individuellen Bedürfnissen der Familienberater gerecht zu werden.

15 weitere Beispiel-Prompts

In diesem Abschnitt werde ich mich auf die Rolle eines Familienberaters konzentrieren und spezifische Prompts für verschiedene Techniken und Methoden anwenden, die für diesen Beruf nützlich sind. Zuerst wird ein

Persona-Priming-Prompt verwendet, um ChatGPT in die Rolle eines Familienberaters zu versetzen. Anschließend werden weitere ausgewählte Prompts präsentiert, die auf die verschiedenen Kategorien von "Allgemeine Prompt Arten", "Ideenfindungs-Prompts", "Problemlösungs-Prompts" und "Entscheidungsfindungs-Prompts" angewendet werden.

Persona-Priming-Prompt Beispiel: *"ChatGPT, du bist nun ein erfahrener Familienberater. Du verfügst über umfassendes Wissen in den Bereichen Familienpsychologie, Konfliktlösung und Kommunikation. Du bist in der Lage, Ratschläge zur Stärkung von Familienbeziehungen, zur Bewältigung von familiären Herausforderungen und zur Verbesserung der Kommunikation innerhalb der Familie zu geben."* Geben Sie nun Ihre konkrete Anfrage als Prompt ein, indem Sie zum Beispiel schreiben: *"ChatGPT, du bist nun ein erfahrener Familienberater. Was ...?"*

Dialog-Prompt Beispiel: *"ChatGPT, du bist nun ein erfahrener Familienberater. Erstelle einen hypothetischen Dialog zwischen einem Elternteil und seinem Kind, um eine effektive Kommunikation zu fördern und Konflikte zu lösen."*

Frage-Prompt Beispiel: *"ChatGPT, du bist nun ein erfahrener Familienberater. Welche Fragen sollte ich stellen, um die Ursachen für die Kommunikationsprobleme zwischen den Familienmitgliedern besser zu verstehen?"*

Gegenargument-Prompt Beispiel: *"ChatGPT, du bist nun ein erfahrener Familienberater. Ein Elternteil argumentiert, dass seine autoritäre Erziehungsmethode für seine Familie am besten ist. Präsentiere Gegenargumente, die die negativen Auswirkungen einer autoritären Erziehung aufzeigen und alternative Erziehungsstile vorschlagen."*

Markdown-Format-Prompt Beispiel: *"ChatGPT, du bist nun ein erfahrener Familienberater. Erstelle eine Liste der fünf häufigsten Familienkonflikte im Markdown-Format, die in der Familienberatung besprochen werden."*

Pareto-Analyse-Prompt Beispiel: *"ChatGPT, du bist nun ein erfahrener Familienberater. Führe eine Pareto-Analyse durch, um die 20% der Probleme zu identifizieren, die 80% der Konflikte in Familien verursachen."*

Pro-und-Contra-Prompt Beispiel: *"ChatGPT, du bist nun ein erfahrener Familienberater. Erörtere die Vor- und Nachteile der Durchführung von*

Familienaktivitäten, um die Kommunikation und Bindung zwischen Familienmitgliedern zu verbessern."

Reframing-Prompt Beispiel: *"ChatGPT, du bist nun ein erfahrener Familienberater. Ein Elternteil sieht die ständigen Streitigkeiten in der Familie als Zeichen dafür, dass die Familie auseinanderbricht. Wende das Reframing an, um die Situation aus einer anderen Perspektive zu betrachten, die das Familienmitglied ermutigen könnte, Lösungen zur Konfliktlösung zu suchen."*

Schritt-für-Schritt-Prompt Beispiel: *"ChatGPT, du bist nun ein erfahrener Familienberater. Gib mir einen Schritt-für-Schritt-Plan, um einer Familie dabei zu helfen, ihre Kommunikationsfähigkeiten zu verbessern und ein harmonischeres Zusammenleben zu erreichen."*

SCORE-Methoden-Prompt Beispiel: *"ChatGPT, du bist nun ein erfahrener Familienberater. Führe die SCORE-Methode durch, um die Symptome, Ursachen, Ergebnisse, Ressourcen und Effekte eines spezifischen Familienkonflikts zu analysieren."*

Sentiment-Prompt Beispiel: *"ChatGPT, du bist nun ein erfahrener Familienberater. Analysiere das Sentiment in der der folgenden Kommunikation zwischen Familienmitgliedern und schlage Maßnahmen vor, um ein positiveres Kommunikationsklima zu schaffen. ..."*

SWOT-Analyse-Prompt Beispiel: *"ChatGPT, du bist nun ein erfahrener Familienberater. Führe eine SWOT-Analyse durch, um die Stärken, Schwächen, Chancen und Bedrohungen einer Familie zu bewerten, die mit einem bestimmten Problem, wie beispielsweise einer Scheidung, konfrontiert ist."*

Tabellen-Format-Prompt Beispiel: *"ChatGPT, du bist nun ein erfahrener Familienberater. Erstelle eine Tabelle, die verschiedene Techniken und Ansätze in der Familienberatung vergleicht, einschließlich ihrer Vorteile und möglichen Nachteile."*

Umkehr-Brainstorming-Prompt Beispiel: *"ChatGPT, du bist nun ein erfahrener Familienberater. Führe ein Umkehr-Brainstorming durch, um herauszufinden, wie man die Kommunikation und Beziehungen innerhalb einer Familie verschlechtern könnte. Anschließend diskutiere, welche*

Verhaltensweisen vermieden werden sollten, um eine positive Familienatmosphäre aufrechtzuerhalten."

WWAD-Methode-Prompt (What's Wrong and What's Desired) Beispiel: *"ChatGPT, du bist nun ein erfahrener Familienberater. Wende die WWAD-Methode an, um die aktuellen Probleme einer Familie zu identifizieren und die gewünschten Ergebnisse für ihre zukünftige Entwicklung zu beschreiben."*

Film- und Videoeditor/in

ChatGPT kann Film- und Videoeditoren in verschiedenen Aspekten ihres Arbeitsalltags unterstützen. Hier sind einige Tätigkeiten, bei denen ChatGPT angewendet werden kann, um die tägliche Arbeit zu erleichtern:

Ideenentwicklung: ChatGPT kann dabei helfen, kreative Ideen für Videoschnitt und Effekte zu entwickeln, indem es verschiedene Stil- und Designvorschläge macht.

Beispiel-Prompt: *"Gib mir fünf kreative Ideen für Übergänge und Effekte in einem Musikvideo."*

Planung und Organisation: ChatGPT kann helfen, Projekte effektiv zu planen und zu organisieren, indem es Vorschläge für Zeitpläne und Ressourcenmanagement macht.

Beispiel-Prompt: *"Erstelle einen Zeitplan für ein zweiwöchiges Videobearbeitungsprojekt mit täglichen Meilensteinen."*

Technische Problemlösung: ChatGPT kann bei technischen Problemen unterstützen und Lösungen für gängige Software- oder Hardwareprobleme vorschlagen.

Beispiel-Prompt: *"Ich habe Probleme mit der Stabilisierungsfunktion in Adobe Premiere Pro. Wie kann ich das beheben?"*

Feedback und Verbesserungsvorschläge: ChatGPT kann konstruktives Feedback zu einem bestimmten Videoschnitt oder einer Szene geben und Verbesserungsvorschläge anbieten.

Beispiel-Prompt: *"Analysiere diesen Videoschnitt und gib mir Feedback sowie Vorschläge zur Verbesserung: [Videolink oder Beschreibung der Szene einfügen]."*

Kundenkommunikation: ChatGPT kann dabei helfen, professionelle E-Mails und Nachrichten an Kunden zu verfassen, um deren Anforderungen und Wünsche besser zu verstehen und darauf einzugehen.

Beispiel-Prompt: *"Verfasse eine E-Mail an einen Kunden, um Rückmeldung zu seinem aktuellen Videoprojekt zu erhalten und nach weiteren Anforderungen zu fragen."*

Durch die Nutzung von ChatGPT in diesen Bereichen können Film- und Videoeditoren ihre Arbeit effizienter gestalten und ihre Kreativität besser entfalten.

15 weitere Beispiel-Prompts

In diesem Abschnitt werde ich mich auf den Beruf des Film- und Videoeditors konzentrieren und verschiedene Prompt-Arten aus den Kategorien "Allgemeine Prompt-Arten", "Ideenfindungs-Prompts", "Problemlösungs-Prompts" und "Entscheidungsfindungs-Prompts" anwenden. Zuerst werde ich die Rolle eines Film- und Videoeditors mithilfe des Persona-Priming übernehmen. Anschließend werde ich verschiedene Prompts erstellen, die auf diesen Beruf zugeschnitten sind, um Probleme zu lösen, Ideen zu entwickeln, Entscheidungen zu treffen und den Arbeitsalltag zu erleichtern.

Persona-Priming-Prompt *"ChatGPT, ich möchte, dass du die Rolle eines Film- und Videoeditors einnimmst. Du verfügst über fundierte Kenntnisse in den Bereichen Videoproduktion, Schnitttechniken und visuelle Effekte. Du bist in der Lage, Ratschläge zur Verbesserung von Film- und Videoinhalten zu geben, einschließlich des Schnitts, der Farbkorrektur und der Anwendung von Spezialeffekten."* Geben Sie nun Ihre konkrete Anfrage als Prompt ein, indem Sie zum Beispiel schreiben: *"ChatGPT, du bist nun ein erfahrener Film- und Videoeditor ...? Was ..."*

6-Hüte-Methoden-Prompt Beispiel: *"ChatGPT, du bist nun ein erfahrener Film- und Videoeditor. Führe eine 6-Hüte-Methode durch, um verschiedene Perspektiven auf einen bestimmten Videoschnitt zu analysieren und kreative Lösungen für seine Verbesserung zu entwickeln."*

Dialog-Prompt Beispiel: *"ChatGPT, du bist nun ein erfahrener Film- und Videoeditor. Führe einen Dialog zwischen einem Filmemacher und einem Videoeditor über die Herausforderungen und Lösungen bei der Bearbeitung eines Dokumentarfilms."*

Frage-Prompt Beispiel: *"ChatGPT, du bist nun ein erfahrener Film- und Videoeditor. Stelle mir fünf Fragen, die ich als Filmemacher bei der Vorbereitung auf ein Videobearbeitungsprojekt berücksichtigen sollte."*

Gegenargument-Prompt Beispiel: *"ChatGPT, du bist nun ein erfahrener Film- und Videoeditor. Präsentiere ein Gegenargument gegen die Verwendung einer bestimmten Videobearbeitungstechnik und schlage eine alternative Methode vor."*

Ideen-erfolgreich-weiterentwickeln-Prompt Beispiel: *"ChatGPT, du bist nun ein erfahrener Film- und Videoeditor. Zeige mir, wie ich eine anfängliche Idee für einen Videoschnitt weiterentwickeln und verbessern kann, um ein beeindruckendes Ergebnis zu erzielen."*

Ishikawa-Methoden-Prompt Beispiel: *"ChatGPT, du bist nun ein erfahrener Film- und Videoeditor. Erstelle ein Ishikawa-Diagramm, um die möglichen Ursachen für schlechte Videoqualität in einem bearbeiteten Film zu identifizieren und Lösungen zur Behebung dieser Probleme vorzuschlagen."*

Markdown-Format-Prompt Beispiel: *"ChatGPT, du bist nun ein erfahrener Film- und Videoeditor. Erstelle eine Anleitung im Markdown-Format, um jemandem beizubringen, wie man eine bestimmte Videobearbeitungssoftware verwendet."*

Multi-Kriterien-Analyse-Prompt Beispiel: *"ChatGPT, du bist nun ein erfahrener Film- und Videoeditor. Führe eine Multi-Kriterien-Analyse durch, um die besten Videobearbeitungssoftwareoptionen für ein kleines Produktionsunternehmen zu bewerten und eine Empfehlung abzugeben."*

Pareto-Analyse-Prompt Beispiel: *"ChatGPT, du bist nun ein erfahrener Film- und Videoeditor. Führe eine Pareto-Analyse durch, um die 20% der Videobearbeitungsprobleme zu identifizieren, die 80% der negativen Auswirkungen auf die Videoqualität haben."*

Pro-und-Contra-Prompt Beispiel: *"ChatGPT, du bist nun ein erfahrener Film- und Videoeditor. Liste die Vor- und Nachteile der Verwendung von DaVinci Resolve im Vergleich zu Adobe Premiere Pro für ein bestimmtes Videobearbeitungsprojekt auf."*

Reframing-Prompt Beispiel: *"ChatGPT, du bist nun ein erfahrener Film- und Videoeditor. Hilf mir, eine Herausforderung bei der Bearbeitung eines Musikvideos neu zu rahmen, um kreative Lösungen zu finden und das Endergebnis zu verbessern."*

Sentiment-Prompt Beispiel: *"ChatGPT, du bist nun ein erfahrener Film- und Videoeditor. Analysiere das Sentiment, das in der folgenden Filmszene vermittelt wird, und schlage Möglichkeiten vor, um die emotionale Wirkung durch den Einsatz von Schnitttechniken und Effekten zu verstärken. ..."*

SWOT-Analyse-Prompt Beispiel: *"ChatGPT, du bist nun ein erfahrener Film- und Videoeditor. Führe eine SWOT-Analyse für ein Videobearbeitungsunternehmen durch, um Stärken, Schwächen, Chancen und Bedrohungen zu identifizieren und strategische Entscheidungen zu treffen."*

Um-Feedback-bitten-Prompt Beispiel: *"ChatGPT, du bist nun ein erfahrener Film- und Videoeditor. Bitte gib mir konstruktives Feedback zu folgender Arbeit an einem Videoprojekt und schlage mögliche Verbesserungen vor. ..."*

Verfeinerungs-Prompt Beispiel: *"ChatGPT, du bist nun ein erfahrener Film- und Videoeditor. Hilf mir, meine Arbeit an einem bestimmten Videoschnitt zu verfeinern, indem du Vorschläge für zusätzliche Anpassungen und Optimierungen machst."*

Florist/in

ChatGPT kann Floristen in vielen Bereichen ihres Arbeitsalltags unterstützen, indem es hilft, kreative Ideen zu entwickeln, Kundenanfragen zu beantworten und bei der Pflege und Auswahl von Pflanzen zu assistieren. Im Folgenden sind einige Tätigkeiten aufgelistet, bei denen ChatGPT angewendet werden kann, und konkrete Beispiel-Prompts für jede Tätigkeit:

Kreative Ideen für Blumenarrangements entwickeln:

Beispiel-Prompt: *"Gib mir eine kreative Idee für ein Blumenarrangement zum Thema 'Frühlingserwachen' mit Tulpen, Narzissen und Hyazinthen."*

Kundenanfragen beantworten:

Beispiel-Prompt: *"Wie würde ich einem Kunden erklären, wie er eine Orchidee richtig pflegt, um die Blütezeit zu verlängern?"*

Empfehlungen für Pflanzenzusammenstellungen geben:

Beispiel-Prompt: *"Welche Pflanzen passen gut zusammen in einem schattigen Bereich eines Gartens und benötigen ähnliche Pflegebedingungen?"*

Informationen zu Blumen und Pflanzen recherchieren:

Beispiel-Prompt: *"Erkläre mir die Unterschiede zwischen den verschiedenen Rosenarten und welche am besten für Hochzeitssträuße geeignet sind."*

Pflegehinweise für spezifische Pflanzenarten geben:

Beispiel-Prompt: *"Gib mir detaillierte Anweisungen zur Pflege eines Bonsaibaums, einschließlich Bewässerung, Düngung und Schnitt."*

Hilfe bei der Bestellung von Blumen und Pflanzen:

Beispiel-Prompt: *"Erstelle eine Liste von Blumen und Pflanzen, die ich für eine Herbsthochzeit in den Farben Orange, Rot und Gelb bestellen sollte."*

Unterstützung bei der Gestaltung von Schaufensterdekorationen:

Beispiel-Prompt: *"Beschreibe eine ansprechende Schaufensterdekoration für ein Blumengeschäft im Winter, die saisonale Pflanzen und Elemente enthält."*

Indem Floristen ChatGPT für diese und andere Tätigkeiten nutzen, können sie ihre Effizienz steigern, kreative Ideen entwickeln und ihre Kunden besser informieren.

15 weitere Beispiel-Prompts

Im Folgenden werde ich Ihnen spezifische Prompts und Techniken für den Beruf des Floristen vorstellen. Diese Prompts sind auf die Bedürfnisse und Herausforderungen des Floristen zugeschnitten und sollen dazu beitragen, dass Sie als Florist effizienter arbeiten und kreativere Lösungen für Ihre Kunden finden. Bevor Sie mit den Prompts beginnen, sollten Sie das Persona-Priming durchführen, um sicherzustellen, dass ChatGPT Ihre Anfrage aus der Perspektive eines Floristen bearbeitet.

Persona-Priming-Prompt Beispiel: *"ChatGPT, ich möchte, dass du die Rolle eines Floristen einnimmst. Du verfügst über umfangreiche Kenntnisse in den Bereichen Pflanzenkunde, Floristik und Gestaltung. Du bist in der Lage, Ratschläge zur Auswahl und Pflege von Pflanzen, zur Erstellung von Blumenarrangements und zur Gestaltung von dekorativen Elementen für Veranstaltungen zu geben."* Geben Sie nun Ihre konkrete Anfrage als Prompt ein, indem Sie zum Beispiel schreiben: *"ChatGPT, du bist nun ein erfahrener Florist ...? Was ..."*

6-Hüte-Methode-Prompt Beispiel: *"ChatGPT, du bist nun ein erfahrener Florist. Wende die 6-Hüte-Methode an, um verschiedene Perspektiven auf ein Problem bei der Gestaltung eines Blumenarrangements für eine Hochzeit zu erhalten."*

ABC-Technik-Prompt Beispiel: *"ChatGPT, du bist nun ein erfahrener Florist. Verwende die ABC-Technik, um kreative Ideen für die Gestaltung eines Schaufensters mit saisonalen Blumen und Pflanzen zu entwickeln."*

Dialog-Prompt Beispiel: *"ChatGPT, du bist nun ein erfahrener Florist. Führe einen fiktiven Dialog mit einem Kunden, der nach Empfehlungen für Pflanzen fragt, die in einem schattigen Gartenbereich gut gedeihen."*

Frage-Prompt Beispiel: *"ChatGPT, du bist nun ein erfahrener Florist. Welche Blumen sind am besten geeignet, um ein romantisches und dennoch modernes Blumenarrangement für eine Hochzeit zu kreieren?"*

Gegenargument-Prompt Beispiel: *"ChatGPT, du bist nun ein erfahrener Florist. Gib mir Gegenargumente dafür, warum es besser sein könnte, Kunstblumen anstelle von frischen Blumen für ein Veranstaltungsdekor zu verwenden."*

Ishikawa-Methode-Prompt Beispiel: *"ChatGPT, du bist nun ein erfahrener Florist. Verwende die Ishikawa-Methode, um die Hauptursachen für den schlechten Zustand einer bestimmten Pflanze im Laden zu identifizieren."*

Multi-Kriterien-Analyse-(MKA)-Prompt Beispiel: *"ChatGPT, du bist nun ein erfahrener Florist. Führe eine Multi-Kriterien-Analyse durch, um die besten saisonalen Blumen für ein bestimmtes Event auszuwählen, indem du Faktoren wie Verfügbarkeit, Preis, Haltbarkeit und Ästhetik berücksichtigst."*

Pareto-Analyse-Prompt Beispiel: *"ChatGPT, du bist nun ein erfahrener Florist. Führe eine Pareto-Analyse durch, um die 20% der häufigsten Probleme, die 80% der Kundenbeschwerden verursachen, und finde Lösungen, um diese Probleme zu beheben."*

Pro-und-Contra-Prompt Beispiel: *"ChatGPT, du bist nun ein erfahrener Florist. Liste die Vor- und Nachteile auf, die mit dem Import von exotischen Blumen für ein besonderes Arrangement verbunden sind."*

Reframing-Prompt Beispiel: *"ChatGPT, du bist nun ein erfahrener Florist. Ändere die Perspektive auf ein Problem, bei dem Kunden Schwierigkeiten haben, die richtigen Pflanzen für ihren Garten auszuwählen, indem du das Problem neu formulierst."*

Schritt-für-Schritt-Prompt Beispiel: *"ChatGPT, du bist nun ein erfahrener Florist. Gib mir eine schrittweise Anleitung zur Pflege eines Bonsaibaums, einschließlich Bewässerung, Düngung und Schnitt."*

SWOT-Analyse-Prompt Beispiel: *"ChatGPT, du bist nun ein erfahrener Florist. Führe eine SWOT-Analyse für ein Blumengeschäft durch, um Stärken, Schwächen, Chancen und Bedrohungen zu identifizieren."*

Verfeinerungs-Prompt Beispiel: *"ChatGPT, du bist nun ein erfahrener Florist. Verfeinere die Idee, künstliche Blumen für eine Veranstaltung zu verwenden, indem du Vorschläge zur Verbesserung der Ästhetik und Realitätsnähe der künstlichen Blumen gibst."*

Vervollständigungs-Prompt Beispiel: *"ChatGPT, du bist nun ein erfahrener Florist. Vervollständige die Liste der benötigten Blumen und Pflanzen für eine Herbsthochzeit in den Farben Orange, Rot und Gelb."*

Zusammenfassungs-Prompt Beispiel: *"ChatGPT, du bist nun ein erfahrener Florist. Fasse aus folgendem Artikel die wichtigsten Punkte zusammen, die ein Kunde wissen sollte, um eine Orchidee richtig zu pflegen und die Blütezeit zu verlängern ..."*

Forstwirt/in

Für den Beruf des Forstwirts kann ChatGPT in vielfältiger Weise eingesetzt werden, um den Arbeitsalltag zu erleichtern. Hier sind einige Beispiele für Tätigkeiten, bei denen ChatGPT helfen kann, und konkrete Beispiel-Prompts für jeden Anwendungsfall:

Bestandsaufnahme und Inventur von Bäumen: ChatGPT kann helfen, Informationen über verschiedene Baumarten, deren Eigenschaften und die beste Vorgehensweise für die Pflege und Ernte dieser Bäume zu sammeln.

Beispiel-Prompt: *"Erkläre mir die wichtigsten Unterschiede zwischen Eichen und Buchen und wie sie in der Forstwirtschaft am besten gepflegt und geerntet werden."*

Schädlingsbekämpfung und Krankheitsmanagement: Forstwirte müssen Schädlinge und Krankheiten, die Bäume befallen, erkennen und entsprechende Maßnahmen ergreifen. ChatGPT kann hierbei Informationen über Schädlinge und Krankheiten sowie Behandlungsmethoden liefern.

Beispiel-Prompt: *"Welche Schädlinge und Krankheiten sind für Fichten besonders gefährlich und wie kann man sie effektiv bekämpfen?"*

Planung und Organisation von Aufforstungsprojekten: ChatGPT kann bei der Planung von Aufforstungsprojekten unterstützen, indem es Informationen über geeignete Baumarten, Pflanzmuster und Pflegemaßnahmen liefert.

Beispiel-Prompt: *"Gib mir einen Plan für ein Aufforstungsprojekt, das sich auf die Wiederherstellung von Mischwäldern in gemäßigten Klimazonen konzentriert."*

Berichterstattung und Dokumentation: Forstwirte müssen oft Berichte und Dokumente erstellen, um ihre Arbeit zu protokollieren. ChatGPT kann dabei helfen, diese Texte zu formulieren und zu strukturieren.

Beispiel-Prompt: *"Hilf mir, einen Bericht über die Durchführung eines erfolgreichen Aufforstungsprojekts zu verfassen, einschließlich der verwendeten Baumarten, Pflanzmethoden und anschließenden Pflegemaßnahmen."*

Kommunikation und Öffentlichkeitsarbeit: ChatGPT kann dabei helfen, Informationsmaterialien für die Öffentlichkeit zu erstellen, um das Bewusstsein für die Bedeutung der Forstwirtschaft und nachhaltiger Praktiken zu fördern.

Beispiel-Prompt: *"Entwirf einen Flyer, der die Bedeutung nachhaltiger Forstwirtschaft erklärt und Tipps gibt, wie jeder dazu beitragen kann, die Wälder zu schützen."*

Durch die Nutzung von ChatGPT in diesen Bereichen können Forstwirte wertvolle Zeit sparen und gleichzeitig ihr Wissen erweitern und ihre Arbeitsabläufe optimieren.

15 weitere Beispiel-Prompts

In diesem Abschnitt finden Sie speziell ausgewählte Prompts und Techniken, die für den Beruf des Forstwirts relevant sind. Ich beginne mit einem Persona-Priming-Prompt, um ChatGPT auf die Rolle eines erfahrenen Forstwirts vorzubereiten. Anschließend präsentiere ich Ihnen wir Ihnen 14 verschiedene Beispiele für Prompts, die auf die Bedürfnisse und Herausforderungen dieses Berufs zugeschnitten sind. Jedes Beispiel ist ausführlich und praxisorientiert formuliert, um Ihnen dabei zu helfen, ChatGPT effektiv für Ihren Arbeitsalltag als Forstwirt zu nutzen.

Persona-Priming-Prompt Beispiel: *"ChatGPT, du bist nun ein erfahrener Forstwirt. Du verfügst über fundierte Kenntnisse in den Bereichen Forstwirtschaft, Ökosystemmanagement und Umweltschutz. Du bist in der Lage, Ratschläge zur nachhaltigen Waldbewirtschaftung, zum Schutz von Ökosystemen und zur Erhaltung der biologischen Vielfalt zu geben."* Geben Sie nun Ihre konkrete Anfrage als Prompt ein, indem Sie zum Beispiel schreiben: *"ChatGPT, du bist nun ein erfahrener Forstwirt ...? Was ..."*

10-10-10-Methoden-Prompt Beispiel: *"ChatGPT, du bist nun ein erfahrener Forstwirt. Nutze die 10-10-10-Methode, um mir bei der Entscheidung zu helfen, ob ich eine bestimmte Fläche jetzt roden, in 10 Jahren oder in 10 Monaten roden sollte."*

6-Hüte-Methoden-Prompt Beispiel: *"ChatGPT, du bist nun ein erfahrener Forstwirt. Analysiere die Frage, ob der Einsatz von Pestiziden in einem Waldgebiet gerechtfertigt ist, indem du die 6-Hüte-Methode anwendest."*

Dialog-Prompt Beispiel: *"ChatGPT, du bist nun ein erfahrener Forstwirt. Führe einen Dialog mit mir über die besten Methoden zur Verjüngung eines überalterten Laubwaldes."*

Frage-Prompt Beispiel: *"ChatGPT, du bist nun ein erfahrener Forstwirt. Welche Fragen sollte ich mir stellen, bevor ich entscheide, ob ich eine Kahlschlagsfläche mit schnell wachsenden oder langsam wachsenden Baumarten aufforsten möchte?"*

Gegenteilige-Ansicht-Prompt Beispiel: *"ChatGPT, du bist nun ein erfahrener Forstwirt. Ich glaube, dass Monokulturen in der Forstwirtschaft effizient und wirtschaftlich sind. Erkläre mir das Gegenteil, indem du die Vorteile von Mischwäldern darlegst."*

Ideen-erfolgreich-weiterentwickeln-Prompt Beispiel: *"ChatGPT, du bist nun ein erfahrener Forstwirt. Ich habe die Idee, ein Waldpädagogik-Programm für Schulkinder zu entwickeln. Wie kann ich diese Idee weiterentwickeln und verbessern?"*

Ishikawa-Methoden-Prompt Beispiel: *"ChatGPT, du bist nun ein erfahrener Forstwirt. Analysiere mithilfe der Ishikawa-Methode die möglichen Ursachen für eine plötzliche Abnahme der Baumgesundheit in einem bestimmten Waldgebiet."*

Markdown-Format-Prompt Beispiel: *"ChatGPT, du bist nun ein erfahrener Forstwirt. Erstelle einen strukturierten Plan für die Durchführung einer Waldinventur im Markdown-Format, einschließlich der notwendigen Schritte, Ausrüstung und Zeitleiste."*

PAS-Methoden-Prompt Beispiel: *"ChatGPT, du bist nun ein erfahrener Forstwirt. Wende die PAS-Methode an, um mir bei der Lösung des Problems der Bodenerosion in einem steilen Waldgebiet zu helfen."*

Pro-und-Contra-Prompt Beispiel: *"ChatGPT, du bist nun ein erfahrener Forstwirt. Nenne die Pro- und Contra-Argumente für die Verwendung von Pestiziden in der Forstwirtschaft."*

Reframing-Prompt Beispiel: *"ChatGPT, du bist nun ein erfahrener Forstwirt. Ich sehe den Verlust von altem Baumbestand als ein großes Problem. Hilf mir, dieses Problem neu zu rahmen und es als Chance für die Verjüngung und Erneuerung des Waldes zu betrachten."*

Schritt-für-Schritt-Prompt Beispiel: *"ChatGPT, du bist nun ein erfahrener Forstwirt. Beschreibe mir Schritt für Schritt, wie ich eine erfolgreiche Aufforstung nach einem Waldbrand durchführen sollte."*

Sentiment-Prompt Beispiel: *"ChatGPT, du bist nun ein erfahrener Forstwirt. Schreibe mir einen motivierenden Text, der das positive Sentiment vermittelt, dass die Arbeit eines Forstwirts zur Erhaltung unserer Wälder und Umwelt beiträgt."*

SWOT-Analyse-Prompt Beispiel: *"ChatGPT, du bist nun ein erfahrener Forstwirt. Führe eine SWOT-Analyse durch, um die Stärken, Schwächen, Chancen und Bedrohungen einer forstwirtschaftlichen Initiative zur Wiederherstellung von Feuchtgebieten in einem bestimmten Gebiet zu bewerten."*

Fuhrparkmanager/-in

Ein Fuhrparkmanager ist verantwortlich für die Organisation und Verwaltung des Fahrzeugbestandes eines Unternehmens. Dabei können verschiedene Aspekte wie Beschaffung, Wartung, Reparatur, Versicherung, Leasing, Fahrertraining und Betriebskostenmanagement anfallen. ChatGPT kann

Fuhrparkmanagern bei diesen Tätigkeiten auf vielfältige Weise unterstützen:

Fahrzeugbeschaffung und Vergleich: ChatGPT kann bei der Recherche und dem Vergleich von Fahrzeugmodellen hinsichtlich Kosten, Leistung und Umweltfreundlichkeit helfen.

Beispiel-Prompt: *"Vergleiche die Gesamtkosten, Leistung und Umweltfreundlichkeit von Elektroautos und Dieselautos für einen Fuhrpark mit 50 Fahrzeugen."*

Wartungsplanung und -überwachung: ChatGPT kann dabei helfen, einen Wartungsplan für die Fahrzeuge im Fuhrpark zu erstellen und den Überblick über anstehende Wartungen zu behalten.

Beispiel-Prompt: *"Erstelle einen Wartungsplan für einen Fuhrpark mit 50 Fahrzeugen, einschließlich der empfohlenen Intervalle für Ölwechsel, Reifenwechsel und allgemeine Inspektionen."*

Kostenmanagement: ChatGPT kann dabei unterstützen, Kostenvoranschläge für Reparaturen und Wartungen einzuholen und die Betriebskosten des Fuhrparks im Auge zu behalten.

Beispiel-Prompt: *"Erstelle eine Liste von Kostenvoranschlägen für die Reparatur eines beschädigten Getriebes bei verschiedenen Werkstätten in der Nähe."*

Fahrertraining und Sicherheit: ChatGPT kann dabei helfen, Schulungsmaterialien und Sicherheitshinweise für die Fahrer des Fuhrparks zusammenzustellen.

Beispiel-Prompt: *"Erstelle eine Liste von Sicherheitstipps und Schulungsmaterialien, die Fuhrparkfahrer befolgen sollten, um Unfälle und Verkehrsverstöße zu vermeiden."*

Versicherungs- und Leasingverwaltung: ChatGPT kann bei der Recherche nach Versicherungs- und Leasingoptionen unterstützen und dabei helfen, die besten Angebote zu finden.

Beispiel-Prompt: *"Vergleiche die Versicherungsprämien und Leasingraten für einen Fuhrpark mit 50 Fahrzeugen bei verschiedenen Anbietern."*

Gesetzliche Vorschriften und Compliance: ChatGPT kann dabei helfen, Informationen über gesetzliche Vorschriften und Anforderungen für Fuhrparks zu recherchieren und sicherzustellen, dass der Fuhrparkmanager diese erfüllt.

Beispiel-Prompt: *"Erstelle eine Liste der gesetzlichen Vorschriften und Anforderungen, die ein Fuhrparkmanager in Deutschland kennen und einhalten sollte."*

Indem ChatGPT bei diesen Tätigkeiten hilft, kann ein Fuhrparkmanager seine tägliche Arbeit effizienter gestalten und sich auf strategische Entscheidungen und Optimierungen konzentrieren.

15 weitere Beispiel-Prompts

In folgenden Abschnitt finden Sie eine Auswahl an Prompts und Kreativitätstechniken, die speziell auf die Bedürfnisse und Herausforderungen eines Fuhrparkmanagers zugeschnitten sind. Zuerst werde ich mit einem Persona-Priming-Prompt beginnen, um ChatGPT auf die Rolle eines erfahrenen Fuhrparkmanagers einzustimmen. Anschließend finden Sie weitere Prompts, die auf die verschiedenen Kategorien wie allgemeine Prompts, Ideenfindung, Problemlösung und Entscheidungsfindung zugeschnitten sind. Diese Prompts sind darauf ausgerichtet, Ihnen dabei zu helfen, effektive Lösungen und Ideen für die Herausforderungen in Ihrem Beruf als Fuhrparkmanager zu finden.

Persona-Priming-Prompt Beispiel: *"ChatGPT, ich möchte, dass du die Rolle eines Fuhrparkmanagers einnimmst. Du verfügst über umfassendes Wissen in den Bereichen Fuhrparkmanagement, Fahrzeugtechnik und Logistik. Du bist in der Lage, Ratschläge zur Optimierung von Fuhrparkprozessen, zur Auswahl geeigneter Fahrzeuge und zur Verbesserung der Fahrzeugwartung zu geben."* Geben Sie nun Ihre konkrete Anfrage als Prompt ein, indem Sie zum Beispiel schreiben: *"ChatGPT, du bist nun ein erfahrener Fuhrparkmanager ...? Was ..."*

5-Why-Verfahren-Prompt Beispiel: *"ChatGPT, du bist nun ein erfahrener Fuhrparkmanager. Wende das 5-Why-Verfahren an, um die Ursache für die häufigen Getriebeprobleme in einer bestimmten Fahrzeugflotte zu ermitteln."*

ABC-Technik-Prompt Beispiel: *"ChatGPT, du bist nun ein erfahrener Fuhrparkmanager. Verwende die ABC-Technik, um mögliche Wege zur Senkung der Betriebskosten des Fuhrparks aufzulisten."*

Dialog-Prompt Beispiel: *"ChatGPT, du bist nun ein erfahrener Fuhrparkmanager. Simuliere einen Dialog zwischen einem Fuhrparkmanager und einem Leasinganbieter, um die besten Leasingbedingungen für die Fahrzeugflotte auszuhandeln."*

Frage-Prompt Beispiel: *"ChatGPT, du bist nun ein erfahrener Fuhrparkmanager. Welche Fragen sollte ich stellen, um die Eignung eines potenziellen Fuhrparkfahrers zu beurteilen?"*

Gegenargument-Prompt Beispiel: *"ChatGPT, du bist nun ein erfahrener Fuhrparkmanager. Nenne Gegenargumente zur Anschaffung von Elektrofahrzeugen für einen Fuhrpark und erkläre, warum Diesel- oder Benzin-Fahrzeuge in einigen Fällen möglicherweise besser geeignet sind."*

Internet-Analyse-Prompt Beispiel: *"ChatGPT, du bist nun ein erfahrener Fuhrparkmanager. Führe eine Internet-Analyse durch, um die besten Anbieter für Fahrzeugwartung und Reparaturen in meiner Region zu finden."*

Lateral-Thinking-Prompt Beispiel: *"ChatGPT, du bist nun ein erfahrener Fuhrparkmanager. Verwende Lateral-Thinking, um alternative Lösungen für die Optimierung der Fahrzeugauslastung im Fuhrpark zu finden."*

Multi-Kriterien-Analyse-(MKA)-Prompt Beispiel: *"ChatGPT, du bist nun ein erfahrener Fuhrparkmanager. Führe eine Multi-Kriterien-Analyse durch, um die besten Fahrzeugmodelle für unseren Fuhrpark unter Berücksichtigung von Faktoren wie Anschaffungskosten, Betriebskosten, Umweltfreundlichkeit und Zuverlässigkeit auszuwählen."*

Pareto-Analyse-Prompt Beispiel: *"ChatGPT, du bist nun ein erfahrener Fuhrparkmanager. Wende die Pareto-Analyse an, um herauszufinden, welche 20% der Fahrzeuge im Fuhrpark 80% der Wartungskosten verursachen."*

Reframing-Prompt Beispiel: *"ChatGPT, du bist nun ein erfahrener Fuhrparkmanager. Verwende Reframing, um die Herausforderungen bei der Umstellung des Fuhrparks auf Elektrofahrzeuge in Chancen und Vorteile umzuwandeln."*

Schritt-für-Schritt-Prompt Beispiel: *"ChatGPT, du bist nun ein erfahrener Fuhrparkmanager. Erkläre Schritt für Schritt, wie man einen Fuhrpark-Notfallplan erstellt, um auf unvorhergesehene Ereignisse wie Unfälle, Pannen oder Naturkatastrophen vorbereitet zu sein."*

Sentiment-Prompt Beispiel: *"ChatGPT, du bist nun ein erfahrener Fuhrparkmanager. Analysiere das Sentiment von Fuhrparkfahrern in Bezug auf die Einführung von GPS-Tracking-Systemen in den Fahrzeugen und identifiziere mögliche Bedenken und Widerstände."*

SWOT-Analyse-Prompt Beispiel: *"ChatGPT, du bist nun ein erfahrener Fuhrparkmanager. Führe eine SWOT-Analyse für unseren Fuhrpark durch, um Stärken, Schwächen, Chancen und Bedrohungen zu identifizieren."*

Zusammenfassungs-Prompt Beispiel: *"ChatGPT, du bist nun ein erfahrener Fuhrparkmanager. Fasse die wichtigsten Aspekte und Herausforderungen bei der Verwaltung eines Fuhrparks mit überwiegend Elektrofahrzeugen zusammen."*

Gärtner/in

ChatGPT kann Gärtnerinnen und Gärtnern in verschiedenen Bereichen ihres Arbeitsalltags helfen. Hier sind einige Tätigkeiten, bei denen ChatGPT angewendet werden kann, um die tägliche Arbeit zu erleichtern, sowie konkrete Beispiel-Prompts:

Pflanzenidentifikation und -pflege: ChatGPT kann Gärtner/innen helfen, Pflanzen zu identifizieren und Informationen über ihre Pflegeanforderungen zu erhalten.

Beispiel-Prompt: *"Erkläre mir, wie ich eine Begonie identifiziere und welche Pflege sie benötigt."*

Planung von Pflanzungen und Gartengestaltung: ChatGPT kann Gärtner/innen unterstützen, indem es Vorschläge für Pflanzpläne oder Gartengestaltungen liefert, die auf bestimmte Klima-, Boden- oder Designpräferenzen abgestimmt sind.

Beispiel-Prompt: *"Gib mir Vorschläge für eine Gartengestaltung in einem schattigen Bereich mit feuchtem Boden und einer Fokusfarbe von Blau."*

Schädlingsbekämpfung und Krankheitsmanagement: ChatGPT kann Gärtner/innen bei der Identifizierung von Schädlingen oder Krankheiten helfen und Lösungen zur Bekämpfung dieser Probleme anbieten.

Beispiel-Prompt: *"Ich habe Blattläuse auf meinen Rosen entdeckt. Wie kann ich sie effektiv und umweltfreundlich bekämpfen?"*

Wachstums- und Ernteberatung: ChatGPT kann Gärtner/innen Empfehlungen zum Pflanzenwachstum, zum richtigen Zeitpunkt für die Ernte oder zur optimalen Lagerung von Ernteprodukten geben.

Beispiel-Prompt: *"Wann ist der beste Zeitpunkt, um Tomaten zu ernten, und wie sollte ich sie lagern, um ihre Frische zu bewahren?"*

Geschäftsentwicklung und Marketing: ChatGPT kann Gärtner/innen helfen, Geschäftspläne zu erstellen, Marketingstrategien zu entwickeln und Kundenanfragen professionell zu beantworten.

Beispiel-Prompt: *"Erstelle einen kurzen Geschäftsplan für ein Gartenbauunternehmen, das sich auf ökologische und nachhaltige Gartenpflege spezialisiert."*

Indem Gärtner/innen ChatGPT für diese verschiedenen Tätigkeiten nutzen, können sie ihre Arbeitsabläufe optimieren, fundierte Entscheidungen treffen und ihre Effizienz steigern.

15 weitere Beispiel-Prompts

Im Folgenden finden Sie eine Auswahl von Prompts, die auf den Beruf des Gärtners zugeschnitten sind und die verschiedenen oben aufgeführten Kreativ- und Problemlösungstechniken nutzen. Diese Prompts sollen Gärtnerinnen und Gärtnern helfen, verschiedene Aspekte ihres Arbeitsalltags effizienter zu gestalten. Dabei beginnen Sie am besten mit einem Persona-Priming-Prompt, um ChatGPT in die Rolle eines erfahrenen Gärtners zu versetzen.

Persona-Priming-Prompt Beispiel: *"ChatGPT, du bist nun ein erfahrener Gärtner mit umfangreichen Kenntnissen in den Bereichen Pflanzenkunde,*

Gartenbau und Landschaftsgestaltung. Du bist in der Lage, Ratschläge zur Pflanzenauswahl, zur Gartenpflege und zur Gestaltung von Gärten und Landschaften zu geben." Geben Sie nun Ihre konkrete Anfrage als Prompt ein, indem Sie zum Beispiel schreiben: *"ChatGPT, du bist nun ein erfahrener Gärtner ...? Was ..."*

ABC-Technik-Prompt Beispiel: *"ChatGPT, du bist nun ein erfahrener Gärtner. Verwende die ABC-Technik, um Ideen für Pflanzen zu generieren, die ich in einem kleinen Stadtgarten anpflanzen kann, von A bis Z beginnend mit dem Buchstaben A."*

Dialog-Prompt Beispiel: *"ChatGPT, du bist nun ein erfahrener Gärtner. Führe einen Dialog mit mir, um die besten Methoden zur Verbesserung des Bodens in meinem Garten zu ermitteln."*

Frage-Prompt Beispiel: *"ChatGPT, du bist nun ein erfahrener Gärtner. Welche Fragen sollte ich mir stellen, bevor ich entscheide, welche Pflanzen ich in meinem Garten anbauen möchte?"*

Gegenargument-Prompt Beispiel: *"ChatGPT, du bist nun ein erfahrener Gärtner. Ich denke darüber nach, Kunstrasen in meinem Garten zu verwenden. Nenne mir einige Gegenargumente für diese Entscheidung."*

6-Hüte-Methoden-Prompt Beispiel: *"ChatGPT, du bist nun ein erfahrener Gärtner. Führe eine 6-Hüte-Analyse durch, um die Vor- und Nachteile der Verwendung von synthetischen Düngemitteln im Vergleich zu organischen Düngemitteln zu bewerten."*

Internet-Analyse-Prompt Beispiel: *"ChatGPT, du bist nun ein erfahrener Gärtner. Analysiere das Internet, um herauszufinden, welche Gartenbau-Trends für das kommende Jahr vorhergesagt werden."*

Listen-Prompt Beispiel: *"ChatGPT, du bist nun ein erfahrener Gärtner. Liste zehn einheimische Pflanzen auf, die für die Region ... geeignet sind und wenig Pflege benötigen."*

Pareto-Analyse-Prompt Beispiel: *"ChatGPT, du bist nun ein erfahrener Gärtner. Wende die Pareto-Analyse an, um herauszufinden, welche 20% der Gartenarbeit 80% der positiven Auswirkungen auf meinen Garten haben."*

Pro-und-Contra-Prompt Beispiel: *"ChatGPT, du bist nun ein erfahrener Gärtner. Gib mir eine Pro-und-Contra-Liste für den Anbau von Gemüse in Hochbeeten."*

Reframing-Prompt Beispiel: *"ChatGPT, du bist nun ein erfahrener Gärtner. Reframing-Aufgabe: Mein Garten ist sehr schattig und ich sehe das als Problem. Wie kann ich diese Situation in eine positive Gelegenheit umwandeln?"*

Schritt-für-Schritt-Prompt Beispiel: *"ChatGPT, du bist nun ein erfahrener Gärtner. Gib mir eine schrittweise Anleitung, wie ich einen effektiven Komposthaufen in meinem Garten anlegen kann."*

SWOT-Analyse-Prompt Beispiel: *"ChatGPT, du bist nun ein erfahrener Gärtner. Führe eine SWOT-Analyse für meine Idee durch, ein Gartenbauunternehmen zu gründen, das sich auf nachhaltige und umweltfreundliche Praktiken konzentriert."*

Verfeinerungs-Prompt Beispiel: *"ChatGPT, du bist nun ein erfahrener Gärtner. Ich habe folgende Idee für einen Gartenentwurf: Ein Cottage-Garten mit einer Mischung aus Blumen und Nutzpflanzen. Bitte hilf mir, diese Idee weiter zu verfeinern und zu verbessern."*

WWAD-Methode-Prompt (What's Wrong and What's Desired) Beispiel: *"ChatGPT, du bist nun ein erfahrener Gärtner. Wende die WWAD-Methode an, um die Probleme in meinem Garten zu identifizieren und Lösungen dafür zu finden. Mein Garten hat schlechten Boden, ist schattig und hat wenig Platz."*

Grafikdesigner/in

Grafikdesigner/innen können ChatGPT in verschiedenen Aspekten ihres Arbeitsalltags einsetzen, um ihre Arbeit zu erleichtern und ihre Kreativität zu fördern. Hier sind einige Anwendungsmöglichkeiten und Beispiel-Prompts, die dabei helfen können:

Ideenfindung und Konzeptentwicklung: Grafikdesigner/innen können ChatGPT nutzen, um kreative Ideen und Konzepte für ihre Projekte zu entwickeln.

Beispiel-Prompt: *"Als Grafikdesigner arbeite ich an einem Logo für ein nachhaltiges Modeunternehmen. Gib mir drei kreative Logo-Konzepte, die Umweltfreundlichkeit und Stil verbinden."*

Farb- und Materialauswahl: ChatGPT kann Grafikdesigner/innen dabei unterstützen, Farben und Materialien passend zum jeweiligen Projekt auszuwählen.

Beispiel-Prompt: *"Ich benötige eine harmonische Farbpalette für ein Naturkosmetik-Unternehmen. Schlage mir fünf Farben vor, die Natürlichkeit und Frische ausstrahlen."*

Typografie und Schriftarten: Grafikdesigner/innen können ChatGPT verwenden, um passende Schriftarten für ihre Projekte zu finden.

Beispiel-Prompt: *"Empfehle mir eine Schriftart, die gut zu einem eleganten und modernen Restaurant passt. Bitte beschreibe kurz, warum diese Schriftart geeignet ist."*

Gestaltung von Layouts und Präsentationen: ChatGPT kann Grafikdesigner/innen bei der Gestaltung von Layouts und Präsentationen helfen.

Beispiel-Prompt: *"Gib mir drei Tipps, wie ich die Lesbarkeit und Ästhetik eines Magazinlayouts verbessern kann."*

Design-Kritik und Feedback: Grafikdesigner/innen können ChatGPT um konstruktives Feedback zu ihren Entwürfen bitten.

Beispiel-Prompt: *"Ich habe ein Plakat für ein Filmfestival entworfen. Kannst du mir bitte Verbesserungsvorschläge geben, um das Design ansprechender und informativer zu gestalten?"*

Trendforschung und Inspiration: ChatGPT kann Grafikdesigner/innen helfen, aktuelle Designtrends und Inspirationen zu finden.

Beispiel-Prompt: *"Beschreibe drei aktuelle Designtrends im Bereich Webdesign, die ich in meinem nächsten Projekt berücksichtigen sollte."*

Indem Grafikdesigner/innen diese und weitere Anwendungsmöglichkeiten von ChatGPT nutzen, können sie ihre Arbeit effizienter gestalten und ihre Kreativität auf ein neues Level heben.

15 weitere Beispiel-Prompts

In diesem Abschnitt werden praxisnahe Prompts für den Beruf des Grafikdesigners vorgestellt, die auf allgemeinen Prompt-Arten, Ideenfindungs-Prompts, Problemlösungs-Prompts und Entscheidungsfindungs-Prompts basieren. Vor der Anwendung dieser Prompts empfehle ich, einen Persona-Priming-Prompt zu nutzen, um ChatGPT auf die Rolle eines erfahrenen Grafikdesigners einzustimmen.

Persona-Priming-Prompt Beispiel: *"ChatGPT, ich möchte, dass du die Rolle eines Grafikdesigners einnimmst. Du verfügst über fundierte Kenntnisse in den Bereichen Grafikdesign, Typografie, Farbtheorie und visuelle Kommunikation. Du bist in der Lage, Ratschläge zur Gestaltung von Print- und Digitalmedien zu geben, einschließlich der Auswahl von Schriftarten, Farben und Layouts."* Geben Sie nun Ihre konkrete Anfrage als Prompt ein, indem Sie zum Beispiel schreiben: *"ChatGPT, du bist nun ein erfahrener Grafikdesigner ...? Was ..."*

ABC-Technik-Prompt Beispiel: *"ChatGPT, du bist nun ein erfahrener Grafikdesigner. Wende die ABC-Technik an, um mir Ideen für ein innovatives Logo-Design für ein umweltfreundliches Unternehmen zu geben. Beginne mit dem Buchstaben 'A' und arbeite dich bis zum Buchstaben 'Z' vor."*

Dialog-Prompt Beispiel: *"ChatGPT, du bist nun ein erfahrener Grafikdesigner. Führe einen Dialog zwischen mir und dir, in dem wir über die Gestaltung eines Werbebanners für ein Online-Event diskutieren."*

Frage-Prompt Beispiel: *"ChatGPT, du bist nun ein erfahrener Grafikdesigner. Welche Fragen sollte ich mir stellen, um ein ansprechendes und effektives Verpackungsdesign für ein Bio-Lebensmittelprodukt zu entwickeln?"*

Gegenteilige-Ansicht-Prompt Beispiel: *"ChatGPT, du bist nun ein erfahrener Grafikdesigner. Was sind die Hauptargumente gegen die Verwendung von extrem minimalistischen Designs in der Werbung?"*

Internet-Analyse-Prompt Beispiel: *"ChatGPT, du bist nun ein erfahrener Grafikdesigner. Analysiere das aktuelle Webdesign von [Website-Name] und gib mir drei Verbesserungsvorschläge."*

Markdown-Format-Prompt Beispiel: *"ChatGPT, du bist nun ein erfahrener Grafikdesigner. Erstelle eine einfache, aber effektive Textformatierung für einen Blogbeitrag zum Thema 'Die besten Design-Trends 2023' mithilfe von Markdown."*

Multi-Kriterien-Analyse-(MKA)-Prompt Beispiel: *"ChatGPT, du bist nun ein erfahrener Grafikdesigner. Führe eine Multi-Kriterien-Analyse durch, um die beste Schriftart für ein Luxus-Modegeschäft zu finden. Berücksichtige Kriterien wie Lesbarkeit, Stil und Eleganz."*

Pareto-Analyse-Prompt Beispiel: *"ChatGPT, du bist nun ein erfahrener Grafikdesigner. Wende die Pareto-Analyse an, um herauszufinden, welche 20% der Design-Elemente 80% des Erfolgs bei der Gestaltung eines ansprechenden Plakats ausmachen."*

Pro-und-Contra-Prompt Beispiel: *"ChatGPT, du bist nun ein erfahrener Grafikdesigner. Stelle eine Pro-und-Contra-Liste zusammen, um die Vor- und Nachteile von responsivem Webdesign gegenüber statischem Webdesign zu vergleichen."*

Reframing-Prompt Beispiel: *"ChatGPT, du bist nun ein erfahrener Grafikdesigner. Nutze die Reframing-Technik, um eine neue Perspektive auf die Herausforderung zu gewinnen, ein ansprechendes und benutzerfreundliches Menüdesign für eine Restaurant-Website zu erstellen."*

Schritt-für-Schritt-Prompt Beispiel: *"ChatGPT, du bist nun ein erfahrener Grafikdesigner. Gib mir eine Schritt-für-Schritt-Anleitung, um ein ansprechendes und effektives E-Mail-Newsletter-Design zu erstellen."*

Sentiment-Prompt Beispiel: *"ChatGPT, du bist nun ein erfahrener Grafikdesigner. Analysiere das Sentiment hinter den Farben Blau, Grün und Orange und empfehle, welche Farbe am besten für ein Logo eines Unternehmens im Bereich der psychischen Gesundheit geeignet ist."*

SWOT-Analyse-Prompt Beispiel: *"ChatGPT, du bist nun ein erfahrener Grafikdesigner. Führe eine SWOT-Analyse für das Design eines Online-Shops durch, der handgefertigte Keramikprodukte verkauft."*

Zusammenfassungs-Prompt Beispiel: *"ChatGPT, du bist nun ein erfahrener Grafikdesigner. Lies diesen Artikel über [Link zum Artikel] und fasse die wichtigsten Design-Tipps in wenigen Sätzen zusammen."*

Handelsvertreter/in

ChatGPT kann Handelsvertretern in vielerlei Hinsicht dabei helfen, ihre tägliche Arbeit zu erleichtern. Hier sind einige Tätigkeiten, bei denen ChatGPT unterstützend wirken kann, zusammen mit konkreten Beispiel-Prompts:

Kundenkommunikation: Handelsvertreter können ChatGPT verwenden, um E-Mails und Nachrichten an Kunden auf eine ansprechende und persönliche Weise zu verfassen.

Beispiel-Prompt: *"Erstelle eine E-Mail, in der ich einem potenziellen Kunden unser neues Produkt vorstelle und die Vorteile für sein Unternehmen erläutere."*

Produktpräsentationen: ChatGPT kann dabei helfen, effektive und überzeugende Produktpräsentationen zu erstellen, indem es Informationen und Argumente in einer logischen und ansprechenden Reihenfolge anordnet.

Beispiel-Prompt: *"Entwirf eine Produktpräsentation für unser neues CRM-System, die die wichtigsten Funktionen und Vorteile für kleine und mittlere Unternehmen hervorhebt."*

Marktanalyse: Handelsvertreter können ChatGPT nutzen, um Marktanalysen durchzuführen und Wettbewerbsvorteile zu identifizieren.

Beispiel-Prompt: *"Analysiere den Markt für CRM-Systeme und identifiziere die wichtigsten Wettbewerbsvorteile unseres Produkts im Vergleich zu anderen Anbietern."*

Terminplanung: ChatGPT kann Handelsvertretern dabei helfen, ihre Termine effizient zu organisieren und sicherzustellen, dass sie keine wichtigen Meetings oder Kundenkontakte verpassen.

Beispiel-Prompt: *"Erstelle einen Wochenplan, der meine Kundentermine, Verkaufsgespräche und Produktschulungen für die nächste Woche berücksichtigt."*

Verkaufsgespräche: ChatGPT kann Handelsvertretern helfen, ihre Verkaufsgespräche zu verbessern, indem es ihnen mögliche Einwände von Kunden und passende Antworten darauf anbietet.

Beispiel-Prompt: *"Nenne mir fünf mögliche Einwände, die ein Kunde bei der Präsentation unseres CRM-Systems haben könnte, und gib mir passende Antworten, um diese Einwände zu entkräften."*

Verkaufstraining: ChatGPT kann Handelsvertretern dabei helfen, ihre Verkaufsfähigkeiten zu verbessern, indem es Tipps und Ratschläge zu verschiedenen Verkaufstechniken bietet.

Beispiel-Prompt: *"Gib mir zehn Tipps, wie ich meine Verkaufsfähigkeiten in Bezug auf unser CRM-System verbessern kann."*

Insgesamt kann ChatGPT Handelsvertretern in vielen verschiedenen Bereichen ihrer täglichen Arbeit unterstützen und so dazu beitragen, ihre Produktivität und Effizienz zu steigern.

15 weitere Prompt-Beispiele

Im folgenden Abschnitt werden Persona-Priming und verschiedene Prompt-Arten und Kreativtechniken aufgeführt, um Handelsvertreter bei ihrer täglichen Arbeit zu unterstützen. Mit der Nutzung dieser Prompts und Techniken können Handelsvertreter die Vorteile von ChatGPT voll ausschöpfen und ihre Produktivität und Effizienz steigern.

Persona-Priming-Prompt Beispiel: *"ChatGPT, ich möchte, dass du die Rolle eines Handelsvertreters einnimmst. Du verfügst über umfassendes Wissen in den Bereichen Vertrieb, Marketing und Kundenbeziehungsmanagement. Du bist in der Lage, Ratschläge zur Verbesserung von Verkaufsstrategien, zur Steigerung von Umsätzen und zur Pflege von Kundenbeziehungen zu geben."* Geben Sie nun Ihre konkrete Anfrage als Prompt ein, indem Sie zum Beispiel schreiben: *"ChatGPT, du bist nun ein erfahrener Handelsvertreter ...? Was ...“*

10-10-10-Methoden-Prompt Beispiel: *"ChatGPT, du bist nun ein erfahrener Handelsvertreter. Analysiere bitte eine schwierige Entscheidung, die ich treffen muss unter Anwendung der 10-10-10-Methode. Wie würde sich diese Entscheidung auf mein Unternehmen in 10 Minuten, 10 Monaten und 10 Jahren auswirken?"*

ABC-Technik-Prompt Beispiel: *"ChatGPT, du bist nun ein erfahrener Handelsvertreter. Verwende die ABC-Technik, um mir dabei zu helfen, neue Verkaufsstrategien für unser ... zu entwickeln, indem du für jeden Buchstaben des Alphabets eine Strategie oder Taktik vorschlägst."*

Dialog-Prompt Beispiel: *"ChatGPT, du bist nun ein erfahrener Handelsvertreter. Führe ein simuliertes Verkaufsgespräch mit mir, indem du unser ... präsentierst und auf mögliche Einwände der Kunden eingehst."*

Frage-Prompt Beispiel: *"ChatGPT, du bist nun ein erfahrener Handelsvertreter. Stelle mir fünf offene Fragen, die ich Kunden während eines Verkaufsgesprächs stellen kann, um deren Bedürfnisse besser zu verstehen und unser ... bestmöglich anzupassen."*

Gegenargument-Prompt Beispiel: *"ChatGPT, du bist nun ein erfahrener Handelsvertreter. Gib mir ein Gegenargument für den Einwand eines Kunden, der sagt, dass unser Produkt ... zu teuer ist im Vergleich zu anderen Anbietern auf dem Markt."*

Ishikawa-Methoden-Prompt Beispiel: *"ChatGPT, du bist nun ein erfahrener Handelsvertreter. Erstelle ein Ishikawa-Diagramm, um die Ursachen für eine geringe Abschlussrate bei Verkaufsgesprächen für unser ... zu analysieren."*

Markdown-Format-Prompt Beispiel: *"ChatGPT, du bist nun ein erfahrener Handelsvertreter. Erstelle eine Liste der wichtigsten Verkaufsargumente für unser Produkt ... im Markdown-Format, die ich in einer E-Mail an potenzielle Kunden verwenden kann."*

Pro-und-Contra-Prompt Beispiel: "ChatGPT, du bist nun ein erfahrener Handelsvertreter. Erstelle eine Pro-und-Contra-Liste für unser CRM-System im Vergleich zu einem wichtigen Wettbewerber, um potenzielle Kunden von den Vorteilen unseres Produkts zu überzeugen."

Reframing-Prompt Beispiel: *"ChatGPT, du bist nun ein erfahrener Handelsvertreter. Verwende die Reframing-Technik, um eine negative Kundenmeinung über unser Produkt ... – beispielsweise 'Es ist zu komplex' – in eine positive Aussage umzuwandeln, die die Vorteile des Produktes hervorhebt."*

Sentiment-Prompt Beispiel: *"ChatGPT, du bist nun ein erfahrener Handelsvertreter. Analysiere das Sentiment von Kundenbewertungen unseres CRM-Systems und gib mir einen Überblick über die allgemeine Kundenzufriedenheit und mögliche Verbesserungsbereiche."*

Stil-und-Schreibart-Anpassungs-Prompt Beispiel: *"ChatGPT, du bist nun ein erfahrener Handelsvertreter. Schreibe eine kurze E-Mail an einen potenziellen Kunden, in der du unser Produkt ... vorstellst. Achte darauf, dass der Schreibstil und die Schreibart an die Branche und das Unternehmen des Kunden angepasst sind."*

SWOT-Analyse-Prompt Beispiel: *"ChatGPT, du bist nun ein erfahrener Handelsvertreter. Führe eine SWOT-Analyse für unser ... durch, um Stärken, Schwächen, Chancen und Risiken zu identifizieren."*

Tabellen-Format-Prompt Beispiel: *"ChatGPT, du bist nun ein erfahrener Handelsvertreter. Erstelle eine Tabelle, die die wichtigsten Funktionen unseres CRM-Systems im Vergleich zu den Funktionen der Produkte unserer Hauptkonkurrenten zeigt."*

Hebamme/Entbindungspfleger/in

Hebammen und Entbindungspflegerinne sind Fachleute, die Frauen während der Schwangerschaft, Geburt und im Wochenbett begleiten und unterstützen. Sie arbeiten in verschiedenen Einrichtungen wie Krankenhäusern, Geburtshäusern, Arztpraxen oder in der eigenen Praxis und helfen ihren Klientinnen dabei, sich körperlich und emotional auf die Geburt vorzubereiten und sie zu bewältigen. ChatGPT kann Hebammen und Entbindungspflegerinnen auf unterschiedliche Weise unterstützen, um ihre tägliche Arbeit zu erleichtern und ihre Effizienz zu steigern.

Erstellung von individuellen Geburtsvorbereitungsplänen: ChatGPT kann Hebammen und Entbindungspflegerinnen helfen, individuelle Geburtsvorbereitungspläne für ihre Klientinnen zu erstellen, indem es Vorschläge für geeignete Ziele, Methoden und Aktivitäten generiert, die auf den Bedürfnissen und Fähigkeiten der Klientinnen basieren.

Beispiel-Prompt: *"Erstelle einen individuellen Geburtsvorbereitungsplan für eine Schwangere mit Angst vor der Geburt."*

Entwicklung von Informationsmaterialien: ChatGPT kann bei der Erstellung von Informationsmaterialien und Handouts helfen, die auf die Bedürfnisse der Klientinnen zugeschnitten sind, wie beispielsweise Tipps zur Schwangerschaft, Geburt oder zur Pflege des Neugeborenen.

Beispiel-Prompt: *"Entwickle eine Liste von Tipps zur Linderung von Schwangerschaftsbeschwerden."*

Aktuelle Forschung und Ressourcen: ChatGPT kann Hebammen und Entbindungspflegerinnen dabei helfen, sich über die neuesten Forschungsergebnisse und Ressourcen im Bereich der Geburtshilfe auf dem Laufenden zu halten, indem es Zusammenfassungen von Studien oder Artikeln liefert.

Beispiel-Prompt: *"Fasse die wichtigsten Erkenntnisse aus der aktuellen Forschung zur Wassergeburt zusammen."*

Beratung und Kommunikation: ChatGPT kann als eine Art digitaler Assistent für Hebammen und Entbindungspflegerinnen fungieren, der ihnen dabei hilft, effektive Kommunikation mit werdenden Eltern, Ärzten und anderen Fachleuten zu führen. Es kann Vorschläge für Gesprächsthemen, Formulierungen oder E-Mail-Korrespondenz liefern.

Beispiel-Prompt: *"Gib mir Vorschläge für Gesprächsthemen, um mit werdenden Eltern über die Vorteile von Geburtsvorbereitungskursen zu sprechen."*

Selbstreflexion und Weiterbildung: ChatGPT kann Hebammen und Entbindungspflegerinnen bei der Selbstreflexion unterstützen, indem es Fragen generiert, die ihnen helfen, ihre eigene Praxis zu überdenken und zu verbessern.

Beispiel-Prompt: *"Stelle mir einige Reflexionsfragen zur Verbesserung meiner Praxis im Bereich der Geburtshilfe."*

Durch die Nutzung von ChatGPT können Hebammen und Entbindungspflegerinnen ihre täglichen Aufgaben effizienter bewältigen, ihren Klientinnen besser helfen und ihre berufliche Weiterentwicklung fördern.

15 weitere Beispiel-Prompts

In diesem Abschnitt untersuchen wir die Anwendung von ChatGPT im Beruf der Hebamme/Entbindungspflegerin untersuchen. Dazu werde ich einen Persona-Priming-Prompt verwenden, um ChatGPT in die Rolle einer Hebamme/Entbindungspflegerin zu versetzen. Anschließend stelle ich Ihnen verschiedene Prompts und Techniken vor, die auf den spezifischen Bedürfnissen und Herausforderungen dieses Berufs basieren. Diese Prompts sind darauf ausgelegt, Hebammen/Entbindungspflegerinnen bei ihrer täglichen Arbeit und bei der Lösung von Problemen zu unterstützen.

Persona-Priming-Prompt Beispiel: *"ChatGPT, ich möchte, dass du die Rolle einer Hebamme/Entbindungspflegerin einnimmst. Du verfügst über umfangreiche Kenntnisse in den Bereichen Geburtshilfe, Schwangerschaftsvorsorge und Neugeborenenpflege. Du bist in der Lage, Ratschläge und Unterstützung für werdende Mütter während der Schwangerschaft, der Geburt und der Nachsorge zu geben." Geben Sie nun Ihre konkrete Anfrage als Prompt ein, indem Sie zum Beispiel schreiben: "ChatGPT, du bist nun eine erfahrene Hebamme/Entbindungspflegerin ...? Was ...“*

ABC-Technik-Prompt Beispiel: *"ChatGPT, du bist nun eine erfahrene Hebamme/Entbindungspflegerin. Bitte führe die ABC-Technik durch und erstelle eine Liste von A bis Z mit wichtigen Begriffen und Konzepten aus der Geburtshilfe."*

Dialog-Prompt Beispiel: *"ChatGPT, du bist nun eine erfahrene Hebamme/Entbindungspflegerin. Führe ein simuliertes Gespräch durch, indem du einer werdenden Mutter Erklärungen und Ratschläge zur Geburtsvorbereitung gibst."*

Frage-Prompt Beispiel: *"ChatGPT, du bist nun eine erfahrene Hebamme/Entbindungspflegerin. Stelle eine Liste mit zehn wichtigen Fragen* *zusammen, die werdende Eltern während der Schwangerschaft an ihre Hebamme/Entbindungspflegerin stellen könnten."*

Gegenargument-Prompt Beispiel: *"ChatGPT, du bist nun eine erfahrene Hebamme/Entbindungspflegerin. Nenne ein gängiges Missverständnis über Geburtsvorbereitungskurse und präsentiere ein Gegenargument, das dieses Missverständnis widerlegt."*

Markdown-Format-Prompt Beispiel: *"ChatGPT, du bist nun eine erfahrene Hebamme/Entbindungspflegerin. Erstelle in Markdown-Format eine Checkliste für werdende Eltern, die die wichtigsten Punkte zur Vorbereitung auf die Geburt und die ersten Tage nach der Geburt abdeckt."*

Pareto-Analyse-Prompt Beispiel: *"ChatGPT, du bist nun eine erfahrene Hebamme/Entbindungspflegerin. Führe eine Pareto-Analyse durch, um die 20% der Tätigkeiten zu identifizieren, die 80% der positiven Ergebnisse bei der Betreuung von Schwangeren und Neugeborenen erzielen."*

Pro-und-Contra-Prompt Beispiel: *"ChatGPT, du bist nun eine erfahrene Hebamme/Entbindungspflegerin. Erstelle eine Pro-und-Contra-Liste zum Thema Hausgeburt gegenüber einer Geburt im Krankenhaus."*

Reframing-Prompt Beispiel: *"ChatGPT, du bist nun eine erfahrene Hebamme/Entbindungspflegerin. Verwende die Reframing-Technik, um eine negative Situation während der Geburt in eine positive Lernerfahrung umzuwandeln."*

Schritt-für-Schritt-Prompt Beispiel: *"ChatGPT, du bist nun eine erfahrene Hebamme/Entbindungspflegerin. Beschreibe Schritt für Schritt, wie du eine werdende Mutter in den verschiedenen Phasen der Geburt unterstützen würdest."*

Sentiment-Prompt Beispiel: *"ChatGPT, du bist nun eine erfahrene Hebamme/Entbindungspflegerin. Analysiere das Sentiment eines Erfahrungsberichts einer Mutter, die gerade eine Geburt hinter sich gebracht hat, und gib Empfehlungen, wie sie in Zukunft unterstützt werden kann."*

Stil-und-Schreibart-Anpassungs-Prompt Beispiel: *"ChatGPT, du bist nun eine erfahrene Hebamme/Entbindungspflegerin. Verfasse einen* *informativen und einfühlsamen Text über Geburtspositionen, der leicht verständlich und für werdende Eltern ansprechend ist."*

Tabellen-Format-Prompt Beispiel: *"ChatGPT, du bist nun eine erfahrene Hebamme/Entbindungspflegerin. Erstelle eine Tabelle, die verschiedene Geburtspositionen und ihre jeweiligen Vorteile und möglichen Herausforderungen vergleicht."*

Umkehr-Brainstorming-Prompt Beispiel: *"ChatGPT, du bist nun eine erfahrene Hebamme/Entbindungspflegerin. Führe ein Umkehr-Brainstorming durch, um herauszufinden, welche Faktoren eine erfolgreiche Geburt behindern könnten, und entwickle anschließend Strategien, um diese Hindernisse zu überwinden."*

WWAD-Methode-Prompt (What's Wrong and What's Desired) Beispiel: *"ChatGPT, du bist nun eine erfahrene Hebamme/Entbindungspflegerin. Wende die WWAD-Methode an, um eine Situation zu analysieren, in der eine werdende Mutter während der Geburt Schwierigkeiten hat, und entwickle Lösungen, um den gewünschten Zustand zu erreichen."*

Heilpädagoge/in

Heilpädagogen sind Fachleute, die Kinder, Jugendliche und Erwachsene mit besonderen Bedürfnissen betreuen und unterstützen. Sie arbeiten in verschiedenen Einrichtungen wie Schulen, Kindertagesstätten, Behinderteneinrichtungen oder Beratungsstellen und helfen ihren Klienten dabei, sozial, emotional und kognitiv zu wachsen. ChatGPT kann Heilpädagogen auf unterschiedliche Weise unterstützen, um ihre tägliche Arbeit zu erleichtern und ihre Effizienz zu steigern.

Erstellung von individuellen Förderplänen: ChatGPT kann Heilpädagogen helfen, individuelle Förderpläne für ihre Klienten zu erstellen, indem es Vorschläge für geeignete Ziele, Methoden und Aktivitäten generiert, die auf den Bedürfnissen und Fähigkeiten der Klienten basieren.

Beispiel-Prompt: *"Erstelle einen individuellen Förderplan für ein Kind mit Autismus, das Schwierigkeiten bei der sozialen Interaktion hat."*

Erarbeitung von pädagogischen Materialien: ChatGPT kann bei der Erstellung von Arbeitsblättern, Spielen und Übungen helfen, die auf die Bedürfnisse der Klienten zugeschnitten sind.

Beispiel-Prompt: *"Entwickle eine spielerische Übung, um die Feinmotorik von Kindern mit Down-Syndrom zu fördern."*

Aktuelle Forschung und Ressourcen: ChatGPT kann Heilpädagogen dabei helfen, sich über die neuesten Forschungsergebnisse und Ressourcen im Bereich der Heilpädagogik auf dem Laufenden zu halten, indem es Zusammenfassungen von Studien oder Artikeln liefert.

Beispiel-Prompt: *"Fasse die wichtigsten Erkenntnisse aus der aktuellen Forschung zur Frühförderung bei Kindern mit Entwicklungsverzögerungen zusammen."*

Beratung und Kommunikation: ChatGPT kann als eine Art digitaler Assistent für Heilpädagogen fungieren, der ihnen dabei hilft, effektive Kommunikation mit Eltern, Lehrern und anderen Fachleuten zu führen. Es kann Vorschläge für Gesprächsthemen, Formulierungen oder E-Mail-Korrespondenz liefern.

Beispiel-Prompt: *"Gib mir Vorschläge für Gesprächsthemen, um mit Eltern eines Kindes mit Lernschwierigkeiten über die Fortschritte ihres Kindes zu sprechen."*

Selbstreflexion und Weiterbildung: ChatGPT kann Heilpädagogen bei der Selbstreflexion unterstützen, indem es Fragen generiert, die ihnen helfen, ihre eigene Praxis zu überdenken und zu verbessern.

Beispiel-Prompt: *"Stelle mir einige Reflexionsfragen zur Verbesserung meiner pädagogischen Praxis im Bereich der Heilpädagogik."*

Durch die Nutzung von ChatGPT können Heilpädagogen ihre täglichen Aufgaben effizienter bewältigen, ihren Klienten besser helfen und ihre berufliche Weiterentwicklung fördern.

15 weitere Prompt-Beispiele

Im folgenden Abschnitt finden Sie ausgewählte Prompts und Techniken, die speziell für Heilpädagogen entwickelt wurden. Sie sollen dabei helfen, die verschiedenen Aspekte ihrer täglichen Arbeit zu erleichtern und ihre Effizienz zu steigern. Bevor Sie die Prompts verwenden, empfehle ich, den Persona-Priming-Prompt zu nutzen, um ChatGPT auf die Rolle eines Heilpädagogen einzustellen. Die folgenden Beispiele sind praxisorientiert und direkt anwendbar, um konkrete Problemstellungen im Berufsalltag von Heilpädagogen zu lösen.

Persona-Priming-Prompt Beispiel: *"ChatGPT, ich möchte, dass du die Rolle eines Heilpädagogen einnimmst. Du verfügst über umfangreiche Kenntnisse in den Bereichen Pädagogik, Psychologie und Therapie für Menschen mit besonderen Bedürfnissen. Du bist in der Lage, Ratschläge und Unterstützung für die Förderung von Menschen mit körperlichen, geistigen oder emotionalen Herausforderungen zu geben." Geben Sie nun Ihre konkrete Anfrage als Prompt ein, indem Sie zum Beispiel schreiben: "ChatGPT, du bist nun ein erfahrener Heilpädagoge ...? Was ..."*

5-Why-Verfahren-Prompt Beispiel: *"ChatGPT, du bist nun ein erfahrener Heilpädagoge. Nutze das 5-Why-Verfahren, um die Ursache für den Widerstand eines Kindes gegenüber einer bestimmten therapeutischen Übung zu ergründen."*

6-Hüte-Methode-Prompt Beispiel: *"ChatGPT, du bist nun ein erfahrener Heilpädagoge. Führe eine 6-Hüte-Methode durch, um neue Ansätze zur Verbesserung der Kommunikationsfähigkeiten eines Jugendlichen mit Autismus zu finden."*

Dialog-Prompt Beispiel: *"ChatGPT, du bist nun ein erfahrener Heilpädagoge. Spiele ein Gespräch zwischen mir und den Eltern eines Kindes mit besonderen Bedürfnissen durch, in dem wir über die Fortschritte und Herausforderungen im Förderprozess sprechen."*

Frage-Prompt

Beispiel: *"ChatGPT, du bist nun ein erfahrener Heilpädagoge. Stelle mir fünf offene Fragen, die ich während eines Beratungsgesprächs mit den Eltern eines Kindes mit Lernschwierigkeiten stellen kann, um deren Sichtweise besser zu verstehen."*

Gegenargument-Prompt Beispiel: *"ChatGPT, du bist nun ein erfahrener Heilpädagoge. Präsentiere ein Gegenargument gegen die Annahme, dass* *ein Kind mit Down-Syndrom nicht in einer regulären Schule erfolgreich sein kann."*

Multi-Kriterien-Analyse-(MKA)-Prompt Beispiel: *"ChatGPT, du bist nun ein erfahrener Heilpädagoge. Führe eine Multi-Kriterien-Analyse durch, um die beste Methode zur Förderung der sozialen Kompetenzen eines Kindes mit ADHS auszuwählen."*

Pro-und-Contra-Prompt Beispiel: *"ChatGPT, du bist nun ein erfahrener Heilpädagoge. Erstelle eine Pro-und-Contra-Liste für den Einsatz von tiergestützter Therapie bei Kindern mit emotionalen und Verhaltensproblemen."*

Reframing-Prompt Beispiel: *"ChatGPT, du bist nun ein erfahrener Heilpädagoge. Reframe die Herausforderung, ein Kind mit sensorischen Schwierigkeiten in den Unterricht zu integrieren, in eine Chance, um das Klassenzimmer für alle zugänglicher und inklusiver zu gestalten."*

Schritt-für-Schritt-Prompt Beispiel: *"ChatGPT, du bist nun ein erfahrener Heilpädagoge. Beschreibe Schritt für Schritt, wie man eine erfolgreiche soziale Geschichten-Intervention für ein Kind mit Autismus plant und durchführt."*

SWOT-Analyse-Prompt Beispiel: *"ChatGPT, du bist nun ein erfahrener Heilpädagoge. Führe eine SWOT-Analyse für den Einsatz von Musiktherapie in einer Gruppensitzung für Kinder mit sozialen Ängsten durch."*

Um-Feedback-bitten-Prompt Beispiel: *"ChatGPT, du bist nun ein erfahrener Heilpädagoge. Bitte gib mir konstruktives Feedback zu meinem Ansatz, ein Kind mit Lernschwierigkeiten mithilfe von spielerischen Übungen in Mathematik zu fördern."*

Verfeinerungs-Prompt Beispiel: *"ChatGPT, du bist nun ein erfahrener Heilpädagoge. Verfeinere folgenden Entwurf für einen individuellen Förderplan für ein Kind mit Sprachentwicklungsstörung, indem du konkrete Ziele und Methoden hinzufügst. ..."*

Vervollständigungs-Prompt Beispiel: *"ChatGPT, du bist nun ein erfahrener Heilpädagoge. Vervollständige den Satz: 'Ein effektiver Weg, um die Selbstregulation bei Kindern mit emotionalen und Verhaltensproblemen zu fördern, ist...'"*

Zusammenfassungs-Prompt Beispiel: *"ChatGPT, du bist nun ein erfahrener Heilpädagoge. Fasse die wichtigsten Erkenntnisse aus der aktuellen Forschung zur Inklusion von Kindern mit besonderen Bedürfnissen im regulären Schulsystem zusammen."*

Hochzeitsplaner/in

Hochzeitsplaner können ChatGPT in vielfältiger Weise nutzen, um ihre tägliche Arbeit zu erleichtern. Hier sind einige Beispiele, wie ChatGPT konkret helfen kann:

Brainstorming von Hochzeitsideen: ChatGPT kann dabei helfen, kreative Ideen für Hochzeitsthemen, Dekorationen oder Aktivitäten zu generieren.

Beispiel-Prompt: *"Generiere fünf einzigartige Hochzeitsthemen und passende Dekorationsideen."*

Erstellung von Zeitplänen: ChatGPT kann bei der Erstellung von Zeitplänen und Checklisten unterstützen, um den Hochzeitsplanern bei der Organisation zu helfen.

Beispiel-Prompt: *"Erstelle einen detaillierten Zeitplan für die Planung einer Hochzeit mit einer Vorbereitungszeit von sechs Monaten."*

Kommunikation mit Kunden und Lieferanten: ChatGPT kann beim Verfassen von E-Mails oder anderen Nachrichten an Kunden und Lieferanten helfen, um Zeit zu sparen und professionelle Kommunikation zu gewährleisten.

Beispiel-Prompt: *"Verfasse eine E-Mail an einen Floristen, um ein Angebot für Hochzeitsblumenarrangements anzufordern."*

Budgetplanung: ChatGPT kann bei der Erstellung von Budgets und der Aufstellung von Kostenkalkulationen unterstützen.

Beispiel-Prompt: *"Erstelle eine Budgetaufstellung für eine Hochzeit mit 100 Gästen, inklusive Catering, Dekoration, Location und Unterhaltung."*

Erstellung von Hochzeitseinladungen und Menükarten: ChatGPT kann beim Entwerfen von Texten für Hochzeitseinladungen, Menükarten oder anderen Hochzeitsmaterialien helfen.

Beispiel-Prompt: *"Entwerfe einen ansprechenden Text für eine Hochzeitseinladung im Vintage-Stil."*

Recherche von Locations, Dienstleistern und Trends: ChatGPT kann dabei helfen, Informationen zu Locations, Dienstleistern oder aktuellen Hochzeitstrends zu finden.

Beispiel-Prompt: *"Recherchiere fünf außergewöhnliche Hochzeitslocations im Raum Berlin."*

Diese Beispiele zeigen, dass ChatGPT in vielen Aspekten der Arbeit eines Hochzeitsplaners eingesetzt werden kann, um Zeit zu sparen, die Organisation zu erleichtern und die Kreativität zu fördern.

15 weitere Beispiel-Prompts

In diesem Abschnitt finden Sie eine Auswahl von Prompts und Techniken, die speziell für den Beruf des Hochzeitsplaners zugeschnitten sind. Die Prompts sollen dazu beitragen, die vielfältigen Aspekte der Arbeit eines Hochzeitsplaners zu erleichtern und zu optimieren. Zuerst beginnen Sie immer am besten mit dem Persona-Priming-Prompt, gefolgt von den weiteren ausgewählten Prompts, die in alphabetischer Reihenfolge aufgelistet sind. Jeder Prompt ist als ausführliches, praxisorientiertes Beispiel in der Form formuliert, wie ein ChatGPT-Nutzer es in das Eingabefeld von ChatGPT eingeben würde.

Persona-Priming-Prompt Beispiel: *"ChatGPT, ich möchte, dass du die Rolle eines Hochzeitsplaners einnimmst. Du verfügst über umfassendes Wissen in den Bereichen Veranstaltungsorganisation, Budgetplanung und Lieferantenmanagement. Du bist in der Lage, Ratschläge zur Planung und Durchführung von Hochzeitsfeierlichkeiten zu geben, einschließlich der Auswahl von Locations, Catering, Dekorationen und Zeitplänen."* Geben Sie nun Ihre konkrete Anfrage als Prompt ein, indem Sie zum Beispiel schreiben: *"ChatGPT, du bist nun ein erfahrener Hochzeitsplaner …? Was …"*

ABC-Technik-Prompt Beispiel: *"ChatGPT, du bist nun ein erfahrener Hochzeitsplaner. Wende die ABC-Technik an, um eine Liste von Hochzeitsaktivitäten von A bis Z zu erstellen, die Gäste während der Feier unterhalten können."*

Brainstorming-Prompt Beispiel: *"ChatGPT, du bist nun ein erfahrener Hochzeitsplaner. Führe ein Brainstorming für fünf originelle Ideen für einen unvergesslichen Hochzeitsempfang durch."*

Dialog-Prompt Beispiel: *"ChatGPT, du bist nun ein erfahrener Hochzeitsplaner. Verfasse einen Dialog zwischen mir und einem Brautpaar, in dem ich sie über die Vor- und Nachteile von Innen- und Außenhochzeiten informiere."*

Frage-Prompt Beispiel: *"ChatGPT, du bist nun ein erfahrener Hochzeitsplaner. Stelle eine Liste von zehn wichtigen Fragen zusammen, die ich einem potenziellen Hochzeitsfotografen stellen sollte, bevor ich ihn für die Hochzeit engagiere."*

Ishikawa-Methoden-Prompt Beispiel: *"ChatGPT, du bist nun ein erfahrener Hochzeitsplaner. Nutze die Ishikawa-Methode, um mögliche Gründe für Verzögerungen bei der Hochzeitsplanung zu analysieren und Lösungen zu finden."*

Listen-Prompt Beispiel: *"ChatGPT, du bist nun ein erfahrener Hochzeitsplaner. Erstelle eine Liste der zehn wichtigsten Punkte, die bei der Auswahl einer Hochzeitslocation zu beachten sind."*

Markdown-Format-Prompt Beispiel: *"ChatGPT, du bist nun ein erfahrener Hochzeitsplaner. Erstelle im Markdown-Format einen Plan für die Sitzordnung bei einer Hochzeit mit 100 Gästen, wobei Familienmitglieder und Freunde der Braut und des Bräutigams berücksichtigt werden."*

Multi-Kriterien-Analyse-(MKA)-Prompt Beispiel: *"ChatGPT, du bist nun ein erfahrener Hochzeitsplaner. Führe eine Multi-Kriterien-Analyse durch, um die besten drei Catering-Optionen für eine Hochzeit mit 100 Gästen und unterschiedlichen Ernährungspräferenzen zu bewerten."*

Pro-und-Contra-Prompt Beispiel: *"ChatGPT, du bist nun ein erfahrener Hochzeitsplaner. Erstelle eine Pro-und-Contra-Liste für die Entscheidung, ob* *eine Live-Band oder ein DJ für die musikalische Unterhaltung auf einer Hochzeit besser geeignet ist."*

Reframing-Prompt Beispiel: *"ChatGPT, du bist nun ein erfahrener Hochzeitsplaner. Nutze das Reframing, um eine negative Situation, wie z.B. schlechtes Wetter am Hochzeitstag, in eine positive Gelegenheit umzuwandeln."*

Schritt-für-Schritt-Prompt Beispiel: *"ChatGPT, du bist nun ein erfahrener Hochzeitsplaner. Erkläre mir Schritt für Schritt, wie ich ein Brautpaar bei der Auswahl ihres Hochzeitsmenüs unterstützen kann."*

Sentiment-Prompt Beispiel: *"ChatGPT, du bist nun ein erfahrener Hochzeitsplaner. Analysiere das Sentiment von Kundenbewertungen für drei verschiedene Hochzeitslocations und empfehle basierend darauf die beste Option."*

Verfeinerungs-Prompt Beispiel: *"ChatGPT, du bist nun ein erfahrener Hochzeitsplaner. Verfeinere den Entwurf einer Hochzeitseinladung, indem du den Text ansprechender und persönlicher gestaltest."*

Immobilienentwickler/in

Immobilienentwickler können ChatGPT in verschiedenen Bereichen ihrer täglichen Arbeit einsetzen, um ihre Produktivität zu steigern und Aufgaben effizienter zu erledigen. Hier sind einige Tätigkeiten, bei denen ChatGPT hilfreich sein kann:

Finanzplanung: ChatGPT kann bei der Erstellung von Finanzplänen und der Analyse von Investitionsmöglichkeiten helfen.

Beispiel-Prompt: *"Berechne die geschätzten Kosten, potenziellen Einnahmen und den ROI für ein Immobilienprojekt mit den folgenden Parametern: [Projektdetails]."*

Projektmanagement: ChatGPT kann dazu verwendet werden, um Projektmanagement-Aufgaben wie die Erstellung von Zeitplänen und die Kommunikation mit Teammitgliedern zu erleichtern.

Beispiel-Prompt: *"Erstelle einen detaillierten Projektplan für die Entwicklung eines Wohnkomplexes mit den folgenden Anforderungen: [Projektanforderungen]."*

Präsentationen und Marketingmaterialien: ChatGPT kann dabei helfen, ansprechende und informative Präsentationen, Broschüren oder Marketingmaterialien für Immobilienprojekte zu erstellen.

Beispiel-Prompt: *"Entwerfe eine Marketingbroschüre für ein neues Luxuswohnprojekt in [Stadt/Ort] mit den folgenden Merkmalen und Annehmlichkeiten: [Projektdetails]."*

Verträge und rechtliche Dokumente: ChatGPT kann bei der Erstellung und Überprüfung von Verträgen und rechtlichen Dokumenten helfen, indem es auf mögliche Probleme oder Verbesserungsmöglichkeiten hinweist.

Beispiel-Prompt: *"Überprüfe den folgenden Kaufvertrag für ein Immobilienprojekt und weise auf mögliche rechtliche Bedenken oder Verbesserungsvorschläge hin: [Vertragsdetails]."*

Bitte beachte Sie, dass ChatGPT eine KI-basierte Software ist und die generierten Informationen und Vorschläge möglicherweise nicht immer vollständig oder korrekt sind. Es wird empfohlen, die Ergebnisse von ChatGPT stets von einem Experten überprüfen zu lassen, insbesondere wenn es um rechtliche oder finanzielle Angelegenheiten geht.

15 weitere Beispiel-Prompts

Im folgenden Kapitel finden Sie eine Auswahl von verschiedenen Prompts, die auf den Beruf des Immobilienentwicklers zugeschnitten sind. Dabei wird zunächst ein Persona-Priming-Prompt verwendet, um ChatGPT in die Rolle eines erfahrenen Immobilienentwicklers zu versetzen. Anschließend werden aus den oben genannten Prompt-Arten und Techniken passende Beispiele für diesen Beruf präsentiert. Diese Prompts helfen dabei, ChatGPT effektiv bei der Bewältigung von Aufgaben und der Lösung von Problemen im Zusammenhang mit der Immobilienentwicklung einzusetzen.

Persona-Priming-Prompt Beispiel: *"ChatGPT, ich möchte, dass du die Rolle eines Immobilienentwicklers einnimmst. Du verfügst über fundierte Kenntnisse in den Bereichen Immobilieninvestitionen, Projektmanagement und*

Baurecht. Du bist in der Lage, Ratschläge zur Entwicklung von Immobilienprojekten zu geben, einschließlich der Auswahl von Grundstücken, der Erstellung von Bauplänen und der Zusammenarbeit mit Bauunternehmen." Geben Sie nun Ihre konkrete Anfrage als Prompt ein, indem Sie zum Beispiel schreiben: *"ChatGPT, du bist nun ein erfahrener Immobilienentwickler ...? Was ..."*

5-Why-Verfahren-Prompt Beispiel: *"ChatGPT, du bist nun ein erfahrener Immobilienentwickler. Führe das 5-Why-Verfahren durch, um die Ursache für Verzögerungen bei der Fertigstellung eines Bauprojekts zu ermitteln."*

ABC-Technik-Prompt Beispiel: *"ChatGPT, du bist nun ein erfahrener Immobilienentwickler. Verwende die ABC-Technik, um eine Liste von potenziellen Verbesserungen für ein bestehendes Immobilienprojekt zu erstellen."*

Dialog-Prompt Beispiel: *"ChatGPT, du bist nun ein erfahrener Immobilienentwickler. Führe einen simulierten Dialog mit einem Bauunternehmer, um die Vorgehensweise bei der Renovierung eines historischen Gebäudes zu besprechen."*

Frage-Prompt Beispiel: *"ChatGPT, du bist nun ein erfahrener Immobilienentwickler. Stelle eine Liste von Fragen zusammen, die ich einem Architekten stellen sollte, bevor ich ihn für mein Immobilienprojekt engagiere."*

Gegenargument-Prompt Beispiel: *"ChatGPT, du bist nun ein erfahrener Immobilienentwickler. Präsentiere Gegenargumente für die Entscheidung, ein umweltfreundliches Baukonzept für ein neues Immobilienprojekt zu verwenden."*

Ideen-erfolgreich-weiterentwickeln-Prompt Beispiel: *"ChatGPT, du bist nun ein erfahrener Immobilienentwickler. Hilf mir dabei, eine innovative Idee für ein gemischt genutztes Immobilienprojekt erfolgreich weiterzuentwickeln."*

Internet-Analyse-Prompt Beispiel: *"ChatGPT, du bist nun ein erfahrener Immobilienentwickler. Untersuche im Internet die aktuellen Trends in der Immobilienbranche und erläutere, wie sie sich auf zukünftige Immobilienprojekte auswirken könnten."*

Pareto-Analyse-Prompt Beispiel: *"ChatGPT, du bist nun ein erfahrener Immobilienentwickler. Führe eine Pareto-Analyse durch, um die wichtigsten Faktoren zu identifizieren, die den Erfolg eines Immobilienprojekts beeinflussen."*

Reframing-Prompt Beispiel: *"ChatGPT, du bist nun ein erfahrener Immobilienentwickler. Nutze das Reframing, um eine alternative Perspektive auf die Herausforderungen bei der Entwicklung eines umweltfreundlichen Wohnkomplexes zu bieten."*

Schritt-für-Schritt-Prompt Beispiel: *"ChatGPT, du bist nun ein erfahrener Immobilienentwickler. Erkläre Schritt für Schritt, wie man ein Grundstück für ein neues Immobilienprojekt erfolgreich erwerben kann."*

Sentiment-Prompt Beispiel: *"ChatGPT, du bist nun ein erfahrener Immobilienentwickler. Analysiere das Stimmungsbild von Anwohnern in Bezug auf ein geplantes Immobilienprojekt in ihrer Nachbarschaft anhand folgender Aussagen ..."*

SWOT-Analyse-Prompt Beispiel: *"ChatGPT, du bist nun ein erfahrener Immobilienentwickler. Erstelle eine SWOT-Analyse für ein geplantes Immobilienprojekt in einer bestimmten Stadt."*

Verfeinerungs-Prompt Beispiel: *"ChatGPT, du bist nun ein erfahrener Immobilienentwickler. Verfeinere den Entwurf eines ... für ein Wohngebäude, um maximale Effizienz und Funktionalität zu gewährleisten."*

Zusammenfassungs-Prompt Beispiel: *"ChatGPT, du bist nun ein erfahrener Immobilienentwickler. Fasse die wichtigsten Punkte aus folgendem Projektstatusbericht für ein großes Immobilienprojekt zusammen. ..."*

Immobilienmakler/in

ChatGPT kann Immobilienmaklern/innen in verschiedenen Bereichen ihres Arbeitsalltags unterstützen, indem es ihnen hilft, Zeit zu sparen und effizientere Ergebnisse zu erzielen. Hier sind einige Tätigkeiten, bei denen ChatGPT angewendet werden kann:

Immobilienbeschreibungen: ChatGPT kann dabei helfen, ansprechende und aussagekräftige Immobilienbeschreibungen zu erstellen.

Beispiel-Prompt: *"Beschreibe ein 3-Zimmer-Apartment mit 100 Quadratmetern in einem modernen Wohngebiet, das sich ideal für junge Familien eignet."*

E-Mail-Kommunikation: ChatGPT kann bei der Formulierung von professionellen E-Mails an Kunden, Verkäufer oder Interessenten unterstützen.

Beispiel-Prompt: *"Schreibe eine E-Mail an einen potenziellen Kunden, um ihm ein neu gelistetes Einfamilienhaus vorzustellen und einen Besichtigungstermin zu vereinbaren."*

Präsentationen: ChatGPT kann bei der Erstellung von Präsentationen für Kunden oder Teammeetings unterstützen, indem es Inhalte und strukturierte Informationen liefert.

Beispiel-Prompt: *"Erstelle eine Liste von 5 Hauptmerkmalen, die bei der Präsentation einer Luxusvilla am Strand hervorgehoben werden sollten."*

Vertragsverhandlungen: ChatGPT kann dabei helfen, wichtige Vertragsbedingungen oder Argumente für Verhandlungen vorzubereiten.

Prompt: *"Gib mir 3 überzeugende Argumente, warum ein Verkäufer den Angebotspreis für seine Immobilie um 5% reduzieren sollte."*

Durch den Einsatz von ChatGPT in diesen Bereichen können Immobilienmakler/innen ihre Effizienz steigern, schnellere und bessere Ergebnisse erzielen und letztendlich erfolgreichere Geschäftsabschlüsse tätigen.

15 weitere Beispiel-Prompts

In diesem Abschnitt finden Sie speziell ausgewählte Prompts und Techniken, die für den Beruf des Immobilienmaklers/der Immobilienmaklerin zugeschnitten sind. Wir beginnen mit einem Persona-Priming-Prompt, um ChatGPT auf die Rolle eines erfahrenen Immobilienmaklers/einer erfahrenen Immobilienmaklerin vorzubereiten. Anschließend werden verschiedene Prompts präsentiert, die auf unterschiedliche Aufgaben und Herausforderungen im Arbeitsalltag eines Immobilienmaklers/einer Immobilienmaklerin zugeschnitten sind. Diese Prompts sind alphabetisch geordnet und enthalten detaillierte, praxisnahe Beispiele, die Ihnen helfen, das Beste aus ChatGPT herauszuholen.

Persona-Priming-Prompt *"ChatGPT, ich möchte, dass du die Rolle eines Immobilienmaklers einnimmst. Du verfügst über umfangreiche Kenntnisse im Immobilienmarkt, Vertragsrecht und Verhandlungsführung. Du bist in der Lage, Ratschläge zum Kauf, Verkauf und zur Vermietung von Immobilien zu geben, einschließlich der Bewertung von Immobilien, der Präsentation von Angeboten und der Abwicklung von Verträgen."* Geben Sie nun Ihre konkrete Anfrage als Prompt ein, indem Sie zum Beispiel schreiben: *"ChatGPT, du bist nun ein erfahrener Immobilienmakler ...? Was ..."*

6-Hüte-Methode-Prompt Beispiel: *"ChatGPT, du bist nun ein erfahrener Immobilienmakler. Analysiere die Vor- und Nachteile eines bestimmten Grundstücks unter Anwendung der 6-Hüte-Methode von Edward de Bono."*

E-Mail-Kommunikation-Prompt Beispiel: *"ChatGPT, du bist nun ein erfahrener Immobilienmakler. Schreibe eine E-Mail an einen potenziellen Kunden, um ihm ein neu gelistetes Einfamilienhaus vorzustellen und einen Besichtigungstermin zu vereinbaren."*

Gegenargument-Prompt Beispiel: *"ChatGPT, du bist nun ein erfahrener Immobilienmakler. Gib mir ein Gegenargument dafür, warum ein Käufer ein höheres Angebot für eine Immobilie abgeben sollte, als er ursprünglich geplant hat."*

Ideen-erfolgreich-weiterentwickeln-Prompt Beispiel: *"ChatGPT, du bist nun ein erfahrener Immobilienmakler. Stelle einen Plan zur Weiterentwicklung einer Marketingstrategie für ein neu gelistetes Objekt vor."*

Immobilienbeschreibungs-Prompt Beispiel: *"ChatGPT, du bist nun ein erfahrener Immobilienmakler. Beschreibe ein 3-Zimmer-Apartment mit 100 Quadratmetern in einem modernen Wohngebiet, das sich ideal für junge Familien eignet."*

Ishikawa-Methoden-Prompt Beispiel: *"ChatGPT, du bist nun ein erfahrener Immobilienmakler. Analysiere die Faktoren, die dazu führen, dass eine Immobilie länger als erwartet auf dem Markt bleibt, indem du die Ishikawa-Methode (Fischgrätendiagramm) verwendest."*

Listen-Prompt Beispiel: *"ChatGPT, du bist nun ein erfahrener Immobilienmakler. Erstelle eine Liste von 5 Hauptmerkmalen, die bei der Präsentation einer Luxusvilla am Strand hervorgehoben werden sollten."*

Multi-Kriterien-Analyse-(MKA)-Prompt Beispiel: *"ChatGPT, du bist nun ein erfahrener Immobilienmakler. Führe eine Multi-Kriterien-Analyse durch, um die besten drei Immobilien aus einer Liste von zehn Objekten für einen bestimmten Kunden auszuwählen."*

Pro-und-Contra-Prompt Beispiel: *"ChatGPT, du bist nun ein erfahrener Immobilienmakler. Erstelle eine Pro-und-Contra-Liste für den Kauf eines bestimmten Mehrfamilienhauses als Investition."*

Reframing-Prompt Beispiel: *"ChatGPT, du bist nun ein erfahrener Immobilienmakler. Reframing-Prompt: Versuche, eine scheinbar unattraktive Eigenschaft eines Hauses (z. B. eine kleine Küche) in einen Vorteil umzuwandeln, indem du sie aus einer anderen Perspektive betrachtest."*

SWOT-Analyse-Prompt Beispiel: *"ChatGPT, du bist nun ein erfahrener Immobilienmakler. Führe eine SWOT-Analyse für eine bestimmte Immobilie durch, um ihre Stärken, Schwächen, Chancen und Bedrohungen zu identifizieren."*

Verhandlungsargumente-Prompt Beispiel: "ChatGPT, du bist nun ein erfahrener Immobilienmakler. Gib mir 3 überzeugende Argumente, warum ein Verkäufer den Angebotspreis für seine Immobilie um 5% reduzieren sollte."

Vertragsbedingungen-Prompt Beispiel: *"ChatGPT, du bist nun ein erfahrener Immobilienmakler. Erkläre die wichtigsten Vertragsbedingungen, die ein Käufer bei der Unterzeichnung eines Kaufvertrags für ein Einfamilienhaus beachten sollte."*

WWAD-Methode-Prompt (What's Wrong and What's Desired) Beispiel: *"ChatGPT, du bist nun ein erfahrener Immobilienmakler. Wende die WWAD-Methode (What's Wrong and What's Desired) an, um mögliche Verbesserungen für eine Immobilie vor dem Verkauf zu identifizieren."*

Industriekaufmann/-frau

Industriekaufleute sind für eine Vielzahl von kaufmännischen und betriebswirtschaftlichen Aufgaben zuständig, wie zum Beispiel Einkauf, Verkauf, Personalwesen, Buchhaltung und Controlling. ChatGPT kann in vielen dieser Bereiche eingesetzt werden, um die tägliche Arbeit effizienter und einfacher zu gestalten. Hier sind einige konkrete Anwendungsmöglichkeiten und Beispiel-Prompts für die Verwendung von ChatGPT im Beruf eines Industriekaufmanns oder einer Industriekauffrau:

Verkauf: ChatGPT kann bei der Erstellung von Verkaufsangeboten, der Kommunikation mit Kunden und der Optimierung von Verkaufsstrategien unterstützen.

Beispiel-Prompt: *"Erstelle ein Verkaufsangebot für einen Kunden, der 500 Einheiten unserer neuen Produktlinie X kaufen möchte, und berücksichtige dabei Rabatte für Mengenbestellungen und schnelle Zahlung."*

Personalwesen: ChatGPT kann bei der Erstellung von Stellenbeschreibungen, der Vorauswahl von Bewerbern und der Organisation von Schulungen und Weiterbildungsmaßnahmen helfen.

Beispiel-Prompt: *"Erstelle eine Stellenbeschreibung für eine offene Position als Assistentin der Geschäftsleitung, die sowohl administrative als auch projektbezogene Aufgaben beinhaltet."*

Buchhaltung: ChatGPT kann bei der Erstellung von Finanzberichten, der Analyse von Bilanzen und der Überwachung von Zahlungsströmen unterstützen.

Beispiel-Prompt: *"Analysiere die vorliegende Bilanz und erstelle eine Zusammenfassung der wichtigsten Kennzahlen sowie Empfehlungen zur Verbesserung der finanziellen Situation des Unternehmens."*

Controlling: ChatGPT kann bei der Erstellung von Budgets, der Überwachung von Kostenstellen und der Identifizierung von Kosteneinsparungspotenzialen helfen.

Beispiel-Prompt: *"Erstelle ein Budget für das kommende Geschäftsjahr, das die Kosten für Personal, Material, Marketing und sonstige Ausgaben berücksichtigt, und identifiziere dabei drei mögliche Bereiche für Kosteneinsparungen."*

Durch die Verwendung von ChatGPT in diesen verschiedenen Tätigkeitsbereichen können Industriekaufleute ihre Effizienz steigern, bessere Entscheidungen treffen und ihre Arbeitsbelastung reduzieren.

15 weitere Prompt-Ideen

In diesem Abschnitt finden Sie spezifische Prompts und Techniken für den Beruf eines Industriekaufmanns/-frau, die auf den allgemeinen Prompt-Arten, Ideenfindungs-Prompts, Problemlösungs-Prompts und Entscheidungsfindungs-Prompts basieren. Diese Anwendungen sind so konzipiert, dass sie die Arbeit eines Industriekaufmanns/-frau erleichtern und effizienter gestalten. Zuerst wird ein Persona-Priming-Prompt präsentiert, gefolgt von ausgewählten Prompts und Techniken, die für diesen Beruf relevant sind.

Persona-Priming-Prompt *"ChatGPT, ich möchte, dass du die Rolle eines Industriekaufmanns einnimmst. Du verfügst über umfassendes Wissen in den Bereichen Betriebswirtschaft, Beschaffung, Logistik und Produktionsplanung. Du bist in der Lage, Ratschläge zur Optimierung von Geschäftsprozessen in industriellen Unternehmen zu geben, einschließlich der Analyse von Kosten, der Verbesserung von Lieferketten und der Steigerung der Effizienz."* Geben Sie nun Ihre konkrete Anfrage als Prompt ein, indem Sie zum Beispiel schreiben: *"ChatGPT, du bist nun ein erfahrener Industriekaufmann ...? Was ..."*

Dialog-Prompt Beispiel: *"ChatGPT, du bist nun ein erfahrener Industriekaufmann. Spiele eine Verhandlungssituation mit einem Lieferanten durch, bei der es darum geht, bessere Konditionen für einen Großeinkauf zu erhalten."*

Frage-Prompt Beispiel: *"ChatGPT, du bist nun ein erfahrener Industriekaufmann. Welche Fragen sollte ich stellen, um die Qualität und Zuverlässigkeit eines potenziellen Lieferanten für Rohmaterialien zu bewerten?"*

Gegenargument-Prompt Beispiel: *"ChatGPT, du bist nun ein erfahrener Industriekaufmann. Stelle Gegenargumente auf, die ein Lieferant anbringen könnte, um seinen höheren Preis für Rohmaterialien zu rechtfertigen, und erarbeite passende Entgegnungen."*

Ideen-erfolgreich-weiterentwickeln-Prompt Beispiel: *"ChatGPT, du bist nun ein erfahrener Industriekaufmann. Wir haben eine Idee für ein neues Produktionsverfahren, das die Effizienz steigern könnte. Wie können wir diese Idee weiterentwickeln und erfolgreich umsetzen?"*

Internet-Analyse-Prompt Beispiel: *"ChatGPT, du bist nun ein erfahrener Industriekaufmann. Analysiere das Online-Angebot folgender drei Lieferanten für Rohmaterialien und gib eine Empfehlung ab, welcher Lieferant die besten Konditionen und Qualität bietet ..."*

Lateral-Thinking-Prompt Beispiel: *"ChatGPT, du bist nun ein erfahrener Industriekaufmann. Wende das laterale Denken an, um unkonventionelle Lösungen zur Senkung der Logistikkosten in unserem Unternehmen zu finden."*

Multi-Kriterien-Analyse-(MKA)-Prompt Beispiel: *"ChatGPT, du bist nun ein erfahrener Industriekaufmann. Führe eine Multi-Kriterien-Analyse durch, um das beste Lagerverwaltungssystem für unser Unternehmen aus einer Liste von fünf Optionen auszuwählen."*

Pareto-Analyse-Prompt Beispiel: *"ChatGPT, du bist nun ein erfahrener Industriekaufmann. Führe eine Pareto-Analyse durch, um die 20% der Lieferanten zu identifizieren, die 80% unserer Beschaffungsprobleme verursachen."*

Pro-und-Contra-Prompt Beispiel: *"ChatGPT, du bist nun ein erfahrener Industriekaufmann. Erstelle eine Pro-und-Contra-Liste für die Entscheidung, ob wir einen neuen Lieferanten für Rohmaterialien beauftragen oder bei unserem derzeitigen Lieferanten bleiben."*

Reframing-Prompt Beispiel: *"ChatGPT, du bist nun ein erfahrener Industriekaufmann. Wir haben Schwierigkeiten, den Lagerbestand an Rohmaterialien auf einem optimalen Niveau zu halten. Nutze das Reframing, um dieses Problem aus einer anderen Perspektive zu betrachten und neue Lösungsansätze zu finden."*

Schritt-für-Schritt-Prompt Beispiel: *"ChatGPT, du bist nun ein erfahrener Industriekaufmann. Erkläre Schritt für Schritt, wie man eine effektive Kosten-Nutzen-Analyse für eine geplante Marketingkampagne durchführt."*

SWOT-Analyse-Prompt Beispiel: *"ChatGPT, du bist nun ein erfahrener Industriekaufmann. Erstelle eine SWOT-Analyse für unser Unternehmen, um die Stärken, Schwächen, Chancen und Bedrohungen im Bereich der Lieferkette zu identifizieren."*

Tabellen-Format-Prompt Beispiel: *"ChatGPT, du bist nun ein erfahrener Industriekaufmann. Erstelle eine Tabelle, die die Vor- und Nachteile von drei verschiedenen Logistikunternehmen vergleicht, um das Beste für unser Unternehmen auszuwählen."*

WWAD-Methode-Prompt (What's Wrong and What's Desired) Beispiel: *"ChatGPT, du bist nun ein erfahrener Industriekaufmann. Wende die WWAD-Methode an, um die Schwachstellen in unserem derzeitigen Beschaffungsprozess zu identifizieren und Verbesserungen vorzuschlagen."*

Industriemechaniker/in

Industriemechaniker/innen sind verantwortlich für die Montage, Wartung und Instandsetzung von Maschinen und Anlagen. Die Arbeit in diesem Beruf erfordert umfangreiches technisches Wissen und präzises Arbeiten. ChatGPT kann in verschiedenen Aspekten der täglichen Arbeit eingesetzt werden, um den Arbeitsalltag eines Industriemechanikers zu erleichtern. Hier sind einige Beispiele, wie ChatGPT angewendet werden kann:

Fehlersuche und Diagnose: ChatGPT kann helfen, mögliche Fehlerquellen bei Maschinen und Anlagen zu identifizieren, indem es Informationen aus Handbüchern, technischen Dokumentationen und Erfahrungsberichten verarbeitet.

Beispiel-Prompt: *"Ich bin Industriemechaniker und habe Probleme mit einer hydraulischen Presse, die nicht mehr genügend Druck aufbaut. Was könnten mögliche Ursachen sein und wie kann ich sie beheben?"*

Wartungsarbeiten planen: ChatGPT kann bei der Planung von Wartungsarbeiten und der Erstellung von Wartungsplänen unterstützen, indem es die notwendigen Schritte und den Zeitbedarf analysiert.

Beispiel-Prompt: *"Erstelle einen Wartungsplan für eine CNC-Fräsmaschine, einschließlich der empfohlenen Wartungsintervalle und der notwendigen Schritte zur Durchführung der Wartung."*

Technische Dokumentation: ChatGPT kann bei der Erstellung von technischen Dokumentationen, wie Betriebsanleitungen, Montageanleitungen oder Sicherheitshinweisen, unterstützen und dabei helfen, die Inhalte verständlich und präzise zu formulieren.

Beispiel-Prompt: *"Erkläre in einfachen Worten, wie man eine Zahnriemenspannung an einer Förderbandanlage korrekt einstellt und welche Sicherheitsvorkehrungen dabei zu beachten sind."*

Kommunikation mit Kollegen und Lieferanten: ChatGPT kann bei der Formulierung von Anfragen oder Bestellungen helfen, um die benötigten Informationen oder Materialien schnell und präzise zu erhalten.

Beispiel-Prompt: *"Verfasse eine E-Mail an einen Lieferanten, in der ich nach dem Preis und der Verfügbarkeit von Ersatzteilen für eine bestimmte Maschine frage."*

Kontinuierliche Verbesserung und Prozessoptimierung: ChatGPT kann bei der Identifizierung von Verbesserungspotenzialen in der Produktion oder bei der Optimierung von Arbeitsabläufen unterstützen, indem es Best Practices und Erfahrungen aus der Industrie analysiert.

Beispiel-Prompt: *"Welche Maßnahmen kann ich ergreifen, um die Effizienz und Produktivität einer Montagelinie in einer Automobilproduktion zu steigern?"*

Durch die Anwendung von ChatGPT in diesen verschiedenen Bereichen können Industriemechaniker/innen ihre tägliche Arbeit effizienter gestalten und sich auf ihre Kernkompetenzen konzentrieren.

15 weitere Beispiel-Prompts

In diesem Abschnitt konzentrieren ich mich auf den Beruf des Industriemechanikers. Zuerst verwende ich einen Persona-Priming-Prompt verwenden, um ChatGPT auf die Rolle eines erfahrenen Industriemechanikers vorzubereiten. Anschließend präsentiere ich ausgewählte Techniken und Prompts aus den verschiedenen Kategorien, die speziell auf die Anforderungen und

Herausforderungen dieses Berufs zugeschnitten sind. Diese Prompts sollen dazu beitragen, ChatGPT effektiv bei der Problemlösung, Ideenfindung und Entscheidungsfindung im Arbeitsalltag eines Industriemechanikers einzusetzen.

Persona-Priming-Prompt Beispiel: *"ChatGPT, ich möchte, dass du die Rolle eines Industriemechanikers einnimmst. Du verfügst über fundierte Kenntnisse in den Bereichen Mechanik, Elektrotechnik und Maschinenbau. Du bist in der Lage, Ratschläge zur Wartung, Reparatur und Optimierung von industriellen Maschinen und Anlagen zu geben, einschließlich der Diagnose von Fehlern, der Auswahl von Ersatzteilen und der Einhaltung von Sicherheitsvorschriften."* Geben Sie nun Ihre konkrete Anfrage als Prompt ein, indem Sie zum Beispiel schreiben: *"ChatGPT, du bist nun ein erfahrener Industriemechaniker ...? Was ..."*

6-Hüte-Methode-Prompt Beispiel: *"ChatGPT, du bist nun ein erfahrener Industriemechaniker. Verwende die 6-Hüte-Methode, um verschiedene Perspektiven auf die Entscheidung zu betrachten, ob wir eine alte Maschine ersetzen oder reparieren sollten."*

5-Why-Verfahren-Prompt Beispiel: *"ChatGPT, du bist nun ein erfahrener Industriemechaniker. Wende das 5-Why-Verfahren an, um die Ursache für wiederkehrende Probleme mit einer bestimmten Produktionsmaschine zu ermitteln."*

ABC-Technik-Prompt Beispiel: *"ChatGPT, du bist nun ein erfahrener Industriemechaniker. Verwende die ABC-Technik, um mögliche Verbesserungen in der Organisation unserer Werkstatt vorzuschlagen."*

Dialog-Prompt Beispiel: *"ChatGPT, du bist nun ein erfahrener Industriemechaniker. Führe einen Dialog zwischen mir und einem Kollegen, in dem wir mögliche Lösungen für ein Problem mit einem Roboterarm diskutieren."*

Frage-Prompt Beispiel: *"ChatGPT, du bist nun ein erfahrener Industriemechaniker. Stelle mir fünf wichtige Fragen, die ich mir stellen sollte, bevor ich entscheide, ob ich eine neue oder gebrauchte Maschine kaufen soll."*

Ideen-erfolgreich-weiterentwickeln-Prompt Beispiel: *"ChatGPT, du bist nun ein erfahrener Industriemechaniker. Ich habe eine Idee, wie wir die*

Effizienz unserer Fertigungslinie verbessern können. Hilf mir, diese Idee weiterzuentwickeln und mögliche Hürden zu identifizieren."

Listen-Prompt Beispiel: *"ChatGPT, du bist nun ein erfahrener Industriemechaniker. Erstelle eine Liste der zehn wichtigsten Sicherheitsregeln, die in unserer Werkstatt beachtet werden müssen."*

Markdown-Format-Prompt Beispiel: *"ChatGPT, du bist nun ein erfahrener Industriemechaniker. Erstelle eine schrittweise Anleitung zur Durchführung einer routinemäßigen Wartung an einer Drehmaschine im Markdown-Format."*

Multi-Kriterien-Analyse-(MKA)-Prompt Beispiel: *"ChatGPT, du bist nun ein erfahrener Industriemechaniker. Führe eine Multi-Kriterien-Analyse durch, um die beste Option für den Kauf eines neuen CNC-Bearbeitungszentrums unter Berücksichtigung von Preis, Leistung, Energieverbrauch und Wartungsfreundlichkeit zu ermitteln."*

Pro-und-Contra-Prompt Beispiel: *"ChatGPT, du bist nun ein erfahrener Industriemechaniker. Erstelle eine Pro-und-Contra-Liste, um die Vor- und Nachteile der Umstellung von manuellen Maschinen auf automatisierte Maschinen in unserer Produktion zu bewerten."*

Schritt-für-Schritt-Prompt Beispiel: *"ChatGPT, du bist nun ein erfahrener Industriemechaniker. Erkläre mir Schritt für Schritt, wie ich einen Hydraulikzylinder in einer Produktionsmaschine austauschen kann."*

Sentiment-Prompt Beispiel: *"ChatGPT, du bist nun ein erfahrener Industriemechaniker. Analysiere das Sentiment in einer E-Mail von einem Lieferanten, der über Verzögerungen bei der Lieferung von Ersatzteilen informiert."*

Stil-und-Schreibart-Anpassungs-Prompt Beispiel: *"ChatGPT, du bist nun ein erfahrener Industriemechaniker. Verfasse einen Bericht über die erfolgreiche Inbetriebnahme einer neuen Maschine in unserem Werk, aber passe deinen Schreibstil so an, dass er leicht verständlich und ansprechend für unsere nicht-technischen Teammitglieder ist."*

SWOT-Analyse-Prompt Beispiel: *"ChatGPT, du bist nun ein erfahrener Industriemechaniker. Führe eine SWOT-Analyse durch, um die Stärken,*

Schwächen, Chancen und Risiken unserer derzeitigen Produktionslinie zu bewerten."

Journalist/in

ChatGPT-Anwendungen zur Erleichterung des Arbeitsalltags:

Recherche: ChatGPT kann Journalisten dabei unterstützen, Hintergrundinformationen zu recherchieren und Quellen zu finden.

Beispiel-Prompt: *"Finde mir Hintergrundinformationen und verlässliche Quellen zum Thema Klimawandel und dessen Auswirkungen auf die Wirtschaft."*

Artikelentwurf: ChatGPT kann Journalisten helfen, erste Entwürfe für Artikel zu erstellen und sie mit relevanten Informationen anzureichern.

Beispiel-Prompt: *"Erstelle einen Artikelentwurf über die neuesten Entwicklungen im Bereich der künstlichen Intelligenz und deren Auswirkungen auf den Arbeitsmarkt."*

Brainstorming: ChatGPT kann Journalisten beim Brainstorming neuer Themen und Ideen unterstützen.

Beispiel-Prompt: *"Brainstorme fünf aktuelle und interessante Themen im Bereich der Technologie, über die ich schreiben könnte."*

Textüberarbeitung: ChatGPT kann Journalisten bei der Überarbeitung und Verbesserung ihrer Texte unterstützen, indem er Vorschläge für bessere Formulierungen und Stil gibt.

Beispiel-Prompt: *"Überarbeite und verbessere den folgenden Textabschnitt: [...]."*

Schreiben von Überschriften: ChatGPT kann dabei helfen, ansprechende und informative Überschriften für Artikel zu erstellen.

Beispiel-Prompt: *"Erstelle fünf mögliche Überschriften für einen Artikel über die Auswirkungen von sozialen Medien auf die politische Meinungsbildung."*

Zusammenfassungen erstellen: ChatGPT kann Journalisten dabei unterstützen, längere Artikel oder Berichte in kürzere, leicht verständliche Zusammenfassungen zu verwandeln.

Beispiel-Prompt: *"Erstelle eine kurze Zusammenfassung des folgenden Artikels: [...]"*

Fragen für Interviews vorbereiten: ChatGPT kann Journalisten bei der Vorbereitung von Interviews unterstützen, indem er relevante und interessante Fragen vorschlägt.

Beispiel-Prompt: *"Erstelle eine Liste von zehn Fragen, die ich einem Experten für erneuerbare Energien in einem Interview stellen könnte."*

Soziale Medien: ChatGPT kann Journalisten bei der Erstellung ansprechender Social-Media-Posts helfen, um ihre Artikel zu bewerben und ihre Reichweite zu erhöhen.

Beispiel-Prompt: *"Erstelle einen ansprechenden Tweet, um meinen Artikel über die Zukunft der Elektromobilität zu bewerben."*

Mit diesen Anwendungen kann ChatGPT Journalisten in verschiedenen Aspekten ihrer Arbeit unterstützen und ihnen dabei helfen, ihre Produktivität und Effizienz zu steigern.

15 weitere Beispiel-Prompts

Im folgenden Abschnitt finden Sie eine Auswahl von einigen angepassten Prompts, die auf den Beruf des Journalisten zugeschnitten sind. Zuerst wird ein Persona-Priming-Prompt vorgestellt, gefolgt von weiteren Prompts aus verschiedenen Kategorien, die speziell für journalistische Aufgaben konzipiert wurden.

Persona-Priming-Prompt Beispiel: *"ChatGPT, ich möchte, dass du die Rolle eines Journalisten einnimmst. Du verfügst über umfangreiche Kenntnisse in den Bereichen Nachrichtenrecherche, Berichterstattung und Medienethik. Du bist in der Lage, Ratschläge zum Verfassen von Artikeln, der Durchführung von Interviews und der Einhaltung journalistischer Standards zu geben."* Geben Sie nun Ihre konkrete Anfrage als Prompt ein, indem Sie zum Beispiel schreiben: *"ChatGPT, du bist nun ein erfahrener Journalist ...? Was ..."*

5-Why-Verfahren-Prompt Beispiel: *"ChatGPT, du bist nun ein erfahrener Journalist. Führe das 5-Why-Verfahren durch, um die zugrundeliegenden Ursachen für das sinkende Vertrauen der Öffentlichkeit in die Medien zu ermitteln."*

ABC-Technik-Prompt Beispiel: *"ChatGPT, du bist nun ein erfahrener Journalist. Verwende die ABC-Technik, um Ideen für Artikelthemen zu generieren, die sich auf die Buchstaben A, B und C beziehen."*

Dialog-Prompt Beispiel: *"ChatGPT, du bist nun ein erfahrener Journalist. Schreibe einen fiktiven Dialog zwischen einem Politiker und einem Wissenschaftler, der die verschiedenen Ansichten zum Klimawandel und mögliche Lösungen diskutiert."*

Frage-Prompt Beispiel: *"ChatGPT, du bist nun ein erfahrener Journalist. Erstelle eine Liste von zehn Fragen, die ich einem Experten für erneuerbare Energien in einem Interview stellen könnte."*

Gegenargument-Prompt Beispiel: *"ChatGPT, du bist nun ein erfahrener Journalist. Finde drei Gegenargumente zu der Behauptung, dass traditionelle Medien durch soziale Medien ersetzt werden."*

Internet-Analyse-Prompt Beispiel: *"ChatGPT, du bist nun ein erfahrener Journalist. Analysiere das Internet, um aktuelle Trends und Meinungen zu erneuerbaren Energien und deren Auswirkungen auf die globale Wirtschaft zu ermitteln."*

Markdown-Format-Prompt Beispiel: *"ChatGPT, du bist nun ein erfahrener Journalist. Verfasse eine kurze Nachrichtenmeldung über die neuesten Entwicklungen im Bereich der künstlichen Intelligenz und formatiere sie im Markdown-Stil, um sie leicht in unser Content-Management-System einfügen zu können."*

Pro-und-Contra-Prompt Beispiel: *"ChatGPT, du bist nun ein erfahrener Journalist. Erstelle eine Pro-und-Contra-Liste, um die Vor- und Nachteile der Einführung von Kryptowährungen als offizielles Zahlungsmittel zu bewerten."*

Reframing-Prompt Beispiel: *"ChatGPT, du bist nun ein erfahrener Journalist. Reframe das Problem der "Fake News" in eine Chance für*

Medienunternehmen, um ihre Glaubwürdigkeit und Qualität der Berichterstattung zu verbessern."

Schritt-für-Schritt-Prompt Beispiel: *"ChatGPT, du bist nun ein erfahrener Journalist. Beschreibe Schritt für Schritt den Prozess der Recherche, Planung, Durchführung und Nachbereitung eines Interviews mit einer prominenten Persönlichkeit."*

Sentiment-Prompt Beispiel: *"ChatGPT, du bist nun ein erfahrener Journalist. Analysiere das Sentiment in ... bezüglich der aktuellen politischen Situation und erstelle einen Bericht, der die vorherrschenden Meinungen und Emotionen zusammenfasst."*

SWOT-Analyse-Prompt Beispiel: *"ChatGPT, du bist nun ein erfahrener Journalist. Führe eine SWOT-Analyse für ein Medienunternehmen durch, das sich in der digitalen Transformation befindet, und identifiziere Stärken, Schwächen, Chancen und Bedrohungen."*

Um-Feedback-bitten-Prompt Beispiel: *"ChatGPT, du bist nun ein erfahrener Journalist. Bitte gib mir konstruktives Feedback zu meinem kürzlich verfassten Artikel über die Integration von KI-Technologien in den Bildungsbereich."*

Vervollständigungs-Prompt Beispiel: *"ChatGPT, du bist nun ein erfahrener Journalist. Vervollständige den folgenden Artikelanfang über die Auswirkungen von sozialen Medien auf die politische Meinungsbildung: 'In den letzten Jahren haben soziale Medien ...'"*

Jugend- und Heimerzieher/in

ChatGPT-Anwendungen für den Arbeitsalltag sind zum Beispiel:

Aktivitäten und Spiele planen: ChatGPT kann bei der Planung von altersgerechten Aktivitäten und Spielen für die Jugendlichen unterstützen, indem es Ideen und Anregungen für verschiedene Situationen bietet.

Beispiel-Prompt: *"Gib mir eine Liste von fünf altersgerechten Gruppenaktivitäten für Jugendliche im Alter von 12 bis 16 Jahren, die Teamarbeit und Kommunikation fördern."*

Berichterstattung und Dokumentation: ChatGPT kann dabei helfen, Berichte über den Fortschritt der Jugendlichen zu verfassen und wichtige Ereignisse oder Beobachtungen zu dokumentieren.

Beispiel-Prompt: *"Hilf mir, einen Fortschrittsbericht über einen Jugendlichen zu schreiben, der in den letzten drei Monaten an Selbstvertrauen gewonnen und seine sozialen Fähigkeiten verbessert hat."*

Elternkommunikation: ChatGPT kann bei der Formulierung von E-Mails oder Briefen an die Eltern der Jugendlichen unterstützen, um sie über den Fortschritt ihrer Kinder oder bevorstehende Veranstaltungen zu informieren.

Beispiel-Prompt: *"Verfasse eine E-Mail an die Eltern eines Jugendlichen, um sie über die bevorstehende Projektwoche zum Thema Umweltschutz zu informieren."*

Umgang mit herausfordernden Situationen: ChatGPT kann Ratschläge und Strategien zur Bewältigung von herausfordernden Situationen oder Konflikten zwischen Jugendlichen liefern.

Beispiel-Prompt: *"Gib mir drei Strategien, um einen Konflikt zwischen zwei Jugendlichen, die sich über die Nutzung eines Gemeinschaftsraums streiten, beizulegen."*

Fortbildung und Fachwissen: ChatGPT kann bei der Recherche von Fortbildungsmöglichkeiten, aktuellen Studien und Fachartikeln im Bereich der Jugendarbeit und Erziehung unterstützen.

Beispiel-Prompt: *"Finde mir drei relevante Fortbildungsveranstaltungen für Jugend- und Heimerzieher, die in den nächsten sechs Monaten stattfinden."*

Insgesamt kann ChatGPT eine wertvolle Ergänzung für den Arbeitsalltag von Jugend- und Heimerziehern sein, indem es bei der Planung von Aktivitäten, Kommunikation mit Eltern, Berichterstattung, Konfliktbewältigung und Fortbildung unterstützt.

15 weitere Beispiel-Prompts

In diesem Abschnitt finden Sie spezifisch ausgewählte Prompts und Techniken, die auf den Beruf eines Jugend- und Heimerziehers zugeschnitten sind. Wir beginnen mit dem Persona-Priming-Prompt, der ChatGPT in die Rolle eines erfahrenen Jugend- und Heimerziehers versetzt. Anschließend präsentieren wir 14 verschiedene Beispiele, die aus den Kategorien "Allgemeine Prompt-Arten", "Ideenfindungs-Prompts", "Problemlösungs-Prompts" und "Entscheidungsfindungs-Prompts" stammen. Jeder Prompt ist in kursiver Schrift und in Anführungszeichen gesetzt, um Ihnen zu zeigen, wie Sie diese Prompts in der ChatGPT-Eingabeaufforderung verwenden können.

Persona-Priming-Prompt Beispiel: *"ChatGPT, ich möchte, dass du die Rolle eines Jugend- und Heimerziehers einnimmst. Du verfügst über umfangreiche Kenntnisse in den Bereichen Pädagogik, Sozialarbeit und Jugendhilfe. Du bist in der Lage, Ratschläge zur Betreuung und Förderung von Kindern und Jugendlichen in schwierigen Lebenssituationen zu geben, einschließlich der Planung von Aktivitäten, der Konfliktlösung und der Zusammenarbeit mit Eltern und anderen Fachkräften."* Geben Sie nun Ihre konkrete Anfrage als Prompt ein, indem Sie zum Beispiel schreiben: *"ChatGPT, du bist nun ein erfahrener Jugend- und Heimerzieher ...? Was ..."*

6-Hüte-Methode-Prompt Beispiel: *"ChatGPT, du bist nun ein erfahrener Jugend- und Heimerzieher. Führe eine 6-Hüte-Methode-Analyse durch, um neue Ansätze zur Motivation von Jugendlichen für ihre schulischen Leistungen zu entwickeln."*

Dialog-Prompt Beispiel: *"ChatGPT, du bist nun ein erfahrener Jugend- und Heimerzieher. Schreibe einen Dialog zwischen mir und einem Jugendlichen, der Schwierigkeiten hat, Freundschaften zu schließen, um ihm dabei zu helfen, Vertrauen aufzubauen."*

Frage-Prompt Beispiel: *"ChatGPT, du bist nun ein erfahrener Jugend- und Heimerzieher. Stelle mir fünf Fragen, die ich den Jugendlichen in meiner Einrichtung stellen kann, um ihre Interessen und Bedürfnisse besser zu verstehen."*

Gegenargument-Prompt Beispiel: *"ChatGPT, du bist nun ein erfahrener Jugend- und Heimerzieher. Gib mir ein Gegenargument für die Annahme, dass Jugendliche in Heimen weniger Chancen auf eine erfolgreiche Zukunft haben als andere Jugendliche."*

Ideen-erfolgreich-weiterentwickeln-Prompt Beispiel: *"ChatGPT, du bist nun ein erfahrener Jugend- und Heimerzieher. Ich habe die Idee, ein Mentorenprogramm für die Jugendlichen in meiner Einrichtung zu starten. Hilf mir dabei, diese Idee erfolgreich weiterzuentwickeln."*

Pareto-Analyse-Prompt Beispiel: *"ChatGPT, du bist nun ein erfahrener Jugend- und Heimerzieher. Führe eine Pareto-Analyse durch, um die wichtigsten Aspekte der Betreuung von Jugendlichen in Heimen zu identifizieren."*

Pro-und-Contra-Prompt Beispiel: *"ChatGPT, du bist nun ein erfahrener Jugend- und Heimerzieher. Stelle eine Pro-und-Contra-Liste auf, um die Vor- und Nachteile einer offenen Tür-Politik in Jugendheimen zu bewerten."*

Reframing-Prompt Beispiel: *"ChatGPT, du bist nun ein erfahrener Jugend- und Heimerzieher. Reframe das Problem der hohen Fluktuation von Betreuern in Jugendheimen, um neue Lösungsansätze zu finden."*

Schritt-für-Schritt-Prompt Beispiel: *"ChatGPT, du bist nun ein erfahrener Jugend- und Heimerzieher. Gib mir eine Schritt-für-Schritt-Anleitung zur Konfliktlösung zwischen zwei Jugendlichen, die sich über die Nutzung eines Gemeinschaftsraums streiten."*

Sentiment-Prompt Beispiel: *"ChatGPT, du bist nun ein erfahrener Jugend- und Heimerzieher. Analysiere das Sentiment einer E-Mail, die ich von den Eltern eines Jugendlichen erhalten habe, um herauszufinden, wie zufrieden sie mit unserer Betreuung sind."*

SWOT-Analyse-Prompt Beispiel: *"ChatGPT, du bist nun ein erfahrener Jugend- und Heimerzieher. Führe eine SWOT-Analyse für die Einführung eines Freizeitprogramms für die Jugendlichen in meiner Einrichtung durch."*

Tabellen-Format-Prompt Beispiel: *"ChatGPT, du bist nun ein erfahrener Jugend- und Heimerzieher. Erstelle eine Tabelle, die die individuellen Stärken und Schwächen der Jugendlichen in meiner Einrichtung zusammenfasst, um gezielte Fördermaßnahmen zu planen."*

WWAD-Methode-Prompt (What's Wrong and What's Desired) Beispiel: *"ChatGPT, du bist nun ein erfahrener Jugend- und Heimerzieher. Wende die WWAD-Methode an, um herauszufinden, wie wir die Zusammenarbeit zwischen den Jugendlichen in meiner Einrichtung verbessern können."*

Zusammenfassungs-Prompt Beispiel: *"ChatGPT, du bist nun ein erfahrener Jugend- und Heimerzieher. Erstelle eine Zusammenfassung der wichtigsten Erkenntnisse aus dem letzten Teammeeting in meiner Einrichtung."*

Kaufmann/-frau für Büromanagement

Kaufleute für Büromanagement sind in verschiedenen Branchen tätig und übernehmen vielfältige Aufgaben im Büroalltag. ChatGPT kann ihnen dabei helfen, ihre Arbeit effizienter zu gestalten und Zeit bei Routineaufgaben zu sparen. Hier sind einige Tätigkeiten, bei denen ChatGPT angewendet werden kann, und konkrete Beispiel-Prompts:

Kommunikation und Korrespondenz: ChatGPT kann bei der Erstellung von E-Mails, Memos und anderen Schriftstücken unterstützen, indem es Textvorschläge liefert oder den Text überarbeitet.

Beispiel-Prompt: *"Formuliere eine höfliche E-Mail an unseren Lieferanten, um eine Verzögerung bei der Lieferung zu erfragen."*

Recherche: ChatGPT kann bei der Recherche von Informationen zu verschiedenen Themen helfen, indem es die relevanten Informationen zusammenfasst.

Beispiel-Prompt: *"Finde die wichtigsten Vorteile und Nachteile von Cloud-basierten Buchhaltungssystemen."*

Dokumentenmanagement: ChatGPT kann beim Erstellen, Aktualisieren und Organisieren von Dokumenten helfen, indem es Inhalte zusammenfasst oder Formatierungsvorschläge macht.

Beispiel-Prompt: *"Erstelle eine übersichtliche Tabelle zur Auflistung unserer monatlichen Ausgaben, sortiert nach Kategorie."*

Berichterstattung und Präsentationen: ChatGPT kann bei der Erstellung von Berichten und Präsentationen unterstützen, indem es Ideen für Gliederungen oder Vorschläge für Visualisierungen liefert.

Beispiel-Prompt: *"Entwickle eine Gliederung für einen Bericht über unsere Vertriebsleistung im letzten Quartal."*

Projektmanagement: ChatGPT kann bei der Planung, Organisation und Überwachung von Projekten helfen, indem es Vorschläge für Ressourcenallokation, Zeitmanagement und Risikobewertung liefert.

Beispiel-Prompt: *"Identifiziere die wichtigsten Meilensteine für ein Projekt zur Implementierung eines neuen CRM-Systems."*

Durch die Nutzung von ChatGPT in diesen und anderen Tätigkeiten können Kaufleute für Büromanagement ihre Effizienz steigern, Zeit sparen und sich auf wichtigere Aufgaben konzentrieren.

15 weitere Beispiel-Prompts

Im folgenden Abschnitt finden Sie eine Auswahl von verschiedenen Prompts und Techniken, die speziell auf den Beruf des Kaufmanns/-frau für Büromanagement zugeschnitten sind. Die Prompts decken verschiedene Aspekte und Herausforderungen ab, denen Fachleute in diesem Bereich begegnen könnten. Wir beginnen mit einem Persona-Priming-Prompt, um ChatGPT darauf vorzubereiten, die Rolle eines Kaufmanns für Büromanagement einzunehmen. Danach folgen weitere Prompts, die sich auf unterschiedliche Prompt-Arten und Kreativtechniken beziehen. Diese wurden sorgfältig ausgewählt und angepasst, um für diesen Beruf am besten geeignet zu sein.

Persona-Priming-Prompt Beispiel: *"ChatGPT, ich möchte, dass du die Rolle eines Kaufmanns für Büromanagement einnimmst. Du verfügst über fundierte Kenntnisse in den Bereichen Büroorganisation, Verwaltung und Kommunikation. Du bist in der Lage, Ratschläge zur Optimierung von Büroabläufen, der Koordination von Terminen und der effektiven Nutzung von Bürosoftware zu geben."* Geben Sie nun Ihre konkrete Anfrage als Prompt ein, indem Sie zum Beispiel schreiben: *"ChatGPT, du bist nun ein erfahrener Kaufmann für Büromanagement. Was ...?"*

6-Hüte-Methode-Prompt Beispiel: *"ChatGPT, du bist nun ein erfahrener Kaufmann für Büromanagement. Analysiere die Umsetzung eines neuen Dokumentenverwaltungssystems in unserem Büro unter Anwendung der 6-Hüte-Methode."*

Dialog-Prompt Beispiel: *"ChatGPT, du bist nun ein erfahrener Kaufmann für Büromanagement. Erstelle einen Dialog zwischen mir und einem Kollegen, bei dem wir die Vorteile und Nachteile der Verwendung von Instant-Messaging-Apps zur internen Kommunikation im Büro besprechen."*

Frage-Prompt Beispiel: *"ChatGPT, du bist nun ein erfahrener Kaufmann für Büromanagement. Welche Fragen sollte ich stellen, um die Bedürfnisse unserer Abteilungen besser zu verstehen, bevor ich eine neue Bürosoftware einführe?"*

Gegenteilige-Ansicht-Prompt Beispiel: *"ChatGPT, du bist nun ein erfahrener Kaufmann für Büromanagement. Erörtere die gegenteilige Ansicht, dass physische Meetings im Büro nicht mehr notwendig sind, da wir bereits effiziente virtuelle Meetings durchführen."*

Ideen-erfolgreich-weiterentwickeln-Prompt Beispiel: *"ChatGPT, du bist nun ein erfahrener Kaufmann für Büromanagement. Wie können wir die Idee, ein internes Fortbildungsprogramm einzuführen, weiterentwickeln, um sie erfolgreicher und effektiver umzusetzen?"*

Multi-Kriterien-Analyse-(MKA)-Prompt Beispiel: *"ChatGPT, du bist nun ein erfahrener Kaufmann für Büromanagement. Führe eine Multi-Kriterien-Analyse (MKA) durch, um die besten Anbieter für Bürobedarf zu bewerten und eine fundierte Entscheidung zu treffen."*

Pareto-Analyse-Prompt Beispiel: *"ChatGPT, du bist nun ein erfahrener Kaufmann für Büromanagement. Führe eine Pareto-Analyse durch, um die 20 % der Aufgaben zu identifizieren, die 80 % der Ergebnisse in unserer Büroorganisation erzielen."*

Pro-und-Contra-Prompt Beispiel: *"ChatGPT, du bist nun ein erfahrener Kaufmann für Büromanagement. Erstelle eine Pro-und-Contra-Liste, um zu entscheiden, ob wir in unserem Büro auf eine papierlose Arbeitsumgebung umstellen sollten."*

Reframing-Prompt Beispiel: *"ChatGPT, du bist nun ein erfahrener Kaufmann für Büromanagement. Reframe das Problem, dass unsere Mitarbeiter Schwierigkeiten haben, ihre Arbeitsbelastung effektiv zu bewältigen, um neue Lösungsansätze zu finden."*

Schritt-für-Schritt-Prompt Beispiel: *"ChatGPT, du bist nun ein erfahrener Kaufmann für Büromanagement. Erstelle einen Schritt-für-Schritt-Plan, um ein neues Zeiterfassungssystem in unserem Büro zu implementieren."*

Sentiment-Prompt Beispiel: *"ChatGPT, du bist nun ein erfahrener Kaufmann für Büromanagement. Analysiere das Sentiment in den E-Mails unserer Mitarbeiter, um festzustellen, ob sie mit den aktuellen Arbeitsbedingungen zufrieden sind."*

SWOT-Analyse-Prompt Beispiel: *"ChatGPT, du bist nun ein erfahrener Kaufmann für Büromanagement. Führe eine SWOT-Analyse durch, um die Stärken, Schwächen, Chancen und Risiken unserer Büroorganisation zu identifizieren."*

Tabellen-Format-Prompt Beispiel: *"ChatGPT, du bist nun ein erfahrener Kaufmann für Büromanagement. Erstelle eine Tabelle im Tabellenformat, die die Aufgaben, Verantwortlichkeiten und Fristen für ein bevorstehendes Büroumzugsprojekt darstellt."*

Zusammenfassungs-Prompt Beispiel: *"ChatGPT, du bist nun ein erfahrener Kaufmann für Büromanagement. Fasse die Ergebnisse unserer letzten Mitarbeiterbefragung zusammen, um die Hauptthemen und Bereiche für Verbesserungen zu identifizieren."*

Kaufmann/-frau für Digitalisierungsmanagement

Kaufleute für Digitalisierungsmanagement sind in einer Vielzahl von Tätigkeiten involviert, um Unternehmen bei der Einführung und Nutzung digitaler Technologien und Prozesse zu unterstützen. ChatGPT kann dabei helfen, den Arbeitsalltag zu erleichtern, indem es bei verschiedenen Aufgaben unterstützt und kreative Lösungen bietet. Hier sind einige Tätigkeiten, bei denen ChatGPT hilfreich sein kann:

Projektplanung und -management: ChatGPT kann bei der Erstellung von Projektplänen und Zeitplänen helfen, indem es mögliche Meilensteine und Ressourcen vorschlägt.

Beispiel-Prompt: *"Erstelle einen Projektplan für die Einführung eines neuen Customer-Relationship-Management-Systems in unserem Unternehmen, einschließlich Meilensteinen und Ressourcen."*

Prozessoptimierung: ChatGPT kann Vorschläge zur Verbesserung von Geschäftsprozessen machen und dabei helfen, Engpässe und Ineffizienzen zu identifizieren.

Beispiel-Prompt: *"Analysiere unseren aktuellen Bestell- und Lieferprozess und identifiziere Verbesserungspotenziale, um unsere Kundenzufriedenheit zu erhöhen."*

Erstellung von Präsentationen und Berichten: ChatGPT kann bei der Erstellung von Präsentationen und Berichten unterstützen, indem es Inhalte, Grafiken und Daten visualisiert.

Beispiel-Prompt: *"Erstelle eine Präsentation, die die Vorteile von Cloud-Computing für unser Unternehmen aufzeigt, inklusive Kostenersparnisse und Flexibilität."*

Kommunikation und Zusammenarbeit: ChatGPT kann bei der Formulierung von E-Mails, Meeting-Agendas und internen Kommunikationsdokumenten helfen.

Beispiel-Prompt: *"Verfasse eine E-Mail an unser Team, um sie über die bevorstehende Einführung eines neuen Projektmanagement-Tools zu informieren und ihre Teilnahme an einer Schulung anzukündigen."*

Entscheidungsfindung: ChatGPT kann bei der Bewertung von Optionen und der Entscheidungsfindung helfen, indem es Pro- und Contra-Argumente liefert.

Beispiel-Prompt: *"Vergleiche die Vor- und Nachteile von Microsoft Teams und Slack als Kommunikationsplattform für unser Unternehmen und gib eine Empfehlung ab."*

Durch die Verwendung von ChatGPT können Kaufleute für Digitalisierungsmanagement ihre Arbeitsbelastung reduzieren und effektivere Ergebnisse erzielen, indem sie die künstliche Intelligenz für unterschiedliche Aufgaben einsetzen.

15 weitere Beispiel-Prompts

Im folgenden Abschnitt finden Sie für den Beruf des Kaufmanns für Digitalisierungsmanagement eine Auswahl von 14 sinnvollen und gut passenden Prompts aus verschiedenen Kategorien wie allgemeine Prompt-Arten, Ideenfindungs-Prompts, Problemlösungs-Prompts und Entscheidungsfindungs-Prompts. Diese Prompts sind darauf abgestimmt, die Herausforderungen und Anforderungen dieses Berufs gezielt zu adressieren und Ihnen dabei zu helfen, effektive Lösungen für Ihre täglichen Aufgaben zu finden. Bevor Sie mit den spezifischen Prompts beginnen, nutzen Sie den Persona-Priming-Prompt, um ChatGPT in die Rolle eines erfahrenen Kaufmanns für Digitalisierungsmanagement zu versetzen.

Persona-Priming-Prompt Beispiel: *"ChatGPT, ich möchte, dass du die Rolle eines Kaufmanns für Digitalisierungsmanagement einnimmst. Du verfügst über umfangreiche Kenntnisse in den Bereichen digitale Technologien, Projektmanagement und Geschäftsprozessoptimierung. Du bist in der Lage, Ratschläge zur Implementierung und Nutzung digitaler Lösungen in Unternehmen zu geben, einschließlich der Analyse von Anforderungen, der Auswahl geeigneter Technologien und der Schulung von Mitarbeitern."* Geben Sie nun Ihre konkrete Anfrage als Prompt ein, indem Sie zum Beispiel schreiben: *"ChatGPT, du bist nun ein erfahrener Kaufmann für Digitalisierungsmanagement. Was ...?"*

5-Why-Verfahren-Prompt Beispiel: *"ChatGPT, du bist nun ein erfahrener Kaufmann für Digitalisierungsmanagement. Wende das 5-Why-Verfahren an, um die Hauptursache für den unzureichenden Einsatz unserer aktuellen CRM-Software zu ermitteln."*

ABC-Technik-Prompt Beispiel: *"ChatGPT, du bist nun ein erfahrener Kaufmann für Digitalisierungsmanagement. Verwende die ABC-Technik, um mögliche Digitalisierungsinitiativen in unserem Unternehmen zu kategorisieren und priorisieren."*

Entscheidungsmatrix-Prompt Beispiel: *"ChatGPT, du bist nun ein erfahrener Kaufmann für Digitalisierungsmanagement. Erstelle eine Entscheidungsmatrix, um verschiedene Projektmanagement-Tools zu bewerten und das beste Tool für unser Unternehmen auszuwählen."*

Frage-Prompt Beispiel: *"ChatGPT, du bist nun ein erfahrener Kaufmann für Digitalisierungsmanagement. Welche Schritte sollten wir unternehmen, um die Benutzerfreundlichkeit unseres Intranets zu verbessern?"*

Gegenargument-Prompt Beispiel: *"ChatGPT, du bist nun ein erfahrener Kaufmann für Digitalisierungsmanagement. Was sind mögliche Gegenargumente gegen die Einführung eines neuen, cloudbasierten Collaboration-Tools in unserem Unternehmen?"*

Ishikawa-Methoden-Prompt Beispiel: *"ChatGPT, du bist nun ein erfahrener Kaufmann für Digitalisierungsmanagement. Erstelle ein Ishikawa-Diagramm, um die Faktoren zu identifizieren, die die Effizienz unseres aktuellen digitalen Workflows beeinflussen."*

Pareto-Analyse-Prompt Beispiel: *"ChatGPT, du bist nun ein erfahrener Kaufmann für Digitalisierungsmanagement. Führe eine Pareto-Analyse durch, um die kritischen Probleme in unserem digitalen Transformationsprozess zu identifizieren und die wichtigsten Bereiche für Verbesserungen herauszufinden."*

Pro-und-Contra-Prompt Beispiel: *"ChatGPT, du bist nun ein erfahrener Kaufmann für Digitalisierungsmanagement. Liste die Vor- und Nachteile der Implementierung einer Künstlichen Intelligenz-Plattform in unserem Unternehmen auf."*

Reframing-Prompt Beispiel: *"ChatGPT, du bist nun ein erfahrener Kaufmann für Digitalisierungsmanagement. Versuche, das Problem der hohen Mitarbeiterfluktuation in unserer IT-Abteilung aus einer anderen Perspektive zu betrachten und neue Lösungsansätze vorzuschlagen."*

Schritt-für-Schritt-Prompt Beispiel: *"ChatGPT, du bist nun ein erfahrener Kaufmann für Digitalisierungsmanagement. Beschreibe Schritt für Schritt den Prozess der Integration eines neuen CRM-Systems in unser Unternehmen."*

SWOT-Analyse-Prompt Beispiel: *"ChatGPT, du bist nun ein erfahrener Kaufmann für Digitalisierungsmanagement. Erstelle eine SWOT-Analyse für die Einführung eines Enterprise-Resource-Planning-Systems (ERP) in unserem Unternehmen."*

Verfeinerungs-Prompt Beispiel: *"ChatGPT, du bist nun ein erfahrener Kaufmann für Digitalisierungsmanagement. Verfeinere den Entwurf unserer Digitalisierungsstrategie, indem du auf potenzielle Schwachstellen hinweist und Verbesserungsvorschläge machst."*

Walt-Disney-Strategie-Prompt Beispiel: *"ChatGPT, du bist nun ein erfahrener Kaufmann für Digitalisierungsmanagement. Wende die Walt-Disney-Strategie an, um kreative Lösungen für die Verbesserung unserer internen digitalen Kommunikation zu entwickeln."*

Zusammenfassungs-Prompt Beispiel: *"ChatGPT, du bist nun ein erfahrener Kaufmann für Digitalisierungsmanagement. Fasse die wichtigsten Erkenntnisse und Ergebnisse aus dem jüngsten Projekt zur Einführung einer neuen Projektmanagement-Software zusammen."*

Kaufmann/-frau für Dialogmarketing

Als Kaufmann für Dialogmarketing können Sie ChatGPT nutzen, um Ihre tägliche Arbeit effizienter zu gestalten und Ihre Kommunikation zu verbessern. Hier sind einige Beispiele, wie ChatGPT Ihnen konkret helfen kann:

Textentwurf für Marketingkampagnen: ChatGPT kann Ihnen dabei helfen, ansprechende Texte für Ihre Marketingkampagnen zu verfassen, indem es Ihnen Ideen, Formulierungen oder sogar komplette Entwürfe liefert.

Beispiel-Prompt: *"Erstelle einen Entwurf für einen Werbetext, der unser neues Produkt [Produktname] bewirbt und die Vorteile hervorhebt."*

E-Mail-Kommunikation: Sie können ChatGPT nutzen, um professionelle E-Mails zu verfassen oder zu überarbeiten, um sicherzustellen, dass Ihre Kommunikation klar und prägnant ist.

Beispiel-Prompt: *"Überarbeite die folgende E-Mail, um sie professioneller und freundlicher zu gestalten: [E-Mail-Text]"*

Ideenfindung: ChatGPT kann Ihnen dabei helfen, kreative Ideen für Marketingstrategien oder Kampagnen zu entwickeln, indem es Ihnen verschiedene Ansätze und Möglichkeiten vorschlägt.

Beispiel-Prompt: *"Generiere fünf kreative Ideen für eine Dialogmarketing-Kampagne, um unsere Kundenbindung zu erhöhen."*

Analyse von Kundenfeedback: Nutzen Sie ChatGPT, um Kundenfeedback zu analysieren und wichtige Erkenntnisse zu gewinnen, die Ihnen dabei helfen, Ihre Produkte oder Dienstleistungen zu verbessern.

Beispiel-Prompt: *"Analysiere das folgende Kundenfeedback und identifiziere die drei wichtigsten Verbesserungsvorschläge: [Kundenfeedback-Text]"*

Erstellung von Leitfäden und Schulungsmaterialien: ChatGPT kann Ihnen bei der Erstellung von Leitfäden oder Schulungsmaterialien für Ihre Mitarbeiter helfen, indem es Ihnen den benötigten Text oder Strukturvorschläge liefert.

Beispiel-Prompt: *"Erstelle einen Leitfaden für neue Mitarbeiter im Dialogmarketing, der die wichtigsten Aufgaben und Verantwortlichkeiten beschreibt."*

Indem Sie ChatGPT für diese und ähnliche Aufgaben einsetzen, können Sie als Kaufmann für Dialogmarketing Ihre Arbeitsabläufe optimieren und Ihre Kommunikation effektiver gestalten.

15 weitere Prompt-Beispiele

In diesem Abschnitt finden Sie ausgewählte Prompts und Techniken, die speziell für den Beruf des Kaufmanns für Dialogmarketing konzipiert sind. Sie können diese Prompts verwenden, um ChatGPT effektiv in Ihrem Berufsalltag einzusetzen. Beginnen Sie zunächst mit dem Persona-Priming-Prompt, um ChatGPT auf die Rolle eines Kaufmanns für Dialogmarketing vorzubereiten. Anschließend finden Sie weitere Prompts und Techniken, die auf verschiedene Aspekte Ihres Berufs zugeschnitten sind. Nutzen Sie diese Anregungen, um Ihren Arbeitsalltag effizienter und produktiver zu gestalten.

Persona-Priming-Prompt Beispiel: *"ChatGPT, ich möchte, dass du die Rolle eines Kaufmanns für Dialogmarketing einnimmst. Du verfügst über Kenntnisse in den Bereichen Kundengewinnung, Kundenbindung und Verkaufsstrategien. Du bist in der Lage, Ratschläge zur Planung, Umsetzung und Analyse von Marketingkampagnen für verschiedene Produkte und Dienstleistungen zu geben, einschließlich der Identifizierung von Zielgruppen, der Auswahl der richtigen Kommunikationskanäle und der Beachtung von Datenschutz- und Verbraucherschutzvorschriften."* Geben Sie nun Ihre konkrete Anfrage als Prompt ein, indem Sie zum Beispiel schreiben: *"ChatGPT, du bist nun ein erfahrener Kaufmann für Dialogmarketing. Was ...?"*

6-Hüte-Methoden-Prompt Beispiel: *"ChatGPT, du bist nun ein erfahrener Kaufmann für Dialogmarketing. Analysiere die folgende Marketingkampagne unter Anwendung der 6-Hüte-Methode: [Beschreibung der Marketingkampagne]."*

Dialog-Prompt Beispiel: *"ChatGPT, du bist nun ein erfahrener Kaufmann für Dialogmarketing. Entwirf einen kurzen Dialog zwischen mir und einem potenziellen Kunden, bei dem ich die Vorteile unseres neuen Produkts [Produktname] überzeugend präsentiere."*

Frage-Prompt Beispiel: *"ChatGPT, du bist nun ein erfahrener Kaufmann für Dialogmarketing. Bitte stelle mir fünf Fragen, die ich beantworten sollte, um eine erfolgreiche Marketingstrategie für unser neues Produkt [Produktname] zu entwickeln."*

Gegenargument-Prompt Beispiel: *"ChatGPT, du bist nun ein erfahrener Kaufmann für Dialogmarketing. Nenne ein häufiges Gegenargument, das Kunden bei der Präsentation unseres Produkts [Produktname] vorbringen könnten, und schlage eine passende Erwiderung vor."*

Internet-Analyse-Prompt Beispiel: *"ChatGPT, du bist nun ein erfahrener Kaufmann für Dialogmarketing. Führe eine Analyse der Online-Bewertungen für unser Produkt [Produktname] durch und identifiziere die drei häufigsten positiven und negativen Aspekte, die von Kunden erwähnt werden."*

Ishikawa-Methoden-Prompt Beispiel: *"ChatGPT, du bist nun ein erfahrener Kaufmann für Dialogmarketing. Erstelle ein Ishikawa-Diagramm, um die Ursachen für den Rückgang der Kundenzufriedenheit in unserem Dialogmarketing-Bereich zu analysieren."*

Markdown-Format-Prompt Beispiel: *"ChatGPT, du bist nun ein erfahrener Kaufmann für Dialogmarketing. Verfasse einen kurzen Bericht über die Leistung unserer letzten Marketingkampagne im Markdown-Format, einschließlich der erreichten Ziele, der verwendeten Kanäle und der wichtigsten Verbesserungsmöglichkeiten."*

Multi-Kriterien-Analyse-(MKA)-Prompt Beispiel: *"ChatGPT, du bist nun ein erfahrener Kaufmann für Dialogmarketing. Führe eine Multi-Kriterien-Analyse durch, um die besten Kommunikationskanäle für unsere nächste Dialogmarketing-Kampagne zu ermitteln, basierend auf Faktoren wie Reichweite, Kosten und Zielgruppenansprache."*

Pro-und-Contra-Prompt Beispiel: *"ChatGPT, du bist nun ein erfahrener Kaufmann für Dialogmarketing. Erstelle eine Pro-und-Contra-Liste für die Verwendung von E-Mail-Marketing gegenüber Social-Media-Marketing in unserer nächsten Marketingkampagne."*

Reframing-Prompt Beispiel: *"ChatGPT, du bist nun ein erfahrener Kaufmann für Dialogmarketing. Reframe das folgende Problem, um neue Lösungsansätze zu finden: 'Unsere Kunden reagieren nicht auf unsere E-Mail-Angebote.'"*

Schritt-für-Schritt-Prompt Beispiel: *"ChatGPT, du bist nun ein erfahrener Kaufmann für Dialogmarketing. Erkläre mir Schritt für Schritt, wie ich eine erfolgreiche Telefonmarketingkampagne von der Planung bis zur Auswertung durchführen kann."*

Sentiment-Prompt Beispiel: *"ChatGPT, du bist nun ein erfahrener Kaufmann für Dialogmarketing. Analysiere das Sentiment der Kundenreaktionen auf unsere letzte Social-Media-Kampagne und schlage auf Basis der Ergebnisse Verbesserungen für zukünftige Kampagnen vor."*

SWOT-Analyse-Prompt Beispiel: *"ChatGPT, du bist nun ein erfahrener Kaufmann für Dialogmarketing. Führe eine SWOT-Analyse für unsere aktuelle*

Dialogmarketing-Strategie durch, um Stärken, Schwächen, Chancen und Bedrohungen zu identifizieren."

Um-Feedback-bitten-Prompt Beispiel: *"ChatGPT, du bist nun ein erfahrener Kaufmann für Dialogmarketing. Entwerfe eine E-Mail-Vorlage, um Kunden um Feedback zu unserer letzten Marketingkampagne zu bitten, die sowohl höflich als auch ansprechend ist."*

Kaufmann/-frau im E-Commerce

ChatGPT kann für Kaufleute im E-Commerce in verschiedenen Bereichen eingesetzt werden, um den Arbeitsalltag zu erleichtern. Hier sind einige Tätigkeiten, bei denen ChatGPT hilfreich sein kann:

Produktbeschreibungen erstellen: ChatGPT kann bei der Erstellung von ansprechenden und informativen Produktbeschreibungen helfen.

Beispiel-Prompt: *"Erstelle eine detaillierte Produktbeschreibung für ein Paar kabellose Kopfhörer mit den Funktionen Noise-Cancelling, langer Akkulaufzeit und wasserfestem Design."*

E-Mail-Kommunikation: ChatGPT kann bei der Formulierung von professionellen E-Mails an Kunden, Lieferanten oder Kollegen unterstützen.

Beispiel-Prompt: *"Verfasse eine höfliche E-Mail an einen Lieferanten, um nach dem aktuellen Status einer Bestellung zu fragen, die vor zwei Wochen aufgegeben wurde."*

Marktanalyse: ChatGPT kann helfen, Informationen über Wettbewerber, Trends und Kundenpräferenzen zusammenzustellen.

Beispiel-Prompt: *"Analysiere die Stärken und Schwächen von drei Hauptwettbewerbern im Bereich der kabellosen Kopfhörer und identifiziere potenzielle Chancen und Bedrohungen für unser Unternehmen."*

Content-Strategie: ChatGPT kann bei der Planung und Erstellung von Blogposts, Social-Media-Inhalten und Newslettern behilflich sein.

Beispiel-Prompt: *"Entwickle eine Liste von fünf interessanten Blogpost-Ideen, die sich auf kabellose Kopfhörer beziehen und für unsere Zielgruppe relevant sind."*

Kundenbetreuung: ChatGPT kann bei der Beantwortung von häufig gestellten Fragen und der Lösung von Kundenproblemen helfen.

Beispiel-Prompt: *"Ein Kunde beschwert sich darüber, dass seine kabellosen Kopfhörer nicht richtig funktionieren. Wie kann er das Problem beheben und was können wir tun, um ihm zu helfen?"*

Indem ChatGPT in diesen Bereichen eingesetzt wird, können Kaufleute im E-Commerce ihre Effizienz steigern, Zeit sparen und sich auf andere wichtige Aspekte ihres Geschäfts konzentrieren.

15 weitere Beispiel-Prompts

In diesem Abschnitt finden Sie speziell ausgewählte Prompts und Techniken für den Beruf des Kaufmanns im E-Commerce. Ich habe für diesen Beruf aus den verschiedenen Kategorien zehn allgemeine Prompt-Arten, einen Ideenfindungs-Prompt, einen Problemlösungs-Prompt und einen Entscheidungsfindungs-Prompt ausgewählt. Diese Prompts sind darauf abgestimmt, die Herausforderungen und Aufgaben im E-Commerce effektiv zu bewältigen. Zunächst wird der Persona-Priming-Prompt verwendet, um ChatGPT als erfahrenen Kaufmann im E-Commerce zu positionieren.

Persona-Priming-Prompt Beispiel: *"ChatGPT, ich möchte, dass du die Rolle eines Kaufmanns im E-Commerce einnimmst. Du verfügst über umfassendes Wissen in den Bereichen Online-Handel, Webshop-Management und Online-Marketing. Du bist in der Lage, Ratschläge zur erfolgreichen Führung eines E-Commerce-Geschäfts zu geben, einschließlich der Auswahl von Produkten, der Optimierung des Webshops und der Planung von Marketingstrategien."* Geben Sie nun Ihre konkrete Anfrage als Prompt ein, indem Sie zum Beispiel schreiben: *"ChatGPT, du bist nun ein erfahrener Kaufmann im E-Commerce. Was ...?"*

6-Hüte-Methoden-Prompt Beispiel: *"ChatGPT, du bist nun ein erfahrener Kaufmann im E-Commerce. Führe eine 6-Hüte-Analyse durch, um die Stärken und Schwächen unserer aktuellen Marketingstrategie zu bewerten."*

Frage-Prompt Beispiel: *"ChatGPT, du bist nun ein erfahrener Kaufmann im E-Commerce. Welche Zahlungsmethoden sollten wir in unserem Online-Shop anbieten, um eine hohe Kundenzufriedenheit zu gewährleisten?"*

Gegenteilige-Ansicht-Prompt Beispiel: *"ChatGPT, du bist nun ein erfahrener Kaufmann im E-Commerce. Nenne drei Gründe, warum es keine gute Idee ist, unseren Online-Shop nur auf eine bestimmte Zielgruppe auszurichten."*

Internet-Analyse-Prompt Beispiel: *"ChatGPT, du bist nun ein erfahrener Kaufmann im E-Commerce. Analysiere die Online-Präsenz unserer drei Hauptkonkurrenten ... und identifiziere ihre Stärken und Schwächen im Vergleich zu unserem eigenen Online-Shop."*

Markdown-Format-Prompt Beispiel: *"ChatGPT, du bist nun ein erfahrener Kaufmann im E-Commerce. Erstelle eine Produktbeschreibung für ein Paar kabellose Kopfhörer im Markdown-Format, um sie auf unserer Website darzustellen."*

Pro-und-Contra-Prompt Beispiel: *"ChatGPT, du bist nun ein erfahrener Kaufmann im E-Commerce. Liste die Vor- und Nachteile der Verwendung von Chatbots für unseren Kundenservice auf."*

Reframing-Prompt Beispiel: *"ChatGPT, du bist nun ein erfahrener Kaufmann im E-Commerce. Versuche das Problem der hohen Retourenquote in unserem Online-Shop aus einer anderen Perspektive zu betrachten und neue Lösungsansätze vorzuschlagen."*

Schritt-für-Schritt-Prompt Beispiel: *"ChatGPT, du bist nun ein erfahrener Kaufmann im E-Commerce. Beschreibe Schritt für Schritt, wie wir unsere Conversion-Rate im Online-Shop verbessern können."*

Sentiment-Prompt Beispiel: *"ChatGPT, du bist nun ein erfahrener Kaufmann im E-Commerce. Analysiere die Stimmung in den Kundenbewertungen unseres Online-Shops und identifiziere die Hauptgründe für positive und negative Bewertungen."*

Stil-und-Schreibart-Anpassungs-Prompt Beispiel: *"ChatGPT, du bist nun ein erfahrener Kaufmann im E-Commerce. Verfasse einen Blogbeitrag über die Zukunft des E-Commerce im Stil einer seriösen Wirtschaftszeitung."*

SWOT-Analyse-Prompt Beispiel: *"ChatGPT, du bist nun ein erfahrener Kaufmann im E-Commerce. Führe eine SWOT-Analyse für unser Unternehmen durch, um unsere Stärken, Schwächen, Chancen und Bedrohungen zu identifizieren."*

Tabellen-Format-Prompt Beispiel: *"ChatGPT, du bist nun ein erfahrener Kaufmann im E-Commerce. Erstelle eine Tabelle, die die wichtigsten Leistungsindikatoren (KPIs) unseres Online-Shops im Vergleich zu den Branchenstandards zeigt."*

Um-Feedback-bitten-Prompt Beispiel: *"ChatGPT, du bist nun ein erfahrener Kaufmann im E-Commerce. Schreibe eine E-Mail mit der Bitte um Feedback von unseren Kunden bezüglich unserer neuen Produktlinie und wie wir sie weiter verbessern können."*

WWAD-Methode-Prompt (What's Wrong and What's Desired) Beispiel: *"ChatGPT, du bist nun ein erfahrener Kaufmann im E-Commerce. Identifiziere, was in unserer aktuellen Social-Media-Strategie falsch läuft und was wir stattdessen erreichen möchten, um unseren Online-Umsatz zu steigern."*

Kaufmann/-frau im Einzelhandel

Der Kaufmann im Einzelhandel hat zahlreiche Aufgaben, bei denen ChatGPT eine hilfreiche Unterstützung sein kann. Hier sind einige Tätigkeiten und Beispiel-Prompts, die zeigen, wie ChatGPT den Arbeitsalltag erleichtern kann:

Kundenkommunikation: ChatGPT kann bei der Erstellung von ansprechenden E-Mails, Newslettern und Social-Media-Beiträgen unterstützen.

Beispiel-Prompt: *"Verfasse einen einladenden Newsletter für unsere Kunden, indem du die neuesten Produkte und Angebote vorstellst."*

Produktpräsentation: ChatGPT kann bei der Erstellung von ansprechenden Produktbeschreibungen helfen, die den Kunden den Mehrwert der Produkte vermitteln.

Beispiel-Prompt: *"Erstelle eine überzeugende Produktbeschreibung für das neueste Smartphone in unserem Sortiment, das sich an technikaffine Kunden richtet."*

Umgang mit Kundenbeschwerden: ChatGPT kann dabei helfen, angemessene Antworten auf Kundenbeschwerden zu formulieren.

Beispiel-Prompt: *"Ein Kunde hat sich per E-Mail über ein defektes Produkt beschwert. Verfasse eine höfliche und lösungsorientierte Antwort, um das Problem zu lösen."*

Verkaufsförderung: ChatGPT kann kreative Ideen für Verkaufsförderungsaktionen entwickeln, die den Umsatz steigern.

Beispiel-Prompt: *"Gib mir drei kreative Ideen für Verkaufsförderungsaktionen, die wir in unserem Geschäft umsetzen können, um den Umsatz zu steigern."*

Personalplanung: ChatGPT kann bei der Erstellung von Schichtplänen oder der Berechnung von Personalbedarf unterstützen.

Beispiel-Prompt: *"Erstelle einen wöchentlichen Schichtplan für unsere fünf Mitarbeiter, der die Arbeitszeiten gleichmäßig verteilt und sicherstellt, dass während der Stoßzeiten genügend Personal vorhanden ist."*

Marktanalyse: ChatGPT kann helfen, Marktanalysen durchzuführen oder Wettbewerber zu bewerten.

Beispiel-Prompt: *"Analysiere die Stärken und Schwächen unserer drei Hauptkonkurrenten und gib eine Empfehlung, wie wir uns von ihnen abheben können."*

Indem man ChatGPT für diese und weitere Aufgaben einsetzt, kann der Arbeitsalltag eines Kaufmanns im Einzelhandel erheblich erleichtert werden, sodass mehr Zeit für den direkten Kundenkontakt und andere strategische Aufgaben bleibt.

<u>15 weitere Beispiel-Prompts</u>

In diesem Abschnitt finden Sie 14 speziell ausgewählte Prompts und Techniken, die auf den Beruf des Kaufmanns im Einzelhandel zugeschnitten sind. Diese Prompts sollen Ihnen helfen, ChatGPT effektiv in Ihrem Arbeitsalltag einzusetzen, um verschiedene Herausforderungen zu bewältigen. Bevor Sie diese spezifischen Prompts verwenden, sollten Sie den Persona-Priming-Prompt nutzen, um ChatGPT die Rolle eines erfahrenen Kaufmanns im Einzelhandel zu übernehmen.

Persona-Priming-Prompt Beispiel: *"ChatGPT, ich möchte, dass du die Rolle eines Kaufmanns im Einzelhandel einnimmst. Du verfügst über umfangreiche Kenntnisse in den Bereichen Einzelhandelsmanagement, Verkauf und Kundenbetreuung. Du bist in der Lage, Ratschläge zur erfolgreichen Führung eines Einzelhandelsgeschäfts zu geben, einschließlich der Auswahl von Produkten, der Gestaltung von Verkaufsflächen und der Schulung von Verkaufspersonal."* Geben Sie nun Ihre konkrete Anfrage als Prompt ein, indem Sie zum Beispiel schreiben: *"ChatGPT, du bist nun ein erfahrener Kaufmann im Einzelhandel. Was ...?“*

5-Why-Verfahren-Prompt Beispiel: *"ChatGPT, du bist nun ein erfahrener Kaufmann im Einzelhandel. Wende das 5-Why-Verfahren an, um die Ursache dafür zu ermitteln, warum unsere Umsätze in den letzten drei Monaten zurückgegangen sind."*

6-Hüte-Methoden-Prompt Beispiel: *"ChatGPT, du bist nun ein erfahrener Kaufmann im Einzelhandel. Analysiere unsere Marketingstrategie unter Anwendung der 6-Hüte-Methode, um Verbesserungspotenzial zu identifizieren."*

Dialog-Prompt Beispiel: *"ChatGPT, du bist nun ein erfahrener Kaufmann im Einzelhandel. Führe ein fiktives Gespräch zwischen einem Kunden und einem Verkaufsmitarbeiter über das neue Produkt ... , um mögliche Fragen und Bedenken zu erkennen und darauf vorbereitet zu sein."*

Frage-Prompt Beispiel: *"ChatGPT, du bist nun ein erfahrener Kaufmann im Einzelhandel. Stelle mir drei wichtige Fragen, die ich mir stellen sollte, bevor ich entscheide, welche neuen Produkte ich in mein Sortiment aufnehmen möchte."*

Gegenteilige-Ansicht-Prompt Beispiel: *"ChatGPT, du bist nun ein erfahrener Kaufmann im Einzelhandel. Präsentiere mir die gegenteilige Ansicht zu der Annahme, dass der Online-Handel den stationären Einzelhandel vollständig ersetzen wird."*

Internet-Analyse-Prompt Beispiel: *"ChatGPT, du bist nun ein erfahrener Kaufmann im Einzelhandel. Untersuche das Internet nach aktuellen Trends und Innovationen im Einzelhandel, die wir möglicherweise in unserem Geschäft implementieren könnten."*

Ishikawa-Methoden-Prompt Beispiel: *"ChatGPT, du bist nun ein erfahrener Kaufmann im Einzelhandel. Erstelle ein Ishikawa-Diagramm, um die Hauptfaktoren zu analysieren, die zur Unzufriedenheit unserer Kunden beitragen könnten."*

Listen-Prompt Beispiel: *"ChatGPT, du bist nun ein erfahrener Kaufmann im Einzelhandel. Erstelle eine Liste mit zehn potenziellen Verbesserungsmaßnahmen, die wir in unserem Geschäft umsetzen können, um das Kundenerlebnis zu optimieren."*

Pareto-Analyse-Prompt Beispiel: *"ChatGPT, du bist nun ein erfahrener Kaufmann im Einzelhandel. Führe eine Pareto-Analyse durch, um die 20% der Produkte zu identifizieren, die für 80% unserer Umsätze verantwortlich sind."*

Pro-und-Contra-Prompt Beispiel: *"ChatGPT, du bist nun ein erfahrener Kaufmann im Einzelhandel. Erstelle eine Pro-und-Contra-Liste für die Einführung eines Kundenbindungsprogramms in unserem Geschäft."*

Reframing-Prompt Beispiel: *"ChatGPT, du bist nun ein erfahrener Kaufmann im Einzelhandel. Wende das Reframing an, um die Herausforderungen, die die COVID-19-Pandemie für unser Geschäft mit sich gebracht hat, in Chancen umzuwandeln."*

Schritt-für-Schritt-Prompt Beispiel: *"ChatGPT, du bist nun ein erfahrener Kaufmann im Einzelhandel. Entwickle einen Schritt-für-Schritt-Plan, um ein effektives Mitarbeitertraining für Verkaufstechniken durchzuführen."*

SWOT-Analyse-Prompt Beispiel: *"ChatGPT, du bist nun ein erfahrener Kaufmann im Einzelhandel. Erstelle eine SWOT-Analyse für unser Einzelhandelsgeschäft, um Stärken, Schwächen, Chancen und Bedrohungen zu identifizieren."*

Um-Feedback-bitten-Prompt Beispiel: *"ChatGPT, du bist nun ein erfahrener Kaufmann im Einzelhandel. Gib mir Feedback zu meinem Entwurf für* *eine Umfrage für unsere Kunden, um Feedback zu unserem Produktangebot, Service und Kundenerlebnis einzuholen."*

Zusammenfassungs-Prompt Beispiel: *"ChatGPT, du bist nun ein erfahrener Kaufmann im Einzelhandel. Fasse die wichtigsten Erkenntnisse und Handlungsempfehlungen aus unserem letzten Teammeeting in einer übersichtlichen Zusammenfassung zusammen."*

Kaufmann/-frau im Gesundheitswesen

Als Kaufmann im Gesundheitswesen sind Sie mit vielfältigen Aufgaben konfrontiert, von der Organisation von Patientenakten über die Abrechnung von Leistungen bis hin zur Kommunikation mit Krankenkassen, Ärzten und anderen medizinischen Einrichtungen. ChatGPT kann Ihnen dabei helfen, diese Aufgaben effizienter und zeitsparender zu erledigen. Hier sind einige Beispiele, wie ChatGPT Ihnen konkret helfen kann:

Organisation von Patientenakten: ChatGPT hilft Ihnen dabei, eine strukturierte und effiziente Organisation von Patientenakten zu entwickeln, indem es Ihnen Kategorien vorschlägt, die Ihnen den Zugriff auf Informationen erleichtern.

Beispiel-Prompt: *"Erstelle eine Liste von Kategorien, in die ich Patientenakten organisieren kann, um einen schnellen und einfachen Zugriff auf Informationen zu ermöglichen."*

Kommunikation mit Krankenkassen: Mit ChatGPT können Sie professionelle und gut formulierte Schreiben erstellen, die es Ihnen erleichtern, effektiv mit Krankenkassen und anderen medizinischen Einrichtungen zu kommunizieren.

Beispiel-Prompt: *"Formuliere ein professionelles Schreiben an eine Krankenkasse, um fehlende Informationen zur Abrechnung eines Patienten anzufordern."*

Erstellen von Berichten und Analysen: ChatGPT kann Ihnen dabei helfen, wichtige Informationen aus Daten und Statistiken herauszufiltern und sie in verständliche und aussagekräftige Berichte und Analysen zu verwandeln.

Prompt: *"Erstelle eine Zusammenfassung der Leistungszahlen unseres medizinischen Zentrums für das letzte Quartal, um sie dem Management vorzulegen."*

Recherche von Gesetzen und Vorschriften: ChatGPT kann Ihnen dabei helfen, die aktuellsten Gesetze und Vorschriften im Gesundheitswesen zu recherchieren und Ihre Mitarbeiter auf dem Laufenden zu halten.

Prompt: *"Recherchiere die aktuellen Datenschutzgesetze und -bestimmungen im Gesundheitswesen und erstelle eine kurze Zusammenfassung, um das Team darüber zu informieren."*

Insgesamt kann ChatGPT eine wertvolle Unterstützung für Kaufleute im Gesundheitswesen sein, indem es Ihnen hilft, Ihre Arbeitsabläufe effizienter und zeitsparender zu gestalten. Durch den Einsatz von ChatGPT können Sie Ihre Produktivität steigern und sich auf die wichtigen Aspekte Ihrer Arbeit konzentrieren.

15 weitere Beispiel-Prompts

In diesem Abschnitt finden Sie eine Auswahl von Prompts und Techniken, die speziell auf den Beruf des Kaufmanns im Gesundheitswesen zugeschnitten sind. Diese Prompts basieren auf den unterschiedlichen Kategorien, die Sie in Ihrem Ratgeber vorgestellt haben, und sollen Ihnen dabei helfen, die vielfältigen Herausforderungen dieses Berufsfeldes erfolgreich zu meistern. Zunächst beginnen wir mit dem Persona-Priming-Prompt, der es Ihnen ermöglicht, ChatGPT in die Rolle eines erfahrenen Kaufmanns im Gesundheitswesen zu versetzen. Anschließend finden Sie eine alphabetisch geordnete Liste von weiteren Prompts und Techniken, die Ihnen helfen, effektiv mit den spezifischen Anforderungen und Aufgaben in diesem Beruf umzugehen.

Persona-Priming-Prompt Beispiel: *"ChatGPT, ich möchte, dass du die Rolle eines Kaufmanns im Gesundheitswesen einnimmst. Du verfügst über umfangreiches Wissen in den Bereichen Gesundheitsmanagement, Verwaltung und Abrechnung. Du bist in der Lage, Ratschläge zur erfolgreichen Führung einer medizinischen Einrichtung oder Praxis zu geben, einschließlich der Planung von Personalressourcen, der Zusammenarbeit mit Krankenkassen und der Optimierung von Verwaltungsprozessen."* Geben Sie nun Ihre konkrete

Anfrage als Prompt ein, indem Sie zum Beispiel schreiben: *"ChatGPT, du bist nun ein erfahrener Kaufmann im Gesundheitswesen. Was ...?"*

ABC-Technik-Prompt Beispiel: *"ChatGPT, du bist nun ein erfahrener Kaufmann im Gesundheitswesen. Führe eine ABC-Analyse durch, um unser Inventar an Büromaterialien und medizinischen Verbrauchsmaterialien zu kategorisieren und die Bestandsführung zu optimieren."*

Dialog-Prompt Beispiel: *"ChatGPT, du bist nun ein erfahrener Kaufmann im Gesundheitswesen. Schreibe einen Dialog zwischen mir und einem Krankenkassenvertreter, in dem wir über die Anpassung der Vertragsbedingungen für die Abrechnung von Leistungen verhandeln."*

Frage-Prompt Beispiel: *"ChatGPT, du bist nun ein erfahrener Kaufmann im Gesundheitswesen. Stelle fünf kritische Fragen, die ich bei der Auswahl einer neuen Abrechnungssoftware für unsere Praxis berücksichtigen sollte."*

Gegenargument-Prompt Beispiel: *"ChatGPT, du bist nun ein erfahrener Kaufmann im Gesundheitswesen. Entkräfte die Bedenken eines Arztes bezüglich der Einführung eines neuen elektronischen Patientenverwaltungssystems."*

Internet-Analyse-Prompt Beispiel: *"ChatGPT, du bist nun ein erfahrener Kaufmann im Gesundheitswesen. Analysiere die Online-Bewertungen unserer Praxis und erstelle eine Liste von Verbesserungsvorschlägen, um das Patientenerlebnis zu optimieren."*

Ishikawa-Methoden-Prompt Beispiel: *"ChatGPT, du bist nun ein erfahrener Kaufmann im Gesundheitswesen. Erstelle ein Ishikawa-Diagramm, um die Hauptursachen für lange Wartezeiten in unserer Praxis zu identifizieren und Lösungen zur Verbesserung der Patientenversorgung zu entwickeln."*

Markdown-Format-Prompt Beispiel: *"ChatGPT, du bist nun ein erfahrener Kaufmann im Gesundheitswesen. Erstelle eine übersichtliche und strukturierte Dokumentation unserer internen Prozesse im Markdown-Format, um sie für das gesamte Team leicht zugänglich und verständlich zu machen."*

Pro-und-Contra-Prompt Beispiel: *"ChatGPT, du bist nun ein erfahrener Kaufmann im Gesundheitswesen. Erstelle eine Pro-und-Contra-Liste zur*

Entscheidung, ob wir unsere Abrechnungsdienstleistungen ins Haus holen oder weiterhin an einen externen Dienstleister auslagern sollen."

Reframing-Prompt Beispiel: *"ChatGPT, du bist nun ein erfahrener Kaufmann im Gesundheitswesen. Reframing-Ansatz: Finde positive Aspekte und Chancen in der aktuellen Herausforderung, eine neue Datenschutzverordnung im Gesundheitswesen umzusetzen."*

SAMPER-Methoden-Prompt Beispiel: *"ChatGPT, du bist nun ein erfahrener Kaufmann im Gesundheitswesen. Wende die SAMPER-Methode an, um innovative Lösungen zur Steigerung der Effizienz unserer Verwaltungs- und Abrechnungsprozesse zu entwickeln."*

Schritt-für-Schritt-Prompt Beispiel: *"ChatGPT, du bist nun ein erfahrener Kaufmann im Gesundheitswesen. Erkläre mir Schritt für Schritt, wie ich eine detaillierte Kosten-Nutzen-Analyse für die Einführung einer neuen Patientenverwaltungssoftware durchführe."*

SWOT-Analyse-Prompt Beispiel: *"ChatGPT, du bist nun ein erfahrener Kaufmann im Gesundheitswesen. Führe eine SWOT-Analyse unserer medizinischen Praxis durch, um unsere Stärken, Schwächen, Chancen und Risiken zu identifizieren."*

Um-Feedback-bitten-Prompt Beispiel: *"ChatGPT, du bist nun ein erfahrener Kaufmann im Gesundheitswesen. Entwickle eine Strategie, um strukturiertes und konstruktives Feedback von unseren Patienten, Mitarbeitern und Partnern einzuholen, um unsere Praxis kontinuierlich zu verbessern."*

WWAD-Methode-Prompt (What's Wrong and What's Desired) Beispiel: *"ChatGPT, du bist nun ein erfahrener Kaufmann im Gesundheitswesen. Wende die WWAD-Methode an, um die Diskrepanz zwischen den aktuellen und gewünschten Zuständen unserer Praxisabläufe aufzuzeigen und geeignete Maßnahmen zur Verbesserung zu identifizieren."*

Kaufmann/-frau im Großhandel

Als Kaufmann im Großhandel gibt es zahlreiche Tätigkeiten, bei denen ChatGPT Ihnen helfen kann, Ihren Arbeitsalltag zu erleichtern und effizienter zu gestalten. Hier sind einige Beispiele für Anwendungen von ChatGPT im Beruf des Großhandelskaufmanns:

Kommunikation mit Lieferanten und Kunden: ChatGPT kann Ihnen helfen, professionelle und präzise E-Mails oder Nachrichten zu verfassen, die alle wichtigen Informationen enthalten.

Beispiel-Prompt: *"Entwerfe eine E-Mail an unseren Lieferanten XYZ, um die Lieferung von 500 Einheiten Produkt A für den 20. April zu bestätigen und nach einem Rabatt für Großbestellungen zu fragen."*

Bestandsmanagement: ChatGPT kann Ihnen dabei helfen, Bestandsanalysen durchzuführen, um sicherzustellen, dass Sie immer genügend Waren auf Lager haben und Bestellungen rechtzeitig aufgeben.

Beispiel-Prompt: *"Analysiere die Verkaufszahlen der letzten 6 Monate für Produkt B und gib eine Empfehlung für die optimale Bestellmenge für das nächste Quartal."*

Preiskalkulation: ChatGPT kann Ihnen bei der Kalkulation von Preisen für Ihre Produkte helfen, indem es Ihnen eine detaillierte Analyse der Kosten und Gewinnmargen liefert.

Beispiel-Prompt: *"Berechne den Verkaufspreis für Produkt C, wenn der Einkaufspreis bei 10 Euro liegt, die Versandkosten 2 Euro betragen und wir eine Gewinnmarge von 25% anstreben."*

Erstellung von Verkaufspräsentationen: ChatGPT kann Ihnen bei der Erstellung überzeugender Präsentationen helfen, die die Vorteile Ihrer Produkte hervorheben und Kunden zum Kauf motivieren.

Beispiel-Prompt: *"Erstelle eine Liste von 5 Schlüsselmerkmalen, die Produkt E von seinen Mitbewerbern abheben, und entwerfe eine kurze Verkaufspräsentation, die diese Merkmale hervorhebt."*

Durch die Verwendung von ChatGPT in diesen und weiteren Tätigkeiten können Großhandelskaufleute ihre Arbeitsbelastung reduzieren und sich auf strategische Entscheidungen und Kundenbeziehungen konzentrieren.

15 weitere Beispiel-Prompts

In diesem Abschnitt werden wir einige konkrete und praxisorientierte Prompts für den Beruf des Kaufmanns im Großhandel vorstellen. Zuerst werden wir den Persona-Priming-Prompt nutzen, um ChatGPT in die Rolle eines erfahrenen Großhandelskaufmanns zu versetzen. Anschließend werden wir verschiedene Techniken und Prompts aus den oben angeführten Kategorien kombinieren, um Ihnen konkrete Beispiele und Formulierungen für den Einsatz von ChatGPT in diesem Beruf zu liefern.

Persona-Priming-Prompt Beispiel: *"ChatGPT, ich möchte, dass du die Rolle eines Kaufmanns im Großhandel einnimmst. Du verfügst über fundierte Kenntnisse im Bereich Großhandel, Vertrieb und Lieferkettenmanagement. Du bist in der Lage, Ratschläge zur erfolgreichen Führung eines Großhandelsunternehmens zu geben, einschließlich der Auswahl von Lieferanten, der Bestandsführung und der Kundenbetreuung."* Geben Sie nun Ihre konkrete Anfrage als Prompt ein, indem Sie zum Beispiel schreiben: *"ChatGPT, du bist nun ein erfahrener Kaufmann im Großhandel. Was ...?"*

5-Why-Verfahren-Prompt Beispiel: *"ChatGPT, du bist nun ein erfahrener Kaufmann im Großhandel. Wende das 5-Why-Verfahren an, um die Ursache für Lieferverzögerungen bei ... zu ermitteln."*

6-Hüte-Methoden-Prompt Beispiel: *"ChatGPT, du bist nun ein erfahrener Kaufmann im Großhandel. Wende die 6-Hüte-Methode an, um neue Ideen für die Erweiterung unseres Produktportfolios zu generieren."*

Dialog-Prompt Beispiel: *"ChatGPT, du bist nun ein erfahrener Kaufmann im Großhandel. Führe einen simulierten Dialog zwischen mir und einem potenziellen Kunden, der Interesse an unseren Produkten hat, aber Bedenken hinsichtlich der Qualität äußert."*

Frage-Prompt Beispiel: *"ChatGPT, du bist nun ein erfahrener Kaufmann im Großhandel. Stelle mir fünf kritische Fragen, die ich bei der Auswahl eines neuen Lieferanten für unsere Produktlinie berücksichtigen sollte."*

Gegenargument-Prompt Beispiel: *"ChatGPT, du bist nun ein erfahrener Kaufmann im Großhandel. Nenne ein Gegenargument für die Entscheidung, unsere Produktpalette um umweltfreundliche Produkte zu erweitern."*

Internet-Analyse-Prompt Beispiel: *"ChatGPT, du bist nun ein erfahrener Kaufmann im Großhandel. Analysiere das Internet und erstelle eine Liste von fünf potenziellen Lieferanten für ökologische Verpackungsmaterialien."*

Multi-Kriterien-Analyse-(MKA)-Prompt Beispiel: *"ChatGPT, du bist nun ein erfahrener Kaufmann im Großhandel. Führe eine Multi-Kriterien-Analyse durch, um die besten drei Lieferanten für unsere Produktlinie aus einer Liste von zehn Kandidaten zu ermitteln."*

Pro-und-Contra-Prompt Beispiel: *"ChatGPT, du bist nun ein erfahrener Kaufmann im Großhandel. Erstelle eine Pro-und-Contra-Liste für die Entscheidung, ob wir unsere Lagerkapazitäten erweitern oder stattdessen auf Just-in-Time-Lieferungen setzen sollten."*

Reframing-Prompt Beispiel: *"ChatGPT, du bist nun ein erfahrener Kaufmann im Großhandel. Wende das Reframing an, um eine Kundenbeschwerde über hohe Preise in eine Gelegenheit zur Präsentation unserer Produktvorteile und des Mehrwerts, den wir bieten, umzuwandeln."*

Schritt-für-Schritt-Prompt Beispiel: *"ChatGPT, du bist nun ein erfahrener Kaufmann im Großhandel. Beschreibe Schritt für Schritt, wie man ein effektives Bestandsmanagement-System aufbaut und implementiert."*

Sentiment-Prompt Beispiel: *"ChatGPT, du bist nun ein erfahrener Kaufmann im Großhandel. Analysiere das Sentiment in den Kundenbewertungen unserer Produkte und identifiziere die Hauptgründe für positives und negatives Feedback."*

SWOT-Analyse-Prompt Beispiel: *"ChatGPT, du bist nun ein erfahrener Kaufmann im Großhandel. Erstelle eine SWOT-Analyse für unser Großhandelsunternehmen, um Stärken, Schwächen, Chancen und Bedrohungen zu identifizieren."*

Tabellen-Format-Prompt Beispiel: *"ChatGPT, du bist nun ein erfahrener Kaufmann im Großhandel. Erstelle eine Tabelle, die die Verkaufszahlen der letzten drei Monate für unsere fünf meistverkauften Produkte zeigt."*

Vervollständigungs-Prompt Beispiel: *"ChatGPT, du bist nun ein erfahrener Kaufmann im Großhandel. Vervollständige den folgenden Satz: 'Die drei wichtigsten Faktoren, die den Erfolg eines Großhandelsunternehmens bestimmen, sind _____, _____ und ____.'"*

Kaufmänn. Assistent/in für E-Business-Management

Als Kaufmännischer Assistent/in für E-Business-Management sind Sie mit verschiedenen Aufgaben betraut, von der Analyse und Optimierung von Geschäftsprozessen bis hin zur Unterstützung des Marketings und des Verkaufs von Produkten und Dienstleistungen. ChatGPT kann Ihnen in vielen Bereichen Ihrer Arbeit behilflich sein, indem es Ihnen ermöglicht, Zeit zu sparen, effizienter zu arbeiten und Ihre Kreativität zu fördern. Hier sind einige Tätigkeiten, bei denen ChatGPT angewendet werden kann, und konkrete Beispiel-Prompts, die Ihnen helfen, das Beste aus der KI herauszuholen:

Marktforschung und Trendanalyse: Beispiel-Prompt: *"Bitte recherchiere und analysiere die aktuellen Trends im E-Business-Bereich und erstelle eine kurze Zusammenfassung der wichtigsten Erkenntnisse."*

Erstellung von Marketingstrategien: Beispiel-Prompt: *"Entwickle eine Marketingstrategie für unser neues E-Commerce-Produkt, das auf umweltbewusste Kunden abzielt. Berücksichtige dabei Social-Media-Kampagnen, Influencer-Marketing und gezielte Werbung."*

Verfassen von E-Mail-Newslettern: Beispiel-Prompt: *"Bitte erstelle einen Entwurf für unseren monatlichen E-Mail-Newsletter, der die neuesten Updates und Angebote unseres Unternehmens enthält."*

Analyse von Website-Daten und Kennzahlen: Beispiel-Prompt: *"Bitte analysiere die wichtigsten Leistungskennzahlen unserer Website, wie zum Beispiel Besucherzahlen, Verweildauer und Absprungraten, und gib Empfehlungen zur Verbesserung."*

Erstellung von Social-Media-Inhalten: Beispiel-Prompt: *"Entwerfe drei Social-Media-Beiträge, die unsere neuesten Produkte und Angebote auf Instagram, Facebook und LinkedIn bewerben."*

Kundenbetreuung und FAQ: Beispiel-Prompt: *"Bitte erstelle eine Liste von zehn häufig gestellten Fragen (FAQ) von unseren Kunden und formuliere dazu passende Antworten, die wir auf unserer Website veröffentlichen können."*

Projektmanagement und Organisation: Beispiel-Prompt: *"Bitte erstelle einen Projektplan für die Einführung unseres neuen E-Commerce-Systems, einschließlich Zeitplan, Meilensteinen und Ressourcenbedarf."*

Indem Sie ChatGPT in Ihren Arbeitsalltag integrieren, können Sie Ihre Produktivität steigern und gleichzeitig kreative Lösungen für die Herausforderungen in Ihrem Beruf finden. Nutzen Sie die oben genannten Beispiel-Prompts, um die KI gezielt einzusetzen und Ihre täglichen Aufgaben zu erleichtern.

15 weitere Beispiel-Prompts

In diesem Abschnitt finden Sie eine Auswahl von Prompts, die speziell für den Beruf des Kaufmännischen Assistenten für E-Business-Management ausgewählt wurden. Die Prompts sind verschiedenen Kategorien zugeordnet, wie Allgemeine Prompt-Arten, Ideenfindungs-Prompts, Problemlösungs-Prompts und Entscheidungsfindungs-Prompts. Bevor Sie die Liste der Prompts durchgehen, sollten Sie den folgenden Persona-Priming-Prompt verwenden, um ChatGPT auf Ihre Rolle als erfahrener Kaufmännischer Assistent für E-Business-Management einzustimmen.

Persona-Priming-Prompt *"ChatGPT, ich möchte, dass du die Rolle eines kaufmännischen Assistenten für E-Business-Management einnimmst. Du verfügst über umfassendes Wissen in den Bereichen E-Commerce, Online-Marketing und Webentwicklung. Du bist in der Lage, Ratschläge zur Planung und Durchführung von E-Business-Projekten zu geben, einschließlich der Auswahl geeigneter Plattformen, der Gestaltung von Webseiten und der Analyse von Online-Marketing-Kampagnen."* Geben Sie nun Ihre konkrete Anfrage als Prompt ein, indem Sie zum Beispiel schreiben: *"ChatGPT, du bist nun ein erfahrener Assistent für E-Business-Management. Was ...?"*

6-Hüte-Methode-Prompt Beispiel: *"ChatGPT, du bist nun ein erfahrener Kaufmännischer Assistent für E-Business-Management. Wende die 6-Hüte-Methode an, um verschiedene Perspektiven zur Optimierung unserer E-Commerce-Website zu erhalten und Vorschläge für Verbesserungen zu generieren."*

ABC-Technik-Prompt Beispiel: *"ChatGPT, du bist nun ein erfahrener Kaufmännischer Assistent für E-Business-Management. Wende die ABC-Technik an, um eine Liste von Ideen für die Verbesserung unserer Online-Marketing-Kampagnen zu erstellen, von A bis Z."*

Dialog-Prompt Beispiel: *"ChatGPT, du bist nun ein erfahrener Kaufmännischer Assistent für E-Business-Management. Führe einen hypothetischen Dialog zwischen mir und einem Kunden durch, in dem der Kunde Fragen zu unseren E-Commerce-Lösungen und -Plattformen stellt."*

Ishikawa-Methode-Prompt Beispiel: *"ChatGPT, du bist nun ein erfahrener Kaufmännischer Assistent für E-Business-Management. Wende die Ishikawa-Methode an, um die Hauptursachen für die hohe Absprungrate auf unserer E-Commerce-Website zu identifizieren und mögliche Lösungen vorzuschlagen."*

Markdown-Format-Prompt Beispiel: *"ChatGPT, du bist nun ein erfahrener Kaufmännischer Assistent für E-Business-Management. Erstelle eine übersichtliche Liste unserer aktuellen E-Commerce-Projekte im Markdown-Format, einschließlich Projektname, Status und geplantem Abschlussdatum."*

Pareto-Analyse-Prompt Beispiel: *"ChatGPT, du bist nun ein erfahrener Kaufmännischer Assistent für E-Business-Management. Führe eine Pareto-Analyse durch, um die 20 % der Probleme auf unserer E-Commerce-Website zu identifizieren, die 80 % der Schwierigkeiten für unsere Kunden verursachen."*

Pro-und-Contra-Prompt Beispiel: *"ChatGPT, du bist nun ein erfahrener Kaufmännischer Assistent für E-Business-Management. Erstelle eine Pro-und-Contra-Liste für die Implementierung eines neuen Customer-Relationship-Management-Systems (CRM) in unserem Unternehmen."*

Reframing-Prompt Beispiel: *"ChatGPT, du bist nun ein erfahrener Kaufmännischer Assistent für E-Business-Management. Nutze das Reframing, um die*

Herausforderungen bei der Integration einer neuen Zahlungsplattform in unseren E-Commerce-Shop aus einer anderen Perspektive zu betrachten und neue Lösungsansätze zu finden."

Schritt-für-Schritt-Prompt Beispiel: *"ChatGPT, du bist nun ein erfahrener Kaufmännischer Assistent für E-Business-Management. Erstelle eine schrittweise Anleitung für die Durchführung einer erfolgreichen Influencer-Marketing-Kampagne für unser neues E-Commerce-Produkt."*

Sentiment-Prompt Beispiel: *"ChatGPT, du bist nun ein erfahrener Kaufmännischer Assistent für E-Business-Management. Analysiere das Sentiment in den Kundenbewertungen unseres Online-Shops und erstelle einen Bericht über die allgemeine Stimmung der Kunden und mögliche Verbesserungsbereiche."*

SWOT-Analyse-Prompt Beispiel: *"ChatGPT, du bist nun ein erfahrener Kaufmännischer Assistent für E-Business-Management. Führe eine SWOT-Analyse für unsere E-Commerce-Strategie durch, um unsere Stärken, Schwächen, Chancen und Bedrohungen zu identifizieren."*

Tabellen-Format-Prompt Beispiel: *"ChatGPT, du bist nun ein erfahrener Kaufmännischer Assistent für E-Business-Management. Erstelle eine Tabelle, die die verschiedenen E-Commerce-Plattformen vergleicht, die wir in Betracht ziehen, einschließlich ihrer Funktionen, Kosten und Benutzerfreundlichkeit."*

Verfeinerungs-Prompt Beispiel: *"ChatGPT, du bist nun ein erfahrener Kaufmännischer Assistent für E-Business-Management. Überarbeite und verfeinere den Entwurf des folgenden E-Mail-Newsletters, um die Lesbarkeit und den Informationsgehalt zu erhöhen ..."*

Zusammenfassungs-Prompt Beispiel: *"ChatGPT, du bist nun ein erfahrener Kaufmännischer Assistent für E-Business-Management. Erstelle eine kurze Zusammenfassung des Ergebnisberichtes unserer letzten Online-Marketing-Kampagne, einschließlich der wichtigsten Kennzahlen und Erkenntnisse."*

Kaufmänn. Assistent/in im Bereich Büro

Als kaufmännische/r Assistent/in im Bereich Büro können Sie ChatGPT für verschiedene Aufgaben nutzen, um Ihren Arbeitsalltag zu erleichtern. Hier sind einige Beispiele für Tätigkeiten, bei denen ChatGPT eine wertvolle Unterstützung bieten kann:

Terminplanung und -koordination: ChatGPT kann Ihnen dabei helfen, Termine zu planen, Prioritäten zu setzen und Ihren Kalender effizient zu organisieren.

Beispiel-Prompt: *"Erstelle einen Wochenplan mit Prioritäten für die folgenden Aufgaben: Kundengespräche, Angebotserstellung, Rechnungsprüfung und interne Meetings."*

E-Mail-Kommunikation: Verwenden Sie ChatGPT, um Entwürfe von E-Mails oder Antwortvorschläge für eingehende E-Mails zu erstellen.

Beispiel-Prompt: *"Formuliere eine höfliche Antwort auf die E-Mail eines Kunden, der eine Preisanfrage für unsere Dienstleistungen gestellt hat."*

Dokumenterstellung: Erstellen Sie Berichte, Präsentationen und andere Dokumente mithilfe von ChatGPT.

Beispiel-Prompt: *"Erstelle eine Zusammenfassung der letzten Quartalszahlen für das Management-Team."*

Recherche: Nutzen Sie ChatGPT für schnelle Recherchen zu verschiedenen Themen, um informierte Entscheidungen zu treffen.

Beispiel-Prompt: *"Recherchiere die wichtigsten Trends im Büromanagement für das Jahr 2023 und erstelle eine kurze Liste."*

Aufgabenverwaltung: Organisieren Sie Ihre täglichen Aufgaben mithilfe von ChatGPT, um den Überblick zu behalten und effizienter zu arbeiten.

Beispiel-Prompt: *"Erstelle eine To-Do-Liste für heute, basierend auf den folgenden Aufgaben: Rechnungen prüfen, E-Mails beantworten, Lieferanten anrufen, Besprechungsprotokoll erstellen."*

Durch die Anwendung von ChatGPT in diesen Bereichen können kaufmännische Assistenten ihre Effizienz steigern, Zeit sparen und sich auf wichtigere strategische Aufgaben konzentrieren.

15 weitere Beispiel-Prompts

In diesem Abschnitt werden wir uns auf die Anwendung von ChatGPT in einem spezifischen Berufsfeld konzentrieren: dem kaufmännischen Assistenten im Bereich Büro. Ich habe verschiedene Prompt- und Technikarten aus den Kategorien "Allgemeine Prompt Arten", "Ideenfindungs-Prompts", "Problemlösungs-Prompts" und "Entscheidungsfindungs-Prompts" ausgewählt und angepasst, um sie auf die Herausforderungen und Aufgaben dieses Berufs zuzuschneiden. Bevor wir mit den spezifischen Prompts beginnen, sollten wir zunächst die Persona des kaufmännischen Assistenten im Bereich Büro etablieren:

Persona-Priming-Prompt *"ChatGPT, ich möchte, dass du die Rolle eines kaufmännischen Assistenten im Bereich Büro einnimmst. Du verfügst über fundierte Kenntnisse in den Bereichen Büroorganisation, Verwaltung und Kommunikation. Du bist in der Lage, Ratschläge zur Optimierung von Büroabläufen, der Koordination von Terminen und der effektiven Nutzung von Bürosoftware zu geben."* Geben Sie nun Ihre konkrete Anfrage als Prompt ein, indem Sie zum Beispiel schreiben: *"ChatGPT, du bist nun ein erfahrener kaufmännischer Assistent im Bereich Büro. Was ...?“*

6-Hüte-Methode-Prompt Beispiel: *"ChatGPT, du bist nun ein erfahrener kaufmännischer Assistent im Bereich Büro. Analysiere die Vor- und Nachteile eines neuen CRM-Systems unter Anwendung der 6-Hüte-Methode von Edward de Bono."*

Brainstorming-Prompt Beispiel: *"ChatGPT, du bist nun ein erfahrener kaufmännischer Assistent im Bereich Büro. Führe ein Brainstorming durch, um Möglichkeiten zur Verbesserung der internen Kommunikation im Unternehmen zu finden."*

Dialog-Prompt Beispiel: *"ChatGPT, du bist nun ein erfahrener kaufmännischer Assistent im Bereich Büro. Verfasse einen Dialog zwischen dir und einem Teammitglied, um einen Lösungsansatz für ein Problem mit der Rechnungsstellung zu diskutieren."*

Frage-Prompt Beispiel: *"ChatGPT, du bist nun ein erfahrener kaufmännischer Assistent im Bereich Büro. Stelle drei Fragen, die wir einem potenziellen Lieferanten stellen sollten, um herauszufinden, ob er unseren Anforderungen entspricht."*

Markdown-Format-Prompt Beispiel: *"ChatGPT, du bist nun ein erfahrener kaufmännischer Assistent im Bereich Büro. Erstelle eine Liste der folgenden Aufgaben für die kommende Woche im Markdown-Format, einschließlich Prioritäten und Fälligkeitsterminen ..."*

Multi-Kriterien-Analyse-Prompt Beispiel: *"ChatGPT, du bist nun ein erfahrener kaufmännischer Assistent im Bereich Büro. Führe eine Multi-Kriterien-Analyse durch, um die besten Bürosoftware-Optionen für unser Unternehmen zu evaluieren."*

Pareto-Analyse-Prompt Beispiel: *"ChatGPT, du bist nun ein erfahrener kaufmännischer Assistent im Bereich Büro. Führe eine Pareto-Analyse durch, um die 20% der Aufgaben zu identifizieren, die 80% der Ergebnisse liefern."*

Pro-und-Contra-Prompt Beispiel: *"ChatGPT, du bist nun ein erfahrener kaufmännischer Assistent im Bereich Büro. Erstelle eine Pro-und-Contra-Liste zur Einführung einer neuen Projektmanagement-Software im Unternehmen."*

Reframing-Prompt Beispiel: *"ChatGPT, du bist nun ein erfahrener kaufmännischer Assistent im Bereich Büro. Versuche, das Problem der hohen Arbeitsbelastung im Büro aus einer anderen Perspektive zu betrachten und mögliche Lösungen aufzuzeigen."*

SWOT-Analyse-Prompt Beispiel: *"ChatGPT, du bist nun ein erfahrener kaufmännischer Assistent im Bereich Büro. Führe eine SWOT-Analyse durch, um die Stärken, Schwächen, Chancen und Bedrohungen unseres Unternehmens im Hinblick auf die Büroorganisation zu evaluieren."*

Tabellen-Format-Prompt Beispiel: *"ChatGPT, du bist nun ein erfahrener kaufmännischer Assistent im Bereich Büro. Erstelle eine Tabelle, die folgende wichtigsten Kennzahlen der letzten drei Monate im Unternehmen darstellt. ..."*

Umkehr-Brainstorming-Prompt Beispiel: *"ChatGPT, du bist nun ein erfahrener kaufmännischer Assistent im Bereich Büro. Führe ein Umkehr-Brainstorming durch, um herauszufinden, welche Faktoren die Effizienz im Büro beeinträchtigen."*

Verfeinerungs-Prompt Beispiel: *"ChatGPT, du bist nun ein erfahrener kaufmännischer Assistent im Bereich Büro. Verfeinere den Entwurf eines Standard-Antwortschreibens für Kundenanfragen."*

Zusammenfassungs-Prompt Beispiel: *"ChatGPT, du bist nun ein erfahrener kaufmännischer Assistent im Bereich Büro. Erstelle eine Zusammenfassung der wichtigsten Ergebnisse aus der letzten Team-Meeting."*

KFZ-Mechaniker/in

KFZ-Mechaniker können ChatGPT in verschiedenen Bereichen einsetzen, um ihren Arbeitsalltag im Büro zu erleichtern. Hier sind einige Tätigkeiten, bei denen KI-Unterstützung nützlich sein kann:

Diagnosehilfe: ChatGPT kann als Unterstützung bei der Identifizierung von Fahrzeugproblemen und möglichen Lösungsansätzen dienen.

Beispiel-Prompt: *"Ich habe einen VW Golf 2015 mit einem Motorproblem. Das Auto verliert Leistung und es gibt seltsame Geräusche aus dem Motorraum. Was könnten mögliche Ursachen sein und wie kann ich das Problem beheben?"*

Kommunikation mit Kunden: ChatGPT kann bei der Formulierung von E-Mails oder Nachrichten an Kunden helfen, um Reparaturupdates oder Kostenvoranschläge zu übermitteln.

Beispiel-Prompt: *"Verfasse eine E-Mail an einen Kunden, um ihm mitzuteilen, dass sein Auto fertig ist und die Kosten für die Reparatur 300 Euro betragen."*

Terminplanung: ChatGPT kann bei der Koordination von Terminen und der Organisation des Arbeitsplans helfen.

Beispiel-Prompt: *"Erstelle einen Wochenplan für die Werkstatt mit drei Mechanikern, wobei jeder 8 Stunden pro Tag arbeitet, und berücksichtige die folgenden Aufgaben: Zahnriemenwechsel, Ölwechsel, Bremsenreparatur und Inspektion."*

Indem KFZ-Mechaniker ChatGPT für diese Tätigkeiten nutzen, können sie ihren Arbeitsalltag im Büro effizienter gestalten und sich auf ihre Kernkompetenzen in der Fahrzeugreparatur und -wartung konzentrieren.

15 weitere Beispiel-Prompts

In diesem Abschnitt des Praxisratgebers wird der Beruf des KFZ-Mechanikers im Fokus stehen. Um ChatGPT optimal für diesen Beruf zu nutzen, beginnen wir mit einem Persona-Priming-Prompt, um ChatGPT in die Rolle eines KFZ-Mechanikers zu versetzen. Anschließend werden ausgewählte Prompt-Arten und Techniken vorgestellt, die speziell für diesen Beruf angepasst wurden. Diese helfen KFZ-Mechanikern, ihre Arbeitsabläufe effizienter zu gestalten und Lösungen für alltägliche Herausforderungen zu finden.

Persona-Priming-Prompt Beispiel: *"ChatGPT, ich möchte, dass du die Rolle eines KFZ-Mechanikers einnimmst. Du verfügst über umfassendes Wissen in den Bereichen KFZ-Reparatur, Wartung und Diagnose. Du bist in der Lage, Ratschläge zur Reparatur und Instandhaltung von Fahrzeugen zu geben, einschließlich der Fehlersuche, der Auswahl geeigneter Ersatzteile und der Durchführung von Wartungsarbeiten."* Geben Sie nun Ihre konkrete Anfrage als Prompt ein, indem Sie zum Beispiel schreiben: *"ChatGPT, du bist nun ein erfahrener KFZ-Mechaniker. Was ...?"*

5-Why-Verfahren-Prompt Beispiel: *"ChatGPT, du bist nun ein erfahrener KFZ-Mechaniker. Verwende das 5-Why-Verfahren, um herauszufinden, warum ein Fahrzeug nicht anspringt."*

6-Hüte-Methoden-Prompt Beispiel: *"ChatGPT, du bist nun ein erfahrener KFZ-Mechaniker. Analysiere die Entscheidung, ob eine Klimaanlage repariert oder ersetzt werden soll, unter Anwendung der 6-Hüte-Methode."*

Frage-Prompt Beispiel: *"ChatGPT, du bist nun ein erfahrener KFZ-Mechaniker. Welche Fragen sollte ich stellen, um herauszufinden, warum das Fahrzeug während der Fahrt plötzlich ausgeht?"*

Gegenargument-Prompt Beispiel: *"ChatGPT, du bist nun ein erfahrener KFZ-Mechaniker. Nenne Gegenargumente dafür, dass ein Kunde seine Bremsbeläge selbst wechseln möchte."*

Ideen-erfolgreich-weiterentwickeln-Prompt

Beispiel: *"ChatGPT, du bist nun ein erfahrener KFZ-Mechaniker. Wie können wir die Idee eines mobilen Reparaturservices für Fahrzeuge erfolgreich weiterentwickeln und in die Praxis umsetzen?"*

Ishikawa-Methoden-Prompt Beispiel: *"ChatGPT, du bist nun ein erfahrener KFZ-Mechaniker. Erstelle ein Ishikawa-Diagramm, um die möglichen Ursachen für einen erhöhten Kraftstoffverbrauch bei einem Fahrzeug zu analysieren."*

Multi-Kriterien-Analyse-(MKA)-Prompt Beispiel: *"ChatGPT, du bist nun ein erfahrener KFZ-Mechaniker. Führe eine Multi-Kriterien-Analyse durch, um die beste Option für die Anschaffung neuer Werkstattausstattung zu ermitteln."*

Pareto-Analyse-Prompt Beispiel: *"ChatGPT, du bist nun ein erfahrener KFZ-Mechaniker. Führe eine Pareto-Analyse durch, um die 20% der häufigsten Fahrzeugprobleme zu identifizieren, die 80% der Reparaturanfragen in der Werkstatt verursachen."*

Pro-und-Contra-Prompt Beispiel: *"ChatGPT, du bist nun ein erfahrener KFZ-Mechaniker. Erstelle eine Pro-und-Contra-Liste für die Verwendung von Originalersatzteilen gegenüber Aftermarket-Ersatzteilen bei der Fahrzeugreparatur."*

Reframing-Prompt Beispiel: *"ChatGPT, du bist nun ein erfahrener KFZ-Mechaniker. Reframe das Problem eines Kunden, der über hohe Reparaturkosten klagt, um mögliche positive Aspekte oder Lösungen aufzuzeigen."*

Schritt-für-Schritt-Prompt Beispiel: *"ChatGPT, du bist nun ein erfahrener KFZ-Mechaniker. Beschreibe Schritt für Schritt, wie man eine Bremsenreparatur an einem Fahrzeug durchführt."*

SWOT-Analyse-Prompt Beispiel: *"ChatGPT, du bist nun ein erfahrener KFZ-Mechaniker. Führe eine SWOT-Analyse für unsere KFZ-Werkstatt durch, um Stärken, Schwächen, Chancen und Bedrohungen zu identifizieren."*

Verfeinerungs-Prompt Beispiel: *"ChatGPT, du bist nun ein erfahrener KFZ-Mechaniker. Verfeinere meinen Vorschlag für einen Wartungsplan, der alle 10.000 Kilometer einen Ölwechsel, alle 20.000 Kilometer einen Luftfilterwechsel und alle 30.000 Kilometer einen Zahnriemenwechsel vorsieht."*

Vervollständigungs-Prompt Beispiel: *"ChatGPT, du bist nun ein erfahrener KFZ-Mechaniker. Vervollständige den Satz: 'Wenn ein Fahrzeug während der Fahrt ruckelt, kann dies auf Probleme mit...'"*

Zusammenfassungs-Prompt Beispiel: *"ChatGPT, du bist nun ein erfahrener KFZ-Mechaniker. Fasse die wichtigsten Schritte zusammen, die bei der Durchführung einer Inspektion eines Fahrzeugs zu beachten sind."*

Koch/Köchin

ChatGPT-Anwendungen zur Erleichterung der täglichen Arbeit:

Rezeptentwicklung: ChatGPT kann bei der Entwicklung neuer Rezepte oder der Verbesserung bestehender Rezepte helfen, indem es Vorschläge für Zutaten, Mengen und Zubereitungsschritte liefert.

Beispiel-Prompt: *"Entwickle ein Rezept für eine vegetarische Lasagne mit saisonalen Gemüsesorten und einer leichten Sauce."*

Menüplanung: ChatGPT kann bei der Zusammenstellung von Menüs für besondere Anlässe oder tägliche Speisepläne unterstützen, indem es ausgewogene und abwechslungsreiche Gerichte vorschlägt.

Beispiel-Prompt: *"Erstelle ein 3-Gänge-Menü für ein romantisches Abendessen, das leicht und gesund ist."*

Allergie- und Diätinformationen: ChatGPT kann Informationen zu Allergenen oder speziellen Diätanforderungen für bestimmte Gerichte liefern, um den Bedürfnissen der Gäste gerecht zu werden.

Beispiel-Prompt: *"Liste mögliche Allergene und glutenfreie Alternativen für ein Rindersteak mit Kartoffelgratin und Gemüse auf."*

Küchenorganisation: ChatGPT kann Tipps und Tricks zur effizienten Organisation und Arbeitsabläufen in der Küche geben.

Beispiel-Prompt: *"Gib mir fünf Tipps, um die Arbeitsabläufe in einer professionellen Küche zu optimieren."*

Lebensmittelhaltbarkeit und Lagerung: ChatGPT kann Informationen zur korrekten Lagerung und Haltbarkeit von Lebensmitteln bieten, um Lebensmittelverschwendung zu reduzieren und die Qualität der Zutaten zu erhalten.

Beispiel-Prompt: *"Wie lagere ich frischen Fisch am besten, um seine Qualität und Frische zu erhalten?"*

Food-Trends und Inspiration: ChatGPT kann aktuelle Food-Trends, Techniken und Inspiration für kreative Gerichte liefern.

Beispiel-Prompt: *"Nenne mir drei aktuelle Food-Trends und beschreibe, wie ich sie in meinem Restaurant umsetzen kann."*

Warenbestellung und -verwaltung: ChatGPT kann bei der Berechnung der benötigten Mengen für Warenbestellungen und der Verwaltung von Lagerbeständen helfen.

Beispiel-Prompt: *"Wie viele Kilogramm Kartoffeln benötige ich, um 50 Portionen Kartoffelgratin zuzubereiten, wenn ich für jede Portion 200 Gramm Kartoffeln benötige?"*

Durch die Anwendung von ChatGPT in diesen Bereichen können Köche und Köchinnen ihre tägliche Arbeit erleichtern und ihre Kreativität und Effizienz steigern.

15 weitere Beispiel-Prompts

In diesem Abschnitt finden Sie eine Reihe von speziell entwickelten Prompts und Techniken, die auf den Beruf des Kochs zugeschnitten sind. Wir beginnen mit einem Persona-Priming-Prompt, um ChatGPT in die Rolle eines erfahrenen Kochs zu versetzen. Anschließend stellen ich Ihnen praxisorientierte Prompts vor, die auf verschiedene Kreativ- und Problemlösungstechniken abgestimmt sind und Ihnen dabei helfen, ChatGPT effektiv in Ihrem Berufsalltag einzusetzen.

Persona-Priming-Prompt Beispiel: *"ChatGPT, ich möchte, dass du die Rolle eines Kochs einnimmst. Du verfügst über umfangreiche Kenntnisse in den Bereichen Kulinarik, Lebensmittelzubereitung und Menüplanung. Du bist in der Lage, Ratschläge zur Zubereitung von Gerichten zu geben, einschließlich der Auswahl von Zutaten, der richtigen Kochtechniken und der Präsentation von Speisen."* Geben Sie nun Ihre konkrete Anfrage als Prompt ein, indem Sie zum Beispiel schreiben: *"ChatGPT, du bist nun ein erfahrener Koch. Was ...?"*

ABC-Technik-Prompt Beispiel: *"ChatGPT, du bist nun ein erfahrener Koch. Verwende die ABC-Technik, um mir verschiedene kreative Ideen für ein Dessert zu geben, das auf dem Buchstaben 'M' basiert."*

Dialog-Prompt Beispiel: *"ChatGPT, du bist nun ein erfahrener Koch. Führe einen Dialog mit mir, um gemeinsam ein innovatives Gericht zu entwickeln, das die Fusion-Küche mit mediterranen und asiatischen Elementen kombiniert."*

Frage-Prompt Beispiel: *"ChatGPT, du bist nun ein erfahrener Koch. Stelle mir fünf Fragen, die mir helfen, die besten Zutaten und Geschmackskombinationen für ein neues Gericht zu finden."*

Ideen-erfolgreich-weiterentwickeln-Prompt Beispiel: *"ChatGPT, du bist nun ein erfahrener Koch. Wie könnte ich mein bestehendes Rezept für eine klassische Tomatensuppe weiterentwickeln, um es einzigartiger und interessanter zu gestalten?"*

Lateral-Thinking-Prompt Beispiel: *"ChatGPT, du bist nun ein erfahrener Koch. Nutze das Laterale Denken, um mir ungewöhnliche und kreative Ideen für ein Hauptspeisengericht zu geben, das aus alltäglichen Zutaten besteht."*

Listen-Prompt Beispiel: *"ChatGPT, du bist nun ein erfahrener Koch. Erstelle eine Liste von zehn verschiedenen Arten, um Tofu in schmackhaften Gerichten zu verwenden."*

Pro-und-Contra-Prompt Beispiel: *"ChatGPT, du bist nun ein erfahrener Koch. Erstelle eine Pro-und-Contra-Liste für die Verwendung von Sous-Vide-Kochtechniken in einem Restaurant."*

Reframing-Prompt Beispiel: *"ChatGPT, du bist nun ein erfahrener Koch. Nutze das Reframing, um ein Gericht, das normalerweise als ungesund gilt, in ein gesundes und nahrhaftes Gericht umzuwandeln."*

Sentiment-Prompt Beispiel: *"ChatGPT, du bist nun ein erfahrener Koch. Beschreibe ein Gericht, das ein Gefühl von Nostalgie und Komfort vermittelt, und erkläre, warum es diese Emotionen hervorruft."*

SWOT-Analyse-Prompt Beispiel: *"ChatGPT, du bist nun ein erfahrener Koch. Führe eine SWOT-Analyse für mein Restaurant durch, das sich auf vegane und nachhaltige Küche spezialisiert."*

Umkehr-Brainstorming-Prompt Beispiel: *"ChatGPT, du bist nun ein erfahrener Koch. Verwende das Umkehr-Brainstorming, um mir zu helfen, potenzielle Probleme bei der Einführung eines neuen Menüs in meinem Restaurant zu identifizieren."*

Verfeinerungs-Prompt Beispiel: *"ChatGPT, du bist nun ein erfahrener Koch. Verfeinere mein Rezept für einen Caesar-Salat, indem du Vorschläge für neue Zutaten und Zubereitungsmethoden machst, um den Geschmack und die Textur zu verbessern."*

Vervollständigungs-Prompt Beispiel: *"ChatGPT, du bist nun ein erfahrener Koch. Vervollständige das folgende Rezept für eine asiatische Nudelsuppe: '500 ml Gemüsebrühe, 200 g Reisnudeln, 100 g Tofu, 1 EL Sojasauce, ...'"*

Kosmetiker/in

ChatGPT kann für Kosmetiker/innen eine wertvolle Unterstützung sein, um die tägliche Arbeit zu erleichtern und effizienter zu gestalten. Hier sind einige Tätigkeiten und konkrete Beispiel-Prompts, die verdeutlichen, wie ChatGPT in diesem Beruf eingesetzt werden kann:

Behandlungspläne erstellen: ChatGPT kann bei der Erstellung individueller Behandlungspläne für Kunden helfen, indem es Vorschläge für die passenden Behandlungen und Produkte auf Basis der Kundeninformationen liefert.

Beispiel-Prompt: *"Erstelle einen Behandlungsplan für einen Kunden mit trockener Haut und empfindlichen Augenpartien."*

Produktwissen erweitern: Kosmetiker/innen können ChatGPT nutzen, um mehr über Produkte, Wirkstoffe und deren Anwendung zu erfahren.

Beispiel-Prompt: *"Erkläre die Vorteile von Hyaluronsäure in Hautpflegeprodukten und wie sie angewendet werden sollte."*

Marketing- und Werbetexte verfassen: Kosmetiker/innen können ChatGPT verwenden, um ansprechende Texte für Werbematerialien, Newsletter oder Social-Media-Posts zu erstellen.

Beispiel-Prompt: *"Verfasse einen ansprechenden Text für einen Instagram-Post, der unsere neue Gesichtsbehandlung mit Vitamin C bewirbt."*

Kundenkommunikation verbessern: ChatGPT kann verwendet werden, um die Kommunikation mit Kunden zu optimieren, indem es hilft, professionelle und informative E-Mails oder Nachrichten zu verfassen.

Beispiel-Prompt: *"Schreibe eine E-Mail an einen Kunden, um ihm die Vorteile unserer Anti-Aging-Behandlung zu erläutern und ihn zu einem Beratungstermin einzuladen."*

Fortbildungen planen: Kosmetiker/innen können ChatGPT nutzen, um geeignete Fortbildungen oder Schulungen zu finden, um ihre Fähigkeiten zu erweitern.

Beispiel-Prompt: *"Finde Fortbildungen oder Schulungen, die sich auf Hautpflege und Anti-Aging-Techniken konzentrieren."*

Mit diesen Anwendungsbeispielen kann ChatGPT Kosmetiker/innen dabei unterstützen, effizienter zu arbeiten und ihr Fachwissen zu erweitern, um ihre Kunden optimal zu betreuen.

15 weitere Beispiel-Prompts

In folgenden werden wir sehen, wie ChatGPT in den Arbeitsalltag von Kosmetiker/innen integriert werden kann, um Ihre tägliche Arbeit zu erleichtern und effizienter zu gestalten. Durch das Anwenden von Persona-Priming und ausgewählten Techniken und Prompts aus verschiedenen

Kategorien können Sie konkrete Anwendungsbeispiele für diesen Beruf entwickeln.

Persona-Priming-Prompt Beispiel: *"ChatGPT, ich möchte, dass du die Rolle einer Kosmetikerin einnimmst. Du verfügst über fundierte Kenntnisse in den Bereichen Hautpflege, Make-up und Körperbehandlungen. Du bist in der Lage, Ratschläge zur Verbesserung des Hautbildes und zur Anwendung von Schönheitsbehandlungen zu geben, einschließlich der Auswahl geeigneter Produkte, der Durchführung von Gesichtsbehandlungen und der Beratung bei Make-up-Fragen."* Geben Sie nun Ihre konkrete Anfrage als Prompt ein, indem Sie zum Beispiel schreiben: *"ChatGPT, du bist nun eine erfahrene Kosmetikerin. Was ...?"*

ABC-Technik-Prompt Beispiel: *"ChatGPT, du bist nun ein erfahrener Kosmetiker. Verwende die ABC-Technik, um eine Liste von Hautpflege-Begriffen für jeden Buchstaben des Alphabets zu erstellen."*

Dialog-Prompt Beispiel: *"ChatGPT, du bist nun ein erfahrener Kosmetiker. Führe einen Dialog zwischen einer Kosmetikerin und einem Kunden, der sich über Akne-Behandlungsoptionen informieren möchte."*

Frage-Prompt Beispiel: *"ChatGPT, du bist nun ein erfahrener Kosmetiker. Stelle mir fünf Fragen, die du einem Kunden stellen würdest, um seine Hautpflegebedürfnisse besser zu verstehen."*

Gegenargument-Prompt Beispiel: *"ChatGPT, du bist nun ein erfahrener Kosmetiker. Nenne ein Gegenargument gegen die Verwendung von stark parfümierten Hautpflegeprodukten."*

Ideen-erfolgreich-weiterentwickeln-Prompt Beispiel: *"ChatGPT, du bist nun ein erfahrener Kosmetiker. Ich habe die Idee, eine neue Hautpflegeserie für empfindliche Haut zu entwickeln. Wie kann ich diese Idee erfolgreich weiterentwickeln?"*

Listen-Prompt Beispiel: *"ChatGPT, du bist nun ein erfahrener Kosmetiker. Erstelle eine Liste der zehn wichtigsten Faktoren, die bei der Auswahl einer Gesichtscreme für trockene Haut zu beachten sind."*

Markdown-Format-Prompt Beispiel: *"ChatGPT, du bist nun ein erfahrener Kosmetiker. Erstelle eine Tabelle im Markdown-Format, die die Hauttypen und ihre jeweiligen Merkmale vergleicht."*

Pro-und-Contra-Prompt Beispiel: *"ChatGPT, du bist nun ein erfahrener Kosmetiker. Liste die Vor- und Nachteile der Verwendung von chemischen Peelings für die Hautpflege auf."*

Reframing-Prompt Beispiel: *"ChatGPT, du bist nun ein erfahrener Kosmetiker. Nutze das Reframing, um die Vorteile der Verwendung von natürlichen Inhaltsstoffen in Hautpflegeprodukten hervorzuheben."*

Schritt-für-Schritt-Prompt Beispiel: *"ChatGPT, du bist nun ein erfahrener Kosmetiker. Beschreibe Schritt für Schritt, wie man eine professionelle Gesichtsreinigung durchführt."*

Sentiment-Prompt Beispiel: *"ChatGPT, du bist nun ein erfahrener Kosmetiker. Analysiere das Sentiment in den folgenden Online-Bewertungen unserer Hautpflegeprodukte und berichte über die allgemeinen Eindrücke der Kunden."*

SWOT-Analyse-Prompt Beispiel: *"ChatGPT, du bist nun ein erfahrener Kosmetiker. Führe eine SWOT-Analyse für ein Kosmetikstudio durch, das sich auf ökologische und nachhaltige Produkte und Behandlungen spezialisiert."*

Um-Feedback-bitten-Prompt Beispiel: *"ChatGPT, du bist nun ein erfahrener Kosmetiker. Bitte um Feedback von einem Kunden, der kürzlich eine Gesichtsbehandlung in unserem Studio erhalten hat."*

WWAD-Methode-Prompt (What's Wrong and What's Desired) Beispiel: *"ChatGPT, du bist nun ein erfahrener Kosmetiker. Identifiziere ein Problem, das Kunden mit fettiger Haut haben könnten, und beschreibe, was sie stattdessen erreichen möchten. Wende dazu die WWAD-Methode an."*

Kulturmanager/in

Für Kulturmanager/innen kann ChatGPT eine wertvolle Unterstützung im Arbeitsalltag darstellen. Die KI kann dabei helfen, Ideen zu generieren,

Veranstaltungen zu planen, Budgets zu verwalten, Marketingstrategien zu entwickeln und die Kommunikation mit verschiedenen Stakeholdern zu verbessern. Hier sind einige Beispiele, wie ChatGPT konkret eingesetzt werden kann:

Ideengenerierung für kulturelle Veranstaltungen: Beispiel-Prompt: *"Gib mir fünf innovative Ideen für ein Kulturfestival, das verschiedene künstlerische Disziplinen wie Musik, Theater, Tanz und bildende Kunst miteinander verbindet."*

Planung von Veranstaltungen: Beispiel-Prompt: *"Erstelle eine Checkliste der wichtigsten Schritte zur Planung und Durchführung einer erfolgreichen Kunstausstellung."*

Budgetverwaltung: Beispiel-Prompt: *"Wie kann ich ein begrenztes Budget von 10.000 Euro optimal aufteilen, um eine lokale Theaterproduktion erfolgreich zu finanzieren? Nenne mögliche Kostenpositionen und deren Anteile am Gesamtbudget."*

Entwicklung von Marketingstrategien: Beispiel-Prompt: *"Beschreibe eine effektive Marketingstrategie, um unser kommendes Filmfestival in der Stadt bekannt zu machen und ein breites Publikum anzusprechen."*

Kommunikation mit Stakeholdern: Beispiel-Prompt: *"Verfasse ein überzeugendes Anschreiben an potenzielle Sponsoren, um sie für die Unterstützung unseres Musikfestivals zu gewinnen. Betone dabei die Vorteile und den Mehrwert, den das Festival für ihre Marke bietet."*

Durch den Einsatz von ChatGPT in diesen Bereichen können Kulturmanager/innen Zeit sparen, kreative Lösungen finden und die Qualität ihrer Arbeit insgesamt verbessern.

15 weitere Beispiel-Prompts

In diesem Abschnitt des Ratgebers werden wir uns auf die Anwendung von ChatGPT im Beruf des Kulturmanagers konzentrieren. Wir werden verschiedene Prompt-Arten und Kreativtechniken verwenden, um praxisorientierte Beispiele zu erstellen, die Kulturmanager dabei unterstützen, ihre Arbeit effektiver zu gestalten. Wir beginnen mit einem Persona-Priming-Prompt, um ChatGPT in die Rolle eines erfahrenen Kulturmanagers zu versetzen.

Anschließend werden wir konkrete Prompts erstellen, die auf die spezifischen Bedürfnisse und Herausforderungen dieses Berufs zugeschnitten sind.

Persona-Priming-Prompt Beispiel: *"ChatGPT, ich möchte, dass du die Rolle eines Kulturmanagers einnimmst. Du verfügst über umfangreiches Wissen in den Bereichen Kulturveranstaltungen, Förderung und Organisation. Du bist in der Lage, Ratschläge zur Planung und Durchführung kultureller Veranstaltungen zu geben, einschließlich der Auswahl von Künstlern, der Zusammenarbeit mit öffentlichen und privaten Institutionen und der Gestaltung von Marketingkampagnen."* Geben Sie nun Ihre konkrete Anfrage als Prompt ein, indem Sie zum Beispiel schreiben: *"ChatGPT, du bist nun ein erfahrener Kulturmanager. Was ...?"*

6-Hüte-Methode-Prompt Beispiel: *"ChatGPT, du bist nun ein erfahrener Kulturmanager. Analysiere die Möglichkeiten zur Verbesserung der Besucherzahlen unserer Kunstgalerie unter Anwendung der 6-Hüte-Methode."*

Dialog-Prompt Beispiel: *"ChatGPT, du bist nun ein erfahrener Kulturmanager. Spiele einen Dialog zwischen mir und einem Künstler durch, bei dem wir über die Details einer bevorstehenden Ausstellung sprechen."*

Frage-Prompt Beispiel: *"ChatGPT, du bist nun ein erfahrener Kulturmanager. Welche Fragen sollte ich einem Veranstaltungsort stellen, bevor ich ihn für ein Theaterfestival buche?"*

Gegenargument-Prompt Beispiel: *"ChatGPT, du bist nun ein erfahrener Kulturmanager. Ich möchte eine Open-Air-Kino-Veranstaltung organisieren, aber einige Mitglieder des Teams sind dagegen. Nenne mir einige Gegenargumente, die ich verwenden kann, um ihre Bedenken zu entkräften."*

Ideen-erfolgreich-weiterentwickeln-Prompt Beispiel: *"ChatGPT, du bist nun ein erfahrener Kulturmanager. Wir haben die Idee, ein interaktives Theaterstück zu kreieren. Wie können wir diese Idee weiterentwickeln und in die Realität umsetzen?"*

Markdown-Format-Prompt Beispiel: *"ChatGPT, du bist nun ein erfahrener Kulturmanager. Erstelle eine Veranstaltungsagenda im Markdown-Format für ein eintägiges Literaturfestival."*

Pareto-Analyse-Prompt Beispiel: *"ChatGPT, du bist nun ein erfahrener Kulturmanager. Führe eine Pareto-Analyse durch, um herauszufinden, welche Faktoren den größten Einfluss auf den Erfolg unserer nächsten Kunstausstellung haben."*

Pro-und-Contra-Prompt Beispiel: *"ChatGPT, du bist nun ein erfahrener Kulturmanager. Erstelle eine Pro-und-Contra-Liste für die Zusammenarbeit mit einem bekannten Künstler gegenüber einem aufstrebenden Künstler bei unserer nächsten Ausstellung."*

Reframing-Prompt Beispiel: *"ChatGPT, du bist nun ein erfahrener Kulturmanager. Wir haben Schwierigkeiten, genügend Freiwillige für unser Musikfestival zu finden. Wie können wir dieses Problem neu formulieren (reframen), um eine neue Lösungsperspektive zu gewinnen?"*

Schritt-für-Schritt-Prompt Beispiel: *"ChatGPT, du bist nun ein erfahrener Kulturmanager. Beschreibe Schritt für Schritt den Prozess, um eine erfolgreiche Crowdfunding-Kampagne für ein Kulturprojekt zu starten."*

Sentiment-Prompt Beispiel: *"ChatGPT, du bist nun ein erfahrener Kulturmanager. Analysiere das Sentiment der Online-Kommentare über unsere letzte Theatervorstellung und gib mir einen Bericht über die allgemeine Stimmung des Publikums."*

Stil-und-Schreibart-Anpassungs-Prompt Beispiel: *"ChatGPT, du bist nun ein erfahrener Kulturmanager. Verfasse eine Einladung zur Eröffnung unserer Kunstgalerie im Stil eines Gedichts."*

Tabellen-Format-Prompt Beispiel: *"ChatGPT, du bist nun ein erfahrener Kulturmanager. Erstelle eine Tabelle, in der du die verschiedenen Marketingkanäle auflistest, die wir nutzen können, um unser Filmfestival zu bewerben, und vergleiche deren Vor- und Nachteile."*

Zusammenfassungs-Prompt Beispiel: *"ChatGPT, du bist nun ein erfahrener Kulturmanager. Lies den folgenden Artikel über die neuesten Trends im Kulturmanagement [Link zum Artikel] und fasse die wichtigsten Punkte für mich zusammen."*

Landschaftsarchitekt/in

Landschaftsarchitekten sind für die Gestaltung und Planung von Außenanlagen und Grünflächen verantwortlich, von Parks und Gärten bis hin zu städtischen Plätzen und Infrastrukturprojekten. ChatGPT kann in verschiedenen Bereichen eingesetzt werden, um die tägliche Arbeit von Landschaftsarchitekten zu erleichtern. Hier sind einige Tätigkeiten, bei denen ChatGPT helfen kann:

Ideenfindung und kreative Anregungen: ChatGPT kann zur Unterstützung bei der Ideenfindung für die Gestaltung von Landschaftsprojekten genutzt werden.

Beispiel-Prompt: *"Gib mir 10 kreative Ideen für die Gestaltung eines nachhaltigen Stadtparks."*

Recherche von Materialien und Technologien: ChatGPT kann bei der Recherche von Materialien und Technologien helfen, um nachhaltige und ökologisch verträgliche Lösungen für Landschaftsprojekte zu finden.

Beispiel-Prompt: *"Liste fünf nachhaltige Materialien und Technologien auf, die für die Gestaltung eines Stadtplatzes verwendet werden können."*

Präsentationen und Berichte: ChatGPT kann beim Erstellen von Präsentationen und Berichten helfen, indem es Texte oder visuelle Darstellungen erstellt, die die Planung und Gestaltung von Landschaftsprojekten klar und ansprechend kommunizieren.

Beispiel-Prompt: *"Erstelle eine kurze Zusammenfassung der wichtigsten Aspekte eines umweltfreundlichen Parkprojekts für eine Präsentation vor dem Stadtrat."*

Kommunikation mit Kunden und Stakeholdern: ChatGPT kann bei der Kommunikation mit Kunden und Stakeholdern unterstützen, indem es E-Mails oder Briefe verfasst, die auf deren Bedenken und Anforderungen eingehen.

Beispiel-Prompt: *"Verfasse eine E-Mail an einen Kunden, in der du die Vorteile eines naturnahen Regenwassermanagementsystems für sein Grundstück erklärst."*

Analyse von Projekten und Fallstudien: ChatGPT kann bei der Analyse von Projekten und Fallstudien helfen, indem es Informationen über erfolgreiche Landschaftsarchitekturprojekte zusammenstellt, um daraus wertvolle Erkenntnisse für die eigene Arbeit zu gewinnen.

Beispiel-Prompt: *"Beschreibe drei erfolgreiche Landschaftsarchitekturprojekte, die innovative Lösungen für den Umgang mit städtischem Regenwasser demonstrieren."*

Durch den Einsatz von ChatGPT in diesen und weiteren Tätigkeiten können Landschaftsarchitekten ihre Arbeit effizienter gestalten, bessere Entscheidungen treffen und innovative Lösungen für die Herausforderungen der Landschaftsgestaltung entwickeln.

15 weitere Beispiel-Prompts

In diesem Abschnitt des Ratgebers werden wir die Persona-Priming-Technik verwenden, um ChatGPT in die Rolle eines Landschaftsarchitekten zu versetzen. Anschließend präsentiere ich spezifische Prompts und Techniken, die auf die Bedürfnisse dieses Berufs zugeschnitten sind, um Landschaftsarchitekten dabei zu unterstützen, ihre Arbeit effizienter zu gestalten, bessere Entscheidungen zu treffen und innovative Lösungen für die Herausforderungen der Landschaftsgestaltung zu entwickeln.

Persona-Priming-Prompt *"ChatGPT, ich möchte, dass du die Rolle eines Landschaftsarchitekten einnimmst. Du verfügst über fundierte Kenntnisse in den Bereichen Landschaftsplanung, Umweltgestaltung und ökologischer Nachhaltigkeit. Du bist in der Lage, Ratschläge zur Gestaltung von Außenräumen zu geben, einschließlich der Auswahl von Pflanzen, der Integration von ökologischen Aspekten und der Planung von Freizeit- und Erholungsflächen."* Geben Sie nun Ihre konkrete Anfrage als Prompt ein, indem Sie zum Beispiel schreiben: *"ChatGPT, du bist nun ein erfahrener Landschaftsarchitekt. Was ...?"*

6-Hüte-Methoden-Prompt Beispiel: *"ChatGPT, du bist nun ein erfahrener Landschaftsarchitekt. Führe eine 6-Hüte-Methode-Analyse durch, um die Vor- und Nachteile eines umstrittenen Landschaftsprojekts zu bewerten."*

ABC-Technik-Prompt Beispiel: *"ChatGPT, du bist nun ein erfahrener Landschaftsarchitekt. Verwende die ABC-Technik, um mögliche Pflanzen für ein trockenheitsresistentes Landschaftsprojekt aufzulisten."*

Frage-Prompt Beispiel: *"ChatGPT, du bist nun ein erfahrener Landschaftsarchitekt. Wie würde ein nachhaltiger, umweltfreundlicher Entwurf für einen städtischen Park aussehen, der die Bedürfnisse der Anwohner und der Umwelt berücksichtigt?"*

Gegenteilige-Ansicht-Prompt Beispiel: *"ChatGPT, du bist nun ein erfahrener Landschaftsarchitekt. Was wären die Argumente gegen die Verwendung von Kunstrasen in einem öffentlichen Park?"*

Ideen-erfolgreich-weiterentwickeln-Prompt Beispiel: *"ChatGPT, du bist nun ein erfahrener Landschaftsarchitekt. Wir haben eine Idee für einen Gemeinschaftsgarten entwickelt. Wie können wir diese Idee weiterentwickeln und verbessern, um sie für die Anwohner attraktiver und nachhaltiger zu gestalten?"*

Ishikawa-Methoden-Prompt Beispiel: *"ChatGPT, du bist nun ein erfahrener Landschaftsarchitekt. Erstelle ein Ishikawa-Diagramm, um die möglichen Ursachen für ein Problem mit der Entwässerung in einem neu gestalteten Park zu identifizieren."*

Multi-Kriterien-Analyse-(MKA)-Prompt Beispiel: *"ChatGPT, du bist nun ein erfahrener Landschaftsarchitekt. Führe eine Multi-Kriterien-Analyse durch, um verschiedene Materialoptionen für einen Gehweg in einem Park zu bewerten."*

Pro-und-Contra-Prompt Beispiel: *"ChatGPT, du bist nun ein erfahrener Landschaftsarchitekt. Liste die Vor- und Nachteile von Gründächern für städtische Gebäude auf."*

Reframing-Prompt Beispiel: *"ChatGPT, du bist nun ein erfahrener Landschaftsarchitekt. Wie können wir das Problem der eingeschränkten Grünflächen in einer dicht besiedelten Stadt neu formulieren, um innovative Lösungen zu finden?"*

Schritt-für-Schritt-Prompt Beispiel: *"ChatGPT, du bist nun ein erfahrener Landschaftsarchitekt. Beschreibe Schritt für Schritt den Prozess der Erstellung eines detaillierten Landschaftsplans für ein öffentliches Parkprojekt."*

Sentiment-Prompt Beispiel: *"ChatGPT, du bist nun ein erfahrener Landschaftsarchitekt. Analysiere das Sentiment der Anwohner in Bezug auf einen geplanten Parkumbau, indem du folgende Umfrageergebnisse auswertest ..."*

Stil-und-Schreibart-Anpassungs-Prompt Beispiel: *"ChatGPT, du bist nun ein erfahrener Landschaftsarchitekt. Verfasse einen informativen und ansprechenden Text zur Präsentation eines nachhaltigen Landschaftsprojekts, der sowohl für Fachleute als auch für Laien verständlich ist."*

SWOT-Analyse-Prompt Beispiel: *"ChatGPT, du bist nun ein erfahrener Landschaftsarchitekt. Führe eine SWOT-Analyse für ein vorgeschlagenes Urban-Gardening-Projekt durch."*

Tabellen-Format-Prompt Beispiel: *"ChatGPT, du bist nun ein erfahrener Landschaftsarchitekt. Erstelle eine Tabelle, die die verschiedenen Pflanzenarten, ihre benötigten Lichtverhältnisse und Wasserbedürfnisse sowie ihre Eignung für verschiedene Standorte innerhalb eines Parks vergleicht."*

Lagerist/-in

Lageristen können ChatGPT auf vielfältige Weise nutzen, um ihre täglichen Aufgaben effizienter zu bewältigen. Hier sind einige Tätigkeiten, bei denen ChatGPT eine wertvolle Hilfe sein kann:

Organisation und Planung: ChatGPT kann bei der Optimierung der Lagerorganisation und bei der Planung von Lagerlayouts helfen, um den Warenfluss zu verbessern und Platz zu sparen.

Beispiel-Prompt: *"Erstelle einen Vorschlag für ein optimiertes Lagerlayout, um die Effizienz bei der Warenbewegung zu erhöhen."*

Kommunikation und Zusammenarbeit: ChatGPT kann bei der Kommunikation mit Kollegen, Lieferanten oder Kunden helfen, beispielsweise beim Verfassen von E-Mails oder dem Beantworten von Anfragen.

Beispiel-Prompt: *"Verfasse eine E-Mail an den Lieferanten X, um eine Verspätung bei der Lieferung von Artikel Y zu erfragen."*

Problembehandlung und Entscheidungsfindung: ChatGPT kann bei der Identifizierung von Problemen im Lager helfen und Lösungsvorschläge anbieten, um den Betrieb effizienter zu gestalten.

Beispiel-Prompt: *"Analysiere die häufigsten Probleme in unserem Lager und schlage Lösungen vor, um diese zu beheben."*

Durch die Integration von ChatGPT in den Arbeitsalltag eines Lageristen können viele Routineaufgaben und Herausforderungen effektiver bewältigt werden, was zu einer insgesamt verbesserten Arbeitsleistung und Effizienz führt.

15 weitere Beispiel-Prompts

In folgenden finden Sie eine Auswahl von spezifischen Prompts und Techniken, die auf den Beruf des Lageristen zugeschnitten sind. Diese Prompts und Techniken sind darauf ausgelegt, Lageristen bei der Bewältigung ihrer täglichen Aufgaben und Herausforderungen zu unterstützen. Bevor Sie mit den spezifischen Prompts beginnen, verwenden Sie den Persona-Priming-Prompt, um ChatGPT auf die Rolle eines erfahrenen Lageristen einzustellen.

Persona-Priming-Prompt *"ChatGPT, ich möchte, dass du die Rolle eines Lageristen einnimmst. Du verfügst über Kenntnisse in Lagerverwaltung, Bestandsführung und Warenannahme. Du bist in der Lage, Ratschläge zur Organisation und Optimierung von Lagerprozessen zu geben, einschließlich der Ein- und Auslagerung von Waren und der Sicherstellung von Ordnung und Sauberkeit im Lagerbereich."* Geben Sie nun Ihre konkrete Anfrage als Prompt ein, indem Sie zum Beispiel schreiben: *"ChatGPT, du bist nun ein erfahrener Lagerist. Was ...?"*

5-Why-Verfahren-Prompt Beispiel: *"ChatGPT, du bist nun ein erfahrener Lagerist. Führe das 5-Why-Verfahren durch, um die Ursache für wiederkehrende Fehlbestände im Lager zu ermitteln."*

10-10-10-Methoden-Prompt Beispiel: *"ChatGPT, du bist nun ein erfahrener Lagerist. Wende die 10-10-10-Methode an, um abzuwägen, ob es sinnvoll ist, in ein neues Lagersystem zu investieren."*

ABC-Technik-Prompt Beispiel: *"ChatGPT, du bist nun ein erfahrener Lagerist. Nutze die ABC-Technik, um die Lagerbestände nach ihrer Wichtigkeit und Häufigkeit der Nutzung zu kategorisieren."*

Dialog-Prompt Beispiel: *"ChatGPT, du bist nun ein erfahrener Lagerist. Simuliere ein Gespräch zwischen dir und einem Lieferanten, um eine Lösung für wiederholte Lieferverzögerungen zu finden."*

Gegenteilige-Ansicht-Prompt Beispiel: *"ChatGPT, du bist nun ein erfahrener Lagerist. Erkläre die Vorteile einer manuellen Bestandsführung im Vergleich zur automatisierten Bestandsführung."*

Ideen-erfolgreich-weiterentwickeln-Prompt Beispiel: *"ChatGPT, du bist nun ein erfahrener Lagerist. Beschreibe, wie du eine Idee zur Verbesserung der Arbeitsplatzsicherheit im Lager weiterentwickeln und umsetzen würdest."*

Ishikawa-Methoden-Prompt Beispiel: *"ChatGPT, du bist nun ein erfahrener Lagerist. Erstelle ein Ishikawa-Diagramm, um mögliche Ursachen für ineffiziente Arbeitsabläufe im Lager zu identifizieren."*

Pro-und-Contra-Prompt Beispiel: *"ChatGPT, du bist nun ein erfahrener Lagerist. Liste die Vor- und Nachteile einer Umstellung von manueller Bestandsführung auf ein automatisiertes Lagersystem auf."*

Reframing-Prompt Beispiel: *"ChatGPT, du bist nun ein erfahrener Lagerist. Wie können wir das Problem der begrenzten Lagerkapazität aus einer anderen Perspektive betrachten, um neue Lösungsansätze zu finden?"*

Schritt-für-Schritt-Prompt Beispiel: *"ChatGPT, du bist nun ein erfahrener Lagerist. Beschreibe Schritt für Schritt, wie man eine effektive Inventur im Lager durchführt."*

Stil-und-Schreibart-Anpassungs-Prompt Beispiel: *"ChatGPT, du bist nun ein erfahrener Lagerist. Verfasse einen Bericht über die folgende aktuelle Lagersituation im Stil eines formalen Geschäftsberichts ..."*

SWOT-Analyse-Prompt Beispiel: *"ChatGPT, du bist nun ein erfahrener Lagerist. Führe eine SWOT-Analyse für unser Lager durch, um Stärken, Schwächen, Chancen und Risiken zu identifizieren."*

Tetralemma-Ansatz-Prompt Beispiel: *"ChatGPT, du bist nun ein erfahrener Lagerist. Wende den Tetralemma-Ansatz an, um eine Entscheidung darüber zu treffen, ob eine bestimmte Ware im Lager behalten, verkauft, entsorgt oder an einen anderen Standort verlagert werden soll."*

Vervollständigungs-Prompt Beispiel: *"ChatGPT, du bist nun ein erfahrener Lagerist. Vervollständige den folgenden Satz: 'Um die Effizienz in unserem Lager zu erhöhen, sollten wir unbedingt ...'"*

Lehrer/in

Lehrer/innen können von der Anwendung von ChatGPT in verschiedenen Bereichen ihrer täglichen Arbeit profitieren. Hier sind einige Tätigkeiten, bei denen ChatGPT hilfreich sein kann, und konkrete Beispiel-Prompts für jede Tätigkeit:

Unterrichtsvorbereitung: ChatGPT kann Lehrer/innen dabei unterstützen, Unterrichtsmaterialien, Arbeitsblätter und Präsentationen vorzubereiten.

Beispiel-Prompt: *"Erstelle ein Arbeitsblatt für eine 7. Klasse zum Thema 'Das Sonnensystem', das drei Multiple-Choice-Fragen und zwei offene Fragen enthält."*

Unterrichtsideen: ChatGPT kann Lehrer/innen dabei helfen, kreative und innovative Ideen für den Unterricht zu generieren.

Beispiel-Prompt: *"Gib mir fünf kreative Aktivitäten, um das Thema 'Wasserkreislauf' für Schüler der 4. Klasse interessant und verständlich zu gestalten."*

Feedback zu Schülerarbeiten: ChatGPT kann bei der Überprüfung von EDV-mäßig verfassten Schülerarbeiten helfen und konstruktives Feedback geben.

Beispiel-Prompt: *"Bitte gib mir konstruktives Feedback für diesen Schüleraufsatz zum Thema 'Mein Traumberuf': [Text des Aufsatzes einfügen]."*

Organisation und Planung: ChatGPT kann Lehrer/innen dabei unterstützen, den Unterricht und Schulaktivitäten zu organisieren und zu planen.

Beispiel-Prompt: *"Erstelle einen Wochenplan für den Deutschunterricht in der 5. Klasse, der Grammatik, Lesen, Schreiben und mündliche Kommunikation berücksichtigt."*

Elternkommunikation: ChatGPT kann bei der Kommunikation mit Eltern helfen, indem es Vorlagen für Elternbriefe oder E-Mails erstellt.

Beispiel-Prompt: *"Verfasse einen Elternbrief, um über die bevorstehende Klassenfahrt zu informieren und um Zustimmung und finanzielle Beteiligung zu bitten."*

Fortbildung und fachlicher Austausch: ChatGPT kann Lehrer/innen dabei unterstützen, sich über pädagogische Themen zu informieren und sich mit Kollegen/innen auszutauschen.

Beispiel-Prompt: *"Fasse die Hauptargumente des Artikels 'Die Bedeutung von kollaborativem Lernen im Klassenzimmer' zusammen und gib mir zwei praktische Tipps zur Umsetzung im Unterricht."*

Indem Lehrer/innen ChatGPT für diese und andere Aufgaben nutzen, können sie ihre Arbeitsbelastung reduzieren und mehr Zeit für die individuelle Betreuung ihrer Schüler/innen aufwenden.

15 weitere Beispiel-Prompts

In diesem Abschnitt finden Sie ausgewählte Prompt- und Kreativtechniken, die speziell für den Beruf des Lehrers/der Lehrerin zugeschnitten sind. Diese Techniken können Lehrkräften helfen, ihre tägliche Arbeit effizienter zu gestalten und ihre pädagogischen Fähigkeiten zu erweitern. Zuerst machte es Sinn, einen Persona-Priming-Prompt zu verwenden, um ChatGPT in die Rolle eines erfahrenen Lehrers zu versetzen. Anschließend folgen konkrete, praxisorientierte Prompts für verschiedene Aspekte des Lehrerberufs.

Persona-Priming-Prompt *"ChatGPT, ich möchte, dass du die Rolle eines Lehrers einnimmst. Du verfügst über fundiertes Wissen in Pädagogik, Fachdidaktik und Schülerbetreuung. Du bist in der Lage, Fragen zu Lehrmethoden, Unterrichtsplanung und schulischen Herausforderungen zu beantworten sowie Hilfestellungen bei Lernschwierigkeiten zu geben."* Geben Sie nun Ihre konkrete Anfrage als Prompt ein, indem Sie zum Beispiel schreiben: *"ChatGPT, du bist nun ein erfahrener Lehrer. Was ...?“*

6-Hüte-Methode-Prompt Beispiel: *"ChatGPT, du bist nun ein erfahrener Lehrer. Führe eine 6-Hüte-Methode-Diskussion durch, um verschiedene Ansätze zur Verbesserung der Lesekompetenz von Schülern der 6. Klasse zu analysieren."*

10-10-10-Methoden-Prompt Beispiel: *"ChatGPT, du bist nun ein erfahrener Lehrer. Wende die 10-10-10-Methode an, um zu entscheiden, ob du ein neues digitales Lehrmittel für den Mathematikunterricht in der 8. Klasse einführen solltest."*

ABC-Technik-Prompt Beispiel: *"ChatGPT, du bist nun ein erfahrener Lehrer. Verwende die ABC-Technik, um eine Liste von Aktivitäten für ein Schulprojekt zum Thema Umweltschutz für die 9. Klasse zu erstellen."*

Dialog-Prompt Beispiel: *"ChatGPT, du bist nun ein erfahrener Lehrer. Schreibe einen Dialog zwischen dir und einem Schüler, der Probleme mit der Motivation im Unterricht hat, um eine geeignete Lösung für seine Situation zu finden."*

Gegenteilige-Ansicht-Prompt Beispiel: *"ChatGPT, du bist nun ein erfahrener Lehrer. Stelle das Gegenteil der These 'Klassische Lehrmethoden sind veraltet und ineffektiv' dar und argumentiere für deren Stärken und Vorteile."*

Gegenargument-Prompt Beispiel: *"ChatGPT, du bist nun ein erfahrener Lehrer. Präsentiere ein Gegenargument zur Behauptung, dass die Abschaffung von Hausaufgaben die Bildungsqualität beeinträchtigen würde."*

Ideen-erfolgreich-weiterentwickeln-Prompt Beispiel: *"ChatGPT, du bist nun ein erfahrener Lehrer. Beschreibe, wie man eine Idee für einen interaktiven Geschichtsunterricht weiterentwickeln kann, um das Interesse und Engagement der Schüler zu fördern."*

Ishikawa-Methoden-Prompt Beispiel: *"ChatGPT, du bist nun ein erfahrener Lehrer. Verwende die Ishikawa-Methode, um mögliche Ursachen für die abnehmende Beteiligung der Schüler am Unterricht zu identifizieren und geeignete Maßnahmen zur Verbesserung der Situation zu entwickeln."*

Multi-Kriterien-Analyse-(MKA)-Prompt Beispiel: *"ChatGPT, du bist nun ein erfahrener Lehrer. Führe eine Multi-Kriterien-Analyse durch, um die Vor- und Nachteile verschiedener Lehrmethoden für den Englischunterricht in der 10. Klasse zu vergleichen."*

Pareto-Analyse-Prompt Beispiel: *"ChatGPT, du bist nun ein erfahrener Lehrer. Wende die Pareto-Analyse an, um die 20 % der Aktivitäten zu identifizieren, die 80 % der positiven Ergebnisse in der Schülerleistung erzielen."*

Pro-und-Contra-Prompt Beispiel: *"ChatGPT, du bist nun ein erfahrener Lehrer. Erstelle eine Pro-und-Contra-Liste zur Einführung von Tablets im Klassenzimmer für die 7. Klasse."*

Reframing-Prompt Beispiel: *"ChatGPT, du bist nun ein erfahrener Lehrer. Verwende Reframing, um eine neue Perspektive auf das Problem der Schülerunruhe im Klassenzimmer zu gewinnen und alternative Lösungen zu entwickeln."*

Schritt-für-Schritt-Prompt Beispiel: *"ChatGPT, du bist nun ein erfahrener Lehrer. Gib mir einen Schritt-für-Schritt-Plan, um ein effektives und ansprechendes Projekt für den Kunstunterricht in der 5. Klasse zu entwickeln."*

Zusammenfassungs-Prompt Beispiel: *"ChatGPT, du bist nun ein erfahrener Lehrer. Fasse die wichtigsten Punkte des Buches 'Der motivierte Schüler: Neue Ansätze für eine erfolgreiche Schulkarriere' zusammen und gib drei praktische Tipps zur Anwendung im Unterricht."*

Lebensberater/in

ChatGPT kann Lebensberatern in verschiedenen Aspekten ihrer Arbeit helfen, um ihre täglichen Aufgaben effizienter zu gestalten und ihre Kunden besser zu unterstützen. Hier sind einige Beispiele, wie ChatGPT Lebensberatern helfen kann:

Beratungssitzungen vorbereiten: ChatGPT kann dazu verwendet werden, um passende Fragen oder Themen für die kommenden Beratungssitzungen zu generieren. Dies hilft dem Lebensberater, sich auf die Bedürfnisse des Kunden einzustellen und eine produktive Diskussion zu gewährleisten.

Beispiel-Prompt: *"Generiere eine Liste von 5 Fragen, die ich meinem Klienten stellen kann, um seine aktuellen Herausforderungen im Bereich der Work-Life-Balance zu identifizieren."*

Lösungsansätze entwickeln: Lebensberater können ChatGPT nutzen, um neue Lösungsansätze und Handlungsempfehlungen für ihre Klienten zu entwickeln. Die KI kann dabei helfen, kreative und unkonventionelle Ideen zu generieren, die dem Lebensberater möglicherweise nicht in den Sinn gekommen wären.

Beispiel-Prompt: *"Bitte gib mir 3 kreative Lösungsansätze, um einem Klienten dabei zu helfen, seine Zeit besser zu organisieren und mehr Freizeit zu genießen."*

Selbstreflexion und persönliche Weiterentwicklung: Lebensberater können ChatGPT auch für ihre eigene persönliche Weiterentwicklung und Selbstreflexion verwenden. Die KI kann ihnen dabei helfen, ihre eigenen Stärken und Schwächen zu analysieren und mögliche Verbesserungsmaßnahmen aufzuzeigen.

Beispiel-Prompt: *"Hilf mir, meine Stärken und Schwächen als Lebensberater zu analysieren und Vorschläge zur Verbesserung meiner Fähigkeiten zu machen."*

Marketing und Kommunikation: Lebensberater können ChatGPT zur Erstellung von Marketingmaterialien und Kommunikationsstrategien verwenden, um ihre Dienstleistungen bekannter zu machen und potenzielle Klienten zu erreichen.

Beispiel-Prompt: *"Erstelle einen ansprechenden Text für meine Website, der meine Lebensberatungsdienste beschreibt und potenzielle Kunden anspricht."*

Weiterbildung und Wissenserweiterung: Lebensberater können ChatGPT auch nutzen, um ihr Wissen in verschiedenen Bereichen zu erweitern und sich auf dem Laufenden zu halten. Die KI kann ihnen helfen, die neuesten Forschungsergebnisse, Trends und Entwicklungen in ihrem Fachgebiet zu finden und zu analysieren.

Beispiel-Prompt: *"Bitte gib mir eine Zusammenfassung der neuesten Forschungsergebnisse und Trends im Bereich der positiven Psychologie und wie sie in der Lebensberatung angewendet werden können."*

Durch die Nutzung von ChatGPT in diesen verschiedenen Aspekten ihrer Arbeit können Lebensberater ihre Effizienz steigern, ihre Klienten besser unterstützen und ihre eigene persönliche und berufliche Weiterentwicklung fördern.

15 weitere Beispiel-Prompts

In diesem Abschnitt finden Sie eine Auswahl von sinnvollen und praxisnahen Prompts, die speziell auf den Beruf des Lebensberaters zugeschnitten sind. Diese Prompts wurden aus den oben genannten Kategorien "Allgemeine Prompt Arten", "Ideenfindungs-Prompts", "Problemlösungs-Prompts" und "Entscheidungsfindungs-Prompts" ausgewählt. Bevor Sie mit den eigentlichen Prompts beginnen, sollten Sie den Persona-Priming-Prompt verwenden, um ChatGPT so einzustellen, dass es die Rolle eines erfahrenen Lebensberaters einnimmt und Ihnen bei Ihren Herausforderungen und Anliegen hilft.

Persona-Priming-Prompt *"ChatGPT, ich möchte, dass du die Rolle eines Lebensberaters einnimmst. Du verfügst über Fachwissen in den Bereichen persönliche Entwicklung, Kommunikation und Selbstmanagement. Du bist in der Lage, Ratschläge zu geben, um Menschen bei der Bewältigung von Herausforderungen und der Erreichung ihrer persönlichen Ziele zu unterstützen."* Geben Sie nun Ihre konkrete Anfrage als Prompt ein, indem Sie zum

Beispiel schreiben: *"ChatGPT, du bist nun ein erfahrener Lebensberater. Was ...?"*

5-Why-Verfahren-Prompt Beispiel: *ChatGPT, du bist nun ein erfahrener Lebensberater und sollst mir helfen, die Ursache der Unzufriedenheit eines Klienten im Beruf zu finden. Wende das 5-Why-Verfahren an, um die Ursachen zu ergründen.*

ABC-Technik-Prompt Beispiel: *ChatGPT, du bist nun ein erfahrener Lebensberater. Bitte führe die ABC-Technik durch, um mir zu helfen, negative Gedanken über eine berufliche Situation umzuformulieren und eine positivere Perspektive einzunehmen.*

Dialog-Prompt Beispiel: *ChatGPT, du bist nun ein erfahrener Lebensberater. Führe einen Dialog mit mir, um mir zu helfen, meine beruflichen Ziele und Prioritäten besser zu verstehen und zu klären.*

Frage-Prompt Beispiel: *ChatGPT, du bist nun ein erfahrener Lebensberater. Stelle mir fünf offene Fragen, die ich einem Klienten stellen kann, seine Motivation und persönlichen Werte im Zusammenhang mit seiner Karriere zu reflektieren.*

Gegenargument-Prompt Beispiel: *ChatGPT, du bist nun ein erfahrener Lebensberater. Ein Klient denkt darüber nach, seinen Job zu kündigen und selbstständig zu werden. Bitte gib mir Gegenargumente, die er berücksichtigen sollte, bevor er Entscheidung trifft.*

Lateral-Thinking-Prompt Beispiel: *ChatGPT, du bist nun ein erfahrener Lebensberater. Bitte wende die Lateral-Thinking-Methode an, um mir drei unkonventionelle und kreative Ideen zur Verbesserung der Work-Life-Balance zu geben.*

Multi-Kriterien-Analyse-(MKA)-Prompt Beispiel: *ChatGPT, du bist nun ein erfahrener Lebensberater. Bitte führe eine Multi-Kriterien-Analyse durch, um mir bei der Entscheidung zu helfen, ob ich meinen aktuellen Job aufgeben und eine neue Karriere in einer anderen Branche verfolgen sollte.*

Pro-und-Contra-Prompt Beispiel: *„ChatGPT, du bist nun ein erfahrener Lebensberater. Erstelle eine Pro-und-Contra-Liste, um die Vor- und Nachteile einer Beförderung zu einer Führungsposition abzuwägen."*

Reframing-Prompt Beispiel: *ChatGPT, du bist nun ein erfahrener Lebensberater. Hilf mir mit einem Klienten eine negative Erfahrung aus seiner Karriere neu zu interpretieren und positive Aspekte oder Lektionen daraus zu ziehen.*

Schritt-für-Schritt-Prompt Beispiel: *ChatGPT, du bist nun ein erfahrener Lebensberater. Gib mir bitte einen Schritt-für-Schritt-Plan, um meine Fähigkeiten zur Stressbewältigung zu verbessern und effektivere Entspannungstechniken zu erlernen.*

SWOT-Analyse-Prompt Beispiel: *ChatGPT, du bist nun ein erfahrener Lebensberater. Führe eine SWOT-Analyse durch, um Stärken, Schwächen, Chancen und Bedrohungen in Bezug auf eine berufliche Laufbahn eines Klienten zu analysieren.*

Um-Feedback-bitten-Prompt Beispiel: *ChatGPT, du bist nun ein erfahrener Lebensberater. Erstelle einen Fragebogen, den ich an meine Kollegen und Vorgesetzten weitergeben kann, um konstruktives Feedback zu meiner Arbeitsweise und Kommunikation zu erhalten.*

Verfeinerungs-Prompt Beispiel: *ChatGPT, du bist nun ein erfahrener Lebensberater. Verfeinere meine ursprüngliche Idee, mehr Freizeit durch bessere Zeitmanagement-Strategien zu gewinnen, indem du drei spezifische Aktionsschritte vorschlägst, die ich sofort umsetzen kann.*

Zusammenfassungs-Prompt Beispiel: *ChatGPT, du bist nun ein erfahrener Lebensberater. Bitte fasse die wichtigsten Erkenntnisse und Schritte zusammen, die ich aus unserer Diskussion über die berufliche Zufriedenheit und mögliche Veränderungen bei einem Klienten ziehen sollte.*

Lebensmitteltechnologe/in

Lebensmitteltechnologen sind für die Entwicklung, Produktion und Qualitätssicherung von Lebensmitteln und Getränken verantwortlich. ChatGPT kann ihnen in verschiedenen Bereichen helfen, ihre tägliche Arbeit zu erleichtern:

Forschung und Entwicklung: ChatGPT kann bei der Recherche neuer Technologien, Trends und Innovationen im Lebensmittelbereich unterstützen. Hierbei kann der KI-Experte für die Sammlung relevanter Informationen und die Generierung von Ideen genutzt werden.

Beispiel-Prompt: *"Bitte recherchiere die neuesten Trends und Innovationen im Bereich der Lebensmitteltechnologie und erstelle eine Liste der fünf wichtigsten Entwicklungen."*

Produktentwicklung: Bei der Entwicklung neuer Lebensmittelprodukte kann ChatGPT bei der Auswahl geeigneter Zutaten und Prozesse unterstützen, indem es auf Anfrage Informationen über Lebensmittelzusammensetzung, Allergene, gesetzliche Anforderungen und optimale Verarbeitungsbedingungen liefert.

Beispiel-Prompt: *"Bitte gib mir Vorschläge für geeignete pflanzliche Proteinquellen, die in einem neuen veganen Fleischersatzprodukt verwendet werden können, und beschreibe die wichtigsten Verarbeitungsschritte."*

Qualitätssicherung: Lebensmitteltechnologen können ChatGPT nutzen, um Anweisungen für Tests und Analysen zur Überprüfung der Qualität und Sicherheit von Lebensmitteln und Getränken zu erhalten. Dies kann beispielsweise bei der Identifizierung von Kontaminanten oder der Überprüfung der Einhaltung von Lebensmittelstandards hilfreich sein.

Beispiel-Prompt: *"Bitte erkläre, wie man einen mikrobiologischen Test für die Kontrolle von Listeria monocytogenes in einem Fertigsalat durchführt."*

Produktionsprozesse: ChatGPT kann bei der Optimierung von Produktionsprozessen unterstützen, indem es Empfehlungen für die effiziente Nutzung von Ressourcen, Energie und Rohstoffen liefert oder Hinweise zur Reduzierung von Abfällen gibt.

Beispiel-Prompt: *"Bitte gib mir Vorschläge, wie man den Energieverbrauch in einem Lebensmittelverarbeitungsbetrieb reduzieren kann, ohne die Produktqualität zu beeinträchtigen."*

Regelkonformität: Lebensmitteltechnologen können ChatGPT zur Überprüfung der Einhaltung von Gesetzen und Vorschriften im

Lebensmittelbereich nutzen, indem sie Informationen über aktuelle Anforderungen und Standards anfordern.

Beispiel-Prompt: *"Bitte erkläre die wichtigsten Anforderungen der EU-Lebensmittelhygieneverordnung für die Produktion von Milchprodukten."*

Insgesamt kann ChatGPT Lebensmitteltechnologen bei einer Vielzahl von Aufgaben unterstützen, von der Forschung und Produktentwicklung bis hin zur Qualitätssicherung und Überprüfung von Vorschriften. Durch die Nutzung von ChatGPT können diese Fachleute ihre Arbeitsabläufe optimieren und ihre Entscheidungsfindung verbessern.

15 weitere Beispiel-Prompts

Im folgenden Abschnitt finden Sie eine Auswahl von Prompts, die auf den Beruf des Lebensmitteltechnologen zugeschnitten sind. Diese Prompts decken verschiedene Kategorien ab, wie zum Beispiel allgemeine Prompt-Arten, Ideenfindungs-Prompts, Problemlösungs-Prompts und Entscheidungsfindungs-Prompts. Vor jedem Prompt wird das Persona-Priming verwendet, um ChatGPT auf die Rolle eines erfahrenen Lebensmitteltechnologen einzustimmen.

Persona-Priming-Prompt Beispiel: *"ChatGPT, ich möchte, dass du die Rolle eines Lebensmitteltechnologen einnimmst. Du verfügst über Kenntnisse in Lebensmittelproduktion, Lebensmittelsicherheit und Qualitätsmanagement. Du bist in der Lage, Ratschläge zur Entwicklung und Verbesserung von Lebensmittelprodukten zu geben, einschließlich der Auswahl von Zutaten, Verarbeitungstechniken und Verpackungsanforderungen."* Geben Sie nun Ihre konkrete Anfrage als Prompt ein, indem Sie zum Beispiel schreiben: *"ChatGPT, du bist nun ein erfahrener Lebensmitteltechnologie. Was ...?"*

6-Hüte-Methode-Prompt Beispiel: *"ChatGPT, du bist nun ein erfahrener Lebensmitteltechnologe. Analysiere die Einführung eines neuen Lebensmittelprodukts unter Anwendung der 6-Hüte-Methode, um verschiedene Perspektiven und mögliche Herausforderungen zu identifizieren."*

Dialog-Prompt Beispiel: *"ChatGPT, du bist nun ein erfahrener Lebensmitteltechnologe. Führe einen simulierten Dialog zwischen mir und einem*

Lieferanten durch, bei dem wir über die Qualität der gelieferten Rohstoffe und mögliche Verbesserungen diskutieren."

Frage-Prompt Beispiel: *"ChatGPT, du bist nun ein erfahrener Lebensmitteltechnologe. Erstelle eine Liste mit zehn wichtigen Fragen, die ich bei der Auswahl eines neuen Lieferanten für Verpackungsmaterialien berücksichtigen sollte."*

Ideen-erfolgreich-weiterentwickeln-Prompt Beispiel: *"ChatGPT, du bist nun ein erfahrener Lebensmitteltechnologe. Wir haben die Idee, ein neues gesundes Snackprodukt zu entwickeln. Bitte hilf mir, diese Idee weiterzuentwickeln und mögliche Produktvarianten zu erarbeiten."*

Pareto-Analyse-Prompt Beispiel: *"ChatGPT, du bist nun ein erfahrener Lebensmitteltechnologe. Führe eine Pareto-Analyse der häufigsten Qualitätsprobleme in unserer Lebensmittelproduktion durch, um herauszufinden, welche Probleme am dringendsten angegangen werden sollten."*

Pro-und-Contra-Prompt Beispiel: *"ChatGPT, du bist nun ein erfahrener Lebensmitteltechnologe. Erstelle eine Pro-und-Contra-Liste, um die Vor- und Nachteile der Verwendung von recyceltem Kunststoff für unsere Lebensmittelverpackungen abzuwägen."*

Reframing-Prompt Beispiel: *"ChatGPT, du bist nun ein erfahrener Lebensmitteltechnologe. Hilf mir, eine negative Erfahrung mit einer Produktionsstörung neu zu interpretieren und positive Aspekte oder Lektionen daraus zu ziehen."*

Schritt-für-Schritt-Prompt Beispiel: *"ChatGPT, du bist nun ein erfahrener Lebensmitteltechnologe. Beschreibe Schritt für Schritt den Prozess, um eine HACCP-Analyse (Hazard Analysis and Critical Control Points) für unsere Lebensmittelproduktion durchzuführen, um die Lebensmittelsicherheit zu gewährleisten."*

Sentiment-Prompt Beispiel: *"ChatGPT, du bist nun ein erfahrener Lebensmitteltechnologe. Analysiere Kundenbewertungen unseres aktuellen Produkts und identifiziere die Hauptthemen, die mit positiven und negativen Bewertungen verbunden sind."*

SWOT-Analyse-Prompt Beispiel: *"ChatGPT, du bist nun ein erfahrener Lebensmitteltechnologe. Führe eine SWOT-Analyse (Stärken, Schwächen, Chancen, Bedrohungen) unseres aktuellen Produktportfolios durch, um Verbesserungsmöglichkeiten und zukünftige Wachstumsbereiche zu identifizieren."*

Tabellen-Format-Prompt Beispiel: *"ChatGPT, du bist nun ein erfahrener Lebensmitteltechnologe. Erstelle eine Tabelle, die die wichtigsten Merkmale und Vorteile unserer drei Hauptprodukte vergleicht, um unseren Vertriebsmitarbeitern bei der Präsentation unserer Produkte zu helfen."*

Um-Feedback-bitten-Prompt Beispiel: *"ChatGPT, du bist nun ein erfahrener Lebensmitteltechnologe. Bitte gib mir konstruktives Feedback zu meinem aktuellen Vorschlag zur Verbesserung der Hygienestandards in unserer Produktionsanlage."*

Verfeinerungs-Prompt Beispiel: *"ChatGPT, du bist nun ein erfahrener Lebensmitteltechnologe. Überprüfe und verfeinere meinen aktuellen Plan zur Reduzierung von Lebensmittelverschwendung in unserer Produktion, indem du praktikable und kosteneffiziente Lösungen vorschlägst."*

Zusammenfassungs-Prompt Beispiel: *"ChatGPT, du bist nun ein erfahrener Lebensmitteltechnologe. Fasse die wichtigsten Punkte eines wissenschaftlichen Artikels über innovative Lebensmittelkonservierungsmethoden zusammen und erkläre, wie diese Methoden auf unsere Produkte angewendet werden könnten."*

Logistiker/in

Im Beruf eines Logistikers kann ChatGPT bei verschiedenen Tätigkeiten eingesetzt werden, um den Arbeitsalltag zu erleichtern. Hier sind einige Beispiele, wie ChatGPT bei der täglichen Arbeit helfen kann:

Routenoptimierung: ChatGPT kann dabei helfen, optimale Routen für Transport und Lieferungen zu finden, um Zeit und Kosten zu sparen.

Hier ist ein Beispiel-Prompt: "Wie kann ich die effizienteste Route für die Lieferung dieser fünf Adressen planen: [Adresse 1], [Adresse 2], [Adresse 3], [Adresse 4] und [Adresse 5]?"

Bestandsmanagement: ChatGPT kann bei der Analyse von Bestandsdaten und der Identifizierung von Trends und Mustern unterstützen.

Beispiel-Prompt: *"Analysiere die folgenden Bestandsdaten [Daten hier einfügen] und identifiziere Trends oder Muster, die zur Verbesserung des Bestandsmanagements beitragen können."*

Lieferantenbewertung: ChatGPT kann bei der Bewertung von Lieferanten hinsichtlich Qualität, Zuverlässigkeit und Preis-Leistungs-Verhältnis helfen.

Beispiel-Prompt: *"Vergleiche diese drei Lieferanten [Lieferant A, Lieferant B, Lieferant C] anhand ihrer Qualität, Zuverlässigkeit und Preis-Leistungs-Verhältnis."*

Frachtkostenkalkulation: ChatGPT kann bei der Berechnung von Frachtkosten für verschiedene Transportmittel und Strecken unterstützen.

Beispiel-Prompt: *"Berechne die Frachtkosten für eine Lieferung von [Startort] nach [Zielort] mit den folgenden Optionen: LKW, Zug und Flugzeug."*

Prozessoptimierung: ChatGPT kann bei der Identifizierung von Verbesserungspotenzialen in logistischen Prozessen unterstützen.

Beispiel-Prompt: *"Analysiere den folgenden logistischen Prozess [Prozessbeschreibung einfügen] und identifiziere mögliche Verbesserungen, um Effizienz und Produktivität zu steigern."*

Indem Logistiker ChatGPT in ihren täglichen Aufgaben einsetzen, können sie ihre Arbeit effizienter gestalten und bessere Entscheidungen treffen, die letztendlich zu einer verbesserten Logistikleistung führen.

<u>15 weitere Beispiel-Prompts</u>

In diesem Abschnitt des Praxisratgebers „ChatGPT im Beruf“ werden wir uns auf den Beruf des Logistikers konzentrieren. Ich zeigen Ihnen, wie Sie ChatGPT effektiv einsetzen können, um Ihre täglichen Herausforderungen zu meistern. Zunächst nutze ich den Persona-Priming-Prompt, um ChatGPT in die Rolle eines erfahrenen Logistikers zu versetzen. Anschließend stelle ich Ihnen ausgewählte Prompts und Techniken vor, die auf die spezifischen Anforderungen dieses Berufes zugeschnitten sind.

Persona-Priming-Prompt Beispiel: *"ChatGPT, ich möchte, dass du die Rolle eines Logistikers einnimmst. Du verfügst über Wissen in den Bereichen Lieferkettenmanagement, Transport und Lagerhaltung. Du bist in der Lage, Ratschläge zur Optimierung von Logistikprozessen zu geben, einschließlich der Auswahl von Transportmitteln, der Planung von Versandrouten und der Überwachung von Lieferzeiten."* Geben Sie nun Ihre konkrete Anfrage als Prompt ein, indem Sie zum Beispiel schreiben: *"ChatGPT, du bist nun ein erfahrener Logistiker. Was ...?“*

5-Why-Verfahren-Prompt Beispiel: *"ChatGPT, du bist nun ein erfahrener Logistiker. Wende das 5-Why-Verfahren an, um die Ursache für wiederkehrende Verspätungen bei unseren Lieferungen zu ermitteln."*

ABC-Technik-Prompt Beispiel: *"ChatGPT, du bist nun ein erfahrener Logistiker. Wende die ABC-Technik an, um unsere Lagerbestände zu analysieren und Prioritäten für eine effektive Lagerverwaltung zu setzen."*

Dialog-Prompt Beispiel: *"ChatGPT, du bist nun ein erfahrener Logistiker. Führe einen fiktiven Dialog zwischen mir und einem Lieferanten über die Verbesserung der Liefertermintreue."*

Frage-Prompt Beispiel: *"ChatGPT, du bist nun ein erfahrener Logistiker. Stelle mir fünf Fragen, die ich bei der Auswahl eines neuen Transportunternehmens für unsere Produkte in Betracht ziehen sollte."*

Gegenargument-Prompt Beispiel: *"ChatGPT, du bist nun ein erfahrener Logistiker. Nenne drei Gegenargumente für die Verwendung von Drohnen als Transportmittel für unsere Lieferungen."*

Ideen-erfolgreich-weiterentwickeln-Prompt Beispiel: *"ChatGPT, du bist nun ein erfahrener Logistiker. Gib mir Ratschläge, wie ich meine Idee zur Implementierung eines automatisierten Lagerverwaltungssystems erfolgreich weiterentwickeln kann."*

Multi-Kriterien-Analyse-(MKA)-Prompt Beispiel: *"ChatGPT, du bist nun ein erfahrener Logistiker. Führe eine Multi-Kriterien-Analyse durch, um die* *beste Option für den Transport unserer Produkte zwischen den folgenden Alternativen zu ermitteln: LKW, Zug, Flugzeug und Schiff."*

Pro-und-Contra-Prompt Beispiel: *"ChatGPT, du bist nun ein erfahrener Logistiker. Erstelle eine Pro-und-Contra-Liste für die Verwendung von Elektro-LKWs in unserer Lieferkette."*

Reframing-Prompt Beispiel: *"ChatGPT, du bist nun ein erfahrener Logistiker. Nutze das Reframing, um eine alternative Perspektive auf das Problem der hohen Lagerkosten zu präsentieren und mögliche Lösungen zu finden."*

Schritt-für-Schritt-Prompt Beispiel: *"ChatGPT, du bist nun ein erfahrener Logistiker. Beschreibe Schritt für Schritt den Prozess, um eine effektive Transportplanung für unsere Lieferungen zu erstellen."*

Sentiment-Prompt Beispiel: *"ChatGPT, du bist nun ein erfahrener Logistiker. Analysiere das Sentiment in den Kundenbewertungen unserer Logistikdienstleistungen und identifiziere Bereiche, in denen wir uns verbessern können."*

SWOT-Analyse-Prompt Beispiel: *"ChatGPT, du bist nun ein erfahrener Logistiker. Führe eine SWOT-Analyse für unser Lagerverwaltungssystem durch, um Stärken, Schwächen, Chancen und Bedrohungen zu identifizieren."*

Vervollständigungs-Prompt Beispiel: *"ChatGPT, du bist nun ein erfahrener Logistiker. Vervollständige den folgenden Satz: 'Eine effiziente Lieferkette sollte sich durch ... auszeichnen.'"*

Zusammenfassungs-Prompt Beispiel: *"ChatGPT, du bist nun ein erfahrener Logistiker. Lies den folgenden Artikel über die Zukunft der Logistik [Artikellink einfügen] und erstelle eine Zusammenfassung der wichtigsten Punkte."*

Logopäde/in

ChatGPT kann Logopäden und Logopädinnen dabei unterstützen, ihre tägliche Arbeit effizienter und kreativer zu gestalten. Hier sind einige

Tätigkeiten, bei denen ChatGPT angewendet werden kann, um den Arbeitsalltag zu erleichtern:

Therapieplanung: ChatGPT kann bei der Entwicklung von individuellen Therapieplänen helfen, indem es Ideen für Übungen und Aktivitäten vorschlägt, die auf die speziellen Bedürfnisse des Patienten zugeschnitten sind.

Beispiel-Prompt: *"Bitte gib mir fünf Übungen zur Verbesserung der Artikulation bei einem erwachsenen Patienten mit Dysarthrie."*

Berichte verfassen: ChatGPT kann beim Verfassen von Berichten und Dokumentationen unterstützend wirken, indem es den Logopäden/innen hilft, ihre Gedanken klar und strukturiert zu formulieren.

Beispiel-Prompt: *"Hilf mir, einen Fortschrittsbericht für einen Patienten mit Stottern zu schreiben, der die letzten vier Wochen Therapie besucht hat."*

Informationsmaterial erstellen: ChatGPT kann dabei helfen, leicht verständliche und ansprechende Informationsmaterialien für Patienten und deren Familien zu erstellen, etwa zu verschiedenen Störungsbildern oder Therapieansätzen.

Beispiel-Prompt: *"Erstelle einen kurzen Informationsflyer über die Vorteile von Atemübungen bei Sprachstörungen."*

Fortbildung und Wissenserweiterung: ChatGPT kann als hilfreiches Werkzeug zur Recherche von Fachartikeln oder zur Auffrischung von Kenntnissen in bestimmten Bereichen der Logopädie dienen.

Beispiel-Prompt: *"Gib mir eine Zusammenfassung der aktuellen Forschungsergebnisse zur Behandlung von Dysphagie."*

Kreative Übungsgestaltung: ChatGPT kann bei der Entwicklung von kreativen und spielerischen Übungen helfen, die die Motivation von Patienten, insbesondere Kindern, fördern.

Beispiel-Prompt: *"Entwirf ein unterhaltsames Spiel zur Verbesserung der Phonembewusstheit bei Vorschulkindern."*

Diese Beispiele zeigen, wie Logopäden und Logopädinnen ChatGPT in ihrem Berufsalltag einsetzen können, um ihre Arbeit effizienter und kreativer zu gestalten. Durch die Nutzung von ChatGPT können sie Zeit sparen, ihre Expertise erweitern und ihren Patienten eine noch bessere Therapie bieten.

15 weitere Prompt-Beispiele

In diesem Abschnitt werde ich Ihnen ausgewählte Prompt-Arten und Kreativtechniken speziell für den Beruf des Logopäden/der Logopädin vorstellen. Wir beginnen mit einem Persona-Priming-Prompt, um ChatGPT in die Rolle eines erfahrenen Logopäden/Logopädin zu versetzen. Anschließend präsentiere ich konkrete, ausführliche und praxisorientierte Prompts für die verschiedenen Prompt-Arten und Kreativtechniken. Jedes Beispiel beginnt mit einer Überschrift, gefolgt von einem Beispiel-Prompt, der in kursiver Schrift und in Anführungszeichen gesetzt ist.

Persona-Priming-Prompt Beispiel: *"ChatGPT, ich möchte, dass du die Rolle eines Logopäden einnimmst. Du verfügst über fundierte Kenntnisse in Sprachtherapie, Stimmtherapie und Kommunikationsstörungen. Du bist in der Lage, Ratschläge und Informationen zu Diagnose, Behandlung und Prävention von Sprach-, Sprech-, Stimm- und Schluckstörungen zu geben."* Geben Sie nun Ihre konkrete Anfrage als Prompt ein, indem Sie zum Beispiel schreiben: *"ChatGPT, du bist nun ein erfahrener Logopäde. Was ...?"*

Dialog-Prompt Beispiel: *"ChatGPT, du bist nun ein erfahrener Logopäde. Führe ein fiktives Beratungsgespräch mit dem Elternteil eines Kindes, das Schwierigkeiten mit der Sprachentwicklung hat, und erkläre mögliche Therapieansätze und Maßnahmen."*

Frage-Prompt Beispiel: *"ChatGPT, du bist nun ein erfahrener Logopäde. Welche Fragen sollte ich stellen, um herauszufinden, ob mein Kind möglicherweise eine Sprachstörung hat?"*

Gegenteilige-Ansicht-Prompt Beispiel: *"ChatGPT, du bist nun ein erfahrener Logopäde. Nenne drei gängige Mythen über Stottern und erkläre, warum sie nicht zutreffen."*

Internet-Analyse-Prompt Beispiel: *"ChatGPT, du bist nun ein erfahrener Logopäde. Suche im Internet nach den neuesten Forschungsergebnissen zur Behandlung von Dysphagie und fasse die wichtigsten Erkenntnisse zusammen."*

Markdown-Format-Prompt Beispiel: *"ChatGPT, du bist nun ein erfahrener Logopäde. Erstelle eine strukturierte Liste mit fünf Hauptgründen, warum frühzeitige Sprachtherapie für Kinder mit Sprachstörungen wichtig ist, im Markdown-Format."*

Pro-und-Contra-Prompt Beispiel: *"ChatGPT, du bist nun ein erfahrener Logopäde. Stelle eine Pro-und-Contra-Liste für die Verwendung von Gebärdensprache bei Kindern mit Sprachstörungen zusammen."*

Reframing-Prompt Beispiel: *"ChatGPT, du bist nun ein erfahrener Logopäde. Wie kann ich die Tatsache, dass mein Kind eine Sprachtherapie benötigt, positiv betrachten und als Chance für Wachstum und Verbesserung sehen?"*

Schritt-für-Schritt-Prompt Beispiel: *"ChatGPT, du bist nun ein erfahrener Logopäde. Beschreibe einen Schritt-für-Schritt-Prozess zur Durchführung einer erfolgreichen Stimmtherapie-Sitzung für einen Patienten mit funktioneller Stimmstörung."*

Stil-und-Schreibart-Anpassungs-Prompt Beispiel: *"ChatGPT, du bist nun ein erfahrener Logopäde. Schreibe einen leicht verständlichen und ansprechenden Informationsflyer über Aphasie für Patienten und deren Familien, indem du einen freundlichen und einfühlsamen Schreibstil verwendest."*

Tabellen-Format-Prompt Beispiel: *"ChatGPT, du bist nun ein erfahrener Logopäde. Erstelle eine Tabelle, die verschiedene Arten von Sprachstörungen, ihre Symptome und mögliche Therapieansätze zeigt."*

Um-Feedback-bitten-Prompt Beispiel: *"ChatGPT, du bist nun ein erfahrener Logopäde. Bitte gib mir Feedback zu meinem Therapieplan für einen Patienten mit selektivem Mutismus: 1) Entspannungsübungen, 2) Rollenspiele, 3) Belohnungssystem, 4) schrittweise Exposition und 5) Elterntraining."*

Umkehr-Brainstorming-Prompt Beispiel: *"ChatGPT, du bist nun ein erfahrener Logopäde. Führe ein Umkehr-Brainstorming durch und nenne fünf Dinge, die man vermeiden sollte, um die Sprechflüssigkeit bei einem Patienten mit Stottern zu verbessern."*

Verfeinerungs-Prompt Beispiel: *"ChatGPT, du bist nun ein erfahrener Logopäde. Ich habe einen ersten Entwurf für einen Informationsflyer über*

Dyslexie erstellt. Bitte hilf mir, den Text zu verfeinern und besser auf die Bedürfnisse der Zielgruppe abzustimmen."

WWAD-Methode-Prompt (What's Wrong and What's Desired) Beispiel: *"ChatGPT, du bist nun ein erfahrener Logopäde. Analysiere ein Fallbeispiel eines Patienten mit Sprachapraxie unter Anwendung der WWAD-Methode und entwickle einen passenden Therapieplan."*

Management-Assistent/in

ChatGPT kann für Management-Assistenten und -Assistentinnen eine wertvolle Unterstützung im Arbeitsalltag sein. Hier sind einige Tätigkeiten, bei denen ChatGPT angewendet werden kann, um die tägliche Arbeit zu erleichtern, sowie konkrete Beispiel-Prompts, die verwendet werden können:

Terminplanung und -koordination: ChatGPT kann bei der Organisation von Meetings, der Verwaltung von Terminkalendern und der Koordination von Veranstaltungen helfen.

Beispiel-Prompt: *"Erstelle eine Liste von Schritten, um ein erfolgreiches Meeting für ein Projektteam zu organisieren."*

Kommunikation: ChatGPT kann bei der Erstellung von E-Mails, Memos und anderen Schriftstücken helfen, um eine effektive und professionelle Kommunikation sicherzustellen.

Beispiel-Prompt: *"Formuliere eine E-Mail an das Team, um sie über die bevorstehende Schulung und die Anmeldefrist zu informieren."*

Recherche und Informationsbeschaffung: ChatGPT kann bei der Suche nach relevanten Informationen, der Zusammenstellung von Daten und der Erstellung von Berichten unterstützen.

Beispiel-Prompt: *"Recherchiere die wichtigsten Trends im Bereich des Projektmanagements und erstelle eine Zusammenfassung der Ergebnisse."*

Dokumentenmanagement: ChatGPT kann bei der Erstellung, Überarbeitung und Formatierung von Dokumenten wie Präsentationen, Berichten und Handbüchern helfen.

Beispiel-Prompt: *"Erstelle eine Gliederung für eine Präsentation über die Erfolge unseres Unternehmens im letzten Quartal."*

Entscheidungsfindung und Problemlösung: ChatGPT kann bei der Analyse von Situationen und der Identifizierung von Handlungsoptionen unterstützen.

Beispiel-Prompt: *"Beschreibe mögliche Lösungsansätze, um das Problem der schlechten Kommunikation innerhalb unseres Teams anzugehen."*

Indem Management-Assistenten und -Assistentinnen ChatGPT für diese und andere Tätigkeiten nutzen, können sie ihre Effizienz steigern, die Qualität ihrer Arbeit verbessern und wertvolle Zeit sparen.

15 weitere Beispiel-Prompts

Im folgenden Abschnitt fokussieren wir uns auf die Anwendung von ChatGPT für den Beruf eines Management-Assistenten konzentrieren. Der Persona-Priming-Prompt hilft dabei, ChatGPT auf die Rolle eines Management-Assistenten abzustimmen. Anschließend werden ausgewählte Techniken und Prompts vorgestellt, die speziell für diesen Beruf angepasst wurden. Diese Beispiele sollen Managementassistenten dabei helfen, ChatGPT effektiv für ihren Arbeitsalltag zu nutzen.

Persona-Priming-Prompt *"ChatGPT, ich möchte, dass du die Rolle eines Management-Assistenten einnimmst. Du verfügst über Kenntnisse in den Bereichen Büroorganisation, Projektmanagement und Kommunikation. Du bist in der Lage, Ratschläge zur effektiven Unterstützung von Führungskräften zu geben, einschließlich der Planung von Terminen, der Erstellung von Berichten und der Kommunikation mit internen und externen Stakeholdern."* Geben Sie nun Ihre konkrete Anfrage als Prompt ein, indem Sie zum Beispiel schreiben: *"ChatGPT, du bist nun ein erfahrener Managementassistent. Was ...?"*

ABC-Technik-Prompt Beispiel: *"ChatGPT, du bist nun ein erfahrener Management-Assistent. Verwende die ABC-Technik, um mir eine Liste von* *wichtigen Fähigkeiten und Aufgaben für einen Managementassistenten zu erstellen, beginnend mit dem Buchstaben A."*

Dialog-Prompt Beispiel: *"ChatGPT, du bist nun ein erfahrener Management-Assistent. Führe einen Dialog zwischen mir und meinem Vorgesetzten über die bevorstehende Konferenz und die erforderlichen Vorbereitungen."*

Frage-Prompt Beispiel: *"ChatGPT, du bist nun ein erfahrener Management-Assistent. Welche Fragen sollte ich meinem Vorgesetzten stellen, um sicherzustellen, dass ich alle erforderlichen Informationen für die Organisation einer erfolgreichen Veranstaltung habe?"*

Gegenteilige-Ansicht-Prompt Beispiel: *"ChatGPT, du bist nun ein erfahrener Management-Assistent. Nenne die möglichen Nachteile der Implementierung eines neuen Projektmanagement-Tools und erkläre, wie man diese Probleme lösen könnte."*

Internet-Analyse-Prompt Beispiel: *"ChatGPT, du bist nun ein erfahrener Management-Assistent. Recherchiere die besten Projektmanagement-Tools für unser Unternehmen und erstelle eine kurze Analyse der Vor- und Nachteile."*

Markdown-Format-Prompt Beispiel: *"ChatGPT, du bist nun ein erfahrener Management-Assistent. Erstelle eine Liste im Markdown-Format von Aufgaben, die ich ausführen muss, um die bevorstehende Konferenz zum Thema ... erfolgreich zu organisieren."*

Pareto-Analyse-Prompt Beispiel: *"ChatGPT, du bist nun ein erfahrener Management-Assistent. Führe eine Pareto-Analyse durch, um die wichtigsten Aufgaben und Probleme zu identifizieren, die in unserer Abteilung angegangen werden müssen."*

Pro-und-Contra-Prompt Beispiel: *"ChatGPT, du bist nun ein erfahrener Management-Assistent. Erstelle eine Pro-und-Contra-Liste für die Einführung eines neuen Kommunikationstools für unser Team."*

Reframing-Prompt Beispiel: *"ChatGPT, du bist nun ein erfahrener Management-Assistent. Nutze das Reframing, um unser aktuelles Problem mit der internen Kommunikation in einem neuen Licht darzustellen und mögliche Lösungsansätze aufzuzeigen."*

Schritt-für-Schritt-Prompt Beispiel: *"ChatGPT, du bist nun ein erfahrener Management-Assistent. Erstelle einen Schritt-für-Schritt-Plan, um die Organisation und Durchführung einer erfolgreichen Veranstaltung zu gewährleisten."*

Sentiment-Prompt Beispiel: *"ChatGPT, du bist nun ein erfahrener Management-Assistent. Analysiere das Sentiment in der E-Mail-Kommunikation unseres Teams und gib mir Ratschläge, wie ich eine positivere Atmosphäre fördern kann."*

Tabellen-Format-Prompt Beispiel: *"ChatGPT, du bist nun ein erfahrener Management-Assistent. Erstelle eine Tabelle mit den wichtigsten Kennzahlen und Leistungsindikatoren, die wir zur Überwachung und Bewertung unserer Projekte verwenden sollten."*

WWAD-Methode-Prompt (What's Wrong and What's Desired) Beispiel: *"ChatGPT, du bist nun ein erfahrener Management-Assistent. Wende die WWAD-Methode an, um die Hauptprobleme in unserer aktuellen Projektplanung zu identifizieren und Empfehlungen für Verbesserungen zu geben."*

Maschinenbauingenieur/in

Für Maschinenbauingenieure kann ChatGPT in vielen verschiedenen Tätigkeiten eingesetzt werden, um die tägliche Arbeit zu erleichtern und effizienter zu gestalten. Hier sind einige Beispiele:

Konzeptentwicklung: ChatGPT kann bei der Entwicklung von Maschinenbaukonzepten helfen, indem es Ideen und Lösungsansätze generiert.

Beispiel-Prompt: *"Bitte generiere eine Liste von innovativen Konzepten für die Entwicklung einer energiesparenden Fertigungsanlage."*

Berechnungen und Simulationen: ChatGPT kann bei der Durchführung von Berechnungen und Simulationen unterstützen, indem es Formeln und Berechnungsverfahren vorschlägt.

Beispiel-Prompt: *"Wie kann ich die Belastung einer Welle in einer rotierenden Maschine berechnen? Bitte gib mir eine allgemeine Formel und ein Beispiel."*

Materialauswahl: ChatGPT kann bei der Materialauswahl für Maschinenbauprojekte helfen, indem es Informationen über verschiedene Materialien und deren Eigenschaften bereitstellt.

Beispiel-Prompt: **"Bitte gib mir eine Liste der am besten geeigneten Materialien für die Herstellung von Getriebegehäusen, inklusive ihrer Vorteile und Nachteile."**

Design und Zeichnungserstellung: ChatGPT kann bei der Erstellung von technischen Zeichnungen und Designunterlagen helfen, indem es Tipps und Best Practices vorschlägt.

Beispiel-Prompt: *"Wie erstelle ich eine effektive technische Zeichnung für ein Maschinenbauteil? Bitte gib mir einige grundlegende Richtlinien und Tipps."*

Technische Dokumentation: ChatGPT kann bei der Erstellung von technischen Dokumentationen und Handbüchern unterstützen, indem es Strukturen, Formulierungen und Formatierungsvorschläge liefert.

Beispiel-Prompt: *"Bitte hilf mir dabei, ein Inhaltsverzeichnis für ein Benutzerhandbuch eines Industrieroboters zu erstellen."*

Projektmanagement: ChatGPT kann bei der Planung und Überwachung von Maschinenbauprojekten helfen, indem es Vorschläge zur Projektstruktur, Meilensteinen und Zeitplänen macht.

Beispiel-Prompt: *"Bitte erstelle einen Projektplan für die Entwicklung eines neuen hydraulischen Systems mit wichtigen Meilensteinen und Zeitrahmen."*

Insgesamt kann ChatGPT Maschinenbauingenieuren in vielen verschiedenen Aspekten ihrer Arbeit unterstützen und dabei helfen, effizienter und zielgerichteter zu arbeiten. Durch den Einsatz von spezifischen Prompts können Maschinenbauingenieure die künstliche Intelligenz effektiv nutzen und ihre Arbeitsbelastung reduzieren.

15 weitere Beispiel-Prompts

In diesem Abschnitt finden Sie verschiedene Prompts und Techniken, die speziell auf den Beruf des Maschinenbauingenieurs zugeschnitten sind. Zunächst werden wir einen Persona-Priming-Prompt verwenden, um ChatGPT in die Rolle eines erfahrenen Maschinenbauingenieurs zu versetzen. Anschließend präsentiere ich Ihnen spezifische Prompts, die sich auf verschiedene Aspekte des Maschinenbaus beziehen und Ihnen helfen, die künstliche Intelligenz effektiv für Ihren Arbeitsalltag zu nutzen.

Persona-Priming-Prompt *"ChatGPT, ich möchte, dass du die Rolle eines Maschinenbauingenieurs einnimmst. Du verfügst über fundierte Kenntnisse in Mechanik, Materialwissenschaften und Fertigungstechnologien. Du bist in der Lage, technische Fragen zu Maschinenentwurf, Produktionsprozessen und Wartungsanforderungen zu beantworten sowie Ratschläge zur Optimierung von Maschinen und Anlagen zu geben."* Geben Sie nun Ihre konkrete Anfrage als Prompt ein, indem Sie zum Beispiel schreiben: *"ChatGPT, du bist nun ein erfahrener Maschinenbauingenieur. Was ...?"*

6-Hüte-Methoden-Prompt Beispiel: *"ChatGPT, du bist nun ein erfahrener Maschinenbauingenieur. Führe eine 6-Hüte-Methoden-Analyse für die Implementierung einer neuen Fertigungslinie in unserem Werk durch."*

Berechnungen und Simulationen-Prompt Beispiel: *"ChatGPT, du bist nun ein erfahrener Maschinenbauingenieur. Bitte führe eine Berechnung der thermischen Belastung für das Kühlsystem einer Produktionsanlage durch."*

Dialog-Prompt Beispiel: *"ChatGPT, du bist nun ein erfahrener Maschinenbauingenieur. Lass uns einen Dialog über die besten Praktiken zur Reduzierung von Maschinenausfallzeiten führen."*

Gegenargument-Prompt

Beispiel: *"ChatGPT, du bist nun ein erfahrener Maschinenbauingenieur. Stelle Gegenargumente zur Verwendung von 3D-Druck in der Fertigung von Präzisionskomponenten vor."*

Ideenfindungs-Prompt Beispiel: *"ChatGPT, du bist nun ein erfahrener Maschinenbauingenieur. Generiere Ideen zur Verbesserung der Energieeffizienz unserer Produktionsprozesse."*

Listen-Prompt Beispiel: *"ChatGPT, du bist nun ein erfahrener Maschinenbauingenieur. Gib mir eine Liste von geeigneten Materialien für die Herstellung eines Druckbehälters und erläutere die Vor- und Nachteile jedes Materials."*

Pro-und-Contra-Prompt Beispiel: *"ChatGPT, du bist nun ein erfahrener Maschinenbauingenieur. Liste die Vor- und Nachteile der Verwendung von Schraubenverbindungen gegenüber Schweißverbindungen in einer bestimmten Anwendung auf."*

Pareto-Analyse-Prompt Beispiel: *"ChatGPT, du bist nun ein erfahrener Maschinenbauingenieur. Führe eine Pareto-Analyse der Hauptursachen für Maschinenausfälle in unserer Fertigungslinie durch."*

Reframing-Prompt Beispiel: *"ChatGPT, du bist nun ein erfahrener Maschinenbauingenieur. Wende die Reframing-Technik an, um neue Perspektiven für die Optimierung der Montagelinie in unserer Fertigungsanlage zu finden."*

Schritt-für-Schritt-Prompt Beispiel: *"ChatGPT, du bist nun ein erfahrener Maschinenbauingenieur. Erkläre mir Schritt für Schritt, wie man die Lebensdauer eines Lagergehäuses unter verschiedenen Belastungsbedingungen berechnet."*

SWOT-Analyse-Prompt Beispiel: *"ChatGPT, du bist nun ein erfahrener Maschinenbauingenieur. Führe eine SWOT-Analyse für die Einführung eines kollaborativen Robotersystems in unserer Fertigungsumgebung durch."*

Tabellen-Format-Prompt Beispiel: *"ChatGPT, du bist nun ein erfahrener Maschinenbauingenieur. Erstelle eine Tabelle, die die unterschiedlichen Typen von Fertigungsprozessen, ihre Anwendungen, Vor- und Nachteile aufzeigt."*

Technische Dokumentation-Prompt Beispiel: *"ChatGPT, du bist nun ein erfahrener Maschinenbauingenieur. Hilf mir bei der Erstellung einer technischen Dokumentation für eine neu entwickelte CNC-Maschine, indem du mir den Aufbau und die Gliederung vorschlägst."*

WWAD-Methode-Prompt (What's Wrong and What's Desired) Beispiel: *"ChatGPT, du bist nun ein erfahrener Maschinenbauingenieur. Wende die*

WWAD-Methode an, um die Hauptprobleme und gewünschten Verbesserungen bei der Umstellung von herkömmlichen Fertigungsmethoden auf automatisierte Prozesse zu identifizieren."

Maler/in und Lackierer/in

ChatGPT kann Malern und Lackierern dabei helfen, ihre tägliche Arbeit effizienter zu gestalten, indem es sie bei verschiedenen Aspekten ihres Berufs unterstützt. Hier sind einige Beispiele dafür, wie ChatGPT im Beruf des Malers und Lackierers eingesetzt werden kann, und jeweils ein Beispiel-Prompt:

Materialbedarf berechnen: ChatGPT kann dabei helfen, den Materialbedarf für einen Auftrag zu berechnen, indem es die Fläche, die gestrichen oder lackiert werden soll, mit dem benötigten Material pro Quadratmeter multipliziert.

Beispiel-Prompt: *"Berechne den Materialbedarf für einen Raum, der 4 Meter lang, 3 Meter breit und 2,5 Meter hoch ist. Wir streichen zwei Anstriche und benötigen 0,15 Liter Farbe pro Quadratmeter und Anstrich."*

Farbmischungen erstellen: ChatGPT kann Malern und Lackierern bei der Erstellung von Farbmischungen helfen, indem es das richtige Mischungsverhältnis verschiedener Farben vorschlägt, um einen gewünschten Farbton zu erzielen.

Beispiel-Prompt: *"Wie mische ich einen warmen Taupe-Farbton, indem ich weiße, schwarze, rote und gelbe Farben verwende? Gib mir die Mischungsverhältnisse."*

Tipps zur Oberflächenvorbereitung: ChatGPT kann Malern und Lackierern Ratschläge zur Vorbereitung von Oberflächen geben, um eine optimale Haftung von Farben oder Lacken zu gewährleisten.

Beispiel-Prompt: *"Wie bereite ich eine Holzoberfläche vor, die zuvor lackiert wurde, um sie neu zu streichen?"*

Techniken und Trends: ChatGPT kann Informationen zu aktuellen Trends in der Malerei und Lackierung sowie Anleitungen zu verschiedenen Techniken liefern.

Beispiel-Prompt: *"Erkläre mir die Lasurtechnik und wie sie angewendet wird, um ein attraktives Finish auf einer Wand zu erzielen."*

Problemlösung: ChatGPT kann Malern und Lackierern helfen, mögliche Probleme bei der Arbeit zu identifizieren und Lösungen vorzuschlagen.

Beispiel-Prompt: *"Welche Ursachen gibt es für Blasenbildung beim Streichen und wie kann ich das verhindern?"*

Durch die Verwendung von ChatGPT können Maler und Lackierer effizienter arbeiten, indem sie bei verschiedenen Aspekten ihres Berufs unterstützt werden. Die oben genannten Beispiel-Prompts zeigen, wie ChatGPT eingesetzt werden kann, um die tägliche Arbeit dieser Berufsgruppe zu erleichtern.

15 weitere Prompt-Beispiele

In diesem Abschnitt finden Sie eine sorgfältig ausgewählte Liste von Prompts und Kreativtechniken, die speziell auf den Beruf des Malers und Lackierers zugeschnitten sind. Zunächst wird ein Persona-Priming-Prompt verwendet, um ChatGPT in die Rolle eines erfahrenen Malers und Lackierers zu versetzen. Anschließend werden verschiedene Prompts und Techniken vorgestellt, die auf verschiedene Aspekte des Berufs abzielen und dabei helfen können, Probleme zu lösen, Entscheidungen zu treffen, Ideen zu finden und allgemeine Fragen zu beantworten. Die Prompts sind in alphabetischer Reihenfolge sortiert, um die Navigation zu erleichtern.

Persona-Priming-Prompt *"ChatGPT, ich möchte, dass du die Rolle eines Malers und Lackierers einnimmst. Du verfügst über Kenntnisse in den Bereichen Farben, Lacke und Oberflächenbehandlung. Du bist in der Lage, Ratschläge zu Farbauswahl, Vorbereitung von Oberflächen, Anwendungstechniken und der richtigen Pflege von gestrichenen oder lackierten Flächen zu geben."* Geben Sie nun Ihre konkrete Anfrage als Prompt ein, indem Sie zum Beispiel schreiben: *"ChatGPT, du bist nun ein erfahrener Maler und Lackierer. Was ...?"*

ABC-Technik-Prompt Beispiel: *"ChatGPT, du bist nun ein erfahrener Maler und Lackierer. Verwende die ABC-Technik, um mögliche Ideen für eine kreative Wandgestaltung in einem Kinderzimmer zu generieren, beginnend mit dem Buchstaben A."*

Dialog-Prompt Beispiel: *"ChatGPT, du bist nun ein erfahrener Maler und Lackierer. Führe einen Dialog mit mir über die besten Techniken zur Entfernung von Tapeten, ohne die Wand zu beschädigen."*

Frage-Prompt Beispiel: *"ChatGPT, du bist nun ein erfahrener Maler und Lackierer. Welche Art von Lack eignet sich am besten für den Außenbereich und warum?"*

Gegenargument-Prompt Beispiel: *"ChatGPT, du bist nun ein erfahrener Maler und Lackierer. Nenne ein Gegenargument zur Verwendung von lösemittelhaltigen Farben in Innenräumen."*

6-Hüte-Methoden-Prompt Beispiel: *"ChatGPT, du bist nun ein erfahrener Maler und Lackierer. Analysiere die Vor- und Nachteile von wasserbasierten gegenüber lösemittelbasierten Farben unter Anwendung der 6-Hüte-Methode."*

Internet-Analyse-Prompt Beispiel: *"ChatGPT, du bist nun ein erfahrener Maler und Lackierer. Suche im Internet nach den aktuellen Farbtrends für Wohnräume und erstelle eine Liste der Top-5-Farbtöne."*

Listen-Prompt Beispiel: *"ChatGPT, du bist nun ein erfahrener Maler und Lackierer. Erstelle eine Liste von fünf wichtigen Sicherheitsmaßnahmen, die beim Arbeiten mit Farben und Lacken beachtet werden sollten."*

Markdown-Format-Prompt Beispiel: *"ChatGPT, du bist nun ein erfahrener Maler und Lackierer. Erstelle im Markdown-Format eine Anleitung zur fachgerechten Vorbereitung einer Wand für das Streichen."*

Pareto-Analyse-Prompt Beispiel: *"ChatGPT, du bist nun ein erfahrener Maler und Lackierer. Führe eine Pareto-Analyse durch, um die 20% der häufigsten Probleme bei Maler- und Lackierarbeiten zu identifizieren, die 80% der Beschwerden von Kunden verursachen."*

Pro-und-Contra-Prompt Beispiel: *"ChatGPT, du bist nun ein erfahrener Maler und Lackierer. Erstelle eine Pro-und-Contra-Liste für die Verwendung von umweltfreundlichen Farben gegenüber herkömmlichen Farben."*

Reframing-Prompt Beispiel: *"ChatGPT, du bist nun ein erfahrener Maler und Lackierer. Wandle das Problem, dass eine Farbe bei der Anwendung streifig wirkt, in eine positive Gelegenheit um, indem du es neu formulierst (Reframing)."*

Schritt-für-Schritt-Prompt Beispiel: *"ChatGPT, du bist nun ein erfahrener Maler und Lackierer. Erkläre mir Schritt für Schritt, wie man eine mehrfarbige geometrische Wandgestaltung erstellt."*

SWOT-Analyse-Prompt Beispiel: *"ChatGPT, du bist nun ein erfahrener Maler und Lackierer. Führe eine SWOT-Analyse für ein Maler- und Lackierunternehmen durch, das auf umweltfreundliche Produkte und Dienstleistungen spezialisiert ist."*

Verfeinerungs-Prompt Beispiel: *"ChatGPT, du bist nun ein erfahrener Maler und Lackierer. Hilf mir, mein Konzept für eine industrielle Wandgestaltung mit Backsteinoptik zu verfeinern und weiterzuentwickeln."*

Maurer/in

Als Maurer/in können Sie ChatGPT auf vielfältige Weise nutzen, um Ihre tägliche Arbeit zu erleichtern. Hier sind einige Beispiele, wie Sie ChatGPT in Ihrem Beruf einsetzen können:

Materialkalkulation: ChatGPT kann Ihnen dabei helfen, die Menge an benötigtem Material für Ihre Bauprojekte zu berechnen.

Beispiel-Prompt: *"Wie viele Ziegelsteine und wie viel Mörtel benötige ich, um eine 10 Meter lange und 2 Meter hohe Wand mit einer Ziegelgröße von 24 x 11,5 x 5,2 cm zu bauen?"*

Tipps zur Verbesserung der Arbeitstechniken: Nutzen Sie ChatGPT, um Tipps und Tricks zur Verbesserung Ihrer Maurertechniken zu erhalten.

Beispiel-Prompt: *"Wie kann ich meine Technik beim Verlegen von Ziegelsteinen verbessern, um schneller und effizienter zu arbeiten?"*

Problembehebung bei Bauherausforderungen: Lassen Sie sich von ChatGPT bei der Lösung von Problemen auf der Baustelle unterstützen.

Beispiel-Prompt: *"Ich habe festgestellt, dass die Ziegelsteine in der unteren Reihe einer Wand ungleichmäßig gesetzt wurden. Wie kann ich das Problem beheben, ohne die gesamte Wand abzureißen?"*

Austausch mit Kollegen und Vorgesetzten: Verwenden Sie ChatGPT, um professionelle Kommunikation zu üben, sei es bei der Zusammenarbeit mit Kollegen oder bei der Berichterstattung an Vorgesetzte.

Beispiel-Prompt: *"Wie verfasse ich eine E-Mail, um meinen Vorgesetzten über den Fortschritt eines Bauprojekts zu informieren?"*

Indem Sie ChatGPT in diesen und anderen Bereichen Ihres Berufslebens einsetzen, können Sie Zeit sparen, effizienter arbeiten und Ihre Fachkenntnisse erweitern

15 weitere Prompt-Beispiele

In diesem Abschnitt finden Sie eine Sammlung von maßgeschneiderten Prompts und Techniken, die speziell für den Beruf des Maurers entwickelt wurden. Diese Prompts wurden aus verschiedenen Kategorien ausgewählt, um Ihnen eine breite Palette an Anwendungen zu bieten, die Sie in Ihrem Arbeitsalltag nutzen können. Wir beginnen mit einem Persona-Priming-Prompt, der ChatGPT darauf vorbereitet, in die Rolle eines erfahrenen Maurers zu schlüpfen. Anschließend finden Sie Beispiele, wie Sie verschiedene Prompt-Arten und Techniken in Ihrem Beruf als Maurer einsetzen können.

Persona-Priming-Prompt *"ChatGPT, ich möchte, dass du die Rolle eines Maurers einnimmst. Du verfügst über fundierte Kenntnisse im Mauerwerk, Betonbau und Baukonstruktion. Du bist in der Lage, Ratschläge zur Planung und Durchführung von Mauerwerksarbeiten zu geben, einschließlich der Auswahl geeigneter Materialien und Werkzeuge sowie der Einhaltung von Sicherheitsvorschriften."* Geben Sie nun Ihre konkrete Anfrage als Prompt ein, indem Sie zum Beispiel schreiben: *"ChatGPT, du bist nun ein erfahrener Maurer. Was ...?“*

6-Hüte-Methode-Prompt Beispiel: *"ChatGPT, du bist nun ein erfahrener Maurer. Analysiere die Entscheidung, ob man bei einem bestimmten Projekt traditionelle Ziegelsteine oder Betonblöcke verwenden sollte, unter Anwendung der 6-Hüte-Methode."*

5-Why-Verfahren-Prompt Beispiel: *"ChatGPT, du bist nun ein erfahrener Maurer. Analysiere die Ursache eines Problems mit undichten Fugen im Mauerwerk mit Hilfe des 5-Why-Verfahrens."*

Brainstorming-Prompt Beispiel: *"ChatGPT, du bist nun ein erfahrener Maurer. Führe ein Brainstorming durch, um Ideen für die effektive Organisation einer Baustelle zu sammeln."*

Listen-Prompt Beispiel: *"ChatGPT, du bist nun ein erfahrener Maurer. Erstelle eine Liste von Kriterien, die bei der Auswahl von Baumaterialien für ein nachhaltiges Bauprojekt berücksichtigt werden sollten."*

Gegenteilige-Ansicht-Prompt Beispiel: *"ChatGPT, du bist nun ein erfahrener Maurer. Erörtere die gegenteilige Ansicht, dass Betonblöcke gegenüber Ziegelsteinen eine schlechtere Wahl für den Bau einer tragenden Wand sind."*

Ishikawa-Methoden-Prompt Beispiel: *"ChatGPT, du bist nun ein erfahrener Maurer. Führe eine Ishikawa-Analyse durch, um die potenziellen Ursachen für ungleichmäßig verlegte Ziegelsteine zu identifizieren."*

Materialkalkulation-Prompt Beispiel: *"ChatGPT, du bist nun ein erfahrener Maurer. Berechne die Menge an benötigtem Material für eine 10 Meter lange und 2 Meter hohe Wand mit einer Ziegelgröße von 24 x 11,5 x 5,2 cm."*

Multi-Kriterien-Analyse-(MKA)-Prompt Beispiel: *"ChatGPT, du bist nun ein erfahrener Maurer. Führe eine Multi-Kriterien-Analyse (MKA) durch, um die beste Option für die Isolierung einer Außenwand aus Ziegelsteinen zu ermitteln."*

Pro-und-Contra-Prompt Beispiel: *"ChatGPT, du bist nun ein erfahrener Maurer. Erstelle eine Pro-und-Contra-Liste, um die Vor- und Nachteile der*

Verwendung von vorgefertigten Betonelementen gegenüber herkömmlichem Mauerwerk abzuwägen."

Reframing-Prompt Beispiel: *"ChatGPT, du bist nun ein erfahrener Maurer. Betrachte das Problem eines verzögerten Bauprojekts aus einer anderen Perspektive, um neue Lösungsansätze zu finden."*

Schritt-für-Schritt-Prompt Beispiel: *"ChatGPT, du bist nun ein erfahrener Maurer. Erkläre Schritt für Schritt, wie man eine Innenwand aus Gipskartonplatten auf einer Holz- oder Metallunterkonstruktion errichtet."*

SWOT-Analyse-Prompt Beispiel: *"ChatGPT, du bist nun ein erfahrener Maurer. Führe eine SWOT-Analyse für die Einführung einer neuen Mauerwerks-Technologie in deinem Unternehmen durch."*

Tipps-und-Tricks-Prompt Beispiel: *"ChatGPT, du bist nun ein erfahrener Maurer. Gib Tipps und Tricks, um die Effizienz beim Verlegen von Ziegelsteinen zu erhöhen und die Arbeitsqualität zu verbessern."*

Mathematiker/in

ChatGPT kann Mathematikern in verschiedenen Tätigkeiten hilfreich sein, um ihre tägliche Arbeit zu erleichtern. Hier einige Beispiele, wie ChatGPT konkret eingesetzt werden kann:

Problemlösung: ChatGPT kann bei der Lösung mathematischer Probleme und der Entwicklung von Lösungsstrategien unterstützen.

Beispiel-Prompt: *"Wie kann man die Gleichung 3x + 5 = 17 lösen?"*

Erklärungen: ChatGPT kann dabei helfen, komplexe mathematische Konzepte und Theorien auf verständliche Weise zu erklären.

Beispiel-Prompt: *"Erkläre das Prinzip der Induktion in einfachen Worten."*

Forschung: ChatGPT kann bei der Suche nach relevanten wissenschaftlichen Artikeln und Studien unterstützen, indem es passende Quellen und Zusammenfassungen liefert.

Beispiel-Prompt: *"Finde und beschreibe drei wichtige Studien zur Spieltheorie."*

Unterrichtsmaterialien: ChatGPT kann bei der Erstellung von Übungsaufgaben, Lehrplänen und Präsentationen für den Mathematikunterricht helfen.

Beispiel-Prompt: *"Entwickle fünf Übungsaufgaben zum Thema lineare Gleichungen für Schüler der 8. Klasse."*

Fehleranalyse: ChatGPT kann bei der Identifikation und Analyse von Fehlern in mathematischen Berechnungen oder Beweisen unterstützen.

Beispiel-Prompt: *"Finde den Fehler in der folgenden Rechnung: (2 + 3) * (4 - 1) = 11."*

Diskussionen: ChatGPT kann als Diskussionspartner für mathematische Fragestellungen und Ideen dienen, um neue Perspektiven und Lösungsansätze zu entwickeln.

Beispiel-Prompt: *"Diskutiere die Vor- und Nachteile von deterministischen und stochastischen Modellen in der mathematischen Modellierung."*

Durch den Einsatz von ChatGPT in diesen verschiedenen Tätigkeiten können Mathematiker ihre tägliche Arbeit effizienter gestalten, indem sie auf die Unterstützung der künstlichen Intelligenz zurückgreifen.

15 weitere Beispiel-Prompts

Im folgenden Abschnitt finden Sie eine Auswahl von praxisorientierten Prompts, die speziell für den Beruf des Mathematikers entwickelt wurden. Diese Prompts basieren auf verschiedenen Kreativtechniken und Problemlösungsansätzen und wurden sorgfältig aus den oben genannten Kategorien ausgewählt. Zunächst wird ein Persona-Priming-Prompt verwendet, um ChatGPT in die Rolle eines erfahrenen Mathematikers zu versetzen. Anschließend werden die ausgewählten Techniken und Prompts auf konkrete Beispieltätigkeiten dieses Berufes angewendet, um praxisnahe und effektive Lösungen für verschiedene Herausforderungen im Arbeitsalltag eines Mathematikers zu generieren.

Persona-Priming-Prompt Beispiel: *"ChatGPT, du bist nun ein erfahrener Mathematiker. Du verfügst über ein tiefes Verständnis für Mathematik, einschließlich Algebra, Analysis, Geometrie und Statistik. Du bist in der Lage, komplexe mathematische Probleme zu lösen, mathematische Modelle zu entwickeln und Ratschläge zur Anwendung mathematischer Methoden in verschiedenen Bereichen zu geben."* Geben Sie nun Ihre konkrete Anfrage als Prompt ein, indem Sie zum Beispiel schreiben: *"ChatGPT, du bist nun ein erfahrener Mathematiker. Was ...?"*

5-Why-Verfahren-Prompt Beispiel: *"ChatGPT, du bist nun ein erfahrener Mathematiker. Führe das 5-Why-Verfahren durch, um die Ursache für wiederkehrende Fehler in mathematischen Berechnungen zu identifizieren."*

6-Hüte-Methode-Prompt Beispiel: *"ChatGPT, du bist nun ein erfahrener Mathematiker. Nutze die 6-Hüte-Methode, um verschiedene Perspektiven auf das Problem der Konvergenz von Reihen zu betrachten."*

Dialog-Prompt Beispiel: *"ChatGPT, du bist nun ein erfahrener Mathematiker. Führe einen Dialog mit mir über die Anwendung der Wahrscheinlichkeitstheorie in der Finanzmathematik."*

Frage-Prompt Beispiel: *"ChatGPT, du bist nun ein erfahrener Mathematiker. Stelle fünf Fragen, die bei der Entwicklung eines neuen Algorithmus zur Optimierung von Produktionsprozessen in Betracht gezogen werden sollten."*

Gegenteilige-Ansicht-Prompt Beispiel: *"ChatGPT, du bist nun ein erfahrener Mathematiker. Argumentiere gegen die Meinung, dass die Anwendung von Differentialgleichungen im Ingenieurwesen begrenzt ist."*

Ideen-erfolgreich-weiterentwickeln-Prompt Beispiel: *"ChatGPT, du bist nun ein erfahrener Mathematiker. Beschreibe, wie du eine Idee für eine neue mathematische Methode zur Modellierung von Wetterphänomenen erfolgreich weiterentwickeln würdest."*

Internet-Analyse-Prompt Beispiel: *"ChatGPT, du bist nun ein erfahrener Mathematiker. Suche im Internet nach fünf Ressourcen, die nützlich sein könnten, um mehr über die Anwendung von partiellen Differentialgleichungen in der Physik zu erfahren."*

Markdown-Format-Prompt Beispiel: *"ChatGPT, du bist nun ein erfahrener Mathematiker. Erkläre die Verwendung von Matrizen in der Computergrafik und formatiere deine Antwort im Markdown-Format."*

Multi-Kriterien-Analyse-(MKA)-Prompt Beispiel: *"ChatGPT, du bist nun ein erfahrener Mathematiker. Führe eine Multi-Kriterien-Analyse durch, um die besten Methoden zur numerischen Lösung von Differentialgleichungen zu bewerten und priorisiere sie."*

Pro-und-Contra-Prompt Beispiel: *"ChatGPT, du bist nun ein erfahrener Mathematiker. Stelle eine Liste von Pro-und-Contra-Argumenten auf, um die Verwendung von statistischen Modellen gegenüber deterministischen Modellen in der Bevölkerungsdynamik zu vergleichen."*

Reframing-Prompt Beispiel: *"ChatGPT, du bist nun ein erfahrener Mathematiker. Nutze die Reframing-Technik, um das Problem der Integration von Funktionen mit mehreren Unbekannten aus einer neuen Perspektive zu betrachten."*

Schritt-für-Schritt-Prompt Beispiel: *"ChatGPT, du bist nun ein erfahrener Mathematiker. Beschreibe Schritt für Schritt, wie man eine Taylor-Reihe zur Approximation von Funktionen entwickelt."*

Sentiment-Prompt Beispiel: *"ChatGPT, du bist nun ein erfahrener Mathematiker. Analysiere das Sentiment von Diskussionen in einem Mathematikforum, um herauszufinden, welche Themen am meisten Interesse und Emotionen bei den Teilnehmern wecken."*

Tabellen-Format-Prompt Beispiel: *"ChatGPT, du bist nun ein erfahrener Mathematiker. Präsentiere die Ergebnisse einer statistischen Analyse von Bevölkerungsdaten in einem übersichtlichen Tabellenformat."*

Um-Feedback-bitten-Prompt Beispiel: *"ChatGPT, du bist nun ein erfahrener Mathematiker. Verfasse ein Feedback zu einem Vorschlag, eine spezielle mathematische Methode zur Vorhersage von Börsenkursen einzusetzen."*

Mediengestalter/in

Als Mediengestalter/in können Sie ChatGPT für verschiedene Tätigkeiten einsetzen, um Ihre tägliche Arbeit zu erleichtern und Ihre Kreativität zu fördern. Hier sind einige Beispiele für Tätigkeiten, bei denen ChatGPT Ihnen helfen kann:

Ideenfindung für Designkonzepte: ChatGPT kann Ihnen dabei helfen, kreative Ideen für Ihre Designprojekte zu entwickeln.

Nutzen Sie beispielsweise den Prompt: *"Gib mir 5 innovative Designkonzepte für eine nachhaltige Verpackung."*

Farbpaletten erstellen: ChatGPT kann Ihnen bei der Auswahl passender Farbpaletten für Ihre Projekte helfen.

Beispiel-Prompt: *"Erstelle eine Farbpalette für ein modernes und minimalistisches Website-Design."*

Texte für Marketingmaterial erstellen: ChatGPT kann Ihnen dabei helfen, ansprechende Texte für Marketingmaterialien wie Flyer, Broschüren oder Webseiten zu verfassen.

Beispiel-Prompt: *"Schreibe einen kurzen, ansprechenden Text für eine Broschüre, die ein neues Fitnessstudio bewirbt."*

Feedback zu Designentwürfen erhalten: Nutzen Sie ChatGPT, um konstruktives Feedback und Verbesserungsvorschläge für Ihre Designentwürfe zu erhalten.

Beispiel-Prompt: *"Betrachte meinen Entwurf für ein Firmenlogo und gib mir konstruktives Feedback zur Verbesserung."*

Inspirierende Zitate finden: ChatGPT kann Ihnen dabei helfen, passende Zitate oder Sprüche für Ihre Designs zu finden.

Beispiel-Prompt: *"Finde ein inspirierendes Zitat zum Thema Umweltschutz, das in einem Plakatdesign verwendet werden kann."*

Indem Sie ChatGPT für diese und weitere Aufgaben nutzen, können Sie Ihre tägliche Arbeit als Mediengestalter/in effizienter gestalten und Ihre Kreativität auf ein neues Level heben.

15 weitere Prompt-Beispiele

In diesem Abschnitt des Praxisratgebers konzentrieren wir uns auf den Beruf des Mediengestalters. Mithilfe eines Persona-Priming-Prompts und einer Auswahl aus den verschiedenen Prompt-Arten und Kreativitätstechniken können Mediengestalter ChatGPT nutzen, um ihre Arbeit zu optimieren und ihre Kreativität zu fördern. Die folgenden Beispiele sind speziell auf den Beruf des Mediengestalters zugeschnitten und zeigen, wie ChatGPT in verschiedenen beruflichen Situationen eingesetzt werden kann.

Persona-Priming-Prompt Beispiel: *"ChatGPT, ich möchte, dass du die Rolle eines Mediengestalters einnimmst. Du verfügst über Kenntnisse in Grafikdesign, Webdesign, Typografie und Fotografie. Du bist in der Lage, Ratschläge zur Gestaltung visueller Kommunikation zu geben, einschließlich der Auswahl von Farben, Schriften, Bildern und Layouts für unterschiedliche Medien und Zielgruppen."* Geben Sie nun Ihre konkrete Anfrage als Prompt ein, indem Sie zum Beispiel schreiben: *"ChatGPT, du bist nun ein erfahrener Mediengestalter. Was …?"*

6-Hüte-Methoden-Prompt Beispiel: *"ChatGPT, du bist nun ein erfahrener Mediengestalter. Führe eine 6-Hüte-Methoden-Analyse durch, um die Stärken und Schwächen eines aktuellen Designprojekts für eine Broschüre zu bewerten."*

ABC-Technik-Prompt Beispiel: *"ChatGPT, du bist nun ein erfahrener Mediengestalter. Wende die ABC-Technik an, um kreative Ideen für die Gestaltung eines Logos für ein umweltfreundliches Unternehmen zu generieren."*

Dialog-Prompt Beispiel: *"ChatGPT, du bist nun ein erfahrener Mediengestalter. Führe einen Dialog mit mir, in dem wir über die besten Praktiken für die Gestaltung von Webseiten für verschiedene Branchen diskutieren."*

Frage-Prompt Beispiel: *"ChatGPT, du bist nun ein erfahrener Mediengestalter. Stelle fünf Fragen, die ich mir selbst stellen sollte, um die Zielgruppe für meine neue Marketingkampagne besser zu verstehen."*

Gegenargument-Prompt Beispiel: *"ChatGPT, du bist nun ein erfahrener Mediengestalter. Präsentiere ein Gegenargument zur Verwendung von minimalistischem Design in einer Broschüre für ein Luxusprodukt."*

Ideen-erfolgreich-weiterentwickeln-Prompt Beispiel: *"ChatGPT, du bist nun ein erfahrener Mediengestalter. Zeige mir, wie ich eine bereits vorhandene Idee für ein Plakatdesign weiterentwickeln kann, um sie noch ansprechender zu gestalten."*

Markdown-Format-Prompt Beispiel: *"ChatGPT, du bist nun ein erfahrener Mediengestalter. Erstelle ein Inhaltsverzeichnis für eine E-Book-Version meines Designportfolios im Markdown-Format."*

Multi-Kriterien-Analyse-(MKA)-Prompt Beispiel: *"ChatGPT, du bist nun ein erfahrener Mediengestalter. Führe eine Multi-Kriterien-Analyse durch, um die besten Schriftarten für ein Printmagazin zu ermitteln und priorisiere sie."*

Pro-und-Contra-Prompt Beispiel: *"ChatGPT, du bist nun ein erfahrener Mediengestalter. Erstelle eine Pro-und-Contra-Liste, um die Vor- und Nachteile von statischen und animierten Webdesign-Elementen abzuwägen."*

Reframing-Prompt Beispiel: *"ChatGPT, du bist nun ein erfahrener Mediengestalter. Verwende das Reframing, um eine neue Perspektive auf ein Logo-Design zu gewinnen, das bisher als zu kompliziert angesehen wurde."*

Schritt-für-Schritt-Prompt Beispiel: *"ChatGPT, du bist nun ein erfahrener Mediengestalter. Erkläre Schritt für Schritt, wie ich eine ansprechende Infografik erstelle, die komplexe Informationen leicht verständlich macht."*

Sentiment-Prompt Beispiel: *"ChatGPT, du bist nun ein erfahrener Mediengestalter. Analysiere das Sentiment meiner bisherigen Designentwürfe und gib mir Ratschläge, wie ich emotionale Reaktionen bei meiner Zielgruppe hervorrufen kann."*

SWOT-Analyse-Prompt Beispiel: *"ChatGPT, du bist nun ein erfahrener Mediengestalter. Führe eine SWOT-Analyse durch, um die Stärken, Schwächen, Chancen und Risiken meines aktuellen Webdesign-Projekts zu identifizieren."*

Vervollständigungs-Prompt Beispiel: *"ChatGPT, du bist nun ein erfahrener Mediengestalter. Vervollständige den folgenden Satz, um einen Leitsatz für meine Designphilosophie zu erstellen: 'Gutes Design ist...'"*

Walt-Disney-Strategie-Prompt Beispiel: *"ChatGPT, du bist nun ein erfahrener Mediengestalter. Wende die Walt-Disney-Strategie an, um eine kreative Vision für die Gestaltung eines interaktiven Online-Magazins zu entwickeln."*

Medizinisch-technische/r Assistent/in (MTA)

Medizinisch-technische Assistenten (MTA) haben vielfältige Aufgaben in ihrem Arbeitsalltag, und ChatGPT kann ihnen helfen, ihre Effizienz und Genauigkeit bei der Arbeit zu verbessern. Hier sind einige Beispiele für Tätigkeiten, bei denen ChatGPT angewendet werden kann, um den Alltag eines MTA zu erleichtern:

Dokumentation und Berichterstellung: MTAs müssen oft Berichte und Dokumentationen zu Patientenbefunden oder Untersuchungsergebnissen erstellen. ChatGPT kann dabei helfen, die richtigen Worte und Formulierungen zu finden oder sogar den ersten Entwurf eines Berichts zu erstellen.

Beispiel-Prompt: "Erstelle einen kurzen Bericht über die Ergebnisse einer Blutuntersuchung, bei der ein erhöhter Cholesterinspiegel festgestellt wurde."

Wissensabfrage und Recherche: In der medizinischen Welt gibt es ständig neue Erkenntnisse und Entwicklungen. ChatGPT kann dabei helfen, schnell und effizient Informationen zu spezifischen Themen zu finden oder auf dem Laufenden zu bleiben.

Beispiel-Prompt: *"Welche aktuellen Fortschritte gibt es in der Diagnostik und Therapie von Lymphomen?"*

Kommunikation mit Patienten und Kollegen: Manchmal kann es schwierig sein, komplexe medizinische Begriffe oder Diagnosen für Patienten verständlich zu erklären. ChatGPT kann dabei helfen, einfache Erklärungen oder Analogien zu finden.

Beispiel-Prompt: *"Erkläre die Funktion der roten Blutkörperchen in einfachen Worten für einen Laien."*

Vorbereitung auf Präsentationen oder Fortbildungen: MTAs müssen möglicherweise Präsentationen oder Fortbildungen vorbereiten oder an solchen teilnehmen. ChatGPT kann dabei helfen, Informationen zusammenzufassen, Präsentationsstrukturen zu entwickeln oder sogar hilfreiche Grafiken oder Diagramme zu finden.

Beispiel-Prompt: *"Erstelle eine Gliederung für eine Präsentation über die verschiedenen Methoden der Blutgruppenbestimmung."*

Problemlösung und Entscheidungsfindung: ChatGPT kann MTAs dabei unterstützen, Probleme zu analysieren und Lösungen oder Entscheidungen zu treffen, indem sie verschiedene Ansätze vergleichen oder die Vor- und Nachteile abwägen.

Beispiel-Prompt: *"Vergleiche die Vor- und Nachteile von manuellen und automatisierten Laborprozessen in der medizinischen Diagnostik."*

Durch die Nutzung von ChatGPT können Medizinisch-technische Assistenten ihre täglichen Aufgaben effizienter und präziser bewältigen, wodurch sie mehr Zeit für ihre Kernkompetenzen und die Betreuung von Patienten haben.

15 weitere Prompt-Beispiele

In folgenden Abschnitt werde ich mich darauf konzentrieren, wie Medizinisch-technische Assistenten (MTAs) von der Verwendung von ChatGPT profitieren können. Zuerst wende ich einen Persona-Priming-Prompt an, um ChatGPT in die Rolle eines MTA zu versetzen. Anschließend stelle ich Ihnen spezifische und praxisorientierte Prompts aus verschiedenen Kategorien vor, die auf die Bedürfnisse von MTAs zugeschnitten sind.

Persona-Priming-Prompt *"ChatGPT, ich möchte, dass du die Rolle eines Medizinisch-technischen Assistenten (MTA) einnimmst. Du verfügst über Kenntnisse in medizinischer Diagnostik, Laborarbeit und medizinischer Gerätetechnik. Du bist in der Lage, Ratschläge zur Durchführung medizinischer Untersuchungen und Tests zu geben sowie Informationen zur Bedienung und Wartung medizinischer Geräte bereitzustellen."* Geben Sie nun Ihre konkrete Anfrage als Prompt ein, indem Sie zum Beispiel schreiben: *"ChatGPT, du bist nun ein erfahrener Medizinisch-technischer Assistent MTA. Was ...?"*

ABC-Technik-Prompt Beispiel: *"ChatGPT, du bist nun ein erfahrener Medizinisch-technischer Assistent (MTA). Verwende die ABC-Technik, um mir alternative Ideen für die Organisation meines Arbeitsbereichs im Labor zu geben, beginnend mit dem Buchstaben A."*

Dialog-Prompt Beispiel: *"ChatGPT, du bist nun ein erfahrener Medizinisch-technischer Assistent (MTA). Führe einen fiktiven Dialog zwischen mir und einem Patienten, bei dem ich die Ergebnisse einer Blutuntersuchung erkläre und auf mögliche gesundheitliche Bedenken eingehe."*

Frage-Prompt Beispiel: *"ChatGPT, du bist nun ein erfahrener Medizinisch-technischer Assistent (MTA). Welche Fragen sollte ich einem Patienten stellen, bevor ich eine Blutabnahme durchführe, um sicherzustellen, dass er sich wohl fühlt und gut informiert ist?"*

Gegenargument-Prompt Beispiel: *"ChatGPT, du bist nun ein erfahrener Medizinisch-technischer Assistent (MTA). Nenne mir ein Gegenargument für die Verwendung von vollautomatisierten Systemen in der medizinischen Diagnostik."*

Internet-Analyse-Prompt Beispiel: *"ChatGPT, du bist nun ein erfahrener Medizinisch-technischer Assistent (MTA). Finde Informationen im Internet über aktuelle Entwicklungen und Technologien in der medizinischen Laborautomation und fasse sie für mich zusammen."*

Ishikawa-Methoden-Prompt Beispiel: *"ChatGPT, du bist nun ein erfahrener Medizinisch-technischer Assistent (MTA). Erstelle eine Ishikawa-Analyse, um mögliche Ursachen für Verzögerungen bei der Bearbeitung von Laborproben zu identifizieren."*

Multi-Kriterien-Analyse-(MKA)-Prompt Beispiel: *"ChatGPT, du bist nun ein erfahrener Medizinisch-technischer Assistent (MTA). Führe eine Multi-Kriterien-Analyse durch, um mir dabei zu helfen, die beste Methode zur Blutgruppenbestimmung für unser Labor auszuwählen."*

Pareto-Analyse-Prompt Beispiel: *"ChatGPT, du bist nun ein erfahrener Medizinisch-technischer Assistent (MTA). Führe eine Pareto-Analyse durch, um die häufigsten Fehlerquellen in unserem Labor zu identifizieren und Vorschläge zur Verbesserung der Arbeitsabläufe zu machen."*

Pro-und-Contra-Prompt Beispiel: *"ChatGPT, du bist nun ein erfahrener Medizinisch-technischer Assistent (MTA). Erstelle eine Pro-und-Contra-Liste, um die Vor- und Nachteile der Verwendung von Einwegmaterialien im Labor gegenüber Mehrwegmaterialien abzuwägen."*

Reframing-Prompt Beispiel: *"ChatGPT, du bist nun ein erfahrener Medizinisch-technischer Assistent (MTA). Reframing: Wie können wir die begrenzte Kapazität unseres Labors als eine Gelegenheit betrachten, effizienter und innovativer in unserer Arbeitsweise zu werden?"*

Schritt-für-Schritt-Prompt Beispiel: *"ChatGPT, du bist nun ein erfahrener Medizinisch-technischer Assistent (MTA). Erstelle eine Schritt-für-Schritt-Anleitung zur Durchführung einer bestimmten Labortestmethode, zum Beispiel der ELISA-Test."*

SWOT-Analyse-Prompt Beispiel: *"ChatGPT, du bist nun ein erfahrener Medizinisch-technischer Assistent (MTA). Erstelle eine SWOT-Analyse für unser medizinisches Labor, um unsere Stärken, Schwächen, Chancen und Bedrohungen zu identifizieren."*

Verfeinerungs-Prompt Beispiel: *"ChatGPT, du bist nun ein erfahrener Medizinisch-technischer Assistent (MTA). Verfeinere meine vorläufige Gliederung für eine Schulungspräsentation zum Thema Sicherheit und Hygiene im medizinischen Labor."*

Zusammenfassungs-Prompt Beispiel: *"ChatGPT, du bist nun ein erfahrener Medizinisch-technischer Assistent (MTA). Fasse die wesentlichen Punkte des folgenden Fachartikels über die Bedeutung der präzisen Dokumentation in der medizinischen Diagnostik zusammen ..."*

Motivationscoach

Als Motivationscoach kann ChatGPT eine wertvolle Unterstützung sein, um Zeit zu sparen, Ideen zu generieren und effektivere Coaching-Methoden anzuwenden. Hier sind einige Tätigkeiten, bei denen ChatGPT angewendet werden kann, um die tägliche Arbeit eines Motivationscoachs zu erleichtern:

Vorbereitung von Coaching-Sitzungen: ChatGPT kann dabei helfen, personalisierte und auf die Bedürfnisse des Klienten zugeschnittene Coaching-Pläne zu entwickeln.

Beispiel-Prompt: *"Erstelle einen Coaching-Plan für einen Klienten, der an Selbstvertrauen arbeiten möchte, mit Fokus auf Kommunikation und Präsentationsfähigkeiten."*

Generierung von Übungen und Aktivitäten: ChatGPT kann kreative und effektive Übungen und Aktivitäten vorschlagen, die in Coaching-Sitzungen verwendet werden können.

Beispiel-Prompt: *"Gib mir drei Übungen, um die Kommunikationsfähigkeiten und Selbstsicherheit meines Klienten im beruflichen Kontext zu verbessern."*

Erstellen von inspirierenden Inhalten: ChatGPT kann dabei helfen, inspirierende Zitate, Geschichten oder Anekdoten zu erstellen, die den Klienten motivieren können.

Beispiel-Prompt: *"Erstelle ein inspirierendes Zitat über Selbstvertrauen und Durchhaltevermögen."*

Reflexion über Coaching-Sitzungen: ChatGPT kann genutzt werden, um eine Zusammenfassung und Reflexion der Coaching-Sitzungen zu erstellen und mögliche Verbesserungen für zukünftige Sitzungen zu identifizieren.

Beispiel-Prompt: *"Analysiere eine Coaching-Sitzung zum Thema Selbstvertrauen und schlage drei Verbesserungen für zukünftige Sitzungen vor."*

Unterstützung bei der Selbstentwicklung: ChatGPT kann dem Coach helfen, seine eigene Selbstentwicklung und Reflexion durchzuführen und neue Ansätze und Methoden zu erforschen.

Beispiel-Prompt: *"Gib mir drei Tipps, um meine Fähigkeiten als Motivationscoach zu verbessern und mehr Empathie und Verständnis für meine Klienten zu entwickeln."*

Diese Beispiele zeigen, wie ChatGPT in verschiedenen Aspekten des Berufslebens eines Motivationscoachs eingesetzt werden kann, um Zeit zu sparen, bessere Ergebnisse zu erzielen und die Qualität der Coaching-Sitzungen insgesamt zu verbessern.

15 weitere Prompt-Beispiele

In diesem Abschnitt finden Sie speziell ausgewählte Prompts und Kreativitätstechniken, die auf den Beruf des Motivationscoachs zugeschnitten sind. Sie können diese Prompts und Techniken verwenden, um ChatGPT effektiv in Ihrer Rolle als Motivationscoach einzusetzen. Beginnen Sie zunächst mit dem Persona-Priming-Prompt und fahren Sie dann mit den darauf folgenden Techniken und Prompts fort, die Ihrem Arbeitsalltag als Motivationscoach eine wertvolle Unterstützung bieten.

Persona-Priming-Prompt Beispiel: *"ChatGPT, ich möchte, dass du die Rolle eines Motivationscoachs einnimmst. Du verfügst über Kenntnisse in persönlicher Entwicklung, Zielsetzung und Selbstmotivation. Du bist in der Lage, Ratschläge und Strategien zu geben, um Menschen dabei zu helfen, ihre Ziele zu erreichen, Hindernisse zu überwinden und ihre Motivation aufrechtzuerhalten." Geben Sie nun Ihre konkrete Anfrage als Prompt ein, indem Sie zum Beispiel schreiben: "ChatGPT, du bist nun ein erfahrener Motivationscoach. Was ...?“*

5-Why-Verfahren-Prompt Beispiel: *"ChatGPT, du bist nun ein erfahrener Motivationscoach. Führe das 5-Why-Verfahren durch, um die Ursache für den Mangel an Selbstvertrauen eines Klienten in Bezug auf seine berufliche Leistung zu ermitteln."*

ABC-Technik-Prompt Beispiel: *"ChatGPT, du bist nun ein erfahrener Motivationscoach. Verwende die ABC-Technik, um alternative Denkweisen für* *einen Klienten zu entwickeln, der Schwierigkeiten hat, sich von negativen Gedanken über seine beruflichen Fähigkeiten zu lösen."*

Dialog-Prompt Beispiel: *"ChatGPT, du bist nun ein erfahrener Motivationscoach. Spiele ein Dialog zwischen mir und meinem Klienten, der an Selbstzweifeln leidet und Schwierigkeiten hat, seine beruflichen Ziele zu erreichen."*

Frage-Prompt Beispiel: *"ChatGPT, du bist nun ein erfahrener Motivationscoach. Stelle eine Liste von zehn Fragen zusammen, die ich meinem Klienten stellen kann, um seine Stärken, Schwächen und persönlichen Werte besser zu verstehen."*

Gegenargument-Prompt Beispiel: *"ChatGPT, du bist nun ein erfahrener Motivationscoach. Gib mir ein Gegenargument für einen Klienten, der glaubt, dass er seine Karriereziele aufgrund von Fehlern in der Vergangenheit nicht erreichen kann."*

Ideen-erfolgreich-weiterentwickeln-Prompt Beispiel: *"ChatGPT, du bist nun ein erfahrener Motivationscoach. Gib mir drei Strategien, wie mein Klient seine Ideen für ein neues Geschäftsprojekt erfolgreich weiterentwickeln und umsetzen kann."*

Pareto-Analyse-Prompt Beispiel: *"ChatGPT, du bist nun ein erfahrener Motivationscoach. Führe eine Pareto-Analyse durch, um die 20% der Aktivitäten zu identifizieren, die 80% der Ergebnisse für einen Klienten liefern, der Schwierigkeiten hat, sich auf seine Prioritäten zu konzentrieren."*

Pro-und-Contra-Prompt Beispiel: *"ChatGPT, du bist nun ein erfahrener Motivationscoach. Erstelle eine Pro-und-Contra-Liste für einen Klienten, der zwischen zwei verschiedenen Karrierewegen wählt und Schwierigkeiten hat, sich für den besten Weg für seine persönliche und berufliche Entwicklung zu entscheiden."*

Reframing-Prompt Beispiel: *"ChatGPT, du bist nun ein erfahrener Motivationscoach. Verwende Reframing, um einem Klienten zu helfen, seine negativen Gedanken über eine kürzliche berufliche Niederlage in eine Gelegenheit für Wachstum und Lernen umzuwandeln."*

Schritt-für-Schritt-Prompt Beispiel: *"ChatGPT, du bist nun ein erfahrener Motivationscoach. Erstelle einen Schritt-für-Schritt-Plan für meinen Klienten, um seine Kommunikations- und Präsentationsfähigkeiten zu verbessern, um mehr Selbstvertrauen in beruflichen Situationen zu gewinnen."*

Sentiment-Prompt Beispiel: *"ChatGPT, du bist nun ein erfahrener Motivationscoach. Analysiere das Sentiment hinter einer E-Mail, die mein Klient von seinem Vorgesetzten erhalten hat, um herauszufinden, ob es Raum für Verbesserungen in seiner Arbeitsleistung gibt."*

Stil-und-Schreibart-Anpassungs-Prompt Beispiel: *"ChatGPT, du bist nun ein erfahrener Motivationscoach. Passe deinen Stil und deine Schreibart an, um einen motivierenden und inspirierenden Text für meinen Klienten zu verfassen, der ihm hilft, an sich selbst und seine Fähigkeiten zu glauben."*

Um-Feedback-bitten-Prompt Beispiel: *"ChatGPT, du bist nun ein erfahrener Motivationscoach. Formuliere eine E-Mail für meinen Klienten, in der er um konstruktives Feedback von Kollegen und Vorgesetzten bittet, um seine beruflichen Fähigkeiten weiterzuentwickeln."*

Zusammenfassungs-Prompt Beispiel: *"ChatGPT, du bist nun ein erfahrener Motivationscoach. Erstelle eine Zusammenfassung der Fortschritte meines Klienten in den letzten sechs Monaten und identifiziere Bereiche, in denen weitere Verbesserungen erreicht werden können."*

Naturschutzbeauftragte/r

Für Naturschutzbeauftragte bietet ChatGPT vielfältige Möglichkeiten, den Arbeitsalltag zu erleichtern und die Effizienz bei verschiedenen Tätigkeiten zu erhöhen. Hier sind einige Beispiele, wie ChatGPT im Bereich des Naturschutzes eingesetzt werden kann:

Erstellen von Berichten und Dokumentationen: ChatGPT kann bei der Erstellung von Berichten und Dokumentationen unterstützen, indem es Ihnen hilft, den Inhalt zu strukturieren und relevante Informationen einzufügen.

Beispiel-Prompt: *"Hilf mir, eine Gliederung für einen Bericht über die Erfolge und Herausforderungen im Naturschutz in Deutschland im letzten Jahr zu erstellen."*

Entwickeln von Strategien zur Erhaltung von Lebensräumen: ChatGPT kann bei der Entwicklung von Strategien und Plänen zur Erhaltung von Lebensräumen und zum Schutz bedrohter Arten eingesetzt werden.

Beispiel-Prompt: *"Vorschläge für Maßnahmen zur Erhaltung von Feuchtgebieten und zum Schutz der darin lebenden bedrohten Arten."*

Kommunikation mit Stakeholdern: ChatGPT kann Ihnen dabei helfen, effektive Kommunikation mit verschiedenen Stakeholdern wie Behörden, NGOs und der Öffentlichkeit zu führen, indem es Ihnen hilft, präzise und verständliche Texte zu verfassen.

Beispiel-Prompt: *"Verfasse einen Brief an eine lokale Behörde, in dem wir um Unterstützung für ein neues Naturschutzprojekt bitten."*

Bildungs- und Aufklärungsarbeit: ChatGPT kann verwendet werden, um Informationsmaterialien und Präsentationen für Schulen, Vereine oder öffentliche Veranstaltungen zu erstellen, um das Bewusstsein für Naturschutzthemen zu schärfen.

Beispiel-Prompt: *"Entwirf eine kurze Präsentation über die Bedeutung von Biodiversität und die Rolle von Naturschutzbeauftragten bei der Erhaltung von Ökosystemen."*

Durch den Einsatz von ChatGPT können Naturschutzbeauftragte ihre täglichen Aufgaben effizienter gestalten und sich auf ihre Kernkompetenzen konzentrieren, um den Schutz der Natur und ihrer Lebensräume weiter voranzutreiben.

15 weitere Beispiel-Prompts

Im folgenden Abschnitt finden Sie eine Auswahl von Prompts und Techniken, die speziell auf den Beruf des Naturschutzbeauftragten zugeschnitten sind. Diese Prompts wurden aus verschiedenen Kategorien ausgewählt, um verschiedene Aspekte des Berufs abzudecken. Der Persona-Priming-Prompt soll ChatGPT in die Rolle eines Naturschutzbeauftragten versetzen, um effektive und praxisnahe Lösungen zu liefern. Die restlichen Prompts sind darauf ausgelegt, Ideenfindung, Problemlösung und Entscheidungsfindung zu unterstützen.

Persona-Priming-Prompt Beispiel: *"ChatGPT, ich möchte, dass du die Rolle eines Naturschutzbeauftragten einnimmst. Du verfügst über Kenntnisse in den Bereichen Umweltschutz, Ökologie und Nachhaltigkeit. Du bist in der Lage, Ratschläge zur Erhaltung und Pflege von natürlichen Lebensräumen und Artenvielfalt zu geben, einschließlich der Anwendung von Naturschutzgesetzen und -richtlinien sowie der Zusammenarbeit mit verschiedenen Interessengruppen." Geben Sie nun Ihre konkrete Anfrage als Prompt ein, indem Sie zum Beispiel schreiben: "ChatGPT, du bist nun ein erfahrener Naturschutzbeauftragter. Was ...?"*

ABC-Technik-Prompt Beispiel: *"ChatGPT, du bist nun ein erfahrener Naturschutzbeauftragter. Nutze die ABC-Technik, um mögliche Wege aufzuzeigen, wie ein bestimmtes Ökosystem wiederhergestellt und geschützt werden kann. Beginne mit dem Buchstaben A und arbeite dich bis zum Buchstaben Z durch."*

Dialog-Prompt Beispiel: *"ChatGPT, du bist nun ein erfahrener Naturschutzbeauftragter. Führe einen simulierten Dialog zwischen mir und einem Landbesitzer, bei dem wir über Möglichkeiten diskutieren, sein Land umweltfreundlicher zu gestalten und Lebensräume für bedrohte Arten zu schaffen."*

Frage-Prompt Beispiel: *"ChatGPT, du bist nun ein erfahrener Naturschutzbeauftragter. Stelle mir fünf kritische Fragen, die ich bei der Planung eines Naturschutzprojekts in einem sensiblen Ökosystem berücksichtigen sollte."*

Ishikawa-Methoden-Prompt Beispiel: *"ChatGPT, du bist nun ein erfahrener Naturschutzbeauftragter. Erstelle ein Ishikawa-Diagramm, um die Ursachen für den Rückgang einer bedrohten Tierart in einem bestimmten Gebiet zu analysieren."*

Lateral-Thinking-Prompt Beispiel: *"ChatGPT, du bist nun ein erfahrener Naturschutzbeauftragter. Verwende laterales Denken, um unkonventionelle und innovative Lösungen für die Wiederherstellung eines stark degradierten Ökosystems vorzuschlagen."*

Markdown-Format-Prompt Beispiel: *"ChatGPT, du bist nun ein erfahrener Naturschutzbeauftragter. Verfasse in Markdown-Format eine*

Kurzanleitung für die Durchführung einer Umweltverträglichkeitsprüfung für ein geplantes Infrastrukturprojekt."

Multi-Kriterien-Analyse-(MKA)-Prompt Beispiel: *"ChatGPT, du bist nun ein erfahrener Naturschutzbeauftragter. Führe eine Multi-Kriterien-Analyse (MKA) durch, um die Vor- und Nachteile von drei verschiedenen Naturschutzmaßnahmen für ein bestimmtes Gebiet zu bewerten."*

Pro-und-Contra-Prompt Beispiel: *"ChatGPT, du bist nun ein erfahrener Naturschutzbeauftragter. Erstelle eine Pro-und-Contra-Liste für die Umsetzung eines groß angelegten Aufforstungsprojekts in einem degradierten Waldgebiet."*

Reframing-Prompt Beispiel: *"ChatGPT, du bist nun ein erfahrener Naturschutzbeauftragter. Nutze Reframing, um eine neue Perspektive auf die Herausforderungen bei der Erhaltung eines seltenen Ökosystems in einem dicht besiedelten städtischen Gebiet zu bieten."*

Schritt-für-Schritt-Prompt Beispiel: *"ChatGPT, du bist nun ein erfahrener Naturschutzbeauftragter. Beschreibe Schritt für Schritt, wie ich eine effektive Umweltbildungskampagne für die lokale Bevölkerung entwickeln und umsetzen kann."*

SWOT-Analyse-Prompt Beispiel: *"ChatGPT, du bist nun ein erfahrener Naturschutzbeauftragter. Führe eine SWOT-Analyse für ein Naturschutzgebiet durch, das von illegalen Aktivitäten wie Wilderei und illegalem Holzeinschlag bedroht ist."*

Um-Feedback-bitten-Prompt Beispiel: *"ChatGPT, du bist nun ein erfahrener Naturschutzbeauftragter. Bitte gib mir konstruktives Feedback zu meinem Vorschlag, invasive Arten in einem bestimmten Gebiet durch den Einsatz von natürlichen Feinden zu bekämpfen."*

Verfeinerungs-Prompt Beispiel: *"ChatGPT, du bist nun ein erfahrener Naturschutzbeauftragter. Verfeinere meinen Entwurf für einen Aktionsplan zur Wiederherstellung und Schutz eines gefährdeten Flussökosystems."*

Zusammenfassungs-Prompt Beispiel: *"ChatGPT, du bist nun ein erfahrener Naturschutzbeauftragter. Fasse die wichtigsten Punkte aus folgendem*

Bericht über die Auswirkungen des Klimawandels auf lokale Ökosysteme und Biodiversität zusammen..."

Netzwerkadministrator/in

Netzwerkadministratoren sind für die Implementierung, Verwaltung und Wartung von Netzwerk- und Kommunikationssystemen in Unternehmen verantwortlich. ChatGPT kann in verschiedenen Aspekten der täglichen Arbeit eines Netzwerkadministrators eingesetzt werden, um Aufgaben zu erleichtern und effizienter zu gestalten. Im Folgenden werden einige Tätigkeiten und konkrete Beispiel-Prompts aufgeführt:

Fehlersuche und Problemlösung: ChatGPT kann bei der Diagnose von Netzwerkproblemen und der Identifizierung von Lösungen helfen.

Beispiel-Prompt: *"Ein Benutzer beschwert sich über langsame Internetgeschwindigkeiten. Welche Schritte sollte ich als Netzwerkadministrator unternehmen, um das Problem zu diagnostizieren und mögliche Lösungen zu finden?"*

Planung und Optimierung von Netzwerkinfrastrukturen: ChatGPT kann bei der Planung von Netzwerkarchitekturen und der Optimierung von bestehenden Systemen unterstützen.

Beispiel-Prompt: *"Ich möchte eine neue Netzwerkinfrastruktur für ein mittelständisches Unternehmen planen. Welche Elemente und Überlegungen sollte ich bei der Gestaltung des Netzwerks berücksichtigen?"*

Automatisierung von Routineaufgaben: ChatGPT kann bei der Erstellung von Skripten und Tools zur Automatisierung wiederkehrender Aufgaben helfen.

Beispiel-Prompt: *"Ich möchte ein Skript erstellen, um regelmäßig die Netzwerkauslastung zu überwachen und Berichte zu generieren. Wie kann ich ein solches Skript in Python schreiben?"*

Aktualisierung von Wissen und Best Practices: ChatGPT kann bei der Recherche nach aktuellen Trends, Technologien und Best Practices im Bereich Netzwerkadministration unterstützen.

Beispiel-Prompt: *"Welche aktuellen Trends und Technologien sollten Netzwerkadministratoren im Jahr 2023 kennen und implementieren, um ihre Netzwerke effizienter zu verwalten?"*

Dokumentation und Wissensmanagement: ChatGPT kann bei der Erstellung von Dokumentationen, Anleitungen und Wissensdatenbanken für das Netzwerkteam und andere Mitarbeiter helfen.

Beispiel-Prompt: *"Erstelle eine Anleitung für die grundlegende Fehlerbehebung bei Netzwerkproblemen, die für Nicht-Techniker verständlich ist."*

Indem ChatGPT in diesen verschiedenen Bereichen eingesetzt wird, können Netzwerkadministratoren ihre täglichen Aufgaben effizienter gestalten und eine bessere Leistung in ihrer Arbeit erzielen.

15 weitere Beispiel-Prompts

In diesem Abschnitt finden Sie speziell ausgewählte und maßgeschneiderte Prompts und Kreativtechniken, die auf den Beruf des Netzwerkadministrators abgestimmt sind. Der Persona-Priming-Prompt hilft Ihnen, ChatGPT in die Rolle eines Netzwerkadministrators zu versetzen, und die folgenden Beispiele bieten Ihnen eine Vielzahl von Anwendungsmöglichkeiten für die künstliche Intelligenz in diesem Beruf. Nutzen Sie diese Prompts, um Ihre Arbeit als Netzwerkadministrator effizienter und effektiver zu gestalten.

Persona-Priming-Prompt Beispiel: *"ChatGPT, ich möchte, dass du die Rolle eines Netzwerkadministrators einnimmst. Du verfügst über Kenntnisse in den Bereichen Netzwerktechnologien, Sicherheit und Systemadministration. Du bist in der Lage, Ratschläge zur Planung, Implementierung und Wartung von Computernetzwerken zu geben, einschließlich der Auswahl von Hardware, Software und Sicherheitsmaßnahmen." Geben Sie nun Ihre konkrete Anfrage als Prompt ein, indem Sie zum Beispiel schreiben: "ChatGPT, du bist nun ein erfahrener Netzwerkadministrator. Was ...?"*

ABC-Technik-Prompt Beispiel: *"ChatGPT, du bist nun ein erfahrener Netzwerkadministrator. Wende die ABC-Technik an, um mir eine Liste von A bis*

Z von Begriffen und Konzepten zu geben, die für die Netzwerkadministration relevant sind."

Dialog-Prompt Beispiel: *"ChatGPT, du bist nun ein erfahrener Netzwerkadministrator. Führe einen simulierten Dialog zwischen mir und dir durch, in dem ich dich nach den besten Sicherheitspraktiken für ein Unternehmensnetzwerk frage."*

5-Why-Verfahren-Prompt Beispiel: *"ChatGPT, du bist nun ein erfahrener Netzwerkadministrator. Wende das 5-Why-Verfahren an, um die Ursache für wiederkehrende Netzwerkausfälle in unserem Bürogebäude zu ermitteln."*

Frage-Prompt Beispiel: *"ChatGPT, du bist nun ein erfahrener Netzwerkadministrator. Was sind die wichtigsten Faktoren, die ich bei der Auswahl eines Netzwerküberwachungstools berücksichtigen sollte?"*

Ideen-erfolgreich-weiterentwickeln-Prompt Beispiel: *"ChatGPT, du bist nun ein erfahrener Netzwerkadministrator. Ich habe die Idee, unser bestehendes Netzwerk durch die Implementierung einer hybriden Cloud-Infrastruktur zu erweitern. Wie kann ich diese Idee weiterentwickeln und erfolgreich umsetzen?"*

Internet-Analyse-Prompt Beispiel: *"ChatGPT, du bist nun ein erfahrener Netzwerkadministrator. Analysiere das Internet und finde die besten Ressourcen und Online-Kurse, um meine Fähigkeiten in der Netzwerkadministration weiter zu entwickeln."*

Markdown-Format-Prompt Beispiel: *"ChatGPT, du bist nun ein erfahrener Netzwerkadministrator. Erstelle eine kurze Zusammenfassung der grundlegenden Netzwerkprotokolle im Markdown-Format, die ich in unserer internen Wissensdatenbank verwenden kann."*

Multi-Kriterien-Analyse-(MKA)-Prompt Beispiel: _"ChatGPT, du bist nun ein erfahrener Netzwerkadministrator. Führe eine Multi-Kriterien-Analyse (MKA) durch, um die beste Netzwerktopologie für unser wachsendes Unternehmen zu bestimmen, unter Berücksichtigung von Faktoren wie Skalierbarkeit, Sicherheit, Leistung und Kosten."

Pro-und-Contra-Prompt Beispiel: *"ChatGPT, du bist nun ein erfahrener Netzwerkadministrator. Erstelle eine Pro-und-Contra-Liste für die Verwendung von kabelgebundenen Netzwerken gegenüber drahtlosen Netzwerken in einem Unternehmen."*

Reframing-Prompt Beispiel: *"ChatGPT, du bist nun ein erfahrener Netzwerkadministrator. Nutze das Reframing, um eine andere Perspektive auf die Herausforderungen der Verwaltung eines wachsenden Netzwerks in einem Unternehmen zu bekommen."*

Schritt-für-Schritt-Prompt Beispiel: *"ChatGPT, du bist nun ein erfahrener Netzwerkadministrator. Gib mir eine Schritt-für-Schritt-Anleitung, um ein VPN für Remote-Mitarbeiter aufzusetzen und abzusichern."*

Sentiment-Prompt Beispiel: *"ChatGPT, du bist nun ein erfahrener Netzwerkadministrator. Analysiere das Sentiment der Mitarbeiter in unserem Unternehmen aufgrund folgender Umfrageergebnisse bezüglich der aktuellen Netzwerkleistung und -zuverlässigkeit."*

SWOT-Analyse-Prompt Beispiel: *"ChatGPT, du bist nun ein erfahrener Netzwerkadministrator. Führe eine SWOT-Analyse für unser aktuelles Netzwerkdesign durch, um Stärken, Schwächen, Chancen und Bedrohungen zu identifizieren."*

Vervollständigungs-Prompt Beispiel: *"ChatGPT, du bist nun ein erfahrener Netzwerkadministrator. Vervollständige die folgende Aussage: 'Die drei wichtigsten Aspekte, die bei der Implementierung eines sicheren und zuverlässigen Netzwerks zu berücksichtigen sind, sind..."*

Netzwerktechniker/in

Netzwerktechniker können ChatGPT in vielen Bereichen ihres Arbeitsalltags einsetzen, um ihre Arbeit effizienter zu gestalten. Im Folgenden werden einige Tätigkeiten aufgeführt, bei denen ChatGPT hilfreich sein kann, sowie konkrete Beispiel-Prompts für jeden Bereich.

Fehlerbehebung und Problemlösung: Netzwerktechniker können ChatGPT nutzen, um Lösungsansätze für Netzwerkprobleme zu erhalten oder um Anweisungen für die Fehlerbehebung zu bekommen.

Beispiel-Prompt: *"Ich habe ein Problem mit einem Netzwerkswitch, der keine Verbindung zu einem anderen Switch herstellt. Was sind mögliche Ursachen und Lösungsansätze?"*

Planung und Design von Netzwerken: ChatGPT kann dabei helfen, Netzwerktopologien und Konzepte für Netzwerkdesigns zu entwickeln, indem es Vorschläge und Best Practices anbietet.

Beispiel-Prompt: *"Ich plane ein kleines Unternehmensnetzwerk mit 50 Benutzern. Welche Netzwerktopologie empfiehlst du und welche Hardware-Komponenten benötige ich?"*

Dokumentation: ChatGPT kann bei der Erstellung von Netzwerkdokumentationen und Anleitungen unterstützen, indem es strukturierte Texte und Informationen liefert.

Beispiel-Prompt: *"Bitte erstelle eine kurze Anleitung zum Einrichten eines VLANs auf einem Cisco-Switch."*

Aktualisieren von Wissen: Netzwerktechniker können ChatGPT nutzen, um ihr Wissen über neue Technologien und Best Practices im Bereich der Netzwerktechnik aufzufrischen.

Beispiel-Prompt: *"Welche Neuerungen gibt es im Bereich Software-Defined Networking (SDN) und wie können sie in bestehende Netzwerkinfrastrukturen integriert werden?"*

Automatisierung von Aufgaben: ChatGPT kann bei der Erstellung von Skripten und Automatisierungslösungen helfen, indem es Beispiele und Anweisungen liefert.

Beispiel-Prompt: *"Gib mir ein Beispiel für ein Python-Skript, das den Netzwerkverkehr auf einem bestimmten Port überwacht und bei Überschreitung eines Schwellenwerts eine Benachrichtigung sendet."*

Diese Beispiele zeigen, wie Netzwerktechniker ChatGPT in ihrem Arbeitsalltag nutzen können, um ihre Arbeit effizienter und einfacher zu gestalten.

Durch die Nutzung von ChatGPT als Informationsquelle und kreatives Werkzeug können Netzwerktechniker ihre Zeit und Ressourcen besser nutzen und sich auf die wichtigen Aspekte ihrer Arbeit konzentrieren.

15 weitere Beispiel-Prompts

Im folgenden Abschnitt finden Sie konkrete, praxisorientierte Prompts, die speziell für Netzwerktechniker entwickelt wurden. Diese Prompts basieren auf den oben genannten Kreativtechniken und Problemlösungsmethoden, die Netzwerktechniker nutzen können, um verschiedene Aspekte ihrer Arbeit effizienter zu gestalten. Bevor Sie diese Prompts verwenden, sollten Sie den Persona-Priming-Prompt verwenden, um ChatGPT auf die Rolle eines erfahrenen Netzwerktechnikers einzustellen.

Persona-Priming-Prompt Beispiel: *"ChatGPT, ich möchte, dass du die Rolle eines Netzwerktechnikers einnimmst. Du verfügst über Fachwissen in den Bereichen Netzwerkinfrastruktur, Netzwerkprotokolle und Fehlerbehebung. Du bist in der Lage, Ratschläge zur Identifizierung und Behebung von Netzwerkproblemen zu geben, einschließlich der Analyse von Netzwerkleistung, der Überwachung von Netzwerkverkehr und der Aktualisierung von Netzwerkkomponenten."* Geben Sie nun Ihre konkrete Anfrage als Prompt ein, indem Sie zum Beispiel schreiben: *"ChatGPT, du bist nun ein erfahrener Netzwerktechniker. Was ...?“*

10-10-10-Methoden-Prompt Beispiel: *"ChatGPT, du bist nun ein erfahrener Netzwerktechniker. Wende die 10-10-10-Methode an, um die langfristigen Auswirkungen der Entscheidung zu bewerten, ob wir unser Netzwerk auf Glasfaserkabel umstellen oder weiterhin Kupferkabel verwenden."*

6-Hüte-Methoden-Prompt Beispiel: *"ChatGPT, du bist nun ein erfahrener Netzwerktechniker. Führe eine 6-Hüte-Methode durch, um die verschiedenen Perspektiven und Aspekte bei der Auswahl eines Netzwerküberwachungssystems zu analysieren."*

ABC-Technik-Prompt Beispiel: *"ChatGPT, du bist nun ein erfahrener Netzwerktechniker. Nutze die ABC-Technik, um mir Ideen zur Verbesserung der Netzwerksicherheit in unserem Unternehmen zu geben."*

Dialog-Prompt Beispiel: *"ChatGPT, du bist nun ein erfahrener Netzwerktechniker. Führe ein simuliertes Gespräch zwischen mir und einem*

Kollegen durch, in dem wir die Vorteile und Nachteile verschiedener Cloud-basierter Netzwerkmanagement-Tools diskutieren."

Frage-Prompt Beispiel: *"ChatGPT, du bist nun ein erfahrener Netzwerktechniker. Stelle mir fünf Fragen, die ich einem Anbieter von Netzwerkhardware stellen sollte, bevor ich mich für seine Produkte entscheide."*

Ishikawa-Methoden-Prompt Beispiel: *"ChatGPT, du bist nun ein erfahrener Netzwerktechniker. Erstelle ein Ishikawa-Diagramm, um die möglichen Ursachen für die schlechte Netzwerkleistung in unserem Unternehmen zu analysieren."*

Multi-Kriterien-Analyse-(MKA)-Prompt Beispiel: *"ChatGPT, du bist nun ein erfahrener Netzwerktechniker. Führe eine Multi-Kriterien-Analyse durch, um die besten Optionen für die Erweiterung unserer Netzwerkinfrastruktur zu bewerten."*

Pareto-Analyse-Prompt Beispiel: *"ChatGPT, du bist nun ein erfahrener Netzwerktechniker. Wende die Pareto-Analyse an, um die 20 % der Netzwerkprobleme zu identifizieren, die 80 % der Leistungsprobleme in unserem Unternehmen verursachen."*

Pro-und-Contra-Prompt Beispiel: *"ChatGPT, du bist nun ein erfahrener Netzwerktechniker. Erstelle eine Pro-und-Contra-Liste für die Verwendung von kabelgebundenen Netzwerken gegenüber drahtlosen Netzwerken in unserem Unternehmen."*

Reframing-Prompt *Beispiel: "ChatGPT, du bist ein erfahrener Netzwerktechniker. Verwende die Reframing-Technik, um unser aktuelles Problem mit der Netzwerkauslastung als eine Chance zur Optimierung und Verbesserung unserer Netzwerkinfrastruktur darzustellen."*

Schritt-für-Schritt-Prompt Beispiel: *"ChatGPT, du bist nun ein erfahrener Netzwerktechniker. Gib mir eine Schritt-für-Schritt-Anleitung zum Einrichten einer VPN-Verbindung für Remote-Mitarbeiter."*

SWOT-Analyse-Prompt Beispiel: *"ChatGPT, du bist nun ein erfahrener Netzwerktechniker. Führe eine SWOT-Analyse für unser bestehendes Unternehmensnetzwerk durch, um Stärken, Schwächen, Chancen und Bedrohungen zu identifizieren."*

Um-Feedback-bitten-Prompt Beispiel: *"ChatGPT, du bist nun ein erfahrener Netzwerktechniker. Ich habe einen Plan zur Aktualisierung unserer Netzwerkinfrastruktur erstellt. Bitte gib mir konstruktives Feedback und mögliche Verbesserungsvorschläge."*

Verfeinerungs-Prompt Beispiel: *"ChatGPT, du bist nun ein erfahrener Netzwerktechniker. Ich habe einen Entwurf für die Implementierung eines neuen Netzwerküberwachungssystems erstellt. Bitte hilf mir, den Plan zu verfeinern und mögliche Schwachstellen zu identifizieren."*

Zusammenfassungs-Prompt Beispiel: *"ChatGPT, du bist nun ein erfahrener Netzwerktechniker. Fasse die wichtigsten Schritte und Überlegungen zusammen, die bei der Migration von einem IPv4- zu einem IPv6-Netzwerk beachtet werden sollten."*

Office Manager/in

Office-Manager sind Fachleute, die für die Organisation und Verwaltung von Büros und administrativen Abläufen verantwortlich sind. Sie arbeiten in verschiedenen Branchen und Unternehmen und tragen dazu bei, dass Büroabläufe reibungslos und effizient funktionieren. ChatGPT kann Office-Managern auf unterschiedliche Weise unterstützen, um ihre tägliche Arbeit zu erleichtern und ihre Effizienz zu steigern.

Terminplanung und Organisation: ChatGPT kann Office-Managern helfen, Termine zu planen, Meetings zu organisieren und Ressourcen effektiv einzuteilen.

Beispiel-Prompt: *"Erstelle einen Zeitplan für ein Teammeeting mit 10 Teilnehmern und berücksichtige dabei die Verfügbarkeit der Konferenzräume."*

Dokumentenerstellung und -verwaltung: ChatGPT kann bei der Erstellung von Vorlagen, Berichten, Präsentationen und anderen Dokumenten helfen und bei der Verwaltung von Dateien und Dokumenten unterstützen.

Beispiel-Prompt: *"Entwirf eine Vorlage für ein wöchentliches Statusberichts-Update, das von Teammitgliedern ausgefüllt werden soll."*

Kommunikation und Korrespondenz: ChatGPT kann Office-Managern dabei helfen, effektive Kommunikation mit Kollegen, Kunden und Geschäftspartnern zu führen, indem es Vorschläge für Gesprächsthemen, Formulierungen oder E-Mail-Korrespondenz liefert.

Beispiel-Prompt: *"Gib mir Vorschläge für eine E-Mail, um ein Treffen mit einem potenziellen Geschäftspartner zu bestätigen."*

Recherche und Informationsbeschaffung: ChatGPT kann Office-Managern dabei helfen, sich über aktuelle Trends und Entwicklungen in ihrer Branche zu informieren und relevante Informationen und Ressourcen zu finden.

Beispiel-Prompt: *"Fasse die wichtigsten Trends im Bereich der Büroorganisation und -technologie im letzten Jahr zusammen."*

Selbstreflexion und Weiterbildung: ChatGPT kann Office-Managern bei der Selbstreflexion unterstützen, indem es Fragen generiert, die ihnen helfen, ihre eigene Arbeitsweise und Effizienz zu überdenken und zu verbessern.

Beispiel-Prompt: *"Stelle mir einige Reflexionsfragen zur Verbesserung meiner organisatorischen und administrativen Fähigkeiten im Büromanagement."*

Durch die Nutzung von ChatGPT können Office-Manager ihre täglichen Aufgaben effizienter bewältigen, ihre Arbeitsabläufe optimieren und ihre berufliche Weiterentwicklung fördern.

15 weitere Beispiel-Prompts

In diesem Abschnitt widmen wir uns dem Beruf des Office-Managers, dabei stelle ich Ihnen verschiedene Prompts und Techniken vors, die speziell auf die Bedürfnisse und Herausforderungen dieses Berufs zugeschnitten sind. Der Persona-Priming-Prompt wird am Anfang stehen, gefolgt von den ausgewählten Prompts aus den Kategorien "Allgemeine Prompt-Arten", "Ideenfindungs-Prompts", "Problemlösungs-Prompts" und "Entscheidungsfindungs-Prompts". Diese Prompts sollen Office-Managern dabei helfen, ihre Arbeitsabläufe zu optimieren, Probleme effizient zu lösen und fundierte Entscheidungen zu treffen.

Persona-Priming-Prompt Beispiel: *„ChatGPT, ich möchte, dass du die Rolle eines Office-Managers einnimmst. Du verfügst über Kenntnisse in den Bereichen Büroorganisation, Verwaltung und Kommunikation. Du bist in der Lage, Ratschläge zur effizienten Gestaltung und Führung eines Büros zu geben, einschließlich des Zeitmanagements, der Koordination von Terminen, der Zusammenarbeit mit verschiedenen Abteilungen und der Beachtung von Sicherheits- und Datenschutzvorschriften.* Geben Sie nun Ihre konkrete Anfrage als Prompt ein, indem Sie zum Beispiel schreiben: *"ChatGPT, du bist nun ein erfahrener Office-Manager. Was ...?"*

ABC-Technik-Prompt Beispiel: *"ChatGPT, du bist nun ein erfahrener Office-Manager. Bitte generiere eine Liste von Ideen zur Verbesserung der Büroorganisation, indem du die ABC-Technik anwendest, bei der du zu jedem Buchstaben des Alphabets eine Idee aufschreibst."*

Dialog-Prompt Beispiel: *"ChatGPT, du bist nun ein erfahrener Office-Manager. Führe einen Dialog zwischen einem Office-Manager und einem Mitarbeiter, um ein Problem bei der Arbeitszeitplanung zu lösen und eine Win-Win-Lösung zu finden."*

Frage-Prompt Beispiel: *"ChatGPT, du bist nun ein erfahrener Office-Manager. Stelle mir einige Fragen, die ich bei der Auswahl einer neuen Bürosoftware berücksichtigen sollte."*

Gegenargument-Prompt Beispiel: *"ChatGPT, du bist nun ein erfahrener Office-Manager. Nenne ein Gegenargument gegen die Einführung einer neuen Arbeitszeiterfassungslösung im Büro und erkläre, wie ich dieses Gegenargument entkräften kann."*

Ishikawa-Methoden-Prompt Beispiel: *"ChatGPT, du bist nun ein erfahrener Office-Manager. Erstelle ein Ishikawa-Diagramm (auch Fischgrätendiagramm genannt), um die Ursachen für wiederkehrende Verspätungen bei internen Projekten zu analysieren."*

Markdown-Format-Prompt Beispiel: *"ChatGPT, du bist nun ein erfahrener Office-Manager. Verfasse eine kurze Zusammenfassung der wöchentlichen Teamleistung in Markdown-Format, das leicht in E-Mails oder andere Kommunikationsmittel eingefügt werden kann."*

Multi-Kriterien-Analyse-(MKA)-Prompt Beispiel: *"ChatGPT, du bist nun ein erfahrener Office-Manager. Führe eine Multi-Kriterien-Analyse durch, um die beste Option für eine neue Druckerlösung im Büro zu ermitteln, indem du verschiedene Kriterien wie Kosten, Funktionalität und Umweltfreundlichkeit berücksichtigst."*

Pro-und-Contra-Prompt Beispiel: *"ChatGPT, du bist nun ein erfahrener Office-Manager. Erstelle eine Pro-und-Contra-Liste für die Entscheidung, ob das Unternehmen auf eine cloudbasierte Dokumentenverwaltung umstellen soll."*

Reframing-Prompt Beispiel: *"ChatGPT, du bist nun ein erfahrener Office-Manager. Hilf mir, eine negative Situation im Büro, wie zum Beispiel eine hohe Arbeitsbelastung, neu zu interpretieren (Reframing), um daraus mögliche positive Aspekte oder Chancen zu erkennen."*

Schritt-für-Schritt-Prompt Beispiel: *"ChatGPT, du bist nun ein erfahrener Office-Manager. Gib mir eine Schritt-für-Schritt-Anleitung, um eine effektive und übersichtliche Ablagestruktur für digitale Dokumente zu erstellen."*

SWOT-Analyse-Prompt Beispiel: *"ChatGPT, du bist nun ein erfahrener Office-Manager. Führe eine SWOT-Analyse (Stärken, Schwächen, Chancen, Bedrohungen) für die Einführung eines neuen Projektmanagement-Tools in unserem Unternehmen durch."*

Um-Feedback-bitten-Prompt Beispiel: *"ChatGPT, du bist nun ein erfahrener Office-Manager. Formuliere eine E-Mail, in der ich um Feedback von meinen Kollegen bezüglich meiner Arbeitsweise und meiner Kommunikation bitte, um mich in meiner Rolle als Office-Manager weiterzuentwickeln."*

Verfeinerungs-Prompt Beispiel: *"ChatGPT, du bist nun ein erfahrener Office-Manager. Verfeinere und verbessere den Entwurf folgenden Memos, das an alle Mitarbeiter geschickt werden soll, um sie über eine bevorstehende Änderung der Bürozeiten zu informieren ..."*

Zusammenfassungs-Prompt Beispiel: *"ChatGPT, du bist nun ein erfahrener Office-Manager. Lies den folgenden langen Bericht über die Effizienzsteigerung im Büro und fasse die wichtigsten Punkte in einer kurzen Zusammenfassung für das Management zusammen ..."*

Personalberater/in

ChatGPT kann Personalberatern und Recruitern in vielerlei Hinsicht bei ihrer täglichen Arbeit helfen, indem es Aufgaben automatisiert, den Arbeitsablauf optimiert und die Effizienz bei der Bearbeitung von Kandidatenanfragen, Lebensläufen und Stellenbeschreibungen steigert. Im Folgenden sind einige Tätigkeiten aufgeführt, bei denen ChatGPT eine wertvolle Unterstützung für Personalberater sein kann, zusammen mit konkreten Beispiel-Prompts für jede Tätigkeit:

Verfassen von Stellenanzeigen: ChatGPT kann Personalberatern helfen, ansprechende und präzise Stellenanzeigen zu erstellen, die potenzielle Kandidaten ansprechen.

Beispiel-Prompt: *"Erstelle eine Stellenanzeige für einen Softwareentwickler mit 3-5 Jahren Erfahrung in Java, Kenntnissen in agilen Methoden und Erfahrung mit Cloud-Technologien."*

Analyse von Lebensläufen: ChatGPT kann dazu verwendet werden, Lebensläufe nach relevanten Qualifikationen, Erfahrungen und Fähigkeiten zu durchsuchen und die Informationen für den Personalberater zusammenzufassen.

Beispiel-Prompt: *"Analysiere den angehängten Lebenslauf und erstelle eine Zusammenfassung der wichtigsten Qualifikationen, Erfahrungen und Fähigkeiten des Kandidaten."*

Erstellen von E-Mail-Vorlagen: ChatGPT kann Personalberatern dabei helfen, personalisierte E-Mail-Vorlagen für verschiedene Situationen zu erstellen, wie zum Beispiel Einladungen zu Vorstellungsgesprächen oder Absagen.

Beispiel-Prompt: *"Erstelle eine freundliche E-Mail-Vorlage, um Kandidaten zu einem Vorstellungsgespräch einzuladen, und betone die Wichtigkeit einer pünktlichen Ankunft."*

Vorbereiten von Interviewfragen: ChatGPT kann Personalberatern bei der Entwicklung von spezifischen und zielgerichteten Interviewfragen für verschiedene Positionen helfen.

Beispiel-Prompt: *"Generiere eine Liste von fünf technischen und fünf verhaltensorientierten Interviewfragen für einen Kandidaten, der sich für eine Position als IT-Projektmanager bewirbt."*

Bewertung von Kandidaten: ChatGPT kann verwendet werden, um Kandidaten anhand ihrer Fähigkeiten, Erfahrungen und Antworten im Interview objektiv zu bewerten und eine Rangliste der am besten geeigneten Kandidaten zu erstellen.

Beispiel-Prompt: *"Basierend auf den angehängten Lebensläufen und Interviewnotizen, erstelle eine Rangliste der Top-3-Kandidaten für die Position des Softwareentwicklers und begründe deine Auswahl."*

Durch die Nutzung von ChatGPT können Personalberater ihre Arbeitsabläufe optimieren, Zeit sparen und gleichzeitig die Qualität ihrer Arbeit erhöhen. Die Integration von KI-gestützten Tools wie ChatGPT kann dazu beitragen, die Personalbeschaffung effizienter und effektiver zu gestalten.

15 weitere Beispiel-Prompts

In diesem Abschnitt finden Sie ausgewählte Prompts und Techniken, die speziell auf die Bedürfnisse von Personalberatern zugeschnitten sind. Diese Prompts sollen Personalberatern dabei helfen, ihre Kreativität und Problemlösungsfähigkeiten zu nutzen, um effektivere Lösungen in ihrem Arbeitsalltag zu finden. Der Persona-Priming-Prompt gibt ChatGPT eine klare Richtung, indem es die Rolle eines Personalberaters einnimmt, um effektiv auf die spezifischen Anforderungen des Berufs einzugehen.

Persona-Priming-Prompt Beispiel: *"ChatGPT, ich möchte, dass du die Rolle eines Personalberaters einnimmst. Du verfügst über Kenntnisse in den Bereichen Personalmanagement, Arbeitsrecht und Mitarbeiterentwicklung. Du bist in der Lage, Ratschläge zur Personalplanung, Mitarbeiterauswahl und -bindung sowie zur Gestaltung von Arbeitsverträgen und Vergütungsstrukturen zu geben."* Geben Sie nun Ihre konkrete Anfrage als Prompt ein, indem Sie zum Beispiel schreiben: *"ChatGPT, du bist nun ein erfahrener Personalberater. Was ...?"*

ABC-Technik-Prompt Beispiel: *"ChatGPT, du bist nun ein erfahrener Personalberater. Wende die ABC-Technik an, um potenzielle Verbesserungen im*

Rekrutierungsprozess zu identifizieren, indem du die Prozesse von A bis Z durchgehst."

Dialog-Prompt Beispiel: *"ChatGPT, du bist nun ein erfahrener Personalberater. Führe einen fiktiven Dialog zwischen einem Personalberater und einem Bewerber durch, der Fragen zur Unternehmenskultur und den Karrieremöglichkeiten im Unternehmen stellt."*

Frage-Prompt Beispiel: *"ChatGPT, du bist nun ein erfahrener Personalberater. Welche Fragen sollte ein Personalberater einem Kandidaten stellen, um dessen kulturelle Passung für ein Unternehmen besser einschätzen zu können?"*

Gegenargument-Prompt Beispiel: *"ChatGPT, du bist nun ein erfahrener Personalberater. Präsentiere Gegenargumente für die Annahme, dass ein Kandidat mit hohen akademischen Qualifikationen automatisch besser für eine Position geeignet ist."*

Ideen-erfolgreich-weiterentwickeln-Prompt Beispiel: *"ChatGPT, du bist nun ein erfahrener Personalberater. Beschreibe Schritte, um eine Idee für ein neues Mitarbeiterbindungsprogramm erfolgreich weiterzuentwickeln."*

Internet-Analyse-Prompt Beispiel: *"ChatGPT, du bist nun ein erfahrener Personalberater. Analysiere online verfügbare Informationen über einen Kandidaten, um einen besseren Eindruck von dessen persönlichen und beruflichen Hintergrund zu erhalten."*

Pareto-Analyse-Prompt Beispiel: *"ChatGPT, du bist nun ein erfahrener Personalberater. Führe eine Pareto-Analyse durch, um die 20 % der Rekrutierungsaktivitäten zu identifizieren, die 80 % der erfolgreichen Einstellungen generieren."*

Pro-und-Contra-Prompt Beispiel: *"ChatGPT, du bist nun ein erfahrener Personalberater. Erstelle eine Pro-und-Contra-Liste für die Verwendung von internen gegenüber externen Personalbeschaffungsmaßnahmen."*

Reframing-Prompt Beispiel: *"ChatGPT, du bist nun ein erfahrener Personalberater. Wende Reframing an, um ein scheinbar negatives Merkmal eines Bewerbers in einen potenziellen Vorteil für das Unternehmen umzudeuten."*

Schritt-für-Schritt-Prompt Beispiel: *"ChatGPT, du bist nun ein erfahrener Personalberater. Beschreibe Schritt für Schritt, wie ein effektiver Onboarding-Prozess für neue Mitarbeiter gestaltet werden sollte."*

Sentiment-Prompt Beispiel: *"ChatGPT, du bist nun ein erfahrener Personalberater. Analysiere das Sentiment in einer E-Mail-Kommunikation zwischen einem Bewerber und einem Personalberater, um mögliche Probleme oder Bedenken des Bewerbers zu identifizieren."*

SWOT-Analyse-Prompt Beispiel: *"ChatGPT, du bist nun ein erfahrener Personalberater. Führe eine SWOT-Analyse für die Personalabteilung eines Unternehmens durch, um Stärken, Schwächen, Chancen und Risiken zu identifizieren."*

Tabellen-Format-Prompt Beispiel: *"ChatGPT, du bist nun ein erfahrener Personalberater. Erstelle eine Tabelle, um die Fähigkeiten, Erfahrungen und Qualifikationen mehrerer Kandidaten für eine bestimmte Position zu vergleichen."*

WWAD-Methode-Prompt (What's Wrong and What's Desired) Beispiel: *"ChatGPT, du bist nun ein erfahrener Personalberater. Wende die WWAD-Methode an, um ein Problem im Personalmanagement zu identifizieren und eine gewünschte Lösung zu erarbeiten."*

Personal Trainer/in

Als Personal Trainer/in kann ChatGPT in verschiedenen Bereichen eingesetzt werden, um die tägliche Arbeit zu erleichtern. Hier sind einige Tätigkeiten, bei denen ChatGPT hilfreich sein kann, zusammen mit konkreten Beispiel-Prompts:

Trainingspläne erstellen: ChatGPT kann dabei helfen, individuelle Trainingspläne für Kunden zu erstellen, indem es verschiedene Übungen und deren Anordnung vorschlägt.

Beispiel-Prompt: *"Erstelle einen 4-wöchigen Trainingsplan für einen Anfänger, der Krafttraining und Cardio kombiniert und 3 Tage pro Woche trainiert."*

Ernährungsberatung: ChatGPT kann nützliche Tipps und Ratschläge zur Ernährung geben, die auf die Bedürfnisse und Ziele des Kunden abgestimmt sind.

Beispiel-Prompt: *"Gib mir eine Liste von proteinreichen Lebensmitteln, die für einen Vegetarier geeignet sind, der Muskeln aufbauen möchte."*

Übungsanweisungen und -korrekturen: ChatGPT kann detaillierte Anweisungen zu Übungen geben und dabei helfen, häufige Fehler zu identifizieren und zu korrigieren.

Beispiel-Prompt: *"Beschreibe die korrekte Technik für Kniebeugen und nenne drei häufige Fehler, die vermieden werden sollten."*

Motivation und Unterstützung: ChatGPT kann motivierende und inspirierende Nachrichten oder Zitate generieren, um Kunden bei ihrer Fitnessreise zu unterstützen.

Beispiel-Prompt: *"Gib mir ein inspirierendes Zitat, das einen Kunden motiviert, dran zu bleiben und seine Fitnessziele zu erreichen."*

Erfolgsgeschichten und Fallstudien: ChatGPT kann Erfolgsgeschichten und Fallstudien erstellen, um potenziellen Kunden die Wirksamkeit Ihrer Trainingsmethoden zu demonstrieren.

Beispiel-Prompt: *"Schreibe eine kurze Erfolgsgeschichte über einen Kunden, der dank meiner Unterstützung als Personal Trainer 10 Kilogramm abgenommen hat."*

Durch die Anwendung von ChatGPT in diesen Bereichen können Personal Trainer/innen Zeit sparen und ihren Kunden einen besseren Service bieten. Die KI kann als wertvolles Werkzeug dienen, um maßgeschneiderte Lösungen für jeden Kunden zu entwickeln und gleichzeitig die eigene Expertise zu erweitern.

15 weitere Beispiel-Prompts

In diesem Abschnitt finden Sie eine Liste von ausgewählten Prompt-Arten und Techniken, die speziell für den Beruf eines Personal Trainers angepasst wurden. Diese Prompts sollen Ihnen dabei helfen, die Möglichkeiten von ChatGPT in Ihrem Beruf optimal zu nutzen und Ihren Arbeitsalltag zu erleichtern. Zunächst beginnen wir mit dem Persona-Priming-Prompt, der ChatGPT in die Rolle eines Personal Trainers versetzt. Anschließend folgen die ausgewählten Techniken und Prompts in alphabetischer Reihenfolge, jeweils mit einem konkreten Beispiel für die Anwendung im Berufsalltag eines Personal Trainers.

Persona-Priming-Prompt Beispiel: *"ChatGPT, ich möchte, dass du die Rolle eines Personal Trainers einnimmst. Du verfügst über Kenntnisse in den Bereichen Fitness, Ernährung und menschliche Anatomie. Du bist in der Lage, individuelle Trainingspläne zu erstellen, Übungen und Techniken zu demonstrieren und Ratschläge zur Erreichung von persönlichen Fitnesszielen zu geben."* Geben Sie nun Ihre konkrete Anfrage als Prompt ein, indem Sie zum Beispiel schreiben: *"ChatGPT, du bist nun ein erfahrener Personal Trainer. Was ...?"*

6-Hüte-Methoden-Prompt Beispiel: *"ChatGPT, du bist nun ein erfahrener Personal Trainer. Verwende die 6-Hüte-Methode, um verschiedene Perspektiven zur Verbesserung der Trainingsleistung eines Kunden zu analysieren."*

Dialog-Prompt Beispiel: *"ChatGPT, du bist nun ein erfahrener Personal Trainer. Führe einen simulierten Dialog mit einem Kunden, der Schwierigkeiten hat, sich für ein regelmäßiges Training zu motivieren."*

Frage-Prompt Beispiel: *"ChatGPT, du bist nun ein erfahrener Personal Trainer. Welche Fragen sollte ich einem Kunden stellen, um herauszufinden, welche Fitnessziele er erreichen möchte und welche körperlichen Einschränkungen er hat?"*

Gegenargument-Prompt Beispiel: *"ChatGPT, du bist nun ein erfahrener Personal Trainer. Gib mir ein Gegenargument für jemanden, der behauptet, dass Personal Training zu teuer ist und keinen Mehrwert bietet."*

Markdown-Format-Prompt Beispiel: *"ChatGPT, du bist nun ein erfahrener Personal Trainer. Erstelle im Markdown-Format einen Trainingsplan für jemanden, der in 12 Wochen einen Halbmarathon laufen möchte."*

Multi-Kriterien-Analyse-(MKA)-Prompt Beispiel: *"ChatGPT, du bist nun ein erfahrener Personal Trainer. Führe eine Multi-Kriterien-Analyse durch, um die besten Cardio-Übungen für einen Kunden auszuwählen, der sein Herz-Kreislauf-System stärken möchte."*

Pareto-Analyse-Prompt Beispiel: *"ChatGPT, du bist nun ein erfahrener Personal Trainer. Führe eine Pareto-Analyse durch, um die 20% der Übungen zu identifizieren, die 80% der Ergebnisse für jemanden erzielen, der Kraft und Muskelmasse aufbauen möchte."*

Pro-und-Contra-Prompt Beispiel: *"ChatGPT, du bist nun ein erfahrener Personal Trainer. Erstelle eine Pro-und-Contra-Liste für die Verwendung von freien Gewichten gegenüber Maschinen beim Krafttraining."*

Reframing-Prompt Beispiel: *"ChatGPT, du bist nun ein erfahrener Personal Trainer. Verwende das Reframing, um eine Situation neu zu interpretieren, in der ein Kunde frustriert ist, weil er seine Fitnessziele nicht so schnell erreicht, wie er es sich erhofft hatte."*

Schritt-für-Schritt-Prompt Beispiel: *"ChatGPT, du bist nun ein erfahrener Personal Trainer. Gib mir eine Schritt-für-Schritt-Anleitung zum korrekten Ausführen einer Kettlebell-Swing-Übung."*

Sentiment-Prompt Beispiel: *"ChatGPT, du bist nun ein erfahrener Personal Trainer. Analysiere das Sentiment in den Trainings- und Ernährungsprotokollen eines Kunden, um herauszufinden, wie motiviert und engagiert er bei seinem Fitnessprogramm ist."*

SWOT-Analyse-Prompt Beispiel: *"ChatGPT, du bist nun ein erfahrener Personal Trainer. Führe eine SWOT-Analyse für mein Personal-Training-Geschäft durch, um Stärken, Schwächen, Chancen und Bedrohungen zu identifizieren."*

Tabellen-Format-Prompt Beispiel: *"ChatGPT, du bist nun ein erfahrener Personal Trainer. Erstelle im Tabellenformat einen vergleichenden Überblick über verschiedene Trainingsmethoden zur Verbesserung der Ausdauerleistung."*

WWAD-Methode-Prompt (What's Wrong and What's Desired) Beispiel: *"ChatGPT, du bist nun ein erfahrener Personal Trainer. Wende die WWAD-Methode an, um zu analysieren, was bei einem Kunden, der seine Laufgeschwindigkeit verbessern möchte, nicht gut funktioniert und was er erreichen möchte."*

Pharmazeut/in

ChatGPT-Anwendungen zur Erleichterung der täglichen Arbeit

Interaktionen und Nebenwirkungen: ChatGPT kann bei der Identifizierung von möglichen Wechselwirkungen zwischen verschiedenen Medikamenten oder Nebenwirkungen helfen. Dies kann dazu beitragen, sicherzustellen, dass Patienten die richtige Medikation erhalten.

Beispiel-Prompt: *"Welche möglichen Wechselwirkungen können auftreten, wenn Patient A die Medikamente X, Y und Z gleichzeitig einnimmt?"*

Patientenaufklärung und Beratung: Pharmazeuten können ChatGPT nutzen, um Informationsmaterial für Patienten zu erstellen oder um schnell und präzise Antworten auf häufig gestellte Fragen zu finden.

Beispiel-Prompt: *"Erstelle einen kurzen Informationsflyer über die Anwendung und mögliche Nebenwirkungen von Medikament A für Patienten."*

Rezeptprüfung und Dosierung: ChatGPT kann als Hilfsmittel bei der Überprüfung von Rezepten und der Berechnung der richtigen Dosierung für individuelle Patienten eingesetzt werden.

Beispiel-Prompt: *"Berechne die empfohlene Dosierung von Medikament B für einen 70 kg schweren Patienten mit einer Tagesdosis von 5 mg/kg."*

Pharmakovigilanz und Risikomanagement: ChatGPT kann dazu beitragen, Informationen über unerwünschte Arzneimittelwirkungen oder Sicherheitsrisiken zu sammeln und auszuwerten, um die Qualität und Sicherheit von Arzneimitteln zu gewährleisten.

Beispiel-Prompt: *"Analysiere die Meldungen von unerwünschten Arzneimittelwirkungen für Medikament C und identifiziere mögliche Muster oder Sicherheitsbedenken."*

Fachartikel und Studien: Pharmazeuten können ChatGPT verwenden, um Literaturrecherchen durchzuführen, Zusammenfassungen von Fachartikeln zu erstellen oder sogar bei der Formulierung von eigenen Studien und Publikationen zu unterstützen.

Beispiel-Prompt: *"Fasse die wichtigsten Erkenntnisse aus der Studie 'Efficacy and safety of drug D in the treatment of chronic pain' zusammen."*

Durch die Nutzung von ChatGPT in verschiedenen Bereichen der pharmazeutischen Praxis können Pharmazeuten ihre Arbeitsabläufe effizienter gestalten und letztendlich zu einer besseren Patientenversorgung beitragen.

15 weitere Prompt-Beispiele

In diesem Abschnitt konzentrieren wir uns auf die Anwendung von ChatGPT im Beruf des Pharmazeuten. Ich beginne mit einem Persona-Priming-Prompt, um ChatGPT auf die Rolle eines erfahrenen Pharmazeuten einzustimmen, und präsentiere dann verschiedene Prompts und Techniken, die auf die spezifischen Bedürfnisse dieses Berufsfelds zugeschnitten sind. Diese Prompts decken Bereiche wie allgemeine Prompt-Arten, Ideenfindung, Problemlösung und Entscheidungsfindung ab, um eine umfassende Palette von Anwendungen für den Pharmazeuten zu bieten.

Persona-Priming-Prompt Beispiel: *"ChatGPT, ich möchte, dass du die Rolle eines Pharmazeuten einnimmst. Du verfügst über Kenntnisse in den Bereichen Pharmakologie, Medikamentenmanagement und Arzneimittelsicherheit. Du bist in der Lage, Ratschläge zur Auswahl, Anwendung und Wechselwirkungen von Medikamenten zu geben, einschließlich der Berücksichtigung von Kontraindikationen, Nebenwirkungen und individuellen Bedürfnissen der Patienten."* Geben Sie nun Ihre konkrete Anfrage als Prompt ein, indem Sie zum Beispiel schreiben: *"ChatGPT, du bist nun ein erfahrener Pharmazeut. Was ...?"*

6-Hüte-Methoden-Prompt Beispiel: *"ChatGPT, du bist nun ein erfahrener Pharmazeut. Wende die 6-Hüte-Methode an, um verschiedene Perspektiven auf die Einführung eines neuen Medikaments in der Apotheke zu untersuchen."*

Frage-Prompt Beispiel: *"ChatGPT, du bist nun ein erfahrener Pharmazeut. Wie unterscheidet sich die Anwendung von Medikament X bei Patienten mit eingeschränkter Nierenfunktion im Vergleich zu Patienten ohne Nierenfunktionsstörungen?"*

Ishikawa-Methoden-Prompt Beispiel: *"ChatGPT, du bist nun ein erfahrener Pharmazeut. Erstelle ein Ishikawa-Diagramm, um die möglichen Ursachen* *für eine erhöhte Anzahl von Medikationsfehlern in der Apotheke zu identifizieren."*

Markdown-Format-Prompt Beispiel: *"ChatGPT, du bist nun ein erfahrener Pharmazeut. Erstelle eine Liste im Markdown-Format mit den wichtigsten Punkten zur Beratung von Patienten über die Verwendung von Medikament Y."*

Multi-Kriterien-Analyse-(MKA)-Prompt Beispiel: *"ChatGPT, du bist nun ein erfahrener Pharmazeut. Führe eine Multi-Kriterien-Analyse durch, um die beste Option für die Behandlung von Patienten mit Typ-2-Diabetes unter Berücksichtigung von Wirksamkeit, Nebenwirkungen und Kosten zu ermitteln."*

Pareto-Analyse-Prompt Beispiel: *"ChatGPT, du bist nun ein erfahrener Pharmazeut. Führe eine Pareto-Analyse durch, um die häufigsten Ursachen von Medikationsfehlern in der Apotheke zu identifizieren und Prioritäten für Verbesserungsmaßnahmen zu setzen."*

Pro-und-Contra-Prompt Beispiel: *"ChatGPT, du bist nun ein erfahrener Pharmazeut. Liste die Vorteile und Nachteile der Verwendung von Medikament Z bei der Behandlung von Bluthochdruck auf."*

Reframing-Prompt Beispiel: *"ChatGPT, du bist nun ein erfahrener Pharmazeut. Versuche, das Problem der Non-Adhärenz bei Patienten, die Medikament A einnehmen, neu zu formulieren, um innovative Lösungsansätze zu finden."*

Schritt-für-Schritt-Prompt Beispiel: *"ChatGPT, du bist nun ein erfahrener Pharmazeut. Beschreibe Schritt für Schritt, wie man die korrekte Dosierung von Medikament B für einen 60 kg schweren Patienten berechnet."*

Sentiment-Prompt Beispiel: *"ChatGPT, du bist nun ein erfahrener Pharmazeut. Analysiere das Sentiment von Kundenbewertungen für Medikament C, um mögliche Muster in den Erfahrungen und Meinungen der Patienten zu identifizieren."*

SWOT-Analyse-Prompt Beispiel: *"ChatGPT, du bist nun ein erfahrener Pharmazeut. Führe eine SWOT-Analyse durch, um die Stärken, Schwächen,*

Chancen und Bedrohungen für die Einführung eines neuen Medikaments zur Behandlung von Migräne in der Apotheke zu ermitteln."

Tabellen-Format-Prompt Beispiel: *"ChatGPT, du bist nun ein erfahrener Pharmazeut. Erstelle eine Tabelle, die die Dosierungsanpassungen für Medikament D bei Patienten mit verschiedenen Nierenfunktionsstörungen zeigt."*

Verfeinerungs-Prompt Beispiel: *"ChatGPT, du bist nun ein erfahrener Pharmazeut. Verfeinere den Text des folgenden Informationsblatts über Medikament E, um es verständlicher und ansprechender für Patienten zu gestalten."*

Zusammenfassungs-Prompt Beispiel: *"ChatGPT, du bist nun ein erfahrener Pharmazeut. Fasse die wichtigsten Informationen aus dem Beipackzettel von Medikament F zusammen, um Patienten einen schnellen Überblick über die Anwendung und möglichen Nebenwirkungen zu geben."*

Physiotherapeut/in

ChatGPT kann Physiotherapeuten bei verschiedenen Tätigkeiten unterstützen, um ihre tägliche Arbeit effizienter zu gestalten. Hier sind einige Beispiele, wie ChatGPT in der Physiotherapie eingesetzt werden kann:

Therapieplanung: ChatGPT kann dabei helfen, individuelle Therapiepläne für Patienten zu erstellen, indem es auf Basis der Patienteninformationen und Diagnosen passende Übungen vorschlägt.

Beispiel-Prompt: *"Erstelle einen Therapieplan für einen 45-jährigen Mann mit chronischen Rückenschmerzen im Lendenwirbelbereich, der vorwiegend im Büro arbeitet."*

Übungsbeschreibungen: ChatGPT kann detaillierte Beschreibungen von Übungen liefern, um Patienten besser zu erklären, wie sie diese korrekt ausführen können.

Beispiel-Prompt: *"Beschreibe die korrekte Ausführung einer Brückenübung zur Stärkung der unteren Rückenmuskulatur."*

Patientenaufklärung: ChatGPT kann Physiotherapeuten dabei unterstützen, leicht verständliche Informationen und Ratschläge für Patienten zu erstellen, um ihnen bei der Genesung und Prävention von Verletzungen zu helfen.

Beispiel-Prompt: *"Erkläre einem Patienten mit einer Verstauchung im Sprunggelenk, wie er seine Heilung unterstützen und zukünftige Verletzungen vermeiden kann."*

Fortbildung: ChatGPT kann als Ressource für die kontinuierliche berufliche Weiterentwicklung dienen, indem es Informationen zu aktuellen Forschungsergebnissen, Techniken und Therapieansätzen liefert.

Beispiel-Prompt: *"Fasse die neuesten Forschungsergebnisse zum Thema ... bei der Behandlung von Myofaszialen Triggerpunkten zusammen."*

Dokumentation: ChatGPT kann Physiotherapeuten dabei unterstützen, ihre Dokumentation effizienter zu gestalten, indem es hilft, Behandlungsverläufe, Notizen und Berichte zu verfassen.

Beispiel-Prompt: *"Verfasse einen kurzen Bericht über den Behandlungsverlauf eines Patienten mit einer Frozen Shoulder, der seit 6 Wochen in physiotherapeutischer Behandlung ist."*

Mit der Anwendung von ChatGPT in der Physiotherapie können Zeit und Ressourcen effizienter genutzt und das Patientenmanagement verbessert werden. Durch die Nutzung von Beispiel-Prompts können Physiotherapeuten ihre Arbeitsabläufe optimieren und ihre Patienten besser unterstützen.

15 weitere Beispiel-Prompts

Im folgenden Abschnitt finden Sie ausgewählte Prompt-Arten und Kreativtechniken, die speziell für den Beruf des Physiotherapeuten konzipiert wurden. Diese Prompts sollen Ihnen helfen, ChatGPT effektiv in Ihrem Arbeitsalltag einzusetzen. Die Techniken und Prompts sind alphabetisch geordnet. Bevor Sie mit den spezifischen Prompts beginnen, empfehlen wir Ihnen, den Persona-Priming-Prompt zu verwenden, um ChatGPT auf die Rolle eines erfahrenen Physiotherapeuten einzustimmen.

Persona-Priming-Prompt Beispiel: *"ChatGPT, ich möchte, dass du die Rolle eines Physiotherapeuten einnimmst. Du verfügst über Kenntnisse in den*

Bereichen Bewegungstherapie, Rehabilitation und menschliche Anatomie. Du bist in der Lage, Ratschläge zur Behandlung von Verletzungen und Erkrankungen des Bewegungsapparates zu geben, einschließlich der Anwendung von manuellen Techniken, Übungen und Hilfsmitteln." Geben Sie nun Ihre konkrete Anfrage als Prompt ein, indem Sie zum Beispiel schreiben: *"ChatGPT, du bist nun ein erfahrener Physiotherapeut. Was ...?"*

6-Hüte-Methoden-Prompt Beispiel: *"ChatGPT, du bist nun ein erfahrener Physiotherapeut. Führe eine 6-Hüte-Methode durch, um verschiedene Perspektiven bei der Behandlung eines Patienten mit einer Rotatorenmanschettenverletzung zu berücksichtigen."*

ABC-Technik-Prompt Beispiel: *"ChatGPT, du bist nun ein erfahrener Physiotherapeut. Nutze die ABC-Technik, um Ideen für neue Übungen zur Verbesserung der Beweglichkeit bei Patienten mit Arthrose zu generieren."*

Frage-Prompt Beispiel: *"ChatGPT, du bist nun ein erfahrener Physiotherapeut. Wie kann man die Durchblutung in den Beinen verbessern, um Schwellungen nach einer Knieoperation zu reduzieren?"*

Ishikawa-Methoden-Prompt Beispiel: *"ChatGPT, du bist nun ein erfahrener Physiotherapeut. Erstelle ein Ishikawa-Diagramm, um mögliche Ursachen für die eingeschränkte Beweglichkeit eines Patienten nach einer Hüftoperation zu identifizieren."*

Multi-Kriterien-Analyse-(MKA)-Prompt Beispiel: *"ChatGPT, du bist nun ein erfahrener Physiotherapeut. Führe eine Multi-Kriterien-Analyse durch, um die besten Therapieoptionen für einen Patienten mit chronischen Rückenschmerzen zu ermitteln."*

Pro-und-Contra-Prompt Beispiel: *"ChatGPT, du bist nun ein erfahrener Physiotherapeut. Erstelle eine Pro-und-Contra-Liste für die Verwendung von Elektrostimulation bei der Behandlung von Muskelverspannungen."*

Reframing-Prompt Beispiel: *"ChatGPT, du bist nun ein erfahrener Physiotherapeut. Reframe das Problem der mangelnden Compliance bei Patienten, die an einer langwierigen Rehabilitation nach einem Schlaganfall teilnehmen, um neue Lösungsansätze zu finden."*

SAMPER-Methoden-Prompt Beispiel: *"ChatGPT, du bist nun ein erfahrener Physiotherapeut. Wende die SAMPER-Methode an, um die richtigen Schritte für die Rehabilitation eines Patienten mit einem Bandscheibenvorfall zu identifizieren."*

Schritt-für-Schritt-Prompt Beispiel: *"ChatGPT, du bist nun ein erfahrener Physiotherapeut. Beschreibe Schritt für Schritt, wie man eine effektive Dehnübung für den Hüftbeuger durchführt."*

SCORE-Methoden-Prompt Beispiel: *"ChatGPT, du bist nun ein erfahrener Physiotherapeut. Verwende die SCORE-Methode, um die Bedürfnisse und Ziele eines Patienten mit einer Schulterluxation zu analysieren."*

SWOT-Analyse-Prompt Beispiel: *"ChatGPT, du bist nun ein erfahrener Physiotherapeut. Führe eine SWOT-Analyse für deine Physiotherapiepraxis durch, um Stärken, Schwächen, Chancen und Bedrohungen zu identifizieren."*

Tabellen-Format-Prompt Beispiel: *"ChatGPT, du bist nun ein erfahrener Physiotherapeut. Erstelle eine Tabelle, in der du verschiedene Übungen für Patienten mit einer Kniegelenksarthrose auflistest, unterteilt nach Schwierigkeitsgrad und Zielbereich."*

Umkehr-Brainstorming-Prompt Beispiel: *"ChatGPT, du bist nun ein erfahrener Physiotherapeut. Wende das Umkehr-Brainstorming an, um herauszufinden, welche Faktoren die Heilung eines Patienten mit einer Achillessehnenentzündung verlangsamen könnten."*

Walt-Disney-Strategie-Prompt Beispiel: *"ChatGPT, du bist nun ein erfahrener Physiotherapeut. Nutze die Walt-Disney-Strategie, um kreative Ansätze zur Förderung der Eigenverantwortung von Patienten bei der Durchführung ihrer Übungen zu entwickeln."*

PR-Manager/in

ChatGPT kann PR-Managern bei einer Vielzahl von Tätigkeiten helfen, ihre tägliche Arbeit effizienter und kreativer zu gestalten. Hier sind einige Beispiele, wie ChatGPT konkret eingesetzt werden kann:

Erstellung von Pressemitteilungen: ChatGPT kann dabei helfen, Pressemitteilungen schnell und präzise zu verfassen.

Beispiel-Prompt: *"Schreibe eine Pressemitteilung für die Einführung eines neuen nachhaltigen Produkts unserer Firma."*

Content-Planung: ChatGPT kann bei der Planung von Social-Media-Inhalten, Blogposts und anderen Kommunikationskanälen unterstützen.

Beispiel-Prompt: *"Erstelle einen Content-Plan für unseren Instagram-Account für den kommenden Monat zum Thema Nachhaltigkeit."*

Medienmonitoring: ChatGPT kann bei der Analyse von Artikeln und Berichten über das Unternehmen und seine Produkte helfen.

Beispiel-Prompt: *"Analysiere diesen Artikel über unser neuestes Produkt und fasse die wichtigsten Punkte zusammen."*

Recherche: ChatGPT kann dabei helfen, Informationen über Wettbewerber, Branchentrends und Zielgruppen zu sammeln.

Beispiel-Prompt: *"Recherchiere die neuesten Trends im Bereich nachhaltiger Verpackungen."*

Eventplanung: ChatGPT kann bei der Organisation von Veranstaltungen und der Erstellung von Einladungen und Veranstaltungsmaterialien unterstützen.

Beispiel-Prompt: *"Entwerfe eine Einladung für die Eröffnung unserer neuen nachhaltigen Produktionsstätte."*

Krisenkommunikation: ChatGPT kann bei der Erstellung von Statements und der Formulierung von Antworten auf kritische Fragen helfen.

Beispiel-Prompt: *"Wie sollte unser Unternehmen auf die Kritik an der Umweltverträglichkeit unserer Verpackungen reagieren?"*

Analyse von Zielgruppen: ChatGPT kann dabei helfen, die Bedürfnisse und Interessen der Zielgruppen besser zu verstehen und darauf abgestimmte Kommunikationsstrategien zu entwickeln.

Beispiel-Prompt: *"Beschreibe die wichtigsten Merkmale unserer Zielgruppe, die an nachhaltigen Produkten interessiert ist."*

Durch den Einsatz von ChatGPT können PR-Manager ihre Arbeitsabläufe optimieren, kreative Lösungen entwickeln und effektiv auf die Bedürfnisse ihrer Zielgruppen eingehen.

15 weitere Beispiel-Prompts

In diesem Abschnitt finden Sie maßgeschneiderte Prompts und Techniken für PR-Manager, die auf den zuvor aufgelisteten allgemeinen Prompt-Arten, Ideenfindungs-Prompts, Problemlösungs-Prompts und Entscheidungsfindungs-Prompts basieren. Diese Prompts sollen PR-Managern dabei helfen, das Potenzial von ChatGPT für ihre beruflichen Herausforderungen voll auszuschöpfen. Beginnen Sie zunächst mit dem Persona-Priming-Prompt, um ChatGPT in die Rolle eines PR-Managers zu versetzen, und nutzen Sie dann die folgenden spezifischen Prompts für Ihre individuellen Anforderungen.

Persona-Priming-Prompt Beispiel: *"ChatGPT, ich möchte, dass du die Rolle eines PR-Managers einnimmst. Du verfügst über Kenntnisse in den Bereichen Öffentlichkeitsarbeit, Kommunikation und Medien. Du bist in der Lage, Ratschläge zur Planung und Durchführung von PR-Kampagnen, zur Zusammenarbeit mit Medien und zur Gestaltung von Kommunikationsmaterialien zu geben."* Geben Sie nun Ihre konkrete Anfrage als Prompt ein, indem Sie zum Beispiel schreiben: *"ChatGPT, du bist nun ein erfahrener PR-Manager. Was ...?"*

5-Why-Verfahren-Prompt Beispiel: *"ChatGPT, du bist nun ein erfahrener PR-Manager. Wende das 5-Why-Verfahren an, um die Ursache für den Rückgang der Medienpräsenz unseres Unternehmens in den letzten Monaten zu ermitteln."*

6-Hüte-Methoden-Prompt Beispiel: *"ChatGPT, du bist nun ein erfahrener PR-Manager. Nutze die 6-Hüte-Methode, um verschiedene Perspektiven bei der Planung einer PR-Kampagne für unser neues Produkt zu betrachten."*

ABC-Technik-Prompt Beispiel: *"ChatGPT, du bist nun ein erfahrener PR-Manager. Verwende die ABC-Technik, um Ideen für Social-Media-Beiträge zu generieren, die unsere Marke in einem positiven Licht darstellen."*

Dialog-Prompt Beispiel: *"ChatGPT, du bist nun ein erfahrener PR-Manager. Führe einen simulierten Dialog zwischen unserem Unternehmen und einem* *unzufriedenen Kunden durch, um effektive Kommunikationsstrategien für solche Situationen zu entwickeln."*

Frage-Prompt Beispiel: *"ChatGPT, du bist nun ein erfahrener PR-Manager. Stelle eine Liste von 10 Fragen zusammen, die Journalisten uns bei der Pressekonferenz zu unserem neuen Produkt stellen könnten."*

Gegenargument-Prompt Beispiel: *"ChatGPT, du bist nun ein erfahrener PR-Manager. Entwickle ein Gegenargument für die Kritik, dass unser Unternehmen nicht genug für die Umwelt tut."*

Markdown-Format-Prompt Beispiel: *"ChatGPT, du bist nun ein erfahrener PR-Manager. Erstelle einen Blogpost im Markdown-Format, der die Vorteile unseres neuesten umweltfreundlichen Produkts hervorhebt."*

Multi-Kriterien-Analyse-(MKA)-Prompt Beispiel: *"ChatGPT, du bist nun ein erfahrener PR-Manager. Führe eine Multi-Kriterien-Analyse durch, um die besten Kommunikationskanäle für unsere nächste PR-Kampagne zu identifizieren."*

Pro-und-Contra-Prompt Beispiel: *"ChatGPT, du bist nun ein erfahrener PR-Manager. Erstelle eine Pro-und-Contra-Liste für die Entscheidung, ob wir Influencer-Marketing für die Bewerbung unseres neuen Produkts einsetzen sollen."*

Reframing-Prompt Beispiel: *"ChatGPT, du bist nun ein erfahrener PR-Manager. Wende die Reframing-Technik an, um eine negative Medienberichterstattung über unser Unternehmen in eine Chance für Verbesserung und Wachstum umzuwandeln."*

SWOT-Analyse-Prompt Beispiel: *"ChatGPT, du bist nun ein erfahrener PR-Manager. Führe eine SWOT-Analyse für unsere PR-Strategie durch, um Stärken, Schwächen, Chancen und Risiken zu identifizieren."*

Tabellen-Format-Prompt Beispiel: *"ChatGPT, du bist nun ein erfahrener PR-Manager. Erstelle eine Tabelle im Tabellenformat, die die wichtigsten Kennzahlen für unsere Social-Media-Plattformen in den letzten drei Monaten zusammenfasst."*

Um-Feedback-bitten-Prompt Beispiel: *"ChatGPT, du bist nun ein erfahrener PR-Manager. Bitte um Feedback zu unserer aktuellen PR-Strategie und schlage auf Basis dieses Feedbacks Verbesserungen vor."*

Walt-Disney-Strategie-Prompt Beispiel: *"ChatGPT, du bist nun ein erfahrener PR-Manager. Wende die Walt-Disney-Strategie an, um eine kreative und innovative PR-Kampagne für unser Unternehmen zu entwickeln."*

Produktionsleiter/in

Als Produktionsleiter/in sind Sie verantwortlich für die Planung, Steuerung und Optimierung von Produktionsprozessen. ChatGPT kann Ihnen bei verschiedenen Tätigkeiten helfen, um Ihre tägliche Arbeit effizienter zu gestalten.

Produktionsplanung und -optimierung: ChatGPT kann Ihnen dabei helfen, Produktionsabläufe zu analysieren und Optimierungsvorschläge zu erarbeiten.

Beispiel-Prompt: *"Analysiere die folgenden Produktionsabläufe und gib mir Vorschläge, wie wir die Effizienz steigern können: [Beschreibung der Produktionsabläufe]"*

Mitarbeitermanagement: Mit ChatGPT können Sie effektive Kommunikation mit Ihren Mitarbeitern fördern, indem Sie beispielsweise passende E-Mails oder Ansprachen verfassen.

Beispiel-Prompt: *"Verfasse eine E-Mail an meine Mitarbeiter, um sie über die bevorstehende Umstellung auf eine neue Produktionslinie zu informieren."*

Qualitätsmanagement: ChatGPT kann Ihnen dabei helfen, Qualitätsprobleme zu analysieren und Lösungen zu entwickeln.

Beispiel-Prompt: *"Wir haben eine erhöhte Anzahl von Fehlern in der Produktionslinie festgestellt. Welche möglichen Ursachen könnten dafür verantwortlich sein und wie können wir diese beheben?"*

Lieferantenmanagement: Nutzen Sie ChatGPT, um effektive Kommunikation mit Lieferanten zu führen, Angebote einzuholen und Vergleiche durchzuführen.

Beispiel-Prompt: *"Erstelle eine Anfrage für ein Angebot von Lieferanten für folgende Materialien: [Liste der benötigten Materialien]"*

Analyse von Produktionsdaten: ChatGPT kann Ihnen bei der Auswertung von Produktionsdaten unterstützen und Ihnen helfen, Trends und Muster zu erkennen.

Beispiel-Prompt: *"Analysiere die folgenden Produktionsdaten [Daten einfügen] und identifiziere mögliche Trends und Muster, die auf Verbesserungspotenzial hindeuten."*

Durch die Verwendung von ChatGPT in Ihrem Berufsalltag als Produktionsleiter/in können Sie Ihre Arbeitsabläufe optimieren und somit Ihre Effizienz und Produktivität steigern.

15 weitere Prompt-Beispiele

In diesem Abschnitt finden Sie verschiedene Prompt-Arten und Techniken, die speziell für den Beruf des Produktionsleiters ausgewählt wurden. Durch die Verwendung dieser Prompts können Sie Ihre Arbeitsabläufe optimieren und somit Ihre Effizienz und Produktivität steigern. Beginnen Sie mit dem Persona-Priming-Prompt, um ChatGPT auf die Rolle eines Produktionsleiters einzustellen, und verwenden Sie dann die folgenden spezifischen Prompts für Ihre individuellen Aufgaben und Anforderungen.

Persona-Priming-Prompt Beispiel: *"ChatGPT, ich möchte, dass du die Rolle eines Produktionsleiters einnimmst. Du verfügst über Kenntnisse in den Bereichen Produktionsmanagement, Fertigungstechnologien und Qualitätskontrolle. Du bist in der Lage, Ratschläge zur Planung, Steuerung und Überwachung von Produktionsprozessen zu geben, einschließlich der Optimierung von Abläufen, der Einhaltung von Sicherheitsstandards und der Budgetkontrolle."* Geben Sie nun Ihre konkrete Anfrage als Prompt ein, indem Sie zum Beispiel schreiben: *"ChatGPT, du bist nun ein erfahrener Produktionsleiter. Was ...?"*

5-Why-Verfahren-Prompt Beispiel: *"ChatGPT, du bist nun ein erfahrener Produktionsleiter. Führe das 5-Why-Verfahren durch, um die Ursache für den Anstieg der Ausschussrate in unserer Produktionslinie zu ermitteln."*

6-Hüte-Methode-Prompt Beispiel: *"ChatGPT, du bist nun ein erfahrener Produktionsleiter. Nutze die 6-Hüte-Methode, um mögliche Lösungen für die Verbesserung unserer Produktionslinie zu erarbeiten."*

ABC-Technik-Prompt Beispiel: *"ChatGPT, du bist nun ein erfahrener Produktionsleiter. Verwende die ABC-Technik, um Prioritäten für die Umsetzung von Verbesserungen in unserer Produktionsanlage zu setzen."*

Dialog-Prompt Beispiel: *"ChatGPT, du bist nun ein erfahrener Produktionsleiter. Führe einen simulierten Dialog zwischen mir und einem Mitarbeiter durch, der Bedenken bezüglich der Sicherheit unserer Produktionsanlage hat."*

Ishikawa-Methode-Prompt Beispiel: *"ChatGPT, du bist nun ein erfahrener Produktionsleiter. Erstelle ein Ishikawa-Diagramm, um die potenziellen Ursachen für die Verzögerungen in unserer Produktionslinie zu identifizieren."*

Lateral-Thinking-Prompt Beispiel: *"ChatGPT, du bist nun ein erfahrener Produktionsleiter. Verwende das laterale Denken, um kreative Lösungen für die Steigerung der Effizienz in unserer Produktionsanlage zu finden."*

Markdown-Format-Prompt Beispiel: *"ChatGPT, du bist nun ein erfahrener Produktionsleiter. Erstelle eine Liste der wichtigsten Sicherheitsstandards, die in unserer Produktionsanlage eingehalten werden müssen, im Markdown-Format."*

Multi-Kriterien-Analyse-(MKA)-Prompt Beispiel: *"ChatGPT, du bist nun ein erfahrener Produktionsleiter. Führe eine Multi-Kriterien-Analyse durch, um die besten Optionen für den Kauf neuer Maschinen für unsere Produktionslinie zu bewerten."*

Pareto-Analyse-Prompt Beispiel: *"ChatGPT, du bist nun ein erfahrener Produktionsleiter. Verwende die Pareto-Analyse, um die wichtigsten Ursachen für Produktionsausfälle in unserer Anlage zu identifizieren."*

Pro-und-Contra-Prompt Beispiel: *"ChatGPT, du bist nun ein erfahrener Produktionsleiter. Erstelle eine Pro-und-Contra-Liste für die Entscheidung, ob wir in eine neue Fertigungstechnologie investieren sollen."*

Reframing-Prompt Beispiel: *"ChatGPT, du bist nun ein erfahrener Produktionsleiter. Nutze das Reframing, um unser aktuelles Problem mit hohen Lagerbeständen aus einer anderen Perspektive zu betrachten und mögliche Lösungen zu finden."*

SWOT-Analyse-Prompt Beispiel: *"ChatGPT, du bist nun ein erfahrener Produktionsleiter. Führe eine SWOT-Analyse unserer Produktionsabteilung durch, um Stärken, Schwächen, Chancen und Risiken zu identifizieren."*

Verfeinerungs-Prompt Beispiel: *"ChatGPT, du bist nun ein erfahrener Produktionsleiter. Verfeinere den folgenden Entwurf eines Standardarbeitsablaufs für unsere Produktionslinie: [Entwurf des Arbeitsablaufs einfügen]"*

WWAD-Methode-Prompt (What's Wrong and What's Desired) Beispiel: *"ChatGPT, du bist nun ein erfahrener Produktionsleiter. Verwende die WWAD-Methode, um zu analysieren, was in unserer Produktionslinie falsch läuft und was wir erreichen möchten, um die Situation zu verbessern."*

Produktmanager/in

Als Produktmanager/in tragen Sie die Verantwortung für die erfolgreiche Entwicklung und Vermarktung von Produkten. Die tägliche Arbeit umfasst vielfältige Aufgaben wie das Erstellen von Produktanforderungen, die Kommunikation mit verschiedenen Abteilungen, die Analyse von Marktforschungsdaten und das Erstellen von Präsentationen. ChatGPT kann Ihnen dabei helfen, diese Aufgaben effizienter zu bewältigen. Hier sind einige Beispiele für Tätigkeiten, bei denen ChatGPT Ihnen helfen kann:

Erstellen von Produktanforderungen: ChatGPT kann Ihnen helfen, klare und präzise Anforderungen für Ihr Produkt zu formulieren, indem es Ihre Ideen in verständliche und gut strukturierte Sätze umwandelt.

Beispiel-Prompt: *"Hilf mir, die Anforderungen für ein neues umweltfreundliches Reinigungsprodukt zu formulieren, das sicher für Haustiere ist und keine schädlichen Chemikalien enthält."*

Analyse von Marktforschungsdaten: ChatGPT kann Ihnen dabei helfen, große Mengen von Marktforschungsdaten zu analysieren und die wichtigsten Erkenntnisse zusammenzufassen.

Beispiel-Prompt: *"Analysiere die beigefügten Marktforschungsdaten und gib mir eine Zusammenfassung der wichtigsten Erkenntnisse für unser neues Produkt."*

Kommunikation mit verschiedenen Abteilungen: ChatGPT kann Ihnen helfen, effektive Kommunikation zu erstellen, um Informationen über Ihr Produkt an andere Abteilungen weiterzugeben.

Beispiel-Prompt: *"Erstelle eine E-Mail an die Marketingabteilung, um sie über die wichtigsten Verkaufsargumente unseres neuen Produkts zu informieren."*

Erstellen von Präsentationen: ChatGPT kann Ihnen dabei helfen, ansprechende Präsentationen zu erstellen, indem es Ihnen Vorschläge für die Struktur und den Inhalt der Folien liefert.

Beispiel-Prompt: *"Gib mir eine Gliederung für eine Präsentation über die wichtigsten Verkaufsargumente und die Zielgruppe unseres neuen Produkts."*

Indem Sie ChatGPT in Ihrem Arbeitsalltag als Produktmanager/in einsetzen, können Sie Ihre Produktivität steigern und sicherstellen, dass Ihre Produkte erfolgreich entwickelt und vermarktet werden.

15 weitere Beispiel-Prompts

Im folgenden Abschnitt finden Sie eine sorgfältig zusammengestellte Auswahl von Prompts und Techniken, die speziell für den Beruf des Produktmanagers konzipiert sind. Diese Prompts beziehen sich auf allgemeine Prompt-Arten, Ideenfindungs-Prompts, Problemlösungs-Prompts und Entscheidungsfindungs-Prompts. Zunächst möchten wir mit dem Persona-Priming-Prompt beginnen, um ChatGPT in die Rolle eines erfahrenen Produktmanagers zu versetzen.

Persona-Priming-Prompt Beispiel: *"ChatGPT, ich möchte, dass du die Rolle eines Produktmanagers einnimmst. Du verfügst über Kenntnisse in den Bereichen Produktentwicklung, Marktforschung und Projektmanagement. Du bist in der Lage, Ratschläge zur Identifizierung von Marktchancen, zur Planung und Steuerung von Produktlebenszyklen sowie zur Zusammenarbeit mit verschiedenen Abteilungen wie Entwicklung, Marketing und Vertrieb zu geben."* Geben Sie nun Ihre konkrete Anfrage als Prompt ein, indem Sie zum Beispiel schreiben: *"ChatGPT, du bist nun ein erfahrener Produktmanager. Was ... ?"*

ABC-Technik-Prompt Beispiel: *"ChatGPT, du bist nun ein erfahrener Produktmanager. Verwende die ABC-Technik, um mir zu helfen, verschiedene Merkmale unseres neuen Produkts in Kategorien von A (essentiell) bis C (optional) einzuordnen."*

Dialog-Prompt Beispiel: *"ChatGPT, du bist nun ein erfahrener Produktmanager. Führe einen simulierten Dialog mit mir durch, indem du die Vorteile unseres neuen Produkts gegenüber dem Wettbewerb erläuterst."*

Frage-Prompt Beispiel: *"ChatGPT, du bist nun ein erfahrener Produktmanager. Stelle mir einige kritische Fragen, die mir helfen, die Zielgruppe für unser neues Produkt besser zu verstehen."*

Gegenargument-Prompt Beispiel: *"ChatGPT, du bist nun ein erfahrener Produktmanager. Nenne mir einige Gegenargumente, die unsere Konkurrenten gegen unser neues Produkt vorbringen könnten, und wie wir diese entkräften können."*

Ideen-erfolgreich-weiterentwickeln-Prompt Beispiel: *"ChatGPT, du bist nun ein erfahrener Produktmanager. Gib mir Ratschläge, wie wir die Idee unseres neuen Produkts weiterentwickeln und verfeinern können, um es auf dem Markt erfolgreich zu platzieren."*

Internet-Analyse-Prompt Beispiel: *"ChatGPT, du bist nun ein erfahrener Produktmanager. Führe eine schnelle Internet-Analyse durch, um herauszufinden, welche neuen Trends und Technologien die Produktentwicklung in unserer Branche beeinflussen."*

Markdown-Format-Prompt Beispiel: *"ChatGPT, du bist nun ein erfahrener Produktmanager. Erstelle eine strukturierte Liste der wichtigsten*

Produktmerkmale in Markdown-Format, die wir in unsere Marketingmaterialien integrieren können."

Pareto-Analyse-Prompt Beispiel: *"ChatGPT, du bist nun ein erfahrener Produktmanager. Verwende die Pareto-Analyse, um die wichtigsten Features unseres neuen Produkts zu identifizieren, die für 80% des Kundennutzens verantwortlich sind."*

Pro-und-Contra-Prompt Beispiel: *"ChatGPT, du bist nun ein erfahrener Produktmanager. Erstelle eine Pro-und-Contra-Liste für unser neues Produkt, um uns bei der Entscheidungsfindung bezüglich der Weiterentwicklung und Verbesserungen zu unterstützen."*

Reframing-Prompt Beispiel: *"ChatGPT, du bist nun ein erfahrener Produktmanager. Hilf mir, ein Problem, das wir bei der Entwicklung unseres neuen Produkts haben, neu zu formulieren, um alternative Lösungsansätze zu finden."*

Schritt-für-Schritt-Prompt Beispiel: *"ChatGPT, du bist nun ein erfahrener Produktmanager. Beschreibe einen Schritt-für-Schritt-Prozess, um eine erfolgreiche Markteinführung unseres neuen Produkts zu gewährleisten."*

Sentiment-Prompt Beispiel: *"ChatGPT, du bist nun ein erfahrener Produktmanager. Analysiere das Sentiment in den Kundenbewertungen unseres neuen Produkts und identifiziere die Hauptanliegen und Lobpunkte, auf die wir uns konzentrieren sollten."*

Stil-und-Schreibart-Anpassungs-Prompt Beispiel: *"ChatGPT, du bist nun ein erfahrener Produktmanager. Verfasse einen kurzen Text über unser neues Produkt, der den Schreibstil und Tonfall unseres Unternehmens widerspiegelt."*

Tabellen-Format-Prompt Beispiel: *"ChatGPT, du bist nun ein erfahrener Produktmanager. Erstelle eine Tabelle, in der die Hauptmerkmale unseres neuen Produkts im Vergleich zu denen unserer wichtigsten Wettbewerber aufgeführt sind."*

Zusammenfassungs-Prompt Beispiel: *"ChatGPT, du bist nun ein erfahrener Produktmanager. Erstelle eine kurze Zusammenfassung der Stärken und*

Schwächen unseres neuen Produkts, die wir in internen Meetings und Präsentationen verwenden können."

Programmierer/in

ChatGPT kann für Programmiererinnen und Programmierer in vielfältiger Weise hilfreich sein und ihre tägliche Arbeit effizienter gestalten. Hier sind einige Tätigkeiten, bei denen ChatGPT eingesetzt werden kann, und konkrete Beispiel-Prompts für jede Tätigkeit:

Problembehebung und Fehlerdiagnose: ChatGPT kann bei der Identifizierung von Programmierfehlern und deren Behebung helfen.

Beispiel-Prompt: *"Ich erhalte einen Type Error in meiner Python-Funktion 'calculate_average'. Hier ist der Code: [Code einfügen]. Was könnte das Problem sein und wie kann ich es beheben?"*

Code-Optimierung: ChatGPT kann Vorschläge für effizientere und saubere Code-Implementierungen geben.

Beispiel-Prompt: *"Wie kann ich diesen JavaScript-Code zur Berechnung der Fibonacci-Zahlen optimieren? [Code einfügen]"*

Programmiersprachen und Frameworks: ChatGPT kann Informationen zu verschiedenen Programmiersprachen und Frameworks liefern, um die Auswahl der am besten geeigneten Technologien für ein Projekt zu erleichtern.

Beispiel-Prompt: *"Vergleiche Python und Ruby hinsichtlich Syntax, Leistung und Verwendungszweck."*

Code-Reviews: ChatGPT kann als Hilfestellung bei Code-Reviews dienen, um mögliche Verbesserungen oder Fehler aufzuzeigen.

Beispiel-Prompt: *"Bitte überprüfe diesen Java-Code für eine REST-API und gib mir Feedback zur Verbesserung: [Code einfügen]"*

Dokumentation und Kommentierung: ChatGPT kann dabei helfen, Code zu dokumentieren und Kommentare für eine bessere Verständlichkeit hinzuzufügen.

Beispiel-Prompt: *"Bitte schreibe einen kurzen Dokumentationskommentar für diese C#-Funktion, die eine Liste von Zahlen sortiert: [Code einfügen]"*

Antwort auf technische Fragen: ChatGPT kann als eine Art "virtueller Mentor" fungieren, der auf technische Fragen im Zusammenhang mit Programmierung und Softwareentwicklung antwortet.

Beispiel-Prompt: *"Wie funktioniert das Model-View-Controller (MVC) Design Pattern und wie kann ich es in meiner Webanwendung implementieren?"*

Durch die gezielte Anwendung von ChatGPT können Programmiererinnen und Programmierer ihre Arbeit effizienter gestalten, Probleme schneller lösen und ihre Kenntnisse in verschiedenen Bereichen der Softwareentwicklung erweitern.

15 weitere Beispiel-Prompts

In diesem Abschnitt werden wir uns auf die Rolle von ChatGPT im Berufsleben von Programmiererinnen und Programmierern konzentrieren. Mit Hilfe eines Persona-Priming-Prompts wird ChatGPT in die Rolle eines erfahrenen Programmierers versetzt, der über umfangreiche Kenntnisse in verschiedenen Programmiersprachen, Softwareentwicklung und Algorithmen verfügt. Anschließend werden Ihnen spezifische Prompts und Techniken aus den oben genannten Kategorien präsentiert, die auf die Bedürfnisse von Programmiererinnen und Programmierern zugeschnitten sind. Diese Prompts helfen dabei, Probleme zu lösen, Entscheidungen zu treffen, Ideen zu generieren und allgemeine Aufgaben im Zusammenhang mit der Programmierung effizienter zu bewältigen.

Persona-Priming-Prompt Beispiel: *"ChatGPT, ich möchte, dass du die Rolle eines Programmierers einnimmst. Du verfügst über Kenntnisse in verschiedenen Programmiersprachen, Softwareentwicklung und Algorithmen. Du bist in der Lage, Ratschläge zur Erstellung, Implementierung und Wartung von Softwareanwendungen zu geben, einschließlich der Auswahl geeigneter Technologien, der Optimierung von Code und der Behebung von Fehlern."* Geben Sie nun Ihre konkrete Anfrage als Prompt ein, indem Sie zum Beispiel schreiben: *"ChatGPT, du bist nun ein erfahrener Programmierer. Was …?"*

ABC-Technik-Prompt Beispiel: *"ChatGPT, du bist nun ein erfahrener Programmierer. Verwende die ABC-Technik, um Ideen für die Optimierung meines Python-Codes zur Berechnung von Primzahlen zu generieren."*

Code-Review-Prompt Beispiel: *"ChatGPT, du bist nun ein erfahrener Programmierer. Bitte überprüfe diesen Java-Code für eine REST-API und gib mir Feedback zur Verbesserung: [Code einfügen]"*

Code-Optimierung-Prompt Beispiel: *"ChatGPT, du bist nun ein erfahrener Programmierer. Wie kann ich diesen JavaScript-Code zur Berechnung der Fibonacci-Zahlen optimieren? [Code einfügen]"*

Dokumentation-und-Kommentierung-Prompt Beispiel: *"ChatGPT, du bist nun ein erfahrener Programmierer. Bitte schreibe einen kurzen Dokumentationskommentar für diese C#-Funktion, die eine Liste von Zahlen sortiert: [Code einfügen]"*

Fehlerdiagnose-Prompt Beispiel: *"ChatGPT, du bist nun ein erfahrener Programmierer. Ich erhalte einen Type Error in meiner Python-Funktion 'calculate_average'. Hier ist der Code: [Code einfügen]. Was könnte das Problem sein und wie kann ich es beheben?"*

Frage-Prompt Beispiel: *"ChatGPT, du bist nun ein erfahrener Programmierer. Wie funktioniert das Model-View-Controller (MVC) Design Pattern und wie kann ich es in meiner Webanwendung implementieren?"*

Ishikawa-Methoden-Prompt Beispiel: *"ChatGPT, du bist nun ein erfahrener Programmierer. Verwende die Ishikawa-Methode, um die möglichen Ursachen für die schlechte Leistung meines Web-Service bei hohem Traffic aufzudecken."*

Lateral-Thinking-Prompt Beispiel: *"ChatGPT, du bist nun ein erfahrener Programmierer. Verwende Lateral Thinking, um kreative Lösungen für die Skalierung meiner Webanwendung bei hohen Nutzerzahlen zu finden."*

Pro-und-Contra-Prompt Beispiel: *"ChatGPT, du bist nun ein erfahrener Programmierer. Erstelle eine Pro-und-Contra-Liste für die Verwendung von Node.js gegenüber Django für meine neue Webanwendung."*

Reframing-Prompt Beispiel: *"ChatGPT, du bist nun ein erfahrener Programmierer. Reframe das Problem der langsamen Ladezeiten meiner Webanwendung, um neue Lösungsansätze zu finden."*

SWOT-Analyse-Prompt Beispiel: *"ChatGPT, du bist nun ein erfahrener Programmierer. Führe eine SWOT-Analyse für mein aktuelles Projekt durch, bei dem ich eine mobile App mit React Native entwickle."*

Technologie-Vergleich-Prompt Beispiel: *"ChatGPT, du bist nun ein erfahrener Programmierer. Vergleiche Python und Ruby hinsichtlich Syntax, Leistung und Verwendungszweck."*

10-10-10-Methoden-Prompt Beispiel: *"ChatGPT, du bist nun ein erfahrener Programmierer. Nutze die 10-10-10-Methode, um mir bei der Entscheidung zu helfen, ob ich meine Karriere auf Backend- oder Frontend-Entwicklung konzentrieren soll."*

WWAD-Methode-Prompt (What's Wrong and What's Desired) Beispiel: *"ChatGPT, du bist nun ein erfahrener Programmierer. Verwende die WWAD-Methode, um herauszufinden, was an meiner aktuellen Implementierung eines Algorithmus zur Textanalyse falsch ist und wie es verbessert werden kann."*

Projektmanager/in

Projektmanager haben eine breite Palette von Aufgaben, die von der Planung und Organisation bis zur Kommunikation und Problemlösung reichen. Mit ChatGPT können sie viele dieser Aufgaben effizienter erledigen, indem sie künstliche Intelligenz zur Informationsbeschaffung, Entscheidungsfindung und Kommunikation einsetzen. Hier sind einige Beispiele dafür, wie ChatGPT Projektmanagern helfen kann:

Projektplanung und -organisation: ChatGPT kann bei der Erstellung eines Projektstrukturplans oder einer Zeitachse behilflich sein.

Beispiel-Prompt: *"Erstelle einen Projektstrukturplan für die Entwicklung einer neuen E-Commerce-Website, einschließlich der Hauptaufgaben und Meilensteine."*

Ressourcenmanagement: ChatGPT kann dabei helfen, die benötigten Ressourcen für ein Projekt zu ermitteln und deren Verfügbarkeit zu überprüfen.

Beispiel-Prompt: *"Erstelle eine Liste der benötigten Ressourcen, um eine Marketingkampagne für ein neues Produkt zu starten, und überprüfe die Verfügbarkeit dieser Ressourcen im Unternehmen."*

Risikomanagement: ChatGPT kann dabei helfen, potenzielle Risiken und Herausforderungen in einem Projekt zu identifizieren und Lösungen oder Maßnahmen zur Risikominderung vorzuschlagen.

Beispiel-Prompt: *"Identifiziere mögliche Risiken und Herausforderungen bei der Einführung eines neuen CRM-Systems und schlage Maßnahmen zur Risikominderung vor."*

Kommunikation: ChatGPT kann bei der Erstellung von Berichten, Präsentationen und E-Mails zur Kommunikation des Projektfortschritts und der Erreichung von Meilensteinen an Stakeholder hilfreich sein.

Beispiel-Prompt: *"Verfasse einen Fortschrittsbericht über das laufende Softwareentwicklungsprojekt, einschließlich der erreichten Meilensteine und der nächsten Schritte."*

Problemlösung und Entscheidungsfindung: ChatGPT kann bei der Analyse von Problemen oder Hindernissen im Projekt und der Entwicklung von Lösungen oder Entscheidungsalternativen unterstützen.

Beispiel-Prompt: *"Analysiere das Problem, dass unser Projektteam Schwierigkeiten hat, die Deadline einzuhalten, und schlage Lösungen zur Verbesserung der Effizienz und zur Beschleunigung des Fortschritts vor."*

Mit diesen Anwendungsfällen und Beispiel-Prompts können Projektmanager ChatGPT effektiv nutzen, um ihre tägliche Arbeit zu erleichtern und die Effizienz ihrer Projekte zu steigern.

15 weitere Beispiel-Prompts

In diesem Abschnitt finden Sie eine Auswahl von Prompts und Techniken, die speziell für Projektmanager entwickelt wurden. Diese Prompts decken verschiedene Aspekte der Projektmanagementarbeit ab, wie z.B.

Ideenfindung, Problemlösung und Entscheidungsfindung. Sie können diese Prompts und Techniken in Kombination mit dem Persona-Priming-Prompt verwenden, um ChatGPT effektiv als Projektmanagement-Assistent einzusetzen.

Persona-Priming-Prompt Beispiel: *"ChatGPT, ich möchte, dass du die Rolle eines Projektmanagers einnimmst. Du verfügst über Kenntnisse in den Bereichen Projektplanung, Risikomanagement und Kommunikation. Du bist in der Lage, Ratschläge zur effektiven Führung von Teams, zur Erstellung und Umsetzung von Projektplänen sowie zur Lösung von Problemen, die während des Projekts auftreten können, zu geben."* Geben Sie nun Ihre konkrete Anfrage als Prompt ein, indem Sie zum Beispiel schreiben: *"ChatGPT, du bist nun ein erfahrener Projektmanager. Was ...?"*

5-Why-Verfahren-Prompt Beispiel: *"ChatGPT, du bist nun ein erfahrener Projektmanager. Verwende das 5-Why-Verfahren, um herauszufinden, warum unser Projekt seine Meilensteine nicht rechtzeitig erreicht."*

6-Hüte-Methoden-Prompt Beispiel: *"ChatGPT, du bist nun ein erfahrener Projektmanager. Analysiere die Entscheidung, ob wir ein bestimmtes Projektmanagement-Tool verwenden sollen, unter Anwendung der 6-Hüte-Methode."*

Dialog-Prompt Beispiel: *"ChatGPT, du bist nun ein erfahrener Projektmanager. Führe einen simulierten Dialog zwischen einem Projektmanager und einem Teammitglied durch, bei dem das Teammitglied über Schwierigkeiten bei der Erreichung eines Meilensteins berichtet."*

Frage-Prompt Beispiel: *"ChatGPT, du bist nun ein erfahrener Projektmanager. Erstelle eine Liste von zehn Fragen, die ich in einem Status-Update-Meeting stellen sollte, um den Fortschritt und die möglichen Probleme des Projekts zu überprüfen."*

Gegenargument-Prompt Beispiel: *"ChatGPT, du bist nun ein erfahrener Projektmanager. Erläutere die Hauptargumente gegen die Verwendung eines bestimmten Projektmanagement-Tools und schlage eine Alternative vor."*

Ishikawa-Methoden-Prompt Beispiel: *"ChatGPT, du bist nun ein erfahrener Projektmanager. Verwende die Ishikawa-Methode, um mögliche Ursachen für Verzögerungen bei der Lieferung eines Projekts zu identifizieren."*

Pareto-Analyse-Prompt Beispiel: *"ChatGPT, du bist nun ein erfahrener Projektmanager. Führe eine Pareto-Analyse durch, um die wichtigsten Faktoren zu ermitteln, die den Projekterfolg beeinträchtigen."*

Pro-und-Contra-Prompt Beispiel: *"ChatGPT, du bist nun ein erfahrener Projektmanager. Erstelle eine Pro-und-Contra-Liste für die Entscheidung, ob wir eine bestimmte Projektmanagement-Methodik anwenden sollen."*

Reframing-Prompt Beispiel: *"ChatGPT, du bist nun ein erfahrener Projektmanager. Nutze die Reframing-Technik, um das Problem der schlechten Kommunikation innerhalb des Projektteams aus einer anderen Perspektive zu betrachten und neue Lösungsansätze vorzuschlagen."*

Schritt-für-Schritt-Prompt Beispiel: *"ChatGPT, du bist nun ein erfahrener Projektmanager. Erstelle eine schrittweise Anleitung zur Implementierung eines neuen Projektmanagement-Tools in unserem Team."*

SWOT-Analyse-Prompt Beispiel: *"ChatGPT, du bist nun ein erfahrener Projektmanager. Führe eine SWOT-Analyse durch, um die Stärken, Schwächen, Chancen und Risiken unseres Projekts zu ermitteln."*

Verfeinerungs-Prompt Beispiel: *"ChatGPT, du bist nun ein erfahrener Projektmanager. Hilf mir, diesen Projektvorschlag zu verfeinern, indem du Verbesserungen und zusätzliche Informationen hinzufügst."*

Vervollständigungs-Prompt Beispiel: *"ChatGPT, du bist nun ein erfahrener Projektmanager. Vervollständige den folgenden Satz: 'Ein effektives Projektmanagement beinhaltet...'"*

Zusammenfassungs-Prompt Beispiel: *"ChatGPT, du bist nun ein erfahrener Projektmanager. Erstelle eine kurze Zusammenfassung des Fortschritts unseres aktuellen Projekts."*

Psychologe/in

ChatGPT kann Psychologen bei verschiedenen Aspekten ihrer täglichen Arbeit unterstützen und somit die Effizienz und Produktivität steigern. Hier sind einige Tätigkeiten, bei denen ChatGPT helfen kann, und entsprechende Beispiel-Prompts:

Unterstützung bei der Recherche: ChatGPT kann Psychologen dabei helfen, Fachartikel, Studien und wissenschaftliche Erkenntnisse zu durchsuchen und relevante Informationen herauszufiltern.

Beispiel-Prompt: *"Bitte finde die neuesten Studien und Erkenntnisse zum Thema Resilienz bei Kindern und Jugendlichen."*

Entwicklung von Therapieplänen: ChatGPT kann Vorschläge für individuelle Therapiepläne basierend auf den Bedürfnissen und Zielen der Patienten liefern.

Beispiel-Prompt: *"Entwirf einen Therapieplan für einen Patienten, der unter sozialer Angst leidet, und schlage passende Techniken und Übungen vor."*

Erstellung von Informationsmaterialien: ChatGPT kann bei der Erstellung von Informationsmaterialien und Handouts für Patienten, die beispielsweise über bestimmte psychische Störungen oder Entspannungstechniken informieren, unterstützen.

Beispiel-Prompt: *"Erstelle ein Informationsblatt über die Vorteile von Achtsamkeitsübungen bei Stressbewältigung."*

Verfassen von Berichten: ChatGPT kann Psychologen bei der Formulierung von Berichten über den Fortschritt ihrer Patienten oder bei der Dokumentation von Sitzungen unterstützen.

Beispiel-Prompt: *"Verfasse einen Bericht über die Fortschritte eines Patienten mit Depressionen nach sechs Sitzungen kognitiver Verhaltenstherapie."*

Generierung von Fallbeispielen: ChatGPT kann Fallbeispiele erstellen, um Diskussionen und Analysen in der Supervision oder bei der Weiterbildung zu fördern.

Beispiel-Prompt: *"Erstelle ein Fallbeispiel über einen Erwachsenen, der an einer posttraumatischen Belastungsstörung leidet, inklusive Hintergrundinformationen und Symptomen."*

Unterstützung bei der Selbstreflexion: ChatGPT kann Psychologen helfen, ihre eigene Arbeit und ihren Ansatz zu reflektieren und mögliche Verbesserungsmöglichkeiten aufzuzeigen.

Beispiel-Prompt: *"Analysiere meinen Therapieansatz bei der Arbeit mit Patienten, die an Essstörungen leiden, und schlage Verbesserungen vor."*

Durch den Einsatz von ChatGPT können Psychologen ihre tägliche Arbeit effizienter gestalten und so mehr Zeit für ihre Patienten und deren Bedürfnisse aufwenden.

15 weitere Beispiel-Prompts

In diesem Abschnitt habe ich Ihnen Prompts für Psychologen erstellt, die auf den verschiedenen oben aufgeführten Prompt-Arten und Kreativtechniken basieren. Zuerst empfehle ich einen Persona-Priming-Prompt, um ChatGPT in die Rolle eines erfahrenen Psychologen zu versetzen. Anschließend präsentiere ich Ihnen konkrete Beispiele für Prompts, die Psychologen in ihrer Arbeit unterstützen können.

Persona-Priming-Prompt Beispiel: *"ChatGPT, ich möchte, dass du die Rolle eines Psychologen einnimmst. Du verfügst über Kenntnisse in verschiedenen psychologischen Theorien, Therapieansätzen und diagnostischen Verfahren. Du bist in der Lage, Ratschläge zur Bewältigung von emotionalen Herausforderungen, zur Verbesserung der psychischen Gesundheit und zum Verständnis von Verhaltensmustern zu geben."* Geben Sie nun Ihre konkrete Anfrage als Prompt ein, indem Sie beispielhaft schreiben: *"ChatGPT, du bist nun ein erfahrener Psychologe. Was ...?"*

5-Why-Verfahren-Prompt Beispiel: *"ChatGPT, du bist nun ein erfahrener Psychologe. Führe das 5-Why-Verfahren durch, um die zugrundeliegenden Ursachen für die Prokrastination eines Patienten zu identifizieren."*

6-Hüte-Methode-Prompt Beispiel: *"ChatGPT, du bist nun ein erfahrener Psychologe. Nutze die 6-Hüte-Methode, um verschiedene Perspektiven auf die Herausforderungen eines Patienten mit sozialer Angst zu analysieren."*

ABC-Technik-Prompt Beispiel: *"ChatGPT, du bist nun ein erfahrener Psychologe. Wende die ABC-Technik an, um die dysfunktionalen Gedanken eines Patienten mit Depressionen zu identifizieren und herauszufordern."*

Dialog-Prompt Beispiel: *"ChatGPT, du bist nun ein erfahrener Psychologe. Stelle einen Dialog zwischen dir und einem Patienten dar, der sich Sorgen um seine Zukunft macht, und zeige ihm, wie er seine negativen Gedanken reflektieren und umkehren kann."*

Frage-Prompt Beispiel: *"ChatGPT, du bist nun ein erfahrener Psychologe. Stelle eine Liste von Fragen zusammen, die du einem Patienten stellen würdest, um seine Ängste und Sorgen besser zu verstehen."*

Gegenargument-Prompt Beispiel: *"ChatGPT, du bist nun ein erfahrener Psychologe. Präsentiere Gegenargumente zu den negativen Gedanken eines Patienten mit geringem Selbstwertgefühl."*

Ishikawa-Methode-Prompt Beispiel: *"ChatGPT, du bist nun ein erfahrener Psychologe. Erstelle ein Ishikawa-Diagramm, um die verschiedenen Faktoren zu analysieren, die zur Angst eines Patienten vor Ablehnung beitragen."*

Pareto-Analyse-Prompt Beispiel: *"ChatGPT, du bist nun ein erfahrener Psychologe. Führe eine Pareto-Analyse durch, um herauszufinden, welche Therapieansätze am effektivsten sind, um einem Patienten mit Panikstörung zu helfen."*

Reframing-Prompt Beispiel: *"ChatGPT, du bist nun ein erfahrener Psychologe. Zeige, wie man ein Reframing durchführt, um einem Patienten zu helfen, seine negativen Gedanken über seine beruflichen Fähigkeiten in eine positivere Perspektive zu verwandeln."*

Schritt-für-Schritt-Prompt Beispiel: *"ChatGPT, du bist nun ein erfahrener Psychologe. Entwickle einen Schritt-für-Schritt-Plan für einen Patienten, um seine Angst vor öffentlichen Reden zu überwinden."*

SWOT-Analyse-Prompt Beispiel: *"ChatGPT, du bist nun ein erfahrener Psychologe. Führe eine SWOT-Analyse durch, um die Stärken, Schwächen, Chancen und Bedrohungen in Bezug auf die Karriere eines Patienten zu bewerten."*

Um-Feedback-bitten-Prompt Beispiel: *"ChatGPT, du bist nun ein erfahrener Psychologe. Bitte um Feedback bezüglich des folgenden Ansatzes bei der Behandlung eines Patienten mit Zwangsstörung."*

Verfeinerungs-Prompt Beispiel: *"ChatGPT, du bist nun ein erfahrener Psychologe. Verfeinere folgenden Therapieplan für einen Patienten, der unter chronischem Stress leidet, indem du die am besten geeigneten Entspannungstechniken auswählst. ..."*

Vervollständigungs-Prompt Beispiel: *"ChatGPT, du bist nun ein erfahrener Psychologe. Vervollständige die folgende Aussage: 'Eine erfolgreiche Therapiesitzung für einen Patienten mit generalisierter Angststörung beinhaltet...'"*

Zusammenfassungs-Prompt Beispiel: *"ChatGPT, du bist nun ein erfahrener Psychologe. Fasse die wichtigsten Punkte zusammen, die ein Patient nach einer Sitzung zur Expositionstherapie mitnehmen sollte."*

Qualitätsprüfer/in

ChatGPT kann Qualitätsprüfern in verschiedenen Aspekten ihrer Arbeit helfen, indem es effiziente Lösungen für die Analyse, Dokumentation und Kommunikation von Qualitätsproblemen bietet. Hier sind einige Tätigkeiten, bei denen ChatGPT angewendet werden kann, um die tägliche Arbeit von Qualitätsprüfern zu erleichtern:

Fehleranalyse und Ursachenermittlung: ChatGPT kann bei der Analyse von Qualitätsproblemen und der Ermittlung möglicher Ursachen helfen, indem es wertvolle Informationen und Lösungsansätze bietet.

Beispiel-Prompt: *"Als Qualitätsprüfer habe ich festgestellt, dass ein Produktionsprozess regelmäßig fehlerhafte Teile produziert. Welche möglichen Ursachen könnten dazu führen und wie kann ich diese beheben?"*

Erstellung von Prüfprotokollen und Berichten: ChatGPT kann dabei helfen, klar strukturierte und aussagekräftige Prüfprotokolle und Berichte zu erstellen, indem es passende Formulierungen und Textbausteine vorschlägt.

Beispiel-Prompt: *"Bitte erstelle ein Prüfprotokoll für die Qualitätskontrolle eines Elektrogeräts, das folgende Punkte beinhaltet: Sichtprüfung, Funktionsprüfung und Sicherheitsprüfung."*

Entwicklung von Qualitätsrichtlinien und -standards: ChatGPT kann bei der Erstellung von Qualitätsrichtlinien und -standards unterstützen, indem es bereits bestehende Standards analysiert und passende Vorschläge für neue oder verbesserte Richtlinien liefert.

Beispiel-Prompt: *"Wie kann ich die ISO 9001 Qualitätsmanagement-Richtlinien auf die Produktion von Kunststoffteilen anwenden und welche spezifischen Anforderungen sollten hinzugefügt werden?"*

Kommunikation mit internen und externen Stakeholdern: ChatGPT kann bei der Formulierung von E-Mails oder anderen Kommunikationsmitteln helfen, um Informationen über Qualitätsprobleme oder -verbesserungen effektiv an interne und externe Stakeholder weiterzugeben.

Beispiel-Prompt: *"Bitte verfasse eine E-Mail an einen Lieferanten, um auf ein Qualitätsproblem mit gelieferten Komponenten hinzuweisen und um eine schnelle Lösung zu bitten."*

Diese Beispiele zeigen, wie ChatGPT Qualitätsprüfern bei ihren täglichen Aufgaben helfen und ihren Arbeitsalltag erleichtern kann. Durch die Nutzung der künstlichen Intelligenz können sie schneller und effizienter arbeiten und somit die Qualität ihrer Produkte und Dienstleistungen kontinuierlich verbessern.

15 weitere Beispiel-Prompts

In diesem Abschnitt finden Sie eine Auswahl von spezifischen Prompts und Kreativtechniken, die für den Beruf des Qualitätsprüfers maßgeschneidert sind. Diese Prompts wurden unter Berücksichtigung der verschiedenen Aspekte der Arbeit eines Qualitätsprüfers ausgewählt und werden Ihnen dabei helfen, die künstliche Intelligenz von ChatGPT optimal für Ihren Arbeitsalltag zu nutzen. Bevor Sie mit den ausgewählten Prompts beginnen, können Sie den Persona-Priming-Prompt verwenden, um ChatGPT die Rolle eines Qualitätsprüfers einzunehmen.

Persona-Priming-Prompt Beispiel: *"ChatGPT, ich möchte, dass du die Rolle eines Qualitätsprüfers einnimmst. Du verfügst über Kenntnisse in den Bereichen Qualitätsmanagement, Prozessoptimierung und Industriestandards. Du bist in der Lage, Ratschläge zur Identifizierung von Qualitätsproblemen, zur Durchführung von Prüfungen und zur Implementierung von Qualitätsverbesserungsmaßnahmen zu geben."* Geben Sie nun Ihre konkrete Anfrage als Prompt ein, indem Sie beispielhaft schreiben: "*ChatGPT, du bist nun ein erfahrener Qualitätsprüfer. Was ...?"*

5-Why-Verfahren-Prompt Beispiel: *"ChatGPT, du bist nun ein erfahrener Qualitätsprüfer. Führe das 5-Why-Verfahren durch, um die Ursache für das Versagen eines kritischen Bauteils in unserer Produktion zu ermitteln."*

6-Hüte-Methoden-Prompt Beispiel: *"ChatGPT, du bist nun ein erfahrener Qualitätsprüfer. Wende die 6-Hüte-Methode an, um verschiedene Perspektiven bei der Analyse eines Qualitätsproblems in der Produktion zu berücksichtigen."*

Dialog-Prompt Beispiel: *"ChatGPT, du bist nun ein erfahrener Qualitätsprüfer. Simuliere einen Dialog zwischen mir und einem Lieferanten, bei dem wir über ein Qualitätsproblem bei den gelieferten Komponenten sprechen."*

Fehleranalyse und Ursachenermittlung Beispiel: *"ChatGPT, du bist nun ein erfahrener Qualitätsprüfer. Identifiziere mögliche Ursachen für ein Qualitätsproblem in unserer Fertigungslinie und schlage Lösungen zur Behebung dieser Probleme vor."*

Frage-Prompt Beispiel: *"ChatGPT, du bist nun ein erfahrener Qualitätsprüfer. Welche Fragen sollte ich stellen, um die Qualität unserer Produktionsprozesse besser zu verstehen und potenzielle Schwachstellen aufzudecken?"*

Multi-Kriterien-Analyse-(MKA)-Prompt Beispiel: *"ChatGPT, du bist nun ein erfahrener Qualitätsprüfer. Führe eine Multi-Kriterien-Analyse durch, um die besten Maßnahmen zur Verbesserung der Qualität in unserem Produktionsprozess zu ermitteln."*

Pareto-Analyse-Prompt Beispiel: *"ChatGPT, du bist nun ein erfahrener Qualitätsprüfer. Führe eine Pareto-Analyse durch, um die häufigsten Ursachen für Qualitätsprobleme in unserer Fertigung zu identifizieren."*

Prüfprotokoll-Erstellung Beispiel: *"ChatGPT, du bist nun ein erfahrener Qualitätsprüfer. Erstelle ein detailliertes Prüfprotokoll für die Inspektion eines elektronischen Geräts, das eine visuelle Inspektion, Funktionsprüfung und Sicherheitsprüfung beinhaltet."*

Reframing-Prompt Beispiel: *"ChatGPT, du bist nun ein erfahrener Qualitätsprüfer. Hilf mir, ein wiederkehrendes Qualitätsproblem in unserer Fertigung aus einer anderen Perspektive zu betrachten, um neue Lösungsansätze zu finden."*

SWOT-Analyse-Prompt Beispiel: *"ChatGPT, du bist nun ein erfahrener Qualitätsprüfer. Führe eine SWOT-Analyse für unser Qualitätsmanagement-System durch, um Stärken, Schwächen, Chancen und Risiken zu identifizieren."*

Tabellen-Format-Prompt Beispiel: *"ChatGPT, du bist nun ein erfahrener Qualitätsprüfer. Erstelle eine Tabelle, die die Ergebnisse unserer letzten Qualitätsprüfungen für verschiedene Produktkategorien zeigt."*

Um-Feedback-bitten-Prompt Beispiel: *"ChatGPT, du bist nun ein erfahrener Qualitätsprüfer. Gib mr Feedback zu folgender E-Mail, in der ich Feedback von Kollegen zu einem neuen Qualitätsprüfverfahren erbitte ..."*

Verfeinerungs-Prompt Beispiel: *"ChatGPT, du bist nun ein erfahrener Qualitätsprüfer. Verfeinere die Formulierung eines Qualitätsziels, um es klarer und messbarer zu machen."*

Walt-Disney-Strategie-Prompt Beispiel: *"ChatGPT, du bist nun ein erfahrener Qualitätsprüfer. Wende die Walt-Disney-Strategie an, um kreative Ideen für die Verbesserung unserer Qualitätskontrollmaßnahmen zu generieren."*

Redakteur/in

Redakteure können ChatGPT in verschiedenen Aspekten ihres Arbeitsalltags nutzen, um ihre Arbeit effizienter zu gestalten und kreative Ideen zu entwickeln. Hier sind einige Tätigkeiten, bei denen ChatGPT angewendet werden kann:

Artikelideenfindung: ChatGPT kann bei der Generierung von Artikelideen und Themen behilflich sein. Redakteure können den KI-Assistenten bitten, Vorschläge für Artikelthemen basierend auf aktuellen Ereignissen oder speziellen Interessenbereichen zu liefern.

Beispiel-Prompt: *"Gib mir 10 Artikelideen zum Thema Umweltschutz und Nachhaltigkeit."*

Recherche: ChatGPT kann bei der Recherche von Informationen zu einem bestimmten Thema helfen. Redakteure können ChatGPT verwenden, um schnell Fakten, Daten oder Hintergrundinformationen zu recherchieren.

Beispiel-Prompt: *"Nenne mir die wichtigsten Meilensteine in der Entwicklung von erneuerbaren Energien in den letzten 10 Jahren."*

Textüberarbeitung und -optimierung: ChatGPT kann als Texteditor und Korrektor dienen. Redakteure können dem KI-Assistenten ihre Texte vorlegen, um Grammatik, Rechtschreibung und Stil zu überprüfen und Optimierungsvorschläge zu erhalten.

Beispiel-Prompt: *"Überprüfe und optimiere den folgenden Textabschnitt: 'Der Umweltschutz ist ein Dringlichkeit Problem, das wir heute angehen sollten.'"*

Schreiben von Zusammenfassungen: ChatGPT kann bei der Erstellung von Zusammenfassungen oder kurzen Artikeln helfen, indem es die Hauptpunkte eines längeren Textes extrahiert und in einer kohärenten und prägnanten Weise präsentiert.

Beispiel-Prompt: *"Fasse den folgenden Artikel über die Auswirkungen des Klimawandels auf die Arktis in 150 Worten zusammen: [Link zum Artikel]."*

Social-Media-Posts: ChatGPT kann Redakteuren helfen, ansprechende Social-Media-Posts zu erstellen, um ihre Artikel oder Inhalte zu bewerben.

Beispiel-Prompt: *"Erstelle einen einladenden Tweet, um unseren neuesten Artikel über die Bedeutung von Bienen für die Umwelt zu bewerben."*

Insgesamt kann ChatGPT für Redakteure ein wertvolles Werkzeug sein, um ihre Arbeit effizienter zu gestalten, Ideen zu entwickeln und ihre Texte zu optimieren. Indem sie konkrete Prompts verwenden, können Redakteure die Künstliche Intelligenz gezielt für ihre Bedürfnisse einsetzen und ihren Arbeitsalltag erleichtern.

15 weitere Beispiel-Prompts

In diesem Abschnitt werden wir die Anwendung von ChatGPT für den Beruf des Redakteurs untersuchen. Mithilfe von Persona-Priming wird ChatGPT zunächst in die Rolle eines Redakteurs versetzt. Anschließend werden Prompts vorgestellt, die aus allgemeinen Prompt-Arten, Ideenfindungs-Prompts, Problemlösungs-Prompts und Entscheidungsfindungs-Prompts ausgewählt wurden, um Redakteuren bei der Bewältigung ihrer beruflichen Herausforderungen zu helfen.

Persona-Priming-Prompt Beispiel: *"ChatGPT, ich möchte, dass du die Rolle eines Redakteurs einnimmst. Du verfügst über Kenntnisse in den Bereichen Textbearbeitung, Lektorat und Schreibstil. Du bist in der Lage, Ratschläge zur Verbesserung von Texten, zur Anpassung von Inhalten an verschiedene Zielgruppen und zur Einhaltung von redaktionellen Richtlinien zu geben."* Geben Sie nun Ihre konkrete Anfrage als Prompt ein, indem Sie beispielhaft schreiben: *"ChatGPT, du bist nun ein erfahrener Redakteur. Was ...?"*

5-Why-Verfahren-Prompt Beispiel: *"ChatGPT, du bist nun ein erfahrener Redakteur. Führe das 5-Why-Verfahren durch, um herauszufinden, warum unser jüngster Artikel zur Umweltverschmutzung nicht die erwarteten Leserzahlen erreicht hat."*

ABC-Technik-Prompt Beispiel: *"ChatGPT, du bist nun ein erfahrener Redakteur. Wende die ABC-Technik an, um Artikelideen zum Thema Klimawandel zu generieren."*

Dialog-Prompt Beispiel: *"ChatGPT, du bist nun ein erfahrener Redakteur. Schreibe einen Dialog zwischen zwei Experten, die über die Vor- und Nachteile der Nutzung von erneuerbaren Energien diskutieren."*

Frage-Prompt Beispiel: *"ChatGPT, du bist nun ein erfahrener Redakteur. Stelle fünf interessante Fragen, die wir einem Umweltaktivisten in einem Interview stellen könnten."*

Gegenteilige-Ansicht-Prompt Beispiel: *"ChatGPT, du bist nun ein erfahrener Redakteur. Schreibe einen Absatz, der eine gegenteilige Ansicht zur*

Meinung vertritt, dass die Einführung von Elektroautos allein nicht ausreicht, um die CO2-Emissionen im Verkehrssektor zu reduzieren."

Internet-Analyse-Prompt Beispiel: *"ChatGPT, du bist nun ein erfahrener Redakteur. Analysiere das Internet, um die fünf meistdiskutierten Umweltthemen der letzten Woche zu identifizieren."*

Markdown-Format-Prompt Beispiel: *"ChatGPT, du bist nun ein erfahrener Redakteur. Gib mir eine kurze Einführung in das Thema 'Meere und Ozeane', formatiert im Markdown-Stil."*

Pro-und-Contra-Prompt Beispiel: *"ChatGPT, du bist nun ein erfahrener Redakteur. Erstelle eine Pro-und-Contra-Liste zum Thema 'Verbot von Einwegplastikprodukten'."*

Reframing-Prompt Beispiel: *"ChatGPT, du bist nun ein erfahrener Redakteur. Reframe das Problem der Entwaldung, indem du es als eine Chance für innovative Lösungen und nachhaltige Entwicklungen darstellst."*

Schritt-für-Schritt-Prompt Beispiel: *"ChatGPT, du bist nun ein erfahrener Redakteur. Beschreibe Schritt für Schritt, wie man einen überzeugenden Artikel über die Bedeutung von nachhaltigem Konsum verfasst."*

SWOT-Analyse-Prompt Beispiel: *"ChatGPT, du bist nun ein erfahrener Redakteur. Führe eine SWOT-Analyse für unsere Online-Redaktion durch, um Stärken, Schwächen, Chancen und Risiken zu identifizieren."*

Um-Feedback-bitten-Prompt Beispiel: *"ChatGPT, du bist nun ein erfahrener Redakteur. Gib mir Feedback zu dem folgenden Einführungstext für einen Artikel über Solarenergie: 'Solarenergie ist eine vielversprechende und saubere Energiequelle, die in den letzten Jahren immer mehr an Bedeutung gewonnen hat..."*

Vervollständigungs-Prompt Beispiel: *"ChatGPT, du bist nun ein erfahrener Redakteur. Vervollständige den folgenden Satz: 'Einer der Hauptgründe für den Anstieg der globalen Temperaturen ist...'"*

Zusammenfassungs-Prompt Beispiel: *"ChatGPT, du bist nun ein erfahrener Redakteur. Fasse den folgenden Artikel über den Zusammenhang zwischen Ernährung und Umwelt in 200 Worten zusammen: [Link zum Artikel]."*

Rechtsanwaltsfachangestellte/r

ChatGPT kann Rechtsanwaltsfachangestellten bei verschiedenen Tätigkeiten unterstützen, indem es ihre Effizienz und Produktivität erhöht. Im Folgenden werden einige dieser Tätigkeiten und die zugehörigen Beispiel-Prompts aufgeführt:

Terminplanung und Fristenüberwachung: ChatGPT kann bei der Terminplanung und der Überwachung von Fristen helfen, indem es Vorschläge für die zeitliche Organisation von Terminen macht.

Beispiel-Prompt: *"Erstelle einen Wochenplan für einen Rechtsanwaltsfachangestellten, der Mandantentermine, Gerichtstermine und Fristen für die Einreichung von Dokumenten berücksichtigt."*

Recherche von Gesetzen und Vorschriften: ChatGPT kann bei der Recherche von Gesetzen und Vorschriften unterstützen, indem es relevante Informationen und Quellen liefert.

Beispiel-Prompt: *"Finde das entsprechende Gesetz und die Vorschriften für das Arbeitsrecht in Deutschland und nenne die wichtigsten Bestimmungen."*

Erstellung von Schriftsätzen und Dokumenten: ChatGPT kann bei der Erstellung von Schriftsätzen und anderen rechtlichen Dokumenten helfen, indem es Vorschläge für die Formulierung von Texten und die Strukturierung von Informationen macht.

Beispiel-Prompt: *"Formuliere einen Antrag auf Fristverlängerung für die Einreichung von Unterlagen bei einem deutschen Gericht."*

Kommunikation mit Mandanten: ChatGPT kann bei der Kommunikation mit Mandanten unterstützen, indem es Vorschläge für Antworten auf Anfragen macht oder Hilfestellung bei der Formulierung von E-Mails gibt.

Beispiel-Prompt: *"Verfasse eine Antwort-E-Mail an einen Mandanten, der nach dem aktuellen Stand seines Scheidungsverfahrens fragt."*

Allgemeine Büroorganisation: ChatGPT kann bei der allgemeinen Büroorganisation helfen, indem es Vorschläge für die Verbesserung von Arbeitsabläufen oder das Lösen von organisatorischen Problemen macht.

Beispiel-Prompt: *"Wie kann ein Rechtsanwaltsfachangestellter die Ablage von Dokumenten und Akten effizienter gestalten?"*

Insgesamt kann ChatGPT die tägliche Arbeit von Rechtsanwaltsfachangestellten in vielerlei Hinsicht erleichtern, indem es bei der Planung, Recherche, Dokumentenerstellung, Kommunikation und Organisation unterstützt. Durch die Anwendung von ChatGPT können Rechtsanwaltsfachangestellte ihre Effizienz steigern und mehr Zeit für ihre Kernaufgaben aufwenden.

15 weitere Beispiel-Prompts

In diesem Abschnitt wird die Anwendung von ChatGPT für den Beruf eines Rechtsanwaltsfachangestellten erläutert. Wir beginnen mit einem Persona-Priming-Prompt, um ChatGPT auf die Rolle des Rechtsanwaltsfachangestellten vorzubereiten. Anschließend werden spezifische Prompts und Techniken präsentiert, die auf die Bedürfnisse und Herausforderungen dieses Berufs zugeschnitten sind.

Persona-Priming-Prompt Beispiel: *"ChatGPT, ich möchte, dass du die Rolle eines Rechtsanwaltsfachangestellten einnimmst. Du verfügst über Kenntnisse im Bereich des Rechts, der Verwaltung und der Büroorganisation. Du bist in der Lage, Ratschläge zur Bearbeitung von Rechtsdokumenten, zur Organisation von Kanzleibetrieben und zur Unterstützung von Rechtsanwälten bei ihrer täglichen Arbeit zu geben."* Geben Sie nun Ihre konkrete Anfrage als Prompt ein, indem Sie beispielhaft schreiben: *"ChatGPT, du bist nun ein erfahrener Rechtsanwaltsfachangestellter. Was ...?"*

5-Why-Verfahren-Prompt Beispiel: *"ChatGPT, du bist nun ein erfahrener Rechtsanwaltsfachangestellter. Wende das 5-Why-Verfahren an, um herauszufinden, warum die Kanzlei Schwierigkeiten hat, Fristen einzuhalten."*

6-Hüte-Methoden-Prompt Beispiel: *"ChatGPT, du bist nun ein erfahrener Rechtsanwaltsfachangestellter. Analysiere die Organisation und Effizienz unserer Kanzlei unter Anwendung der 6-Hüte-Methode."*

ABC-Technik-Prompt Beispiel: *"ChatGPT, du bist nun ein erfahrener Rechtsanwaltsfachangestellter. Wende die ABC-Technik an, um die Prioritäten der anstehenden Aufgaben in der Kanzlei festzulegen."*

Dialog-Prompt Beispiel: *"ChatGPT, du bist nun ein erfahrener Rechtsanwaltsfachangestellter. Führe einen Dialog, indem du mir erklärst, wie ich die Ablage und das Aktenmanagement in der Kanzlei effektiver gestalten kann."*

Frage-Prompt Beispiel: *"ChatGPT, du bist nun ein erfahrener Rechtsanwaltsfachangestellter. Welche Fragen sollte ich stellen, um herauszufinden, wie ich die Kommunikation mit Mandanten verbessern kann?"*

Gegenargument-Prompt Beispiel: *"ChatGPT, du bist nun ein erfahrener Rechtsanwaltsfachangestellter. Nenne Gegenargumente zu der These, dass die Digitalisierung der Kanzleiarbeit den Bedarf an Rechtsanwaltsfachangestellten reduzieren wird."*

Internet-Analyse-Prompt Beispiel: *"ChatGPT, du bist nun ein erfahrener Rechtsanwaltsfachangestellter. Analysiere im Internet, welche Softwarelösungen und Tools am besten geeignet sind, um die Effizienz in einer Rechtsanwaltskanzlei zu steigern."*

Pro-und-Contra-Prompt Beispiel: *"ChatGPT, du bist nun ein erfahrener Rechtsanwaltsfachangestellter. Erstelle eine Pro-und-Contra-Liste für die Einführung einer neuen Software zur Dokumentenverwaltung in der Kanzlei."*

Reframing-Prompt Beispiel: *"ChatGPT, du bist nun ein erfahrener Rechtsanwaltsfachangestellter. Wende Reframing an, um eine neue Perspektive auf das Problem der hohen Arbeitsbelastung in der Kanzlei zu gewinnen."*

Schritt-für-Schritt-Prompt Beispiel: *"ChatGPT, du bist nun ein erfahrener Rechtsanwaltsfachangestellter. Erkläre mir Schritt für Schritt, wie ich einen Antrag auf Fristverlängerung für die Einreichung von Unterlagen bei einem deutschen Gericht formuliere."*

Sentiment-Prompt Beispiel: *"ChatGPT, du bist nun ein erfahrener Rechtsanwaltsfachangestellter. Analysiere das Sentiment in der E-Mail eines Mandanten, der sich über den Fortschritt seines Falls beschwert."*

SWOT-Analyse-Prompt Beispiel: *"ChatGPT, du bist nun ein erfahrener Rechtsanwaltsfachangestellter. Führe eine SWOT-Analyse für unsere*

Kanzlei durch, um Stärken, Schwächen, Chancen und Bedrohungen zu identifizieren."

Vervollständigungs-Prompt Beispiel: *"ChatGPT, du bist nun ein erfahrener Rechtsanwaltsfachangestellter. Vervollständige den folgenden Satz: 'Eine effektive Methode zur Verbesserung der Kommunikation zwischen Rechtsanwälten und Rechtsanwaltsfachangestellten ist...'"*

Zusammenfassungs-Prompt Beispiel: *"ChatGPT, du bist nun ein erfahrener Rechtsanwaltsfachangestellter. Fasse die wichtigsten Punkte zusammen, die bei der Bearbeitung eines Scheidungsverfahrens zu beachten sind."*

Reiseführer/in

ChatGPT kann Reiseführern dabei helfen, ihre tägliche Arbeit zu erleichtern, indem es bei verschiedenen Tätigkeiten unterstützt. Hier sind einige Beispiele, wie ChatGPT im Beruf eines Reiseführers angewendet werden kann:

Recherche von Sehenswürdigkeiten und Hintergrundinformationen: ChatGPT kann bei der Recherche von Informationen über Sehenswürdigkeiten und deren geschichtlichen Hintergrund helfen. Das spart Zeit und ermöglicht es, gut informierte Führungen anzubieten.

Beispiel-Prompt: *"Gib mir eine Zusammenfassung der Geschichte und wichtigen Fakten über das Schloss Neuschwanstein."*

Erstellen von Reiserouten: ChatGPT kann bei der Erstellung von Reiserouten helfen, indem es Vorschläge für interessante Orte und Aktivitäten macht.

Beispiel-Prompt: *"Erstelle eine 3-tägige Reiseroute für eine Gruppenreise nach Berlin, einschließlich Sehenswürdigkeiten, Aktivitäten und Restaurantempfehlungen."*

Übersetzungshilfe: ChatGPT kann als Übersetzungshilfe verwendet werden, um Informationen in verschiedenen Sprachen bereitzustellen.

Beispiel-Prompt: *"Übersetze die Beschreibung des Eiffelturms ins Spanische."*

Erstellen von Informationsmaterial: ChatGPT kann beim Erstellen von Informationsmaterial, wie z.B. Broschüren oder Blogartikeln, helfen, die Reisende über die angebotenen Touren und Sehenswürdigkeiten informieren.

Beispiel-Prompt: *"Schreibe einen einladenden Blogartikel über eine Stadtführung durch Amsterdam, der die wichtigsten Sehenswürdigkeiten und einzigartigen Aspekte der Stadt hervorhebt."*

Beantworten von Kundenanfragen: ChatGPT kann bei der Beantwortung von Kundenanfragen verwendet werden, indem es schnelle und präzise Antworten auf häufig gestellte Fragen liefert. Beispiel-Prompt: *"Wie kann man am besten vom Flughafen London Heathrow ins Stadtzentrum gelangen?"*

Indem Reiseführer ChatGPT für diese und andere Tätigkeiten nutzen, können sie ihre tägliche Arbeit erleichtern, Zeit sparen und ihren Kunden ein besseres Erlebnis bieten.

15 weitere Prompt-Beispiele

In diesem Abschnitt werden wir uns auf die Rolle eines Reiseführers konzentrieren und wie ChatGPT dazu verwendet werden kann, die tägliche Arbeit in diesem Beruf zu erleichtern. Der Persona-Priming-Prompt wird verwendet, um ChatGPT auf die Rolle eines Reiseführers einzustellen. Anschließend werden verschiedene Prompt-Arten und Kreativtechniken präsentiert, die auf konkrete Beispieltätigkeiten dieses Berufs zugeschnitten sind. Hier ist die Liste der ausgewählten Techniken und Prompts in alphabetischer Reihenfolge, zusammen mit ihren detaillierten, praxisorientierten Beispielen.

Persona-Priming-Prompt Beispiel: *"ChatGPT, ich möchte, dass du die Rolle eines Reiseführers einnimmst. Du verfügst über Kenntnisse in den Bereichen Tourismus, lokale Kultur und Geographie. Du bist in der Lage, Ratschläge zur Planung von Reiserouten, zur Vermittlung von Wissen über Sehenswürdigkeiten und zur Bereitstellung von hilfreichen Tipps für Reisende zu geben."* Geben Sie nun Ihre konkrete Anfrage als Prompt ein, indem Sie beispielhaft schreiben: *"ChatGPT, du bist nun ein erfahrener Reiseführer. Was ...?“*

5-Why-Verfahren-Prompt Beispiel: *"ChatGPT, du bist nun ein erfahrener Reiseführer. Wende das 5-Why-Verfahren an, um herauszufinden, warum Touristen während einer bestimmten Tour häufig müde werden."*

ABC-Technik-Prompt Beispiel: *"ChatGPT, du bist nun ein erfahrener Reiseführer. Wende die ABC-Technik an, um kreative Aktivitäten und Sehenswürdigkeiten für eine Stadttour in Paris zu generieren."*

Frage-Prompt Beispiel: *"ChatGPT, du bist nun ein erfahrener Reiseführer. Welche Verkehrsmittel eignen sich am besten, um Touristen von einem Ort zum anderen in London zu bringen?"*

Gegenargument-Prompt Beispiel: *"ChatGPT, du bist nun ein erfahrener Reiseführer. Erstelle ein Gegenargument für die Aussage, dass geführte Touren weniger attraktiv sind als individuelles Reisen."*

Ideen-erfolgreich-weiterentwickeln-Prompt Beispiel: *"ChatGPT, du bist nun ein erfahrener Reiseführer. Wie können wir die Idee einer nachhaltigen und umweltfreundlichen Stadtführung erfolgreich weiterentwickeln?"*

Internet-Analyse-Prompt Beispiel: *"ChatGPT, du bist nun ein erfahrener Reiseführer. Analysiere das Internet, um herauszufinden, welche Sehenswürdigkeiten in Rom am beliebtesten sind."*

Lateral-Thinking-Prompt Beispiel: *"ChatGPT, du bist nun ein erfahrener Reiseführer. Wende Lateral Thinking an, um ungewöhnliche und einzigartige Ideen für eine Stadtführung in New York City zu entwickeln."*

Markdown-Format-Prompt Beispiel: *"ChatGPT, du bist nun ein erfahrener Reiseführer. Erstelle einen Reiseplan für eine dreitägige Tour durch Barcelona im Markdown-Format.“*

Multi-Kriterien-Analyse-(MKA)-Prompt Beispiel: *"ChatGPT, du bist nun ein erfahrener Reiseführer. Führe eine Multi-Kriterien-Analyse durch, um die besten Sehenswürdigkeiten für eine eintägige Tour durch Sydney auszuwählen, wobei du Faktoren wie historische Bedeutung, Unterhaltungswert und Erreichbarkeit berücksichtigst."*

Pro-und-Contra-Prompt Beispiel: *"ChatGPT, du bist nun ein erfahrener Reiseführer. Erstelle eine Pro-und-Contra-Liste zum Thema 'Gruppenreisen gegenüber individuellen Reisen'."*

Reframing-Prompt Beispiel: *"ChatGPT, du bist nun ein erfahrener Reiseführer. Nutze Reframing, um das Problem der schlechten Wetterbedingungen während einer Stadtführung positiv darzustellen."*

Schritt-für-Schritt-Prompt Beispiel: *"ChatGPT, du bist nun ein erfahrener Reiseführer. Beschreibe Schritt für Schritt, wie man eine erfolgreiche und ansprechende Führung durch das Louvre-Museum in Paris durchführt."*

SWOT-Analyse-Prompt Beispiel: *"ChatGPT, du bist nun ein erfahrener Reiseführer. Führe eine SWOT-Analyse für das Angebot von virtuellen Touren als Alternative zu persönlichen Führungen durch."*

Tabellen-Format-Prompt Beispiel: *"ChatGPT, du bist nun ein erfahrener Reiseführer. Erstelle eine Tabelle, die die Vor- und Nachteile verschiedener Verkehrsmittel für eine Stadtführung in Berlin vergleicht."*

Um-Feedback-bitten-Prompt Beispiel: *"ChatGPT, du bist nun ein erfahrener Reiseführer. Gib mir Feedback zu den von den Teilnehmern einer kürzlich durchgeführten Führung durchgeführten Umfrage und gib mir Ratschläge, wie man die Führung verbessern könnte."*

WWAD-Methode-Prompt (What's Wrong and What's Desired) Beispiel: *"ChatGPT, du bist nun ein erfahrener Reiseführer. Wende die WWAD-Methode an, um herauszufinden, welche Aspekte einer Stadtführung durch Tokio verbessert werden könnten und welche Ergebnisse gewünscht sind."*

Sales Manager/in

Für den Beruf des Sales Managers kann ChatGPT in verschiedenen Bereichen eingesetzt werden, um die tägliche Arbeit zu erleichtern. Hier sind einige Tätigkeiten und entsprechende Beispiel-Prompts aufgelistet:

Strategieentwicklung: Sales Manager können ChatGPT nutzen, um kreative Ideen und Strategien für den Verkauf von Produkten oder Dienstleistungen zu entwickeln.

Beispiel-Prompt: *"Bitte gib mir 5 innovative Strategien, um den Verkauf unserer Software-Lösungen in der Fertigungsbranche zu steigern."*

Marktanalyse: ChatGPT kann dazu verwendet werden, um Ratschläge zur Analyse von Markttrends und Wettbewerbern zu erhalten.

Beispiel-Prompt: *"Welche Faktoren sollte ich bei der Analyse der Wettbewerber in der Softwarebranche berücksichtigen?"*

Verkaufstechniken: Sales Manager können ChatGPT nach Verkaufstechniken oder Tipps für bestimmte Kundensituationen fragen.

Beispiel-Prompt: *"Erkläre mir Schritt für Schritt, wie ich erfolgreich ein Verkaufsgespräch mit einem potenziellen Kunden führe."*

Angebotserstellung und Preisgestaltung: ChatGPT kann bei der Erstellung von Angeboten und der Preisgestaltung für Produkte oder Dienstleistungen helfen.

Beispiel-Prompt: *"Wie erstelle ich ein ansprechendes Angebot für ein Softwarepaket, das sich an mittelständische Unternehmen richtet, inklusive Rabatt- und Finanzierungsoptionen?"*

Kundenkommunikation: Sales Manager können ChatGPT verwenden, um bei der Kommunikation mit Kunden zu helfen, z. B. bei der Beantwortung von Anfragen oder beim Verfassen von E-Mails.

Beispiel-Prompt: *"Schreibe eine überzeugende und professionelle E-Mail-Antwort an einen potenziellen Kunden, der nach einer Softwarelösung zur Verbesserung seiner betrieblichen Effizienz sucht."*

Durch die Nutzung von ChatGPT in diesen verschiedenen Bereichen können Sales Manager ihre Arbeit effizienter gestalten und sich auf ihre Verkaufsfähigkeiten konzentrieren.

15 weitere Beispiel-Prompts

Im Folgenden finden Sie eine Liste von speziell ausgewählten Techniken und Prompts, die für den Beruf eines Sales Managers relevant sind. Diese Prompts sollen lediglich als Inspirationsquelle dienen. Sie sind so formuliert, dass sie direkt im Eingabefeld von ChatGPT eingesetzt werden könnten, um effektive Lösungen und Ideen für den Arbeitsalltag eines Sales Managers zu generieren. Bevor Sie die Prompts verwenden, sollten Sie den Persona-Priming-Prompt nutzen, um ChatGPT auf die Rolle eines Sales Managers einzustimmen.

Persona-Priming-Prompt Beispiel: *"ChatGPT, ich möchte, dass du die Rolle eines Sales Managers einnimmst. Du verfügst über Kenntnisse im Bereich des Verkaufs, der Kundenakquise und der Kundenbetreuung. Du bist in der Lage, Ratschläge zur Auswahl von Verkaufsstrategien, zur Steigerung von Umsätzen und zur Verbesserung der Kundenbeziehungen zu geben."* Geben Sie nun Ihre konkrete Anfrage als Prompt ein, indem Sie beispielhaft schreiben: *"ChatGPT, du bist nun ein erfahrener Sales Manager. Was ...?"*

5-Why-Verfahren-Prompt Beispiel: *"ChatGPT, du bist nun ein erfahrener Sales Manager. Führe das 5-Why-Verfahren durch, um herauszufinden, warum unsere Verkaufszahlen in den letzten drei Monaten gesunken sind."*

ABC-Technik-Prompt Beispiel: *"ChatGPT, du bist nun ein erfahrener Sales Manager. Verwende die ABC-Technik, um potenzielle Kunden in Prioritäten A, B und C zu kategorisieren, basierend auf ihrer Wahrscheinlichkeit, einen Kauf abzuschließen."*

Frage-Prompt Beispiel: *"ChatGPT, du bist nun ein erfahrener Sales Manager. Stelle mir fünf Fragen, die ich in einem Erstgespräch mit einem potenziellen Kunden stellen sollte, um seine Bedürfnisse und Anforderungen besser zu verstehen."*

Gegenargument-Prompt Beispiel: *"ChatGPT, du bist nun ein erfahrener Sales Manager. Gib mir ein Gegenargument gegen den häufigsten Einwand von Kunden, der besagt, dass unsere Produkte zu teuer sind."*

Ishikawa-Methoden-Prompt Beispiel: *"ChatGPT, du bist nun ein erfahrener Sales Manager. Erstelle ein Ishikawa-Diagramm, um die möglichen Ursachen für die schlechte Leistung unseres Verkaufsteams in den letzten zwei Quartalen zu analysieren."*

Markdown-Format-Prompt Beispiel: *"ChatGPT, du bist nun ein erfahrener Sales Manager. Schreibe eine kurze Zusammenfassung unserer Verkaufsstrategie im Markdown-Format, die ich in unserem Intranet veröffentlichen kann."*

Multi-Kriterien-Analyse-(MKA)-Prompt Beispiel: *"ChatGPT, du bist nun ein erfahrener Sales Manager. Führe eine Multi-Kriterien-Analyse durch, um die besten Verkaufsterritorien für unsere neuen Produkte zu identifizieren."*

Pro-und-Contra-Prompt Beispiel: *"ChatGPT, du bist nun ein erfahrener Sales Manager. Erstelle eine Pro-und-Contra-Liste für die Einführung eines neuen Verkaufsbonusprogramms für unser Verkaufsteam."*

Schritt-für-Schritt-Prompt Beispiel: *"ChatGPT, du bist nun ein erfahrener Sales Manager. Erkläre mir Schritt für Schritt, wie ich eine effektive Verkaufspräsentation für unser neuestes Produkt erstelle."*

Stil-und-Schreibart-Anpassungs-Prompt Beispiel: *"ChatGPT, du bist nun ein erfahrener Sales Manager. Verfasse eine E-Mail an einen potenziellen Kunden in einem formellen Stil, um ein erstes Treffen zu vereinbaren."*

SWOT-Analyse-Prompt Beispiel: *"ChatGPT, du bist nun ein erfahrener Sales Manager. Erstelle eine SWOT-Analyse für unser Unternehmen im Vergleich zu unseren Hauptwettbewerbern im Markt."*

Um-Feedback-bitten-Prompt Beispiel: *"ChatGPT, du bist nun ein erfahrener Sales Manager. Gib mir Feedback zu folgender von mir erstellten Verkaufspräsentation ..."*

Zusammenfassungs-Prompt Beispiel: *"ChatGPT, du bist nun ein erfahrener Sales Manager. Fasse die wichtigsten Punkte unseres letzten Verkaufsstrategiebesprechungsprotokoll in drei kurzen Absätzen zusammen."*

Schreiner/in - Tischler/in

Für den Beruf des Schreiners/Tischlers kann ChatGPT in verschiedenen Bereichen eingesetzt werden, um die tägliche Arbeit zu erleichtern. Hier sind einige Tätigkeiten und entsprechende Beispiel-Prompts aufgelistet:

Ideenfindung und Design: Schreiner und Tischler können ChatGPT nutzen, um kreative Ideen für neue Möbelstücke oder Holzprojekte zu entwickeln.

Beispiel-Prompt: *"Bitte gib mir 5 kreative Ideen für ein modernes Couchtisch-Design mit einer Kombination aus Holz und Glas."*

Material- und Werkzeugauswahl: ChatGPT kann dazu verwendet werden, um Ratschläge zur Auswahl von Materialien und Werkzeugen für bestimmte Projekte zu erhalten.

Beispiel-Prompt: *"Welche Holzarten und Werkzeuge empfiehlst du für die Herstellung eines stabilen und langlebigen Esstisches?"*

Technische Anleitungen: Schreiner und Tischler können ChatGPT nach technischen Anleitungen oder Tipps für bestimmte Arbeitsschritte fragen.

Beispiel-Prompt: *"Erkläre mir Schritt für Schritt, wie ich eine Schwalbenschwanzverbindung für eine Schublade herstelle."*

Kostenvoranschläge und Angebotserstellung: ChatGPT kann bei der Erstellung von Kostenvoranschlägen und Angeboten für Kunden helfen.

Beispiel-Prompt: *"Wie erstelle ich einen detaillierten Kostenvoranschlag für ein maßgeschneidertes Bücherregal aus Eichenholz, inklusive Material- und Arbeitskosten?"*

Kundenkommunikation: Schreiner und Tischler können ChatGPT verwenden, um bei der Kommunikation mit Kunden zu helfen, z. B. bei der Beantwortung von Anfragen oder beim Verfassen von E-Mails.

Beispiel-Prompt: *"Schreibe eine höfliche und professionelle E-Mail-Antwort an einen Kunden, der nach den Fortschritten bei der Fertigung seines maßgeschneiderten Kleiderschranks fragt."*

Durch die Nutzung von ChatGPT in diesen verschiedenen Bereichen können Schreiner und Tischler ihre Arbeit effizienter gestalten und sich auf ihre handwerklichen Fähigkeiten konzentrieren.

15 weitere Beispiel-Prompts

Im folgenden Abschnitt finden Sie eine Auswahl von spezifisch angepassten Prompts, die auf den Beruf des Schreiners/Tischlers zugeschnitten sind.

Diese Prompts wurden aus verschiedenen Kategorien wie Ideenfindung, Problemlösung und Entscheidungsfindung ausgewählt. Wir beginnen mit einem Persona-Priming-Prompt, der ChatGPT die Rolle eines Schreiners/Tischlers übernehmen lässt, und gehen dann auf die einzelnen Techniken und Prompts ein.

Persona-Priming-Prompt Beispiel: *"ChatGPT, ich möchte, dass du die Rolle eines Schreiners einnimmst. Du verfügst über Kenntnisse im Bereich der Holzbearbeitung, der Werkzeugnutzung und der Möbelherstellung. Du bist in der Lage, Ratschläge zur Auswahl von Materialien, zur Konstruktion von Holzprojekten und zur Reparatur von Holzmöbeln zu geben."* Geben Sie nun Ihre konkrete Anfrage als Prompt ein, indem Sie beispielhaft schreiben: *"ChatGPT, du bist nun ein erfahrener Schreiner. Was ...?"*

ABC-Technik-Prompt Beispiel: *"ChatGPT, du bist nun ein erfahrener Schreiner/Tischler. Wende die ABC-Technik an, um verschiedene kreative Ideen für die Gestaltung eines Bücherregals zu entwickeln, indem du für jeden Buchstaben des Alphabets eine Idee präsentierst."*

Dialog-Prompt Beispiel: *"ChatGPT, du bist nun ein erfahrener Schreiner/Tischler. Führe einen fiktiven Dialog mit einem Kunden durch, der einen maßgeschneiderten Schreibtisch bestellen möchte. Besprich die Vor- und Nachteile der verschiedenen Holzarten und Designoptionen."*

Frage-Prompt Beispiel: *"ChatGPT, du bist nun ein erfahrener Schreiner/Tischler. Welche Fragen sollte ich stellen, um die Anforderungen und Wünsche eines Kunden für ein maßgeschneidertes Möbelstück besser zu verstehen?"*

Gegenargument-Prompt Beispiel: *"ChatGPT, du bist nun ein erfahrener Schreiner/Tischler. Nenne Gegenargumente, die ich einem Kunden vorbringen könnte, der billiges Spanplattenmaterial für sein maßgeschneidertes Möbelstück verwenden möchte."*

Ideen-erfolgreich-weiterentwickeln-Prompt Beispiel: *"ChatGPT, du bist nun ein erfahrener Schreiner/Tischler. Ich habe eine Idee für ein multifunktionales Möbelstück, das als Couchtisch und Esszimmertisch fungiert. Wie kann ich diese Idee weiterentwickeln und verbessern, um ein erfolgreiches Design zu schaffen?"*

Markdown-Format-Prompt Beispiel: *"ChatGPT, du bist nun ein erfahrener Schreiner/Tischler. Erstelle eine detaillierte Anleitung im Markdown-Format, um ein einfaches Holzregal zu bauen, einschließlich der benötigten Materialien, Werkzeuge und Schritte."*

Pro-und-Contra-Prompt Beispiel: *"ChatGPT, du bist nun ein erfahrener Schreiner/Tischler. Erstelle eine Pro-und-Contra-Liste, um die Vor- und Nachteile von Massivholz im Vergleich zu Furnier bei der Herstellung eines maßgeschneiderten Schranks zu vergleichen."*

Reframing-Prompt Beispiel: *"ChatGPT, du bist nun ein erfahrener Schreiner/Tischler. Ein Kunde hat Schwierigkeiten, sich für ein bestimmtes Holz für sein Projekt zu entscheiden. Hilf ihm, das Problem umzuformulieren, um eine neue Perspektive zu gewinnen und eine Entscheidung treffen zu können."*

Schritt-für-Schritt-Prompt Beispiel: *"ChatGPT, du bist nun ein erfahrener Schreiner/Tischler. Beschreibe Schritt für Schritt den Prozess der Restaurierung eines antiken Holztisches, einschließlich der erforderlichen Materialien, Werkzeuge und Techniken."*

Sentiment-Prompt Beispiel: *"ChatGPT, du bist nun ein erfahrener Schreiner/Tischler. Analysiere das Sentiment einer Kundenbewertung, in der der Kunde seine Erfahrungen mit der Anfertigung eines maßgeschneiderten Möbelstücks teilt."*

SWOT-Analyse-Prompt Beispiel: *"ChatGPT, du bist nun ein erfahrener Schreiner/Tischler. Führe eine SWOT-Analyse für meine Schreinerei durch, um Stärken, Schwächen, Chancen und Bedrohungen zu identifizieren."*

Tabellen-Format-Prompt Beispiel: *"ChatGPT, du bist nun ein erfahrener Schreiner/Tischler. Erstelle eine Tabelle, in der die verschiedenen Holzarten, ihre Eigenschaften, Kosten und geeigneten Anwendungen im Möbelbau aufgelistet sind."*

Um-Feedback-bitten-Prompt Beispiel: *"ChatGPT, du bist nun ein erfahrener Schreiner/Tischler. Ich habe gerade einen Entwurf für ein maßgeschneidertes Sideboard fertiggestellt. Bitte gib mir konstruktives Feedback zu meinem Entwurf, einschließlich möglicher Verbesserungen."*

Sozialarbeiter/in

Für den Beruf des Sozialarbeiters kann ChatGPT in verschiedenen Bereichen eingesetzt werden, um die tägliche Arbeit zu erleichtern. Hier sind einige Tätigkeiten und entsprechende Beispiel-Prompts aufgelistet:

Fallberatung und -planung: Sozialarbeiter können ChatGPT nutzen, um mögliche Interventionsstrategien oder Handlungsempfehlungen für bestimmte Fälle zu entwickeln.

Beispiel-Prompt: *"Bitte gib mir 5 mögliche Interventionsstrategien für einen Fall von häuslicher Gewalt mit Kindern involviert."*

Dokumentation und Berichterstattung: Sozialarbeiter können ChatGPT nach Hilfe bei der Erstellung von Berichten, Fallnotizen oder anderen schriftlichen Dokumenten fragen.

Beispiel-Prompt: *"Erkläre mir Schritt für Schritt, wie ich einen effektiven und aussagekräftigen Sozialbericht für einen Klienten verfasse."*

Interkulturelle Kompetenz: ChatGPT kann bei der Vermittlung von Informationen über kulturelle Unterschiede und Empfehlungen für kultursensible Interventionen helfen.

Beispiel-Prompt: *"Wie kann ich als Sozialarbeiterin kultursensibel auf die Bedürfnisse einer syrischen Flüchtlingsfamilie eingehen?"*

Kommunikation mit Klienten und Kollegen: Sozialarbeiter können ChatGPT verwenden, um bei der Kommunikation mit Klienten und Kollegen zu helfen, z. B. bei der Beantwortung von Anfragen oder beim Verfassen von E-Mails.

Beispiel-Prompt: *"Schreibe eine einfühlsame und professionelle E-Mail-Antwort an einen Klienten, der um Unterstützung bei der Bewältigung von Arbeitslosigkeit bittet."*

Durch die Nutzung von ChatGPT in diesen verschiedenen Bereichen können Sozialarbeiter ihre Arbeit effizienter gestalten und sich auf ihre fachlichen Kompetenzen und die Unterstützung ihrer Klienten konzentrieren.

15 weitere Prompt-Beispiele

Im Folgenden finden Sie ausgewählte Prompts und Techniken, die auf den Beruf des Sozialarbeiters zugeschnitten sind. Diese sollen Ihnen dabei helfen, die Möglichkeiten von ChatGPT in Ihrem Arbeitsalltag optimal auszuschöpfen. Beginnen Sie zunächst mit dem Persona-Priming-Prompt, um ChatGPT in die Rolle eines erfahrenen Sozialarbeiters zu versetzen. Anschließend können Sie die verschiedenen Techniken und Prompts verwenden, um Ideen zu generieren, Probleme zu lösen oder Entscheidungen zu treffen.

Persona-Priming-Prompt Beispiel: *„ChatGPT, ich möchte, dass du die Rolle eines Sozialarbeiters einnimmst. Du verfügst über Kenntnisse in den Bereichen sozialer Arbeit, menschlicher Entwicklung, Konfliktlösung und psychosozialer Unterstützung. Du bist in der Lage, Ratschläge zur Bewältigung von Lebenskrisen, zur Verbesserung des Familien- und Soziallebens und zur Navigation durch soziale Dienstleistungen zu geben.“* Geben Sie nun Ihre konkrete Anfrage als Prompt ein, indem Sie beispielhaft schreiben: "ChatGPT, du bist nun ein erfahrener Sozialarbeiter. Was ...?“

6-Hüte-Methoden-Prompt Beispiel: *"ChatGPT, du bist nun ein erfahrener Sozialarbeiter. Analysiere die Situation einer Klientin mit finanziellen Schwierigkeiten unter Anwendung der 6-Hüte-Methode."*

ABC-Technik-Prompt Beispiel: *"ChatGPT, du bist nun ein erfahrener Sozialarbeiter. Nutze die ABC-Technik, um mögliche Lösungen für einen Klienten mit Schuldenproblemen zu erarbeiten."*

Dialog-Prompt Beispiel: *"ChatGPT, du bist nun ein erfahrener Sozialarbeiter. Führe einen fiktiven Dialog mit einem Klienten, der Schwierigkeiten hat, seine Emotionen zu regulieren."*

Frage-Prompt Beispiel: *"ChatGPT, du bist nun ein erfahrener Sozialarbeiter. Stelle 5 Fragen, die ich einem Klienten stellen kann, um sein soziales Umfeld besser zu verstehen."*

Gegenargument-Prompt Beispiel: *"ChatGPT, du bist nun ein erfahrener Sozialarbeiter. Nenne ein Gegenargument gegen die Entscheidung, einen Klienten in eine betreute Wohngemeinschaft zu vermitteln."*

Ishikawa-Methoden-Prompt Beispiel: *"ChatGPT, du bist nun ein erfahrener Sozialarbeiter. Erstelle ein Ishikawa-Diagramm, um die Ursachen von Obdachlosigkeit eines Klienten zu analysieren."*

Markdown-Format-Prompt Beispiel: *"ChatGPT, du bist nun ein erfahrener Sozialarbeiter. Erstelle in Markdown-Format eine Liste von Ressourcen, die Klienten bei finanziellen Problemen helfen können."*

Multi-Kriterien-Analyse-(MKA)-Prompt Beispiel: *"ChatGPT, du bist nun ein erfahrener Sozialarbeiter. Führe eine Multi-Kriterien-Analyse durch, um zu entscheiden, welche Unterstützungsmaßnahme für einen Klienten mit Suchtproblemen am besten geeignet ist."*

Pro-und-Contra-Prompt Beispiel: *"ChatGPT, du bist nun ein erfahrener Sozialarbeiter. Erstelle eine Pro-und-Contra-Liste für die Einführung eines neuen Gruppenangebots für Klienten mit Angststörungen."*

Reframing-Prompt Beispiel: *"ChatGPT, du bist nun ein erfahrener Sozialarbeiter. Reframe die Situation eines Klienten, der seine Arbeit verloren hat, um ihm neue Perspektiven aufzuzeigen."*

Schritt-für-Schritt-Prompt Beispiel: *"ChatGPT, du bist nun ein erfahrener Sozialarbeiter. Beschreibe Schritt für Schritt, wie ich einen Klienten dabei unterstützen kann, soziale Ängste zu überwinden und neue Freundschaften aufzubauen."*

Stil-und-Schreibart-Anpassungs-Prompt Beispiel: *"ChatGPT, du bist nun ein erfahrener Sozialarbeiter. Verfasse einen Bericht über den Fortschritt eines Klienten in einem leicht verständlichen und empathischen Ton, der für seinen Betreuer geeignet ist."*

SWOT-Analyse-Prompt Beispiel: *"ChatGPT, du bist nun ein erfahrener Sozialarbeiter. Führe eine SWOT-Analyse durch, um die Stärken, Schwächen, Chancen und Bedrohungen eines Klienten im Hinblick auf seine berufliche Integration zu ermitteln."*

Tabellen-Format-Prompt Beispiel: *"ChatGPT, du bist nun ein erfahrener Sozialarbeiter. Erstelle eine Tabelle im Tabellen-Format, die verschiedene Unterstützungsangebote für Klienten mit psychischen Problemen vergleicht."*

Unternehmensberater/in

Für den Beruf des Unternehmensberaters kann ChatGPT in verschiedenen Bereichen eingesetzt werden, um die tägliche Arbeit zu erleichtern. Hier sind einige Tätigkeiten und entsprechende Beispiel-Prompts aufgelistet:

Strategieentwicklung und Analyse: Unternehmensberater können ChatGPT nutzen, um mögliche Geschäftsstrategien, Wachstumschancen oder Optimierungsmöglichkeiten für bestimmte Projekte zu entwickeln.

Beispiel-Prompt: *"Bitte gib mir 5 mögliche Strategien zur Umsatzsteigerung für ein mittelständisches Einzelhandelsunternehmen im Bereich ..."*

Präsentation und Berichterstattung: Unternehmensberater können ChatGPT nach Hilfe bei der Erstellung von Präsentationen, Berichten oder anderen schriftlichen Dokumenten fragen.

Beispiel-Prompt: *"Erkläre mir Schritt für Schritt, wie ich eine überzeugende und informative Präsentation für ein Strategiemeeting mit dem Management-Team erstelle."*

Marktforschung und Wettbewerbsanalyse: ChatGPT kann bei der Sammlung von Informationen über Branchentrends, Wettbewerber und Kundenbedürfnisse helfen.

Beispiel-Prompt: *"Wie kann ich als Unternehmensberater eine detaillierte Wettbewerbsanalyse für den Pharmamarkt durchführen?"*

Kommunikation mit Kunden und Kollegen: Unternehmensberater können ChatGPT verwenden, um bei der Kommunikation mit Kunden und Kollegen zu helfen, z. B. bei der Beantwortung von Anfragen oder beim Verfassen von E-Mails.

Beispiel-Prompt: *"Schreibe eine professionelle und zielgerichtete E-Mail-Antwort an einen Kunden, der um Informationen zum aktuellen Stand eines Beratungsprojekts bittet."*

Durch die Nutzung von ChatGPT in diesen verschiedenen Bereichen können Unternehmensberater ihre Arbeit effizienter gestalten und sich auf ihre fachlichen Kompetenzen und die Unterstützung ihrer Kunden konzentrieren.

15 weitere Beispiel-Prompts

In diesem Abschnitt werden wir uns darauf konzentrieren, wie ChatGPT für den Beruf des Unternehmensberaters genutzt werden kann, um den Arbeitsalltag zu erleichtern. Zuerst werden wir einen Persona-Priming-Prompt verwenden, um ChatGPT in die Rolle eines Unternehmensberaters zu versetzen. Anschließend werden Ihnen 14 Beispiele für verschiedene Prompts und Techniken präsentiert, die auf die spezifischen Anforderungen dieses Berufs zugeschnitten sind. Diese Beispiele sind alphabetisch sortiert und bieten konkrete, ausführliche und praxisorientierte Anweisungen, wie ein ChatGPT-Nutzer die jeweilige Technik oder den Prompt im Eingabefeld von ChatGPT formulieren würde.

Persona-Priming-Prompt Beispiel: *"ChatGPT, ich möchte, dass du die Rolle eines Unternehmensberaters einnimmst. Du verfügst über umfassende Kenntnisse in den Bereichen Betriebswirtschaft, Strategieentwicklung, Prozessoptimierung und Change Management. Du bist in der Lage, Ratschläge zur Steigerung der Effizienz, zur Identifizierung von Wachstumschancen und zur Optimierung der internen Strukturen und Abläufe zu geben."* Geben Sie nun Ihre konkrete Anfrage als Prompt ein, indem Sie beispielhaft schreiben: *"ChatGPT, du bist nun ein erfahrener Unternehmensberater. Was ...?“*

5-Why-Verfahren-Prompt Beispiel: *"ChatGPT, du bist nun ein erfahrener Unternehmensberater. Führe eine 5-Why-Analyse durch, um die Ursache für eine sinkende Kundenzufriedenheit in einem E-Commerce-Unternehmen zu ermitteln."*

ABC-Technik-Prompt Beispiel: *"ChatGPT, du bist nun ein erfahrener Unternehmensberater. Wende die ABC-Technik an, um mögliche Verbesserungsmaßnahmen für ein Unternehmen im Bereich Logistik zu priorisieren."*

Dialog-Prompt Beispiel: *"ChatGPT, du bist nun ein erfahrener Unternehmensberater. Führe einen fiktiven Dialog zwischen dir und einem Klienten durch, der Schwierigkeiten bei der Implementierung eines neuen IT-Systems hat."*

Frage-Prompt Beispiel: *"ChatGPT, du bist nun ein erfahrener Unternehmensberater. Stelle mir fünf Fragen, die ich meinem Klienten stellen sollte, um ein besseres Verständnis für die Herausforderungen bei der Internationalisierung seines Unternehmens zu erhalten."*

Gegenargument-Prompt Beispiel: *"ChatGPT, du bist nun ein erfahrener Unternehmensberater. Nenne drei Gegenargumente für den Vorschlag, ein bestimmtes Produktportfolio zu erweitern."*

Ishikawa-Methoden-Prompt Beispiel: *"ChatGPT, du bist nun ein erfahrener Unternehmensberater. Erstelle ein Ishikawa-Diagramm, um die möglichen Ursachen für den Rückgang der Produktivität in einer Fertigungsanlage zu identifizieren."*

Markdown-Format-Prompt Beispiel: *"ChatGPT, du bist nun ein erfahrener Unternehmensberater. Erstelle eine kurze Übersicht über die wichtigsten Faktoren, die bei der Auswahl eines neuen Standorts für ein Unternehmen zu beachten sind, im Markdown-Format."*

Multi-Kriterien-Analyse-(MKA)-Prompt Beispiel: *"ChatGPT, du bist nun ein erfahrener Unternehmensberater. Führe eine Multi-Kriterien-Analyse durch, um die besten Optionen für ein Unternehmen zur Investition in erneuerbare Energietechnologien zu evaluieren."*

Pareto-Analyse-Prompt Beispiel: *"ChatGPT, du bist nun ein erfahrener Unternehmensberater. Verwende die Pareto-Analyse, um die 20% der Probleme zu identifizieren, die 80% der negativen Auswirkungen auf ein produzierendes Unternehmen haben."*

Reframing-Prompt Beispiel: *"ChatGPT, du bist nun ein erfahrener Unternehmensberater. Nutze die Reframing-Technik, um die Herausforderung, eine ineffiziente Lieferkette zu optimieren, aus einer anderen Perspektive zu betrachten."*

Schritt-für-Schritt-Prompt Beispiel: *"ChatGPT, du bist nun ein erfahrener Unternehmensberater. Beschreibe Schritt für Schritt, wie ein Unternehmen einen effektiven Change-Management-Prozess implementieren kann."*

SWOT-Analyse-Prompt Beispiel: *"ChatGPT, du bist nun ein erfahrener Unternehmensberater. Führe eine SWOT-Analyse für ein Start-up-Unternehmen im Bereich Finanztechnologie durch."*

Tabellen-Format-Prompt Beispiel: *"ChatGPT, du bist nun ein erfahrener Unternehmensberater. Erstelle eine Tabelle, die die Vor- und Nachteile der verschiedenen Finanzierungsquellen für ein kleines Unternehmen aufzeigt."*

Tetralemma-Ansatz-Prompt Beispiel: *"ChatGPT, du bist nun ein erfahrener Unternehmensberater. Wende den Tetralemma-Ansatz an, um die verschiedenen Optionen für ein Unternehmen zu analysieren, das sich entscheiden muss, ob es in einen neuen Markt eintreten oder sich auf seinen bestehenden Markt konzentrieren soll."*

Zusammenfassungs-Prompt Beispiel: *"ChatGPT, du bist nun ein erfahrener Unternehmensberater. Fasse die wichtigsten Erkenntnisse aus einem 50-seitigen Bericht über Markttrends im E-Commerce zusammen."*

Verwaltungsfachangestellte/er

Für den Beruf des Verwaltungsfachangestellten kann ChatGPT in verschiedenen Bereichen eingesetzt werden, um die tägliche Arbeit zu erleichtern. Hier sind einige Tätigkeiten und entsprechende Beispiel-Prompts aufgelistet:

Organisation und Verwaltung: Verwaltungsfachangestellte können ChatGPT nutzen, um bei der Planung, Koordination und Durchführung von Verwaltungsaufgaben in öffentlichen Einrichtungen oder privaten Unternehmen zu unterstützen.

Beispiel-Prompt: *"Bitte gib mir eine Liste mit 10 wichtigen Schritten, um eine effiziente und übersichtliche Ablagestruktur für Dokumente zu erstellen."*

Erstellung von Schriftstücken und Dokumenten: Verwaltungsfachangestellte können ChatGPT bei der Erstellung von Briefen, Berichten oder anderen schriftlichen Dokumenten befragen.

Beispiel-Prompt: *"Erkläre mir Schritt für Schritt, wie ich einen professionellen und strukturierten Bericht für eine interne Besprechung verfasse."*

Recherche und Informationsbeschaffung: ChatGPT kann bei der Sammlung von Informationen zu Gesetzen, Vorschriften und Verfahren helfen, die für die Arbeit in der Verwaltung relevant sind.

Beispiel-Prompt: *"Wie führe ich eine effektive Recherche zu den aktuellen Regelungen für Bauanträge in einer bestimmten Region durch?"*

Kommunikation und Zusammenarbeit: Verwaltungsfachangestellte können ChatGPT verwenden, um bei der Kommunikation mit Kollegen, Vorgesetzten und Bürgern zu helfen, z. B. bei der Beantwortung von Anfragen oder beim Verfassen von E-Mails.

Beispiel-Prompt: *"Schreibe eine höfliche und informative E-Mail-Antwort an einen Bürger, der Fragen zum Antragsverfahren für einen Reisepass hat."*

Durch die Nutzung von ChatGPT in diesen verschiedenen Bereichen können Verwaltungsfachangestellte ihre Arbeit effizienter gestalten und sich auf ihre fachlichen Kompetenzen und die Unterstützung der Bürger und des Unternehmens konzentrieren.

15 weitere Beispiel-Prompts

Im Folgenden finden Sie eine Auswahl von spezifisch auf den Beruf des Verwaltungsfachangestellten zugeschnittenen Prompts aus den verschiedenen Kategorien "Allgemeine Prompt-Arten", "Ideenfindungs-Prompts", "Problemlösungs-Prompts" und "Entscheidungsfindungs-Prompts". Diese Prompts wurden ausgewählt, um das Potenzial von ChatGPT im Arbeitsalltag eines Verwaltungsfachangestellten optimal zu nutzen. Zuerst wird ein Persona-Priming-Prompt verwendet, um ChatGPT auf die Rolle eines Verwaltungsfachangestellten einzustimmen. Anschließend finden Sie die einzelnen Prompts, die jeweils mit einer Überschrift und einem konkreten Beispiel versehen sind.

Persona-Priming-Prompt Beispiel: *"ChatGPT, ich möchte, dass du die Rolle eines Verwaltungsfachangestellten einnimmst. Du verfügst über umfassende Kenntnisse in den Bereichen öffentliche Verwaltung, Organisation, Personalwesen, Finanzwesen und Rechtsvorschriften. Du bist in der Lage,* *effiziente Verwaltungsprozesse zu gestalten, Ressourcen optimal zu nutzen, gesetzliche Vorgaben einzuhalten und Bürgerinnen und Bürgern bei ihren Anliegen kompetent und lösungsorientiert zu unterstützen."* Geben Sie nun Ihre konkrete Anfrage als Prompt ein, indem Sie beispielhaft schreiben: *"ChatGPT, du bist nun ein erfahrener Verwaltungsfachangestellter. Was ...?“*

Dialog-Prompt Beispiel: *"ChatGPT, du bist nun ein erfahrener Verwaltungsfachangestellter. Bitte schreibe einen Dialog zwischen mir und einem Bürger, der Informationen zum Antragsverfahren für einen Reisepass benötigt."*

Frage-Prompt Beispiel: *"ChatGPT, du bist nun ein erfahrener Verwaltungsfachangestellter. Welche Fragen sollte ich stellen, um die wichtigsten Informationen für die Bearbeitung eines Bauantrags zu erhalten?"*

Gegenargument-Prompt Beispiel: *"ChatGPT, du bist nun ein erfahrener Verwaltungsfachangestellter. Nenne ein Gegenargument gegen die Einführung einer digitalen Aktenführung im Bereich ... der öffentlichen Verwaltung."*

Ishikawa-Methoden-Prompt Beispiel: *"ChatGPT, du bist nun ein erfahrener Verwaltungsfachangestellter. Bitte erstelle ein Ishikawa-Diagramm, um die möglichen Ursachen für die Verzögerung bei der Bearbeitung von Anträgen zu analysieren."*

Markdown-Format-Prompt Beispiel: *"ChatGPT, du bist nun ein erfahrener Verwaltungsfachangestellter. Schreibe eine kurze Anleitung zur Beantragung einer Geburtsurkunde im Markdown-Format."*

Multi-Kriterien-Analyse-(MKA)-Prompt Beispiel: *"ChatGPT, du bist nun ein erfahrener Verwaltungsfachangestellter. Führe eine Multi-Kriterien-Analyse durch, um die besten Option für die Implementierung eines neuen Verwaltungssoftware-Systems zu ermitteln."*

Pro-und-Contra-Prompt Beispiel: *"ChatGPT, du bist nun ein erfahrener Verwaltungsfachangestellter. Liste die Vor- und Nachteile der Einführung eines papierlosen Büros in der öffentlichen Verwaltung auf."*

Reframing-Prompt Beispiel: *"ChatGPT, du bist nun ein erfahrener Verwaltungsfachangestellter. Bitte ändere die Perspektive auf die Herausforderungen bei der Implementierung neuer Technologien in der Verwaltung und zeige Möglichkeiten auf, wie diese Herausforderungen als Chancen für Verbesserungen gesehen werden können."*

Schritt-für-Schritt-Prompt Beispiel: *"ChatGPT, du bist nun ein erfahrener Verwaltungsfachangestellter. Erkläre mir Schritt für Schritt, wie ich einen Antrag auf Elternzeit korrekt ausfülle und einreiche."*

Sentiment-Prompt Beispiel: *"ChatGPT, du bist nun ein erfahrener Verwaltungsfachangestellter. Analysiere das Sentiment der E-Mail-Kommunikation zwischen Bürgern und der Verwaltung und gib mir Tipps, wie die Kommunikation freundlicher und effektiver gestaltet werden kann."*

Stil-und-Schreibart-Anpassungs-Prompt Beispiel: *"ChatGPT, du bist nun ein erfahrener Verwaltungsfachangestellter. Schreibe einen kurzen Text über das Verfahren zur Beantragung eines Führungszeugnisses, der leicht verständlich und für eine breite Zielgruppe geeignet ist."*

Tabellen-Format-Prompt Beispiel: *"ChatGPT, du bist nun ein erfahrener Verwaltungsfachangestellter. Erstelle eine Tabelle, die die verschiedenen Gebühren für die Ausstellung von Dokumenten wie Reisepässen, Führerscheinen und Geburtsurkunden auflistet."*

Um-Feedback-bitten-Prompt Beispiel: *"ChatGPT, du bist nun ein erfahrener Verwaltungsfachangestellter. Bitte überprüfe meinen Entwurf für eine Pressemitteilung zur Einführung einer neuen Online-Plattform für Verwaltungsdienstleistungen und gib mir konstruktives Feedback."*

Yogalehrer/in

Für den Beruf des Yogalehrers kann ChatGPT in verschiedenen Bereichen eingesetzt werden, um die tägliche Arbeit zu erleichtern. Hier sind einige Tätigkeiten und entsprechende Beispiel-Prompts aufgelistet:

Unterrichtsplanung und -gestaltung: Yogalehrer können ChatGPT nutzen, um bei der Planung, Gestaltung und Durchführung von Yogakursen für unterschiedliche Zielgruppen und Niveaus zu unterstützen.

Beispiel-Prompt: *"Bitte gib mir eine Liste mit 10 aufeinander abgestimmten Yoga-Übungen für Anfänger, die auf Entspannung und Stressabbau abzielen."*

Anatomie und Physiologie: Yogalehrer können ChatGPT befragen, um Informationen über anatomische Zusammenhänge, Körperhaltung und physiologische Aspekte im Zusammenhang mit Yoga-Praktiken zu erhalten.

Beispiel-Prompt: *"Erkläre mir, welche Muskulatur bei der Ausführung der Kobra-Position (Bhujangasana) beansprucht wird und welche Vorteile sie für den Körper hat."*

Recherche und Weiterbildung: ChatGPT kann bei der Sammlung von Informationen zu verschiedenen Yogastilen, philosophischen Hintergründen und aktuellen Trends in der Yoga-Community helfen.

Beispiel-Prompt: *"Wie führe ich eine effektive Recherche zu den Unterschieden und Gemeinsamkeiten zwischen Hatha Yoga und Vinyasa Yoga durch?"*

Kommunikation und Kundenbetreuung: Yogalehrer können ChatGPT verwenden, um bei der Kommunikation mit Schülern, Kollegen und Interessenten zu helfen, z. B. bei der Beantwortung von Anfragen oder beim Verfassen von E-Mails und Newslettern.

Beispiel-Prompt: *"Schreibe eine einladende und informative E-Mail an neue Schüler, die sie über den Ablauf und die Vorteile des angebotenen Yoga-Kurses informiert."*

Durch die Nutzung von ChatGPT in diesen verschiedenen Bereichen können Yogalehrer ihre Arbeit effizienter gestalten und sich auf ihre fachlichen Kompetenzen und die individuelle Betreuung ihrer Schüler konzentrieren.

15 weitere Beispiel-Prompts

In der folgenden Liste finden Sie ausgewählte Prompts und Kreativitätstechniken, die speziell auf den Beruf des Yogalehrers zugeschnitten sind. Diese Prompts können Ihnen helfen, Ihr Wissen und Ihre Fähigkeiten in diesem Bereich zu vertiefen und Ihre Arbeitsabläufe effizienter zu gestalten. Zunächst sollten Sie jedoch einen Persona-Priming-Prompt verwenden, um ChatGPT auf die Rolle eines Yogalehrers vorzubereiten. Anschließend können Sie die unten aufgeführten Prompts und Techniken nutzen, um spezifische Anliegen und Fragestellungen zu bearbeiten.

Persona-Priming-Prompt Beispiel: *„ChatGPT, ich möchte, dass du die Rolle eines Yogalehrers einnimmst. Du verfügst über umfassende Kenntnisse in den Bereichen Yoga-Philosophie, Anatomie, unterschiedliche Yoga-Stile und Atemtechniken. Du bist in der Lage, inspirierende und angepasste Yogastunden zu gestalten, das körperliche und geistige Wohlbefinden deiner Schüler zu fördern, Anweisungen klar und präzise zu vermitteln und eine sichere, inklusive und unterstützende Umgebung für alle Teilnehmer zu schaffen.* Geben Sie nun Ihre konkrete Anfrage als Prompt ein, indem Sie beispielhaft schreiben: *"ChatGPT, du bist nun ein erfahrener Yogalehrer. Was …?“*

ABC-Technik-Prompt Beispiel: *„ChatGPT, du bist nun ein erfahrener Yogalehrer. Verwende die ABC-Technik, um mir eine Liste von Yoga-Übungen zu erstellen, die mit jedem Buchstaben des Alphabets beginnen.“*

Dialog-Prompt Beispiel: *„ChatGPT, du bist nun ein erfahrener Yogalehrer. Führe einen Dialog mit mir über die Bedeutung der Atemtechniken im Yoga und wie ich sie in meinen Unterricht integrieren kann.“*

Frage-Prompt Beispiel: *„ChatGPT, du bist nun ein erfahrener Yogalehrer. Welche Fragen sollte ich mir stellen, um herauszufinden, welche Yoga-Art am besten zu meinen persönlichen Zielen und Bedürfnissen passt?“*

Gegenargument-Prompt Beispiel: *„ChatGPT, du bist nun ein erfahrener Yogalehrer. Nenne mir drei häufige Vorurteile gegenüber Yoga und widerlege sie mit fundierten Gegenargumenten.“*

Ideen-erfolgreich-weiterentwickeln-Prompt Beispiel: *„ChatGPT, du bist nun ein erfahrener Yogalehrer. Ich habe eine Idee für einen Yoga-Workshop, der sich auf Rückengesundheit konzentriert. Wie kann ich diese Idee erfolgreich weiterentwickeln und in die Praxis umsetzen?“*

Lateral-Thinking-Prompt Beispiel: *„ChatGPT, du bist nun ein erfahrener Yogalehrer. Verwende das Lateral Thinking, um mir unkonventionelle und* *kreative Wege vorzuschlagen, wie ich meinen Yoga-Unterricht interessanter und abwechslungsreicher gestalten kann."*

Markdown-Format-Prompt Beispiel: *„ChatGPT, du bist nun ein erfahrener Yogalehrer. Erstelle einen strukturierten Unterrichtsplan im Markdown-Format für eine 60-minütige Yoga-Stunde, die sich auf Flexibilität und Balance konzentriert."*

Pareto-Analyse-Prompt Beispiel: *„ChatGPT, du bist nun ein erfahrener Yogalehrer. Führe eine Pareto-Analyse durch, um herauszufinden, welche 20 % meiner Aktivitäten als Yogalehrer 80 % der positiven Ergebnisse und Zufriedenheit meiner Schüler erzeugen."*

Pro-und-Contra-Prompt Beispiel: *„ChatGPT, du bist nun ein erfahrener Yogalehrer. Erstelle eine Pro-und-Contra-Liste, um die Vor- und Nachteile von Online-Yogakursen im Vergleich zu Präsenzkursen zu evaluieren."*

Reframing-Prompt Beispiel: *„ChatGPT, du bist nun ein erfahrener Yogalehrer. Ein Schüler hat Schwierigkeiten, bestimmte Yoga-Positionen auszuführen. Nutze das Reframing, um dieses Problem in eine Gelegenheit zur Verbesserung und individuellen Anpassung des Yoga-Unterrichts zu verwandeln."*

Schritt-für-Schritt-Prompt Beispiel: *„ChatGPT, du bist nun ein erfahrener Yogalehrer. Gib mir eine schrittweise Anleitung zur korrekten Ausführung der Sonnengruß-Abfolge (Surya Namaskar) im Hatha Yoga."*

Stil-und-Schreibart-Anpassungs-Prompt Beispiel: *„ChatGPT, du bist nun ein erfahrener Yogalehrer. Schreibe einen Blogbeitrag über die Vorteile von Yoga für die psychische Gesundheit, der sowohl informativ als auch leicht verständlich und ansprechend für Anfänger ist."*

SWOT-Analyse-Prompt Beispiel: *„ChatGPT, du bist nun ein erfahrener Yogalehrer. Führe eine SWOT-Analyse durch, um die Stärken, Schwächen, Chancen und Risiken meiner Yoga-Schule zu identifizieren und entsprechende Maßnahmen zur Verbesserung abzuleiten."*

WWAD-Methode-Prompt (What's Wrong and What's Desired) Beispiel: *„ChatGPT, du bist nun ein erfahrener Yogalehrer. Wende die WWAD-*

Methode an, um mir zu helfen, die Probleme und Bedürfnisse meiner Schüler besser zu verstehen und darauf einzugehen."

Webdesigner/in

Für den Beruf des Webdesigners kann ChatGPT in verschiedenen Bereichen eingesetzt werden, um die tägliche Arbeit zu erleichtern. Hier sind einige Tätigkeiten und entsprechende Beispiel-Prompts aufgelistet:

Designkonzeption und -planung: Webdesigner können ChatGPT nutzen, um bei der Entwicklung, Planung und Umsetzung von Webdesign-Projekten für unterschiedliche Zielgruppen und Branchen zu unterstützen.

Beispiel-Prompt: *"Bitte gib mir eine Liste mit 5 grundlegenden Designprinzipien, die ich bei der Gestaltung einer Website für ein umweltfreundliches Unternehmen beachten sollte."*

Technische Fragen und Programmierung: Webdesigner können ChatGPT befragen, um Informationen über technische Aspekte, Programmierung und Webentwicklung im Zusammenhang mit Webdesign-Projekten zu erhalten.

Beispiel-Prompt: *"Erkläre mir, wie ich ein responsives Webdesign mit HTML und CSS erstelle, das sich an verschiedene Bildschirmgrößen anpasst."*

Recherche und Weiterbildung: ChatGPT kann bei der Sammlung von Informationen zu aktuellen Webdesign-Trends, Best Practices und neuen Technologien in der Branche helfen.

Beispiel-Prompt: *"Wie führe ich eine effektive Recherche zu den aktuellen Trends im Webdesign und den besten Strategien zur Suchmaschinenoptimierung durch?"*

Kommunikation und Kundenbetreuung: Webdesigner können ChatGPT verwenden, um bei der Kommunikation mit Kunden, Kollegen und Interessenten zu helfen, z. B. bei der Beantwortung von Anfragen oder beim Verfassen von E-Mails und Projektvorschlägen.

Beispiel-Prompt: *"Schreibe eine professionelle und überzeugende E-Mail an einen potenziellen Kunden, in der du die Vorteile einer modernen und benutzerfreundlichen Website-Neugestaltung erläuterst."*

Durch die Nutzung von ChatGPT in diesen verschiedenen Bereichen können Webdesigner ihre Arbeit effizienter gestalten und sich auf ihre kreativen Fähigkeiten und die individuelle Betreuung ihrer Kunden konzentrieren.)

15 weitere Prompt-Beispiele

In diesem Abschnitt werden wir den Beruf des Webdesigners mit verschiedenen Prompt-Arten und Kreativtechniken aus dem Praxisratgeber "ChatGPT im Beruf" kombinieren. Dazu verwenden wir einen Persona-Priming-Prompt und konkrete Beispiele für jeden der ausgewählten Prompts. Mit diesen Beispielen kann ein Webdesigner ChatGPT effektiv nutzen, um Arbeitsprozesse zu optimieren und kreative Lösungen für berufliche Herausforderungen zu finden.

Persona-Priming-Prompt *"ChatGPT, ich möchte, dass du die Rolle eines Webdesigners einnimmst. Du verfügst über umfassende Kenntnisse in den Bereichen User Experience, User Interface Design, HTML, CSS, JavaScript und verschiedenen Content-Management-Systemen. Du bist in der Lage, ansprechende und benutzerfreundliche Websites zu gestalten, die die Bedürfnisse deiner Kunden erfüllen, ihre Online-Präsenz zu stärken und ihre Zielgruppen effektiv zu erreichen. Du kannst Design-Prinzipien klar und präzise erklären, auf aktuelle Webdesign-Trends eingehen und eine kollaborative, effiziente und kreative Arbeitsumgebung für alle Projektbeteiligten schaffen."* Geben Sie nun Ihre konkrete Anfrage als Prompt ein, indem Sie zum Beispiel schreiben: *"ChatGPT, du bist nun ein erfahrener Webdesigner. Was ...?"*

6-Hüte-Methoden-Prompt Beispiel: *"ChatGPT, du bist nun ein erfahrener Webdesigner. Bitte analysiere die Vor- und Nachteile eines vorgeschlagenen Webdesigns für eine neue E-Commerce-Website unter Anwendung der 6-Hüte-Methode von Edward de Bono."*

Frage-Prompt Beispiel: *"ChatGPT, du bist nun ein erfahrener Webdesigner. Welche Fragen sollte ich meinem Kunden stellen, um seine Bedürfnisse und Erwartungen für die neue Website besser zu verstehen?"*

Gegenargument-Prompt Beispiel: *"ChatGPT, du bist nun ein erfahrener Webdesigner. Nenne mir ein Gegenargument gegen die Verwendung von automatisierten Slidern auf der Startseite einer Website."*

Ideen-erfolgreich-weiterentwickeln-Prompt Beispiel: *"ChatGPT, du bist nun ein erfahrener Webdesigner. Ich habe die Idee, eine Website für ein umweltfreundliches Unternehmen zu erstellen. Wie kann ich diese Idee weiterentwickeln und in ein erfolgreiches Webdesign umsetzen?"*

Lateral-Thinking-Prompt: Beispiel *"ChatGPT, du bist nun ein erfahrener Webdesigner. Nutze das laterale Denken, um eine unkonventionelle Idee für die Navigation auf einer Website vorzuschlagen."*

Markdown-Format-Prompt Beispiel: *"ChatGPT, du bist nun ein erfahrener Webdesigner. Zeige mir, wie ich eine Überschrift, eine Liste und einen Link in Markdown-Format erstelle."*

Multi-Kriterien-Analyse-(MKA)-Prompt Beispiel: *"ChatGPT, du bist nun ein erfahrener Webdesigner. Führe eine Multi-Kriterien-Analyse durch, um die besten drei Content-Management-Systeme für ein kleines Unternehmen auszuwählen."*

PAS-Methoden-Prompt Beispiel: *"ChatGPT, du bist nun ein erfahrener Webdesigner. Analysiere ein bestehendes Webdesign mit der PAS-Methode (Problem-Analyse-Lösung) und gib mir Empfehlungen, wie es verbessert werden kann."*

Pro-und-Contra-Prompt Beispiel: *"ChatGPT, du bist nun ein erfahrener Webdesigner. Stelle eine Pro-und-Contra-Liste zusammen, um die Vorteile und Nachteile von responsivem Webdesign gegenüber adaptivem Webdesign zu vergleichen."*

Reframing-Prompt Beispiel: *"ChatGPT, du bist nun ein erfahrener Webdesigner. Nutze Reframing, um die Herausforderung, eine Website für ein Unternehmen mit begrenztem Budget zu erstellen, in eine positive Chance umzuwandeln."*

Schritt-für-Schritt-Prompt Beispiel: *"ChatGPT, du bist nun ein erfahrener Webdesigner. Erkläre mir Schritt für Schritt, wie ich ein benutzerdefiniertes WordPress-Theme erstelle."*

Stil-und-Schreibart-Anpassungs-Prompt Beispiel: *"ChatGPT, du bist nun ein erfahrener Webdesigner. Verfasse einen kurzen Abschnitt über die Bedeutung von benutzerfreundlichem Webdesign, der an den Schreibstil und Ton eines Lifestyle-Blogs angepasst ist."*

SWOT-Analyse-Prompt Beispiel: *"ChatGPT, du bist nun ein erfahrener Webdesigner. Führe eine SWOT-Analyse für ein Webdesign-Projekt durch, das darauf abzielt, die Online-Präsenz eines kleinen Restaurants zu verbessern."*

Um-Feedback-bitten-Prompt Beispiel: *"ChatGPT, du bist nun ein erfahrener Webdesigner. Bitte gib mir konstruktives Feedback zu meiner aktuellen Website und Vorschläge, wie ich sie verbessern kann."*

Verfeinerungs-Prompt Beispiel: *"ChatGPT, du bist nun ein erfahrener Webdesigner. Ich habe ein grundlegendes Webdesign für eine Fotografie-Portfolio-Website. Wie kann ich das Design verfeinern, um es ansprechender und professioneller zu gestalten?"*

Stichwortverzeichnis

Resümee

Wir stehen am Beginn einer neuen Ära, in der Künstliche Intelligenz allgegenwärtig wird. Die rasante Entwicklung von KI-Sprachmodellen wie ChatGPT und anderen innovativen Werkzeugen ermöglicht mittlerweile auch die Anwendung im beruflichen Alltag. KI-Systeme sind immer besser in der Lage, menschliche Sprache präzise zu verstehen und zu generieren. Bald könnten sie sogar menschliche Emotionen erkennen und empathischer interagieren.

Dennoch ist es entscheidend, sowohl ethische als auch rechtliche Aspekte bei der Nutzung von Künstlicher Intelligenz zu berücksichtigen und erforderliche Anpassungen vorzunehmen. Um dies zu erreichen, gilt es sowohl Vorurteile abzubauen, als auch transparente und verantwortungsvolle KI-Systeme zu entwickeln, die den berechtigten Bedürfnissen nach Datenschutz nachkommen.

Die Zukunft im Bereich der KI-Sprachmodelle hat das Potenzial, unsere Interaktionen mit diesen Technologien und uns selbst grundlegend zu verändern. Daher ist es von großer Bedeutung, sich mit den Auswirkungen und Möglichkeiten dieser Anwendungen auseinanderzusetzen und sie auf verantwortungsvolle Weise zu nutzen.

Obwohl KI viele Vorteile in der Kommunikation bieten kann, bestehen auch Herausforderungen und Risiken. Wir müssen uns stets bewusst sein, dass KI-Systeme nicht perfekt sind. Ihre Entscheidungen und Empfehlungen basieren auf Trainingsdaten, die möglicherweise Vorurteile oder Ungenauigkeiten enthalten. Diese könnten bei ungefilterter Übernahme auch zu negativen Auswirkungen führen.

Zudem dürfen wir nicht vergessen, dass KI-Systeme menschliche Kommunikation niemals vollständig ersetzen können. Obwohl sie in manchen Bereichen der Kommunikation nützlich sein mögen, gibt es zahlreiche Aspekte, die nur durch menschliche Interaktion und Empathie erreicht werden können.

Jedenfalls steht uns eine faszinierende Zukunft bevor, in der Künstliche Intelligenz das Potenzial hat, unsere Kommunikation und Arbeitsweise zu revolutionieren. Dabei gilt es, sich der damit verbundenen Herausforderungen und Risiken bewusst zu sein, um diese Technologie ethisch und verantwortungsbewusst zu nutzen.

Ich wünsche uns allen viel Glück und Erfolg auf diesem spannenden Weg!

Herzlichst,

Roman Fessler

Der Autor

Dr. Roman Fessler ist erfahrener Business-Trainer, Autor und Experte für KI-Anwendungstrainings.

In über 20 Jahren hat er eine Vielzahl von Führungs-, Vertriebs- und Fachkräften in den unterschiedlichsten Branchen gecoacht.

Aufgrund seiner langjährigen Erfahrung als Business-Trainer und zertifizierter KI-Trainer möchte er aufzeigen, dass Künstliche Intelligenz bereits heutzutage in der Lage ist, den Arbeitsalltag zu erleichtern.

Printed in Poland
by Amazon Fulfillment
Poland Sp. z o.o., Wrocław

20836110R00260